海上丝绸之路研究书系（史料篇）

王元林 主编

广东海上丝绸之路史料汇编

明代卷

③

广东省人民政府参事室　编
广东省人民政府文史研究馆

衷海燕　唐元平　编

SPM
南方出版传媒
广东经济出版社
·广州·

图书在版编目（CIP）数据

广东海上丝绸之路史料汇编．明代卷／广东省人民政府参事室，广东省人民政府文史研究馆编，衷海燕，唐元平编．—广州：广东经济出版社，2017.12
（海上丝绸之路研究书系．史料篇）
ISBN 978－7－5454－5802－2

Ⅰ．①广… Ⅱ．①广…②广…③衷…④唐… Ⅲ．①海上运输－丝绸之路－史料－广东－明代Ⅳ．①K296.5

中国版本图书馆CIP数据核字（2017）第236503号

出 版 人：姚丹林
责任编辑：刘　倩
责任技编：许伟斌
装帧设计：友间文化

Guangdong Haishang Sichouzhilu Shiliao Huibian（Mingdai Juan）

出版发行	广东经济出版社（广州市环市东路水荫路11号11~12楼）
经销	全国新华书店
印刷	佛山市浩文彩色印刷有限公司 （南海狮山科技工业园A区兴旺路）
开本	730毫米×1020毫米　1/16
印张	22.75　2插页
字数	300 000字
版次	2017年12月第1版
印次	2017年12月第1次
书号	ISBN 978－7－5454－5802－2
定价	65.00元

如发现印装质量问题，影响阅读，请与承印厂联系调换。
发行部地址：广州市环市东路水荫路11号11楼
电话：（020）38306055　37601950　邮政编码：510075
邮购地址：广州市环市东路水荫路11号11楼
电话：（020）37601980　营销网址：http://www.gebook.com
广东经济出版社新浪官方微博：http://e.weibo.com/gebook
广东经济出版社常年法律顾问：何剑桥律师
·版权所有　翻印必究·

《海上丝绸之路研究书系》
编撰组织成员名单

组委会

主　任：徐少华
副主任：张爱军　张小兰　周　羲

编委会

主　任：张小兰　周　羲
副主任：陈小敏　麦淑萍　黄　尤　彭　赟　庄福伍
编　委：（按姓氏笔画排序）
　　　　王培楠　古伟中　白　玲　刘胜利　苏泽群　胡浩民
　　　　洪三泰　索健元　黄淼章　蔡高声　蔡玉明

学术委员会

主　任：黄伟宗
副主任：司徒尚纪　王元林
委　员：（按姓氏笔画排序）
　　　　叶春生　田　丰　朱　竑　刘正刚　李庆新　杨兴锋
　　　　吴松营　冷　东　张　磊　陈永正　陈海烈　郑楚宣
　　　　侯月祥　顾涧清　徐远通　衷海燕　黄启臣　章文钦
　　　　韩　强　曾　骐　谭元亨

史料篇编辑部

主　编：王元林
编　委：刘正刚　衷海燕　周永卫

广东省人民政府参事室
广东省人民政府文史研究馆
广东省海上丝绸之路研究开发项目组
广东省珠江文化研究会
组　编

凡例

1. 本丛书为"海上丝绸之路研究书系"之"史料篇",分"秦汉至五代卷""宋元卷""明代卷""清代卷"四个分册。每册大致由以下几部分内容组成:政治关系(贡使往来、涉外关系)、商贸往来(市舶朝贡贸易、海禁与民间贸易、贸易商品、关税征收等)、海防体系(海防布局、倭夷海寇)、港口航线、船舶与航海技术、军器与火炮技术、文化交流。

2. 举凡正史、政书、类书、丛书、文集、笔记、方志、谱牒、碑刻等均在本书搜集辑录范围。凡与广东海上丝绸之路相关的史料按类辑录。

3. 本书编纂以类项为经,以时间为纬。每章分若干节,节下分目,属类比事,以顺排列。凡属综述某一时期史事的史料,以年代最迟者系时,无法确切系时的史料,则置于时间相近者之末尾,个别放置相同史事记载之后。标题由编者按史料内容拟定。

4. 凡大段史料,能够拆分辑录,则尽量拆分辑录,以避免冗长繁复。如若拆分辑录会影响原意者则原样照录。

5. 保留史料原貌,一般不加评论性按语,必要时则加简要说明文字,以"编者按"标明。

6. 本书收所辑录的史料吸收了前人标点校勘整理成果。为简洁起见,不出校勘记,凡属不同版本间的一般差异,悉照收录;凡可确认原文错讹者,则在原文后加【 】,写入正确的文字。为避免产生歧意或误解,会在文中某些字、词后加( )。

7. 本书每段辑录史料后都注明出处、卷次、页码,多次出现且冗长的文献名则用简称。为避免重复,正文中一般略去作者姓名、出版社等信息,详可参照书后所附"参考文献",以便核对。

8. 为方便大多数读者,本书文字一律采用国家通行的标准简体汉字。

总序

"丝绸之路"也称"瓷器之路""香药之路"。最早正式提出"丝绸之路"（Silk Route）这一学术名称的，是德国地理学家李希霍芬（Ferdinand von Richthofen，1833—1925），在其1877年出版的《中国旅行日记》第一卷中，首次使用"丝绸之路"（Seidentrassen）。法国著名汉学家沙畹（Edouard Chavannes，1865—1918）在其《西突厥史料》中言："丝路有陆、海二道，北道出康居，南道为通印度诸港之海道"，提出陆、海"丝绸之路"。①1936年，瑞典人斯文·赫定编著《丝绸之路》一书出版，除陆上丝绸之路外，他指出"在楼兰废弃之前，大部分丝绸贸易已开始从海路运往印度、阿拉伯、埃及和地中海沿岸城镇"②。此后致力于"丝绸之路"研究的学者和著述不断增多。

1955年，季羡林先生在《中国蚕丝输入印度问题的初步研究》一文中，指出中国蚕丝输入印度有"南海道、西域道、西藏道、缅甸道、安南道"五条道路，并论证自西汉时中国蚕丝即从南海道的雷州半岛发船输入印度，历魏晋南北朝、隋、唐、宋、元、明等朝代而不衰。③1963年，法国学者布尔努瓦夫人（Llice Roulnois）出版专著《丝绸之路》，指出海上丝绸之路"从中国广州湾的南海岸出发，绕过印度支那半岛，穿过马六甲海峡，再逆流而上，直至恒河河口……商品一直运输到西海岸的海港、波斯和阿拉伯地区，后来也运销于欧洲"④。1967年日本学者三杉隆敏出版专论"海上丝绸之路"的专著《探索海上的丝绸之路》。1974年，著名学者饶宗颐发表长篇论文《蜀布与

---

① 沙畹编著，冯承钧译：《西突厥史料》，北京：中华书局，2004年，第167页。
② 斯文·赫定著，江红、李佩娟译：《丝绸之路》，乌鲁木齐：新疆人民出版社，1996年，第214页。
③ 季羡林：《中国蚕丝输入印度问题的初步研究》，《历史研究》1955年第4期。
④ 布尔努瓦著，耿昇译：《丝绸之路》，济南：山东画报出版社，2001年，第45页。

Cinapatta——论早期中、印、缅之交通》，其中《海道之丝路与昆仑舶》一节指出"海道的丝路是以广州为转口中心。近可至交州，远则及印度。南路的合浦，亦是一重要据点……广州自来为众舶所凑"①。

改革开放之后，有关陆、海丝绸之路的研究出现热潮，相关研究成果不断涌现。1985年北京大学陈炎教授出版《陆上和海上丝绸之路》《海上丝绸之路与中外文化交流》两本专著。1990年联合国教科文组织发起"海上丝绸之路"综合考察，1991年2月联合国教科文组织海上丝绸之路考察团到达广州考察有关海上丝绸之路文化遗址，并在广州举行"广州与海上丝绸之路"学术座谈会，出版《广州与海上丝绸之路》论文集和《南海丝绸之路文物图集》。同年，陈高华、吴泰等编写的《海上丝绸之路》由海洋出版社出版。1998年，汕头大学出版社出版了《海上丝绸之路与潮汕文化》。2003年，黄启臣教授主编的《广东海上丝绸之路史》由广东经济出版社出版。近年来，有关海上丝绸之路的学术研究更加蓬勃发展。

作为海上丝绸之路的最早发祥地，广东在海上丝绸之路中独特的作用和地位，尤其值得重视。广东背南岭，面南海，海岸线漫长，港口众多，自然条件、地理区位得天独厚，自古成为海外珍宝汇聚、四方民众杂错之地。近代以来，广东又是海外华侨华人"下南洋"的出发地，成为我国最大的侨乡。五岭以南、南海以北的这块神奇的"岭海"土地，"开风气之先"，至今仍是我国经济发展的排头兵，也是我国"一带一路"倡议实施的核心地。因此，加强历史时期广东海上丝绸之路的研究，发掘、弘扬广东海上丝绸之路"敢为天下先"的探索精神，不仅是有助于这一领域的学术研究，也将对国家"一带一路"倡议具有一定的助益。

2013年10月3日，习近平主席在印尼国会大厦演讲中指出，中国愿与东盟国家加强海上合作，共同建设21世纪"海上丝绸之路"。2015年3月28日，经国务院授权，国家发展改革委、外交部、商务部联合发布了《推动共建丝绸之路经济带和21世纪海上丝绸之路的愿景与行动》。其中，在"框架思路"部分提出，"21世纪海上丝绸之路重点方向是从中国沿海港口过南海到印度洋，延伸至欧洲；从中国沿海港口过南海到南太平洋"；在"中国各地方开放态势"部分，针对"沿海和港澳台地区。利用长三角、珠三角、海峡西岸、环渤海等经济区开放程度高、经济实力强、辐射带动作用大的优势。充分发挥深圳前

---

① 饶宗颐：《选堂集林·史林》上册，香港：中华书局，1982年，第390页。

海、广州南沙、珠海横琴、福建平潭等开放合作区作用,深化与港澳台合作,打造粤港澳大湾区……加强上海、天津、宁波—舟山、广州、深圳、湛江、汕头、青岛、烟台、大连、福州、厦门、泉州、海口、三亚等沿海城市港口建设,强化上海、广州等国际枢纽机场功能。以扩大开放倒逼深层次改革,创新开放型经济体制机制,加大科技创新力度,形成参与和引领国际合作竞争新优势,成为'一带一路'特别是21世纪海上丝绸之路建设的排头兵和主力军。"广东在国家"一带一路"的重要作用日益凸显。

中央提出"一带一路"倡议以来,广东省积极行动,精心策划。2015年6月,广东在全国率先发布《广东省参与建设"一带一路"的实施方案》,明确了将广东省打造成为"一带一路"的战略枢纽、经贸合作中心和重要引擎的定位。《实施方案》包括六个章节、九个方面的合作设想(即九项重点任务),以及三大"广东特色":第一,建世界级港口群。广东将优化沿海的港口布局,以广州港、深圳港为龙头,包括珠海港、湛江港、汕头港、潮州港,联合香港,构建互利共赢的格局,将这几个港口建设成为海上丝绸之路的重要支点。广东还将推进滨海旅游,以广州、深圳、珠海为核心,汕头、湛江为支撑,来发展滨海旅游的黄金海岸带,培育广州、深圳邮轮母港旅游。第二,突出与港澳合作。重点是建设粤港澳大湾区。打造世界一流粤港澳大湾区,建设国际金融贸易中心、科技创新中心、交通航运中心、文化交流中心,建设粤港澳大湾区物流枢纽。第三,突出经贸合作。利用广交会、高交会等平台,扩大沿线国家的贸易往来,在境外要建一些产业园区,推进农业制造业和服务领域的投资合作。

2016年8月17日,习近平总书记在推进"一带一路"建设工作座谈会上发表重要讲话强调,总结经验、坚定信心、扎实推进,聚焦政策沟通、设施联通、贸易畅通、资金融通、民心相通,聚焦构建互利合作网络、新型合作模式、多元合作平台,聚焦携手打造绿色丝绸之路、健康丝绸之路、智力丝绸之路、和平丝绸之路,以钉钉子精神抓下去,一步一步把"一带一路"建设推向前进,让"一带一路"建设造福沿线各国人民。①2016年8月23日,时任广东省委书记胡春华强调,要切实把思想和行动统一到习近平总书记在推进"一带一路"建设工作座谈会上的重要讲话精神上来,深刻认识"一带一路"倡议的重大意义,主动服务国家战略,努力在参与"一带一路"建设上争取更多早期收

---

① 《人民日报》,2016年8月18日。

获，在推进"一带一路"倡议中更好发挥广东作用。①

在"一带一路"倡议大背景下，以翔实的历史资料，论证、还原广东是"海上丝绸之路"发源地之一，彰显历史时期广东在海上丝绸之路中的独特作用和地位，为当下"一带一路"倡议中凸显广东地位，显得尤为必要，也是文史工作者应当承担的责任。有鉴于此，我们在广东省人民政府参事室、广东省人民政府文史研究馆的指导下，由广东省珠江文化研究会承担并策划推出了"海上丝绸之路研究书系"，本套"史料篇"即是"海上丝绸之路研究书系"的组成部分。

早在秦汉时期，广东已成为海上丝绸之路重要的节点，在中外交通、贸易中发挥作用。"番禺，亦其一都会也。珠玑、犀、玳瑁、果、布之凑"②，"中国往商贾者多取富焉"③。据《汉书·地理志》详细地记载了从广东沿海港口出发的海上航线：

自日南障塞、徐闻、合浦船行可五月，有都元国；又船行可四月，有邑卢没国；又船行可二十余日，有谌离国；步行可十余日，有夫甘都卢国。自夫甘都卢国船行可二月余，有黄支国，民俗略与珠崖相类。其州广大，户口多，多异物，自武帝以来皆献见。有译长，属黄门，与应募者俱入海市明珠、璧流离、奇石异物，赍黄金杂缯而往。所至国皆禀食为耦，蛮夷贾船，转送致之。亦利交易，剽杀人。又苦逢风波溺死，不者数年来还。大珠至围二寸以下。平帝元始中，王莽辅政，欲耀威德，厚遗黄支王，令遣使献生犀牛。自黄支船行可八月，到皮宗；船行可二月，到日南、象林界云。黄支之南，有已程不国，汉之译使自此还矣。④

都元国（今越南南部）、邑卢没国（今泰国湾沿岸）、谌离国（今泰国湾沿岸）、夫甘都卢国（为缅甸的蒲甘阳城遗址）、黄支国（今印度半岛东岸马德拉斯附近的康契普拉姆）、已程不国（今斯里兰卡）等，都是海上丝绸之路经过的古国。汉代沿南海西岸航行到达泰国湾、马来半岛，直到印度洋沿岸的印度、斯

---

① 《南方日报》，2016年8月24日。
② 《史记》卷一二九《货殖列传》。
③ 《汉书》卷二八下《地理志》。
④ 《汉书》卷二八下《地理志》。

里兰卡等国。①而考古发现的广州南越王墓出土中山四路附近的南越国宫署遗址证明，来自西亚的乳香、非洲的象牙、银盒、焊金花泡饰和玻璃珠玑等与海上交通贸易相关珍贵文物，是目前岭南发现最早的一批海外珍品，充分说明番禺是当时重要的中外贸易海港。

魏晋南北朝时期，广东海上丝绸之路初步发展。建安二十二年（217年），孙吴政权迁交州州治于番禺城。黄武五年（226年），分"交州置广州"，广州作为岭南政治中心的地位得到强化，对广州成为海上丝绸之路的起点及整个广州的海外贸易产生重要影响。西晋太康二年（281年），大秦国使臣经广东前来朝贡，"众宝既丽，火布尤奇"。伴随海上丝绸之路的畅通，除商贸繁荣外，中外僧人往来期间，促进了佛教等中外文化交流。西晋时，天竺僧耆域、迦摩罗先后至广州，建有三归寺、王仁寺。东晋时，罽宾僧人昙摩耶舍至广州建造王园寺（即今光孝寺）。梁普通七年（526年），高僧菩提达摩在广州登陆。中国高僧法显游历天竺，循海经广州回国。

隋唐五代时期，广东海上丝绸之路呈现繁盛的局面。隋唐王朝保持开放心态，奉行积极发展海外贸易的政策，其主旨在于：一是通过海外贸易活动加强中外政治经济联系，维护隋唐王朝的国际威望；二是通过海外贸易进口各种海外奇珍异物以满足上层社会的奢侈性需求；三是通过发展海外贸易增加政府的财政收入。据《新唐书·地理志》附贾耽"广州入四夷路程"所载"广州通海夷道"：自广州出发沿着传统南海海路，穿越南海、马六甲海峡，进入印度洋、波斯湾，至乌剌国，沿波斯湾西海岸航行，出霍尔木兹海峡后，进入阿曼湾、亚丁湾和东非海岸。②这是当时世界最长的远洋航线，也是唐朝重要的海上交通线。文献记载："海外诸国，日以通商。齿革羽毛之殷，鱼盐蜃蛤之利，上足以备府库之用，下足以赡江淮之求"。黄巢起义后，人称"南海市舶利不赀，贼得益富，而国用屈"。南海贸易利润十分可观。唐朝在广州首设专门管理南海邦交贸易的专职使职"市舶使"，成立"市舶使院"，这是中国现代海关的雏形，在唐代对外关系史中占有重要的地位。唐代广州港成为"海上丝绸之路"东方首港，其重要的地位一直延续。南汉高度重视海上贸易，采取一系列促进海上贸易政策，如废除"市舶制"，实行自由贸易；大力"招徕海中蛮夷商贾"，"经营海上通商事业，增辟良港"。

---

① 陈伟明、王元林：《古代中外交通史略》，北京：中国华侨出版社，2002年6月。
② 《新唐书》卷四十三下《地理志》。

宋元时期，广东海上丝绸之路持续繁荣。造船技术和航海技术均有显著进步。广船一般用铁栗木制造，闽船则用松木或杉木。海船一般分割成十多个船舱，各船舱之间互相密隔，即便个别船舱漏水也不至于全船沉没。船员水手熟练掌握海洋季风，借以出海或返航。熟练的舟师能通过观测天象辨别方向，而指南针等被普遍用于航海。造船技术和航海技术的发展，直接推动海上丝绸之路航线的扩大。广东沿海贸易港口，除广州是第一大港外，潮州、雷州也是重要的贸易港口。元朝统治者认识到，汲取先进文化，发展经济才能巩固统治基础。而通过发展海外贸易"以损中国无用之货，易远方难致之物"，从而达到"天子不自有，凡诸蕃辅之"的目的。元人陈大震在《大德南海志》中进一步指出："山海为天地之宝藏，珍货从出，有中国之所无。风化既通，梯航交集；以此之有，易彼之无。古人贸易之良法也。"可见这一时期发展海外贸易的目的已颇为明确，即互通有无，实现使用价值的转换。广州海外贸易发展的繁盛图景，在元人笔下多有记载。"岭南诸郡近南海，海外真腊、占城、流求诸国蕃舶岁至，象犀、珠玑、金贝、名香、宝布，诸凡瑰奇珍异之物宝于中州者，咸萃于是"①。

明清时期，从广州以及其他港口起航的"海上丝绸之路"，发展到商品贸易全球化阶段，标志着"海上丝绸之路"到了极盛时代。从明初洪武时期到郑和七次下西洋，海上丝绸之路的新旧航线，使得广东与东南亚、非洲、欧洲和拉丁美洲的许多国家和地区进行广泛的贸易活动。到隆庆时期（1567—1572年），广州"几垄断西南海之航线，西洋海舶常泊广州"②。清代鸦片战争之前，清代海外贸易政策大体经历了禁海（1656—1682年）—开放（1683—1756年）—关闭（1757—1842年）的过程。在康熙二十四年（1685年）确定以广州、漳州、宁波、云台山为对外贸易港口，设置海关，各海关直属户部，不受地方行政管辖、监督，直接向皇帝和户部负责。四个海关中，粤海关最为重要，是清政府管理对外贸易的重要机构。自乾隆二十二年（1757年），停止厦门、宁波、定海等港口的贸易，限制外国来华商船在广州一口贸易，并规定外商不准和官府直接交往，由公行办理一切有关外商的交涉事宜。一口通商政策持续了八十多年，直到1842年签订《南京条约》，被迫开放五口通商。清王朝海外贸易的政策，不论是开海时期，还是一口通商时期，广州在对外贸易中的

---

① 杨翮：《佩玉斋类稿》卷四《送王庭训赴惠州照磨序》。
② 谢清高撰，冯承钧校释：《海录》卷上。

地位都是举足轻重的。

本丛书为"海上丝绸之路研究书系"之"史料篇",分秦汉至五代、宋元、明代、清代四卷,是在广东省人民政府参事室、广东省人民政府文史研究馆的指导下,由广东省珠江文化研究会承担的"海上丝绸之路研究书系"组成部分。在编写过程中,我们始终得到广东省人民政府参事室、广东省人民政府文史研究馆各位领导和参事、馆员的大力支持和指导。在本书付梓之际,谨向他们表示衷心的感谢。最后,感谢陈鸿钧先生对本书的审阅。

由于我和编撰者的才识、精力所限,本书不足乃至纰缪之处,在所难免,恳请读者批评指正。

王元林
丁酉年夏

目录

明代卷

第一章　政治关系　/ 001

第二章　商贸往来　/ 059

第三章　海防体系　/ 146

第四章　港口航线　/ 263

第五章　技术革新　/ 285

第六章　文化交流　/ 316

主要征引书目　/ 346

第一章
政治关系

一、贡使往来

（明制驿丞）司邮传迎送之事，凡舟车、夫马、廪糗、庖馔、裯帐，视使客之品秩，仆夫之多寡，而谨供应之。

（《明史》，卷七十五《职官志四》）

洪武初，三佛齐、爪哇国自广东入贡，遂以其国山川之神附祭于坛。

（万历《广东通志》，卷七《礼仪》）

其入贡者惟正使入城，余皆就驿上宿；遇设宴管待方入，宴毕即出。

（《大明会典》，卷一百八《礼部·朝贡》；万历《广东通志》，卷六十九《外志·番夷》）

（三佛齐）其里至占城国南五日。其入贡自广东达于京师。

[（明）严从简：《殊域周咨录》，卷八《三佛齐》]

占城，国朝洪武元年，其王阿答阿者使虎都蛮奉虎、象来朝贡。二年，遣行人吴用赐以镀金银印封占城国王。四年，奉金叶表朝贺。寻以诸国皆内带行商，多行谲诈，诏并沮之。至十六年，复遣子入贺万寿节，比还，始给勘合文册。二十四年，复来，以其臣弑主，命绝之。永乐元年，王占八の赖始贡，且请禁安南侵掠，遣行人蒋宾、王枢往报，礼敕胡奎修好，息兵。四年七月，敕广东都司选精兵八百人，属能干千百户具器甲、糗粮，航海，先与占城□兵。八月，遣内官马彬往谕以伐安南，赐黄金百两，白金五百两，纱帽、金带、锦绮、币等甚厚。占巴的赖【按：即前文占八的赖】遂出师征。寻，遣太监王遗通赍敕往劳白金（三百两）、绮币副之。五年五月，来献安南俘，贡方物，赐诏嘉奖。六年十月，遣其孙舍杨该入贡，还，赐敕嘉劳，赐金印、黄白金（如四年八月数），益以锦绮、文币倍于前。七年、八年、十一年皆至，惟八年九月，再遣马彬护其使济摽还国，赐敕及绮币报之。自是，不专使报礼，与诸番同。十三年四月，又遣其孙舍阿那沙来。冬十一月，兵部尚书陈洽奏言：占城向虽听命来助兵，实怀唇齿，观望怀二心，私纳黎苍女，阴以金帛、战象资季扩，收季扩勇及邓镕之弟鍛等男女三万余人，侵夺我辈州县，驱掠其人民，厥罪与季扩等，请征之。上以安南粗【初】安，不忍穷远夷。但遣使敕谕占的八赖【编者按：即前文占八的赖】等守爵土而已。传至摩诃贵由，景泰间卒，无子，其弟盘罗脱，天顺初嗣封，再贡。即以制敕采币属其使，通沙婆利齐报，后为安南侵噬，徙居赤坎邦都，即遣使请封，值安南陪臣据其国，都使臣冯又等误封之。嗣王古来航海诉督府屠滽，檄参议姜英勘实其表，以来朝为辞，将护至京。时安南纳其叛将助之虐，辄言：古来不当嗣。于是古来留广东，滽继金议，谓册印有古来名，奏请仍畀古来，复责安南以睦邻及顺迎大义。安南听从，寻具舟师，令莞商南头人张宣护至新洲港归国。弘治十八年，古来卒。正德五年，沙谷卜洛嗣封，十二年来贡。嘉靖二十一年，使再至。（其国腊月犹暑，上着苎衣，民多裸袒，南陌稻熟，比秋犹青，树多槟榔、红蕉、椰子。夜饭，八更为节。）

贡献方物有象，有象牙，有犀，有犀角，有孔雀，有孔雀尾，有橘皮，抹身香，有熏衣香，有奇南香，有金银香，有土降香，有烧碎香，有檀香，有柏香，有花藤香，有龙脑，有乌木，有苏木，有花梨木，有芫蔓番沙，有红印花，有油红锦布，有白锦布，有圆壁花布，有花红边缦，有杂色缦，有番花手巾，有番花手帕，有洗白布泥。

（万历《广东通志》，卷六十九《外志四·番夷》）

暹罗，本暹与罗斛二国之地，古赤土及婆罗刹也，在占城极南。北直廉州，循海北岸连交趾。……国朝洪武四年，王参烈宝毘牙使进金叶表贡贺正旦，赐大统历。六年，参烈宝毘牙复贡，并献其国地图。七年三月，使臣沙里拔来，自言其向与禁思里侪刺悉识替等同使去，秋八月，风坏舟于乌猪洋，漂存苏木、降香、□罗锦等来献。奏闻，上讶其无表，诡言舟覆而方物独存，必番商也，却之。九年九月，王遣子昭禄群膺贡□及方物，次年还。诏褒谕其王哆啰禄，授以暹罗之印及袭衣。十六年，给文册号分暹与罗为符信，自是世遵用，称暹罗国。二十年，再贡。二十八年，遣内使赵达等往祭其先王兼赐其嗣，苏门邦王昭禄群膺及其妃绮币、毯丝布有差。永乐元年，王绍禄群膺哆啰谛刺遣使贡贺即位。二年，坤文琨表贡，遣内臣李兴往劳赐文绮钞帛。四年二月，贡使柰必来并请量衡为国中式（《会典》在元年，俟再考），从之，兼赐《古今列女传》，其七年，一岁两至，正月以祭仁孝皇后；九月，坤文琨来修职贡及赐谕其王毋纳南海逋民何八观，至即遣还，勿匿，兼以黄金、织纻、纱罗、绒锦报礼焉。十年，使送中国流移人还及贡方物，赐敕嘉劳绮币副。次年十二月，贡复至。十三年五月，子三赖绍封波磨北的赖绍封。十七年十一月，绍与满剌加平。十八年四月，遣中官杨敏行报礼兼护其年贡使还国。十九年，又一岁两至。三月柰怀等六十人谢侵满剌加之罪，贡方物。七月，如常仪。二十一年，坤梅至，报赐钞币如礼。自后，率三年一贡。成化后，大率六年，继或不常。嘉靖三十二及三十七年再贡。先贡使者坤随离八月至，贡白象方物。后贡信使者坤应命亦八月至。两贡皆象牙、香药、椒木，与旧额颇不同。（黄《志》具有斤数，不载。）万历七年，复具金叶表遣使入贡。

　　贡献方物有象，有象牙；有犀，有犀角；有孔雀尾，有翠毛，有龟□，有六足龟，有宝石，有珊瑚，有金戒指，有片脑，有米脑，有糠脑，有脑油，有脑柴，有檀香，有速香，有安息香，有黄熟香，有降真香，有罗斛香，有乳香，有树香，有木香，有乌香，有丁香，有蔷薇水，有碗石，有丁皮，有阿魏，有紫梗，有藤竭，有藤黄，有硫磺，有没药，有乌爹泥，有肉荳蔻，有胡椒，有白荳蔻，有毕茇，有苏木，有乌木，有大枫子，有苾布，有油红布，有白经头布，有红撒哈剌布，有红地纹节智布，有红杜花头布，有红边白暗花布，有窄莲花布，有乌边葱白暗花布，有细棋子花布，有织人象花纹打布，有西洋布，有织花红丝打布，有织杂丝打布，有红花丝手巾，有剪绒丝杂色红花被面，有织人象杂色红花文丝缦。

　　　　　　　　（万历《广东通志》，卷六十九《外志四·番夷》）

　　爪哇，古诃陵也，一曰阇婆，又名莆家龙。在真腊之南海中洲上。……国朝洪武二年遣行人吴用颁诏诸国，闻柷只□□□□□，并遣还赐其国大统。十五年，其王昔里八达剌□□□，遣使朝贡□元人敕书，二道请改□□爪哇国王，十四年□月，遣阿烈彝烈奉金叶表贡，□行黑奴三百人。时三佛齐使还，被其国人遮杀之，朝议□留其使。月余，姑遣归，诏谕其王修省。而三佛齐，故爪哇属国，寻亦以党奸得罪。三十年六月，朝命自暹罗来转令爪哇谕三佛齐改过，自是，爪哇贡亦绝。其地分为东西二王。永乐元年九月，西王□冯板贡贺即位。二年十月，东王孛令达哈贡至，请印章，赐镀金银印，副以钞币。三年，西王与旁国牒里日夏罗治金偺里俱入贡，赐绮币、袭衣有差。四年三月，西王以珍珠、珊瑚、空青等贡，东王以马，赐钱钞绮币，俱还。越闰七月而西贡踵至，且言东王不当立，已击灭之，降诏切责。五年，上表请罪，愿偿黄金六万两，复立孛令达哈之子，从之。六年十二月，使献黄金万两谢罪。礼臣言其负，尚五万两，请下法司。上曰："远人欲其畏罪而已，岂利偿金耶？业已知过，所负金悉蠲之，仍赐钞币，遣使赍谕意。"八年十二月，贡马及方物。是时，三佛齐已入爪哇，废为旧港，传言满剌加请索其地，国王疑惧。十一年九月，使旋赐以绮币，仍诏其勿听浮言。寻更名杨惟西沙，专使谢恩。至十六、十九年皆贡，而东又不至，盖为所并矣。正统二年，再贡，赐王及妃绮币。景泰三年，请封，赐莽衣伞盖。天顺四年，贡使还，仍赐王及妃如前。此后鲜闻。其方域则《一统志》云：东抵古女人国，西抵三佛齐，南抵古大食，北抵占城。今自占城水行顺风二十昼夜可至，或曰佛兴所谓鬼国，即此地也。

贡献方物有火鸡，有鹦鹉，有孔雀，有孔雀尾，有翠毛，有鹤顶，有犀角，有象牙，有玳瑁，有龟筒，有宝石，有珍珠，有蔷薇，有奇南香，有檀香，有蒺藤香，有速香，有降香，有木香，有乳香，有黄熟香，有安息香，有乌香，有龙脑香，有丁皮，有没药，有肉荳蔻，有藤竭，有血竭，有芦荟，有阿魏，有大枫子，有番木鳖子，有荜澄茄，有荜茇，有闷虫药，有黄蜡，有番红土，有乌爹泥，有金刚子，有碗石，有锡，有西洋铁，有摺铁刀，有铁枪，有苾布，有油红布，有苏木，有胡椒。

（万历《广东通志》，卷六十九《外志四·番夷》）

三佛齐，距占城南五日程，介真腊、爪哇之间，古干陀利也。……人多蒲姓，贡始于梁。……国朝洪武二年二月，诏行人赵述往使。四年，国王怛麻沙那阿者遣使随述奉金字表朝贡。赐大统历，绮币。六年，贺正旦，贡方物。八年，诏从使者往谕拂菻。九年，其子那麻者巫里表乞绍封。……永乐初，国并入爪哇，废为旧港，仅立头目以司市易。时南海豪民梁道明窜泊兹地，众推为酋首。三年正月，遣行人谭胜受、千户杨信等往诏谕，道明遂偕其党郑伯可等随胜受归顺，留副头目施进卿代领其众。（黄《志》云：谭胜受，南海人。洪武癸酉，乡荐授临桂丞。永乐元年二月壬子，以最召拜监察御史，坐事降行人。时闽广流徒从梁道明者数千人，指挥孙铉使海南诸夷，遇其子及二奴，挟与俱来。奏闻，上以胜受同里，令偕其二奴，赍敕往诏谕之。道明遂从，入朝贡方物。赐道明袭衣钞百五十锭、文绮十二表、裹绢七十二匹。胜受奏事称旨，擢浙江按察使。）五年九月，进卿遣婿丘彦诚朝贡，设旧港宣慰使司，授施进卿宣慰使，赐印，诰冠带、文绮、纱罗，后卒。二十一年，子济孙复遣彦诚请命，且言印毁于火。寻命济孙袭宣慰使，赐纱绢、钑金花带织金衣绮袭衣银印，令太监郑和赍往赐之。（先是永乐五年，郑和使西洋还，过旧港，遇海贼陈祖义等欲肆要劫，诈称降，和觉之，整阵待战，杀五千余人，擒祖义等械送京师，悉斩于市。诸夷詟服，故再命和。）旧港土沃倍于它壤，民故富饶，俗嚣喜淫，习水战，顺风八昼夜可至。

贡献方物有火鸡，有五色鹦鹉，有孔雀，有龟筒，有黑熊，有白獭，有诸香，有米脑，有苾布，有兜罗锦披，有肉荳蔻，有番油子，有胡椒。

（万历《广东通志》，卷六十九《外志四·番夷》）

吕宋国，明洪武五年，遣使偕瑣里诸国入朝。永乐三年，遣官赍诏抚谕其国。八年，与冯嘉施兰入贡，自后久不至。万历四年，明兵追海寇林道乾，至其国。国人助讨有功，复朝贡。

（《粤海关志》，卷二十四《市舶》）

（洪武七年三月癸巳）暹罗斛国使臣沙里拔来朝贡方物，自言本国令其同奈思里侨剌悉识替入贡，去年八月舟次乌诸洋，遭风坏舟，漂至海南，达本处官司，收获漂余苏木、降香儿、罗绵等物来献，省臣以奏……

（《太祖实录》卷八十八）

（洪武七年八月丁酉）上语中书省臣曰："去年秋，占城国王遣其使阳宝摩诃八的悦文旦来贡，已赐文绮纱罗以答之，其获贼之功未赏。近其使还，可遣人以物追赐之。"于是，遣宣使金璇赍上尊酒及织金文绮罗二十四匹，驰至广州，付其使阳宝摩诃八的悦文旦，归赐其国王。

（《太祖实录》卷九十二）

（洪武二十年十一月）戊戌，上以占城贡象使者辛加咄及蕃军缺御寒之服，命赐棉被及寒衣一袭，辛加咄等回至广东，复遣中使赐宴，仍赐钞二十锭为道里费，军士半之。

（《太祖实录》卷一百八十七）

（洪武二十五年五月）己丑，遣琉球国民才孤那等二十八人还国……初，才孤那等……遇风飘至惠州海丰，为逻卒所获，言语不通，以为倭人，转送至京，值其国遣使入贡，为白其事，遂皆遣还。

（《太祖实录》卷二百一十七）

洪武二十五年夏五月，甲寅，安南遣其臣阮均等奉表由广东贡方物，上却之。上谕礼部臣曰："安南篡弑，不许朝贡。已谕广西布政司毋纳其使，今又从广东，禁有司不先读命而接纳其使，亟遣人诰责之。"仍却其贡献，不受。

（《太祖实录》卷二百三十二；万历《广东通志》，卷六《事纪》）

勘合号簿：洪武十六年始给暹罗，以后渐及诸国，每国勘合二百道号簿四扇，如暹罗国暹字勘合一百道及暹罗字底簿各一扇，送贮内府。罗字勘合一百道及暹字号簿一扇，发本国收填，罗字号簿一扇发广东布政司收。比遇朝贡，填写国主使臣姓名、年月、方物，令使者至布政司先验有无表文，次验簿，比号相同，方许护送至京。每纪元则更换，给时暹罗、占城、爪哇、真腊、满剌加、锡兰山、苏门答剌，皆以次给付。（三佛齐，据《会典》未给簿籍）使回，俱广东布政司管待。

（万历《广东通志》，卷六十九《外志四·番夷》）

凡番贡，多经琼州，必遣官辅护。暹罗国：洪武三十年、正统十年、天顺三年继贡象方物。占城国：宣德四年贡方物，正统二年又贡，十二年贡象，十四年贡方物，天顺七年贡白、黑象，成化七年贡象、虎，十六年又贡虎，弘治十七年贡象，正德十三年又贡。满剌加弘治十八年贡五色鹦鹉。各遣指挥、千百户、镇抚护至京。

（万历《琼州府志》，卷八《海黎志》）

苏门答剌国，古大食国也，在占城之西洋中，南接日连所居，宾童龙国东北，近雪山、葱岭，皆佛境，西北与大秦相邻，为其属。宋初与占城通贡，南又抵宋。淳化四年，广州番长以书招谕，舶主蒲希密遂至南海，以老病不能诣阙，乃以方物来献。其表有曰："涉历龙王之宫，瞻望天帝之境，庶尊玄化，以慰宿心。今则虽届五羊之城，犹赊双凤之阙。"自是广州至今多蒲姓者，皆其裔也。后与宾童龙国使来朝贡。熙宁中，其使辛押拖罗请进银钱助修广州城，不纳。后又分部领为勿斯离、弼琶啰、勿跋等国，复并名为须文达那。

本朝洪武间，遣使奉金叶表，贡马及方物。改名苏门答剌。永乐三年，酋长宰奴里阿必丁随中使尹庆入贡。封为苏门答剌国王，给予印诰。

[（明）严从简：《殊域周咨录》，卷九《苏门答剌》]

永乐初元，遍谕海外诸蕃，告即位。遣御史尹绶往其国。绶受命自广州发舶，由海道抵占城，又由占城过淡水湖菩提萨州，历鲁般寺而至真腊。

[（明）严从简：《殊域周咨录》，卷八《真腊》]

爪哇国，古阇陵也，一曰阇婆，在真腊之南，濒海。……永乐元年，西王都马板遣使奉表贺即位，贡五色鹦鹉、孔雀。福建参议辛彦博伴押至京。赐其王袭衣文绮。二年，东王孛令达哈亦遣使朝贡，且奏请印章。命铸涂金银印赐之。复赐东、西二王纻丝、纱罗、帐幔、手巾、羊酒器皿，王妃纻丝、纱罗、手巾等物。三年，遣行人谭胜受往爪哇招流民梁道明等。胜受者，广东南海人，洪武癸酉乡贡进士，为临桂县丞，以政最，召为监察御史。俄降行人。初，南海梁道明贸易于爪哇国，久而情熟，挈家住居，积有年岁。闽广军民弃乡里为商，从之者至数千人，推道明为长。指挥孙铉使海南诸蕃，遇道明子及二奴，挟与俱归，闻于朝，乃遣胜受同千户杨信赍敕往招之。道明属其副施进卿代领其众，自随胜受偕郑伯可寄来朝贡方物。赐道明等袭衣并文绮，增帛甚盛。上以胜受奉使称旨，擢浙江按察使。

[（明）严从简：《殊域周咨录》，卷八《爪哇》]

永乐初年，三佛齐竟为爪哇所破，废为旧港，是时南海豪民，梁道明窜泊兹土，众推为酋，闽广流移从者数千人，廷议遣行人谭胜受往招之，道明随胜受来归。（《广东通志》书云：谭胜受，南海人。乡荐，授临桂丞，以最召，拜监察御史，坐事降行人。时闽广流徙，从梁道明者数千人。指挥孙铉使，海南遇其子及二奴，挟与俱来上。以胜受同乡，令偕其二奴、赍敕往招道明，遂从入朝，赐道明袭衣、钞百五十锭、文绮十二表、里绢七十二疋。胜受奏事称旨，擢浙江按察使。）留副酋施进卿代领其众。五年，中贵郑和奉使西洋还，过旧港，遇流贼陈祖义。祖义诈降，潜谋要劫，和料贼无归顺意，整兵以待。贼悴至，与战，大破之，斩获无算，械祖义至京伏诛。诸夷闻之震慑，曰："真天威也。吾曹安意内向矣。"是年施进卿遣堉【婿】朝贡，诏命进卿为旧港宣慰使，赐印诰、冠服及文绮，后进卿卒。二十一年，以子济孙嗣，印毁于火，诏给之。

[（明）张燮：《东西洋考》，卷三《西洋列国考·旧港詹卑》]

满剌加，古哥罗富沙也。既时尝通中国，后顿逊。起自扶南三千余里，尝属之。其东界通交州即哥罗富沙，接阇婆，故又名大阇婆，亦称重伽罗云。其东有吉里地闷为旧属不称国。自旧港便风八昼夜可至，地旁山孤海，人少，羁属于暹罗，岁输金四十两为税。国朝永乐三年，其王拜里迷苏刺（《黄志》云，其王西利八儿苏刺，其子名拜里迷苏刺，今直据《会典》）遣使奉金叶表朝贡，其使者自言王慕义，愿比中国属郡，岁效职贡，且请封其国西山。七年，遣太监郑和赍诏封满刺加国王，赐金银印，冠带袍服，封其西界山为镇国之山，御制碑文立石，自是，暹罗敛手不敢复侵扰。九年七月，王率其妻子陪臣五百四十余人来朝，命太监海寿礼部郎中黄裳往劳，敕有司供张于会同馆。寻奉表入见，贡方物。上御奉天门宴劳之，别宴王妃及陪臣。刺光禄日给牲劳上尊，命礼部赐王金秀龙衣一袭，金银器皿、帷帐衵褥咸具。赐王妃八儿迷连里及其子侄陪臣傔从文绮、纱罗、袭衣有差。就馆，复赐宴焉。八月，赐黄金玉带、仪佼鞍马，并赐王妃冠服。九月，辞归。赐宴奉天门，别宴王妃陪臣等如初礼。赐敕劳王副以金相玉带一，仪佼一副，鞍马二疋，黄金百两，白金五百两，钞四十万贯，铜钱二千六百贯，锦绮纱罗六百疋，绢千疋，浑金文绮二，金织通袖膝襕二。王妃冠服一副，白金二百两，钞五千贯，锦绮纱罗娟六十疋，金织文绮纱罗衣四袭。王子侄冠带及陪臣等各白金、钞钱、绮币有差。礼部饯于龙江驿，复赐宴龙潭。十年，遣使来贡。十二年，国王毋干撒于的见沙来朝，赐如王妃，且告其父卒，今嗣封。二十二年，其嗣王西哩麻哈刺复率王妃及头目来朝。宣德九年，国王复至，天顺三年，王无答佛哪沙卒，子麻丹茫速沙请命遣使册封。正德十年以后贡间至。

贡献方物有犀角，有象牛，有玳瑁，有玛瑙珠，有鹤顶，有金母鹤顶，有珊瑚树，有珊瑚珠，有金环戒指，有鹦鹉，有黑熊，有黑猿，有白鹿，有锁服，有撒哈刺，有白苾布，有姜黄布，有撒都细布，有西洋布，有衣缦，有蔷薇露，有栀子花，有乌爹泥，有苏合油，有片脑，有沉香，有乳香，有黄速香，有金银香，有降真香，有紫檀香，有丁香，有树香，有木香，有没药，有阿魏，有大枫子，有乌木，有苏木，有番锡，有番盐，有黑小厮。

（万历《广东通志》，卷六十九《外志四·番夷》）

苏门答刺，古大食也。……今苏门答剌传即其国，一曰苏文达那。自满刺加便风九昼夜可至。国朝永乐三年，其酋长宰奴里阿必丁遣使从中官尹庆来朝贡，诏封为国王，给印诰。五年，嗣王锁舟罕阿必镇遣阿里入贡方物。宣德六年，贡表用金叶。十年，复请封其子为王。永乐五年，太监郑和西使至苏门答刺，时伪王苏干刺谋杀宰奴里阿必丁篡其位，怨使者赐不及已，遂领兵数万邀击我官军，和率众，其国人迎拥嗣王出兵夹战，苏干刺败走，追至喃勃国，并其妻子俘以归。永乐十二年九月，献于行在，以大逆不道伏诛，诸番震恐。其五年贡，时小葛兰国亦附使者来献厥贡，惟珍珠、伞、白绵布、胡椒。

贡献方物有骏马，有犀牛，有宝石，有玛瑙，有水晶，有石青，有回回青，有锡，有硫黄，有胡椒，有苏木，有番刀，有番弓，有撒哈剌，有梭服布，有木香，有丁香，有降真香，有沉速香，有龙涎香。（传苏门答剌西一昼夜程有龙涎屿，独峙南巫坐洋之中，群龙交戏，其上遗涎。国人驾独木舟伺采之，每一斤值其国金钱一百九十二枚，准中国钱九千文。嘉靖三十四年三月，司礼监传谕户部取龙涎香一百斤，遍市京师不得，下诸藩省采买。八月，部文驰至台司，集议悬价每斤银一千二百两，浮梁县商汪弘请同纲纪何处德往澳访买，仅得十一两以归。十月，遣千户朱世威驰进。内验，不同，姑存之。亟取真者。部文再至。时广州狱斩罪夷囚马那别的，贮有一两三钱，上之，黑褐色。密地都密地山夷人，继上六两，褐白色。细问状，皆云褐黑色者采在水，褐白色者采在山，皆真不假。而密地山商周鸣和等再上，通前共得十七两二钱五分。次年八月，遣千户张鸾入进内，辨验是真，留用。万历二十一年十二月，太监孙顺为备东宫出讲，题买五斤，司附验香把总蒋俊访买于二十四年正月初九日，及进口十六两，差广州照磨王应龙再取。又于二十六年十二月初五日，买进四十八两五钱一分，差南海主簿徐一中，又再于二十八年八月十八日买进九十七两六钱二分，差本司经历怀献章。自嘉靖至今，夷舶闻上供稍稍以龙涎来市，民间鲜有售者。始定买解事例，每香一两，价一百斤，然得此甚难。《星槎胜览》云：采时或遇风波，则人具下水，一手附舟旁，一手挥水浮至岸。其龙涎初若脂胶，黑黄色，颇有鱼腥气，久则成大泥。或大鱼腹中剖出若斗大，亦觉鱼腥，焚之清香可爱。货于苏门答剌之市，官秤一两，用彼国金钱十二枚，一斤则一百九十二枚也。《游宦纪闻》云：龙涎香最贵重，广州市不下五十千，乃番中禁榷之物，出大食国近海旁，常有云气出罩山间上，即知龙睡其下，更相守之，俟云散，知龙已去。往求必得龙涎，入香合和能收敛脑麝清气，虽数十年香味仍在。得其真者和香焚之，翠烟袅空，结而不散，或言涎沫有三品，一曰泛水，一曰渗沙，一曰鱼食。泛水则轻浮水面，善水者同龙出，随取之。渗沙则凝积多年，气味尽渗入沙中。鱼食则化粪散于沙碛，惟泛水者可入香用。又言鱼食亦有二种，海旁有花若木芙蓉，春夏间盛开，花落海，大鱼吞之。若腹肠中先食龙涎花，咽入久即胀闷，昂头向石上吐沫，干枯可用。惟粪者不佳，若散碎，皆取自沙渗力薄。欲辨真伪，将结块者奋力投没水中，须史突起直浮水面。或取一钱口含之，微有鱼腥气，经一宿，其细沫已咽，余结胶舌上，取出就淖，称之亦重一钱，将淖者又干之，其重如故。虽极干枯，用银簪火烧极热，钻入枯中，乘暖抽簪，出其涎，片丝不绝，验此不公，褐白、褐黑皆真。）

（万历《广东通志》，卷六十九《外志四·番夷》）

（永乐三年九月）甲午，上以海外诸番朝贡之使益多，命于……广东市舶提举司各设驿以馆之……曰怀远，各置驿丞一员。

（《太宗实录》卷四十六）

（海外诸国）臣服西来，逾岭则北望天府，衣冠文物，凡海内大都，足以歆其畏慕，莫或觊觎焉者，必暂札于怀远楼。

[（明）姚虞：《岭海舆图》，"南雄府图序"]

（永乐四年三月）甲寅，命……广东市舶提举司，凡外国朝贡使臣往来皆宴劳之。

（《太宗实录》卷五十二）

（永乐四年六月丙子）广东布政司奏："每岁海外番夷入贡方物，水路以舟楫运载，惟南雄至南安限隔梅岭，舟楫不通，自今请用民力接用。"上曰："为君务养民，今番贡无定期而农民少暇日，假令是春至秋，番夷入贡如值农务之时，其方物并于南雄收贮，俟十一月农隙，却令赴安南，著为令……"

（《太宗实录》卷五十五）

（永乐）四年，敕广东都指挥司选精兵六百人，以能干千百户领之，具器甲糗粮，由海道往占城，会兵伐安南。又遣中使马彬等赍敕，赐以镀金银印及纱绢、金带、黄金百两、白金百两、织金、文绮衣二袭并诸色币。国王占巴的赖既出兵，复遣中官王贵通赍赐往劳之。赐白金三百两、彩币二十表里。

[（明）严从简：《殊域周咨录》，卷七《南蛮·占城》]

（永乐）五年，中使郑和往西洋还，泊旧港，遇海贼陈祖义等，招之。陈祖义者，广东人，脱罪避居旧港，久之得为三佛齐将领，暴横掠过客。至是因郑和之招，诈降潜谋邀劫和。有施进卿者，祖义乡人也，诉于和。和整兵擒祖义，诛其党五千余人。承制官进卿留旧港为将领，祖义械送京师，斩于市。诸番闻之，皆詟服。是年，旧港酋长施进卿遣婿丘彦诚入贡。诏设旧港宣慰使司，命进卿为宣慰使，赐印诰、冠带、文绮。二十一年，进卿子济孙袭宣慰使，赐冠带、织金、文绮、袭衣、银印，中使郑和赍往赐之。自是比诸番国，朝贡不绝。

[（明）严从简：《殊域周咨录》，卷八《三佛齐》]

（永乐）九年，嗣王拜里苏剌率其妻子陪臣五百四十余人来贡，广州驿闻，上念其轻去乡土，跋涉海道而至，遣中官海寿、礼部郎中黄裳等往宴劳之。复命有司供张会同馆。既至，奉表入见，并献方物。上御奉天门宴劳之，别宴王妃及陪臣等，仍命光禄寺日给牲牢上尊，命礼部赐王锦绣龙衣二袭、麒麟衣一袭及金银器皿、帏幔裀褥，赐王妃及其侄陪臣傔从文绮、纱罗、袭衣有差。出就会同馆复宴。既而王辞归，饯于奉天门，别饯王妃陪臣等。赐勅劳王曰："王涉海数万里至京，坦然无虞者，盖王之忠诚，神明所佑也。朕与王相见甚欢，故当且留。但国人在望，宜往慰之。今天气尚寒，顺风帆去，实为厥时。王途中善饮食、善调护，副朕眷念之怀。"赐王金镶玉带、仪仗、鞍马、黄金百两、白金五百两，赐妃冠服、白金二百两，赐王子侄冠带并陪臣等各赏赉有差。复命礼部饯于龙江驿，仍赐宴于龙潭驿。

［（明）严从简：《殊域周咨录》，卷八《满剌加》］

（永乐）十年，遣使赍诏印往封之。……地广人稠，俗富饶，亚于爪哇。产龙涎香、乳香。货用金钱、铜钱、青花白磁器、色缎、色绢之属。其道由广东至京。

［（明）严从简：《殊域周咨录》，卷九《锡兰》］

（永乐）十一年，国王又遣其孙舍阿那沙等入贡。兵部尚书陈洽言："初讨黎贼及陈季扩之时，占城国王虽听命出兵，然实怀二心。图唇齿相依，徘徊观望，愆期不进。及进至化州，大肆掳掠。以金帛战象资陈季扩。季扩遗以美女，复约季扩舅陈翁挺等三万余为党，侵夺升华府所隶四州十二县，厥罪与交趾等，请发兵讨之。"上以出师路由交阻，交民方安业，不忍用兵，远劳供给。但遣使赍敕谕占巴的赖而已。先是占城定三年一贡之期，与安南国同。是岁遣行人往劳之。自后国王嗣位，必请命于朝。亦遣使行礼。

［（明）严从简：《殊域周咨录》，卷七《南蛮·占城》］

（永乐十八年六月）己酉，升广东布政司参议陈诚为右参政，命同中官郭敬等使哈烈诸国。时哈烈、撒马儿罕、八答黑商……诸国皆遣使贡马，故遣诚等赍敕各赐彩币等物。

（《太宗实录》卷二百二十六）

本朝永乐十五年，东国王巴都葛叭答剌、西国王巴都葛叭苏哩、别洞王叭都葛巴剌卜，各率其妻子酋长来朝。贡珍珠、玳瑁诸物。赐国主纱帽、金镶玉带、金蟒衣、衾褥、器皿铺陈,赐王妃冠服、文绮、纱罗等物,王子女姻戚酋长使女给赏有差。诏货物俱给价,免抽分。……贡道由广东。

[(明)严从简:《殊域周咨录》,卷九《苏禄》]

(永乐)二十一年,又贡。赏赐使臣及通事总管客人蕃伴衣服,纻丝、绢布、靴、袜、履、金银、纱帽诸物有差,诏定其例,使臣人等进到物货俱免抽分,给与价钞,给赏毕日,许于会同馆开市,除书籍及玄黄紫皂大花西番莲锻并一应违禁之物不许收买,其余听贸易。二次使臣筵宴,回至广东,布政司复宴。

[(明)严从简:《殊域周咨录》,卷八《真腊·暹罗》]

驿馆:永乐间四夷来王,市舶至,用内官监镇,寻置怀远驿于郭西南蚬子步,创屋百二十间,以司馆谷。时内官总货,提举官吏但领簿而已。其入贡者惟正使进城,余皆就驿止宿。遇设宴管待方入,宴毕即出。成化、弘治间犹然。其衣服诡异,至有帽金珠、衣朝霞者将侍宴,老稚咸竞观之,迩来夷商亦多游处外城,有进至城里贸易者,此宜严禁,贡使至亦少。

(万历《广东通志》,卷六十九《外志四·番夷》)

(宣德二年十一月乙未)赐爪哇国使臣亚烈须里蛮及头目八致麻勿等钞、纱罗、纻丝、袭衣有差……命行在礼部遣人,送至广东遣行。

(《宣宗实录》卷三十三)

(宣德三年二月丁丑)行在礼部奏:"爪哇国使臣亚烈张显文等言,率家属来朝,至广东惠州,暴风坏舟,母妻等四人皆溺死,权瘗海滨,乞官为造坟。"上恻然曰:"……其令惠州府致祭,及治丧葬。"

(《宣宗实录》卷三十七)

(宣德三年三月戊戌)赐暹罗国使臣……命行在礼部遣人护送至广东布政司,遣归。

(《宣宗实录》卷四十)

(宣德四年五月壬戌)爪哇国使臣亚烈麻抹等将还国,诉于行在礼部云:"来时舟为海风所坏,乞令广东都司、布政司造舟与归,又欲以所赍之物于广东易铁。"礼部言:"番臣朝贡,其职当然,舟坏应自出赍以造,岂可上烦朝廷，且铁有禁例，皆不可从。"上曰："易铁勿听，但远人来朝，抚之宜厚，造舟小费不足较，宜从之。"

（《宣宗实录》卷五十四）

（宣德四年七月乙丑）赐爪哇国使臣……命行在礼部遣人护送赴广东，就赐海船二艘，以便其往来。

（《宣宗实录》卷五十六）

宣德四年，钦差内官俞端调本卫百户项贵，统精锐军，往暹罗等国公干。外番贡献，向如暹罗、占城、满剌加诸国，道经琼州，遣指挥千百户镇抚护至京。

［（清）胡端书：《万州志》，卷四《边海外国》］

（宣德四年十一月乙巳）行在刑部奏："爪哇国人麻沙等朝贡，还至广东，与其同类麻抹有隙，杀之，陈初伍、墨加风二人皆从行。事觉，广东布政司鞠问，麻沙服罪，死于狱，陈初伍等虽从而不加劝，当徒。"上曰："夷狄之人不知礼法，且杀人者已死，彼既不加劝，不足深治，宥之遣归。"

（《宣宗实录》卷五十九）

宣德五年六月庚午朔，上谕行在礼部臣曰："闻西南诸番进贡，海舟初到，有司封识，遣人入奏，使有命然后开封起运，使人留彼，动经数月，供给皆出于民，所费多矣。其令广东……三司，今后番舡至，有司遣人驰奏，不必待报，三司即同市舶司称盘明注文籍，遣官同使人运送至京，庶省民间供馈。

（《宣宗实录》卷六十七）

宣德六年，其国来进马。赐王锦二段、纱罗各四疋、绢十三疋、妃文绮、纱罗有差。九年，国王复来贡马。回赐彩段二十表里，以后俱照此例。正使赏彩段五表里，并其妻及头目通事各赏有差。十年，请封其子为王。正统十年、天顺三年，皆来贡。成化二十二年，番人马力麻者，为海商，诡称苏门答剌使臣，私通贩易。市舶中官韦眷利其货，不究问之。广东布政使陈选发其奸抵罪。自后其国间一朝贡。

［（明）严从简：《殊域周咨录》，卷九《苏门答剌》］

正统元年，使臣马用良言："先任八谛来朝，蒙恩赐银带。今为亚烈，秩四品，乞赐金带。"从之。闰六月，遣古里、苏门答剌、锡兰山、柯枝、天方、加异勒、阿丹、忽鲁谟斯、祖法儿、甘巴里、真腊使臣偕爪哇使臣郭信等同往。赐爪哇敕曰："王自我先朝，修职勿怠。朕今嗣服，复遣使来朝，意诚具悉。宣德时，有古里等十一国来贡，今因王使者归，令诸使同往。王其加意抚飏，分遣还国，副朕怀远之忱。"五年，使臣回，遭风溺死五十六人，存者八十三人，仍返广东。命所司廪给，俟便舟附归。

八年，广东参政张琰言："爪哇朝贡频数，供亿费烦，敝中国以事远人，非计。"帝纳之。其使还，赐敕曰："海外诸邦，并三年一贡。王亦宜体恤军民，一遵此制。"十一年复三贡，后乃渐稀。

（《明史》，列传第二百十二《外国五》）

（正统元年六月庚戌）徙西千达里国回回亚哈木巴加等于广西僻地安置。初亚哈木巴加等朝贡至京，回至广东，延住年久，至是有劾其不守礼法、生事扰民者，故徙之。

（《英宗实录》卷十八）

（正统二年九月丙午）巡按广东监察御史张忠奏："暹罗国近遣使臣柰霭纳孛剌等航海来朝贡方物，其通事麻沙等已登岸，舟被风涛漂去，不知所在。"上以方物不足恤，命厚抚麻沙等，遣还。

（《英宗实录》卷三十四）

（正统五年八月己卯）爪哇国通事八致昭阳等回国，遇飓风，船毁，头目曾奇等五十六人溺死，惟昭阳等八十三人仍留广东，命市舶提举司与廪给口粮，抚养住坐，候有本国便船，附之以归。

（《英宗实录》卷七十）

（正统六年三月乙卯）行在礼部言："广东都司南海卫等衙门指挥佥事等官曹忠等送占城进贡犀象赴京，一犀死于道，当治忠等不谨之罪。"上特宥之。

（《英宗实录》卷七十六）

正统六年，国王卒，嗣子摩诃贵由请袭爵。上次勅诏，遣事中舒某（失其名）为正使，及副使行人吴惠往封之。

［（明）严从简：《殊域周咨录》，卷七《占城》］

（正统十一年五月己巳）礼部奏："苏门答剌国人……眉妹打歪并女使人等见在广东寓居，无族属之亲、服食之资，度日艰窘，零丁无依，欲行广东都、布、按三司，令起送复国。"从之。

（《英宗实录》卷一百四十一）

（正统十一年七月己巳）……仍命制班赉敕及纻丝纱罗归赐其国及妃，敕曰："……务令使臣于广东市舶提举司河下，或琼州府海口港次湾泊，庶官司开闸接取便当，亦免盗贼侵扰之患……"

（《英宗实录》卷一百四十三）

（正统十二年六月壬申）占城国使臣左栗提朋至广东南雄府凌江驿，以疾卒，命有司致祭。

（《英宗实录》卷一百五十四）

（正统十二年八月癸亥）爪哇国使臣亚烈马用良等朝贡至京，奏："所驾海舟被风荡石破，乞行广东都布二司量给物料，佥拨夫匠造舟，领驾回国。"从之。

（《英宗实录》卷一百五十七）

（正统十四年十一月乙酉）先是，暹罗、爪哇、占城诸国贡使还，例遣官诣广东设宴，及措置沿途饮食供应等事。至是，左参议杨信民言："广东番夷往来，既有内使专统其事，又有镇守、巡按、三司等官，令其待宴足矣，乞免差京官远行陪宴之礼。"从之。

（《英宗实录》卷一百八十五）

（景泰四年秋七月癸未）广东三司奏："给事中潘本愚等奉使占城，回还，于船内搜出下番官军镇、抚罗福等二百四十二名带回象牙、梳坯、乌木、锡、蜡等物，共一千九百三十三斤，俱应入官。"命有司照数给还各人。

（《英宗实录》卷二百三十一）

（景泰四年十月辛卯）爪哇国贡使马用良等陛辞……命赍敕并金织文绮等物归赐其国王及妃。敕曰："……今后宜择谙晓大体一、二人为正副使，量带从人至广东，听彼官司存留起送……"

（《英宗实录》卷二百三十四）

（景泰七年五月己丑）初，满剌加国正、副使李霭等来朝贡，至广东新会县，霭以犯奸，自戕死。副使巫沙等已讫事，还鸿胪寺。通事马贵等，凭番人亚末首请，称霭有夜光珍珠并猫睛石未进。朝廷信之，遣员外郎秦颙并贵带回。亚末等乘传至广东，会官追取。至是，镇守广东并巡按三司等官及颙等会，奏将霭男女行李逐一检阅，别无前项宝物。命擒贵等，送法司，如律治之。

(《英宗实录》卷二百六十六)

天顺三年，（满剌加）王子苏丹芒速沙遣使入贡，命给事中陈嘉猷等往封之。越二年，礼官言："嘉猷等浮海二日，至乌猪洋，遇飓风，舟坏，飘六日至清澜守御所获救。敕书无失，诸赐物悉沾水。乞重给，令使臣复往。"从之。

(《明史》，列传第二百十三《外国六》)

（天顺四年七月）丁丑，占城国副使究村则等奏："蒙本国王差委，同王孙进贡。至崖州，与象奴先来，今王孙及正使人等在广东未至，闻三司官留与方物同行，诚恐迟误。"上命礼部遣人乘传，谕广东三司，先以金叶表文同王孙起送至京。

(《英宗实录》卷三百一十七)

（天顺五年三月戊午）礼部尚书石瑁奏："先是，遣礼科给事中陈嘉猷、行人司行人彭盛为正副使，往满剌加国行册封礼，于广东布政司造船。浮海行二日，至乌猪等洋，遇飓风，船破。漂荡六日，至海南卫清澜守御千户所地方，得船来救。嘉猷等捧诏书、敕书登岸，令水手打捞，得纻丝等物，俱水湿有迹，乞行广东市政司收买应付。其苎丝、罗布宜于内承运库换给，遣人赍付，嘉猷仍往行礼。"从之。

(《英宗实录》卷三百二十六)

陈选，天顺庚辰进士，累迁广东左布政。闽之渔人赖克哥等三十余风舟泊潮，逻者得之，以通番罪论死，选谳出之。（选）执法不避中贵，时提督市舶司韦眷倚进贡为奸利，以苦役户。选特为裁减，其后番人马力麻与海商通贩，诡称苏门答剌国使臣，眷受其贿不问。选发其伪。又撒马儿罕使臣怕六湾以狮子入贡，浮海还国，复以更市狮子唊我，选言不贵远物，岂以隳国体而令外夷见也。

(万历《广东通志》，卷十三《名宦》)

陈选，天顺庚辰进士，累迁广东左布政。市舶中官韦眷奏乞均猺户六十人添办方物，选持诏书争，帝命与其半，眷由是怒选。番人马力麻诡称苏门答剌使臣，欲入贡私市易，眷利其厚贿，将许之，选立逐之去。撒马儿罕使者自甘肃贡狮子，将取道广东浮海归，云欲往满剌加更市以进。选疏言不可许，恐贻笑外番轻中国，帝纳其言而眷憾选益甚。先是番禺知县高瑶没眷通番资钜万，选移檄奖之，且闻于朝。至是眷诬奏选、瑶朋比为贪墨。

（道光《广东通志》，卷二四三《宦绩录十三·明二》）

（成化五年秋七月庚戌）广东守珠池奉御陈彝："今岁五月，有黑船十余艘，泛青婴、杨梅池，窃采蚌珠。闻其语音，乃交趾夷人，请敕宜令所在有司禁防。"既而巡抚都御史亦以为言，适安南国王黎灏使朝贡回，就令赍敕往谕之。

（《宪宗实录》卷六十九）

（成化十五年五月甲子）行人司左司副张瑾赍诏往封占城国王，道江西清江县，风浪破其船，所赍诏物皆湿损，守臣以闻。礼部议以诏及礼物请易以新者，别令行人赍付瑾。余物不出内库者，令广东布政司依式造之。且谓奏疏无正使姓名，宜令巡按江西御史按实以闻。从之。

（《宪宗实录》卷一百九十）

（成化）十七年，古来遣使朝贡，言："安南破臣国时，故王弟槃罗荼悦逃居佛灵山。比天使赍封诰至，已为贼人执去，臣与兄斋亚麻弗菴潜窜山谷。后贼人畏惧天威，遣人访觅臣兄，还以故地。然自邦都郎至占腊止五处，臣兄权国未几，遽尔陨殁。臣当嗣立，不敢自专，仰望天恩，赐之册印。臣国所有土地本二十七处，四府、一州、二十二县。东至海，南至占腊，西至黎人山，北至阿本喇补，凡三千五百余里。乞特谕交人，尽还本国。"章下廷议，英国公张懋等请特遣近臣有威望者二人往使。时安南贡使方归，即赐敕诘责黎灏，令速还地，毋抗朝命。礼官乃劾瑾擅封，执下诏狱，具得其情，论死。时古来所遣使臣在馆，召问之，云："古来实王弟，其王病死，非弑。提婆苔不知何人。"乃命使臣暂归广东，俟提婆苔使至，审诚伪处之。使臣候命经年，提婆苔使者不至，乃令还国。

（《明史》，列传第二百十二《外国五》）

（成化十九年十二月丁丑），巡按广东监察御史徐珏奏："出使满剌加国使臣、从行军民二十八人，皆被风破舟，漂至安南国。国王黎灏给廪具舟，遣使送回。其咨文字尽真谨，辞语卑逊，足见尊敬朝廷之意。谨具以闻。"上曰："安南国王资送漂流军民回还，诚敬可嘉，速令广东布政司移咨，令王知之。"

（《宪宗实录》卷二百四十七）

有番王来宾谳之礼：成化二十年，占城国王古来□□东宾至广东布政司参见□官，毕馆□于怀远驿，番王上金叶表进贡方物，收毕，三堂令广东有司行宴会礼，都指挥使司佥事卫官属戎衣，盛陈兵仗于城门内外……

（万历《广东通志》，卷七《事纪》）

（成化二十年八月）辛未，遣户科给事中李孟旸充正使，行人司行人叶应充副使，奉诏及礼物封占城国王齐亚麻勿庵弟古来为占城国王。既而孟旸等言："占城久为提婆苔所据，乞以封古来敕印，先令其使人顺赍以往，使彼国中预朝廷封古来之意，以定人心。其提婆苔所遣王孙来谢恩、留质广东者，亦释遣之。臣等俟舟完风便，后至古来所居之地开读。"章上，会廷臣议。从之。

（《宪宗实录》卷二百五十五）

（成化二十一年五月癸亥）广东左布政陈选奏："传闻撒马儿罕使臣由广东归国，将往满剌加国，求买狮子以献。惟狮子为无用野兽，广东连年水旱，加以地震星流，灾变异常，民生不安，乞早赐停罢。"章下礼部，以为"宜令伴送通事省令使臣，到广速归，勿得骚扰"。从之。

（《宪宗实录》卷二百六十六）

（成化二十二年六月庚子）礼部奏："苏门答剌国遣使进贡，广东市政司因无印信勘合，奏准将本国所进表文寄贮广东官库，省令各夷回还。内借拨番人斤荡等三名管送贡物来京，每人量赏生绢一疋、棉布二匹、胖袄及鞋以酬其劳。"从之。

（《宪宗实录》卷二百七十九）

成化二十二年，（苏门答剌）其使者至广东，有司验无印信勘合，乃藏其表于库，却还其使。别遣番人输贡物京师，稍有给赐。自后贡使不至。

（《明史》，列传第二百十三《外国六》）

（成化）二十二年，夷使怕六湾等贡狮得赏。中人韦眷护行至南海，又将浮海还国，云欲往满剌加更市狮贡。韦眷利之，从其请。广东布政使陈选言："此西域贾胡为奸利耳。使堕其谋必贻诸番之笑。且珍禽奇兽之好，不可以示外夷。"力拒止之。

[（明）严从简：《殊域周咨录》，卷十五《撒马儿罕》]

（成化二十三年三月）丁卯，天方国回回阿力，以其兄纳的游方在中国四十余年，欲至云南访求之，因自备宝物累万，于满剌加国附行人左辅至京进贡，而为内官韦眷所侵克，奏乞查验。礼部请估其贡物，酬以直，而许其访兄于云南。上曰："阿力实以奸细，窃携货物，假进贡索厚利，且在馆悖言肆恶。念其远夷，姑宥不问。锦衣卫其速差人押送广东镇巡官收等，遇使遣回。"

（《宪宗实录》卷二百八十八）

成化年，满剌加国请封，以林荣充正使，泛海溺焉。

（万历《广东通志》，卷五十四《廉州名宦》）

（弘治元年三月己巳）册封占城国正、副使礼科都给事中李孟旸、行人司行人叶应，还自广东。

（《孝宗实录》卷十三）

明年，弘治改元，（占城）遣使入贡。二年，遣弟卜古良赴广东，言："安南仍肆侵凌，乞如永乐时遣将督兵守护。"总督秦纮等以闻。兵部言："安南、占城，皆《祖训》所载不征之国。永乐间命将出师，乃正黎贼弑逆之罪，非以邻境交恶之故。今黎灏修贡惟谨，古来肤受之愬，容有过情，不可信其单词，劳师不征之国。宜令守臣回咨，言近交人杀害王子古苏麻，王即率众败之，仇耻已雪。王宜自强修政，抚飖国人，保固疆圉，仍与安南敦睦修好。其余嫌细故，悉宜捐除。倘不能自强，专藉朝廷发兵渡海，代王守国，古无是理。"帝如其言。三年，遣使谢恩。其国自残破后，民物萧条，贡使渐稀。

（《明史》，列传第二百十二《外国五》）

（弘治二年十一月）壬申，旧例，撒马儿罕入贡，俱由甘肃验送。至是，阿黑麻王遣使从满剌加国取路进狮子、鹦鹉等物至广州，两广总镇等官以闻。上曰："珍禽奇兽，朕不受献。况番使奸诈，又不由正路以来，其即遣官阻回。广东镇巡官违例起送,宜坐罪,姑从宽宥,礼部仍移文谕之。"礼部覆议:"夷使虽违例进贡,然不可绝之已甚。宜薄给赏赐,并量回赐阿黑麻彩段表里等物,以答谢意,使知朝廷怀远之仁。"从之。

(《孝宗实录》卷三十二)

弘治二年,又进狮。礼科给事中韩鼎言:"狰狞之兽,非宜玩狎。却之。"上嘉,纳焉。四年,又进狮及鹦鹉至广东。守臣以闻。礼部尚书倪岳上疏,请却其贡,但使行人往劳。疏略曰:"臣观撒马儿罕所进狮子,乃夷狄之野兽。非中国之所宜蓄,留之于内,既非殿廷之美观;置之于外,亦非军伍之可用。且不免以彼无用之物,易此有用之财。倘或非真,岂不受远人之欺,贻天下之笑。且启蛮夷窥伺之心,以为中国好尚之所在!臣等切为朝廷惜之也!尝闻圣帝明王不宝远物,故周武王时西旅贡獒,召公致戒;汉文帝时千里马献,下诏却之。载之经史而传美万世。成化初年,宪宗皇帝亦尝降谕朝鲜,罢献白鹊、海东青。皇上践祚,首颁明诏,禁止各处镇守等官进贡,以杜骚扰之弊。既而放禽鸟纵鹰犬,数日之间屏去无遗。弘治元年,迤西夷人进贡玉石等物,却令取回。本年镇守太监王举欲进宝物,严申禁绝。善政善教,远近称颂。以为圣德恭俭,与成汤之不殖货利同符异世,由是而始终惟一,虽尧舜之圣何以过此。今未及三年,而广东镇巡言官又因撒马儿罕进狮子至,要行起送。臣等仰窥圣心,必不纳此无益之物,以为圣德之累。但恐有引先朝事例为言,容其到京。则所经历道途骚扰必多,赏赐犒劳,须从旧例。即今地方水旱相因,人民穷困,顾乃疲中国以待远夷,费有用而易无用。况本番进贡使臣,例该于陕西、甘肃验放起送。今若听其从海而来,则后次倘有附近本番浮海商夷,托称彼国差来入贡,则既无勘合又无印信,何由知其真伪?且又令其习知海道而启意外之虞乎!臣等愚见深为未便。伏望皇上念生民财力之艰难,察夷人诡冒之计,断自宸衷。阻其使臣,尽却所贡。仍差行人一员驰驿前去,缘途体访,随其所在司府宴劳给赏,嘉答其意,整其原来舰舶,以使撑驾回旋,帖服其心。仍请敕一道,晓谕阿黑王,谓尔忠敬之心朝廷具知,但差人进贡,只依成例量备驼马,从陕西陆地以达京师。其狮子、鹦鹉,非常有之物,不必远涉海道来进。如此则远方夷丑,知明天子之所为,有非彼之所能测。然后益修政治,益崇俊良,使家给人足,礼乐兴行,边域无警,万方宾服。如此则虽四夷毕至未足以增光盛治,矧一狰狞夷兽,何足以为明时之轻重哉!"上嘉纳其言。

[(明)严从简:《殊域周咨录》,卷十五《撒马儿罕》]

（弘治八年十二月）壬戌，致仕南京兵部尚书薛远卒。远，字继远，广东琼山县人。正统七年进士，授户部主事。……天顺六年，使交南还，升本部右侍郎。

（《孝宗实录》卷一百七）

宏【弘】治十年，暹罗国入贡时，四裔馆无暹罗译字官。阁臣徐溥请移牒广东，访取能通彼国言语文字者，赴京备用，从之。

（《粤海关志》，卷四《前代事实三》）

爪哇……弘治十二年，贡使遭风舟坏，止通事一舟达广东。礼官请敕所司，量予赐赉遣还，其贡物仍进京师，制可。自是贡使鲜有至者。

（《明史》，列传第二百十二《外国五》）

（弘治十六年冬十月辛丑）先是，琉球国王遣使人吴诗等乘舟之满剌加国，遇风舟覆，诗等一百五十二人漂至海南登岸，为逻卒所获，广东守臣以闻。上命送诗等于福建守臣处给粮养赡，候本国进贡使臣去日，归之。

（《孝宗实录》卷二百四）

（弘治十八年六月）庚午，占城国王子沙古卜洛，遣使沙不登古鲁来贡方物，乞命大臣往其国，仍以新洲港等处封之。然不明言其父古来已薨否与，别有占夺方舆之奏，始略及焉。给事中任良弼等言："请封之事当酌量审处。皇祖之训，以占城朝贡时内带行商，多诡诈，尝力阻之。逮我太宗有事安南，以占城唇齿，始通往来，而与之封锡。然比之朝鲜，安南朝贡以时者不同。迩年，盖因国土削弱，假贡乞封，仰仗天威以詟服其邻国。其实国王之立不立，不系朝廷之封不封也。况前者国王古来尝请预封沙古卜洛为世子，而不得命，今乃称古来已没，虚实难料。万一我使至彼，古来尚存，将遂封其子乎？抑以义不可而止乎？胁迫之间，事有至难处者。如往时化事中林霄之使满剌加，不肯北面屈膝，幽饿而死，而不能往问其罪，君命国体不可不惜。大抵海外之国，无事则废朝贡而自立，有事则假朝贡而请封。今者占城之来，岂急于求封，不过欲复安南之侵地，还广东之逃人耳。夫安南侵地，先年曾降玺书，谕令归还，约不还且正其罪。彼揣其势，必难轻举，故天语丁宁而侵疆如故。若谕之至再，彼将玩视之，而天威亵矣。今不先为处置国土而但欲往封，设若拘留我使，求为处分，不知朝廷何以处之？其逃称广东人口，兵部曾咨抚臣查发，至今未报，若又因而拘我使、索逃人，则似以天朝之使质于小夷也。宜如往年古来至广东就封事例，遣使送至广东界上,令其领敕归国;户部仍咨两广抚臣诘责安南,谕以祸福,令悉还所侵地;其逃入番伴等,再行抚臣抚谕发遣,庶全柔远之道,无损中国之威。"事下礼部集议,言:"国王之薨,例先遣族属告哀。今既不然,且沙古卜洛请封奏内不明言古来病故年月,宜行广东布政司移咨本国勘报议处。"从之。

(《武宗实录》卷二)

(正德三年二月壬子)命两广州县传送安南陪臣阮铨等柩还其国。时铨等以朝贺来,至龙州物故。陪臣杨直源等奏乞传送还葬,从之。

(《武宗实录》卷三十六)

正德三年,(满剌加)使臣端亚智等入贡。其通事亚刘,本江西万安人萧明举,负罪逃入其国,赂大通事王永、序班张字,谋往浡泥索宝。而礼部吏侯永等亦受赂,伪为符印,扰邮传。还至广东,明举与端亚智辈争言,遂与同事彭万春等劫杀之,尽取其财物。事觉,逮入京。明举凌迟,万春等斩,王永减死,罚米三百石,与张字、侯永并戍边,尚书白钺以下皆议罚。

(《明史》,列传第二百十三《外国六》)

正德五年,沙古卜洛遣叔父沙系把麻入贡,因请封。命给事中李贯、行人刘廷瑞往。贯抵广东惮行,请如往年古来故事,令其使臣领封。廷议:"遣官已二年,今若中止,非兴灭继绝义。倘其使不愿领封,或领归而受非其人,重起事端,益伤国体,宜令贯等亟往。"贯终惮行,以乏通事、火长为词。廷议令广东守臣采访其人,如终不得,则如旧例行。贯复设词言:"臣奉命五载,似惮风波之险,殊不知占城自古来被逐后,窜居赤坎邦都郎,国非旧疆,势不可往。况古来乃前王斋亚麻弗菴之头目,杀王而夺其位。王有三子,其一尚存,义又不可。律以《春秋》之法,虽不兴问罪之师,亦必绝朝贡之使。奈何又为采访之议,徒延岁月,于事无益。"广东巡按丁楷亦附会具奏,廷议从之。十年,令其使臣赍敕往,自是遂为故事,其国贡使亦不常至。

(《明史》,列传第二百十二《外国五》)

(正德五年八月丙戌)封占城国世子沙古卜洛为占城国王,以礼科都给事中于聪充正使,行人司行人刘宓充副使。初左给事中李贯以次当行,内批改命聪。盖贯因其乡人嘱刘瑾以免,才数日,瑾败,聪以为言,仍令贯往。贯至徐州遇盗割其发,奏乞养疾于家,俟发长乃行,许之。后宓亦卒于路,贯至广东屡奏,迁延七年不和行。乃议,令其国人领封册而还。

(《武宗实录》卷六十六)

正德五年，遣给事中李贯、行人刘文瑞赍敕往封之。

文瑞，字廷麟，广东新会人。登正德辛未进士，授行人。占城请封，当遣使，推择文瑞以往。事竣，擢刑科给事中。后武宗时，屡出巡游。文瑞抗疏请回銮，数千言，不报。升湖广佥事，抵家卒。文瑞为人慷慨，不计赢乏。卒之日，殓葬不给，乡人贤之。

[（明）严从简：《殊域周咨录》，卷七《占城》]

（正德七年十二月）癸丑，先是礼科给事中李贯、行人刘宓奉敕往封占城国毛沙古卜洛，至广东宓疾卒，遣行人刘文瑞代之，未至。贯疏言："占城在国初，尝绝其朝贡。迩者，言官建白亦有不可远封之议。请即于广城怀远驿开敕宣谕，并赏赐王妃等物，令遣来王叔沙系把麻等领回。"事下礼都，议复："旧无领封之例。"诏复集廷臣议，以占城沙古卜洛奏请袭封已余二年，一旦无故中止，非兴灭继绝之制，万一沙把系麻不从，或从之而去封匪其人，以起争端，何以处之？乞如前议。仍令贯等奉册之国，庶不失信外夷，而中国之体亦无所损。从之。

（《武宗实录》卷九十五）

巴剌西，去中国绝远。正德六年，遣使臣沙地白入贡，言其国在南海，始奉王命来朝，舟行四年半，遭风，飘至西澜海，舟坏，止存一小艇，又飘流八日，至得吉零国，居一年。至秘得，居八月。乃遵陆行，阅二十六日抵暹罗，以情告王，获赐日给，且赐妇女四人，居四年。迄今年五月，始附番舶入广东，得达阙下。进金叶表，贡祖母绿一，珊瑚树、琉璃瓶、玻璃盏各四，及玛瑙珠、胡黑丹诸物。帝嘉其远来，赐赉有加。

（《明史》，列传第二百十三《外国六》）

（正德十年七月辛丑）命占城使目力哪吧等领敕并封册还国。初，沙卜古洛遣使请封，命给事中李贯等赍敕以往。贯至广东，请照先年册封古来例，令其使目领封以还。廷议以为："遣官已逾二年，今若中止，非兴灭继绝之义；倘使臣不愿领封或领归，而授非其人重启争端，何以处之？宜令贯亟往。"贯复言："出使远夷，必得火长以知道路，通事以通语字，今皆无人，宜为议处。"廷臣复议："令彼处镇巡官多方采访，果无火长、通事，则如旧例行之。"已而贯复言："奉命已逾五载，疏屡上而未决于行，孰不以为惧风波之险也。殊不知占城自古来被安南并逐之后，窜居赤坎邦部郎国，非旧疆，势不可行。况古来乃占城王斋亚麻勿庵之颈目，实杀王而夺其位。王有三子，其一尚在，则义又有不安矣。律以春秋之法，虽不兴问罪之师，亦必绝朝贡之路。臣所谓领封云者亦存其礼，而不废基酌之义也。奈何又为采访之议，苟延岁月而无益于事哉。"会巡按广东御史丁楷奏如贯言，下府部科道集议，以为："中国之于夷狄，来则怀之，不来则止。世子越在草莽，既不可行。宜令镇巡官面召正使力哪吧等，谕以使臣不能远行之意，以贯等所奉册命礼物付之，庶远夷之心不失，而天朝之体以全。"诏从之，令贯等还。

(《武宗实录》卷一百二十七)

正德十一年六月，佛郎机夷人始入广州。（佛郎机不知何许种落，国初禁不许通贡，至是假入贡为名，突至广州，举大铳如雷，径抵南澳，郡城震骇，后谋据东莞南头地，至掠买小儿炙食之，强夺民家妇女，其淫毒古所未有也。）

(万历《广东通志》，卷六《事纪》；嘉靖《广州志》，卷四《事纪》)

（正德十二年五月辛丑）命番国进贡，并装货舶船榷十之二解京，及存留饷军者，俱如旧例，勿执近例阻遏。先是，两广奸民私通番货，勾引外夷，与进贡者混以图利，招诱亡命，略买子女，出没纵横，民受其害。

(《武宗实录》卷一百四十九)

（正德十三年春正月壬寅）佛郎机国差使臣加必丹末等贡方物，请封，并给勘合。广东镇巡等官以海南诸番无谓佛郎机者，况使者无本国文书，未可信，乃留其使者以请。下礼部议处，得旨："令谕还国，其方物给予之。"

(《武宗实录》卷一百五十八)

本朝正德十四年，佛郎机大酋弑其国主，遣必加丹末等三十人入贡请封。有火者亚三，本华人也，从役彼国久，至南京，性颇黠慧。时武宗南巡，江彬用事，导亚三谒上，喜而留之，随至北京，入四夷馆，不行跪礼，且诈称满剌加国使臣，朝见欲位诸夷上。主事梁焯执问杖之。其舶住广州澳口，布政使吴廷举闻于朝，寻检无《会典》旧例，不行，遂退舶东莞南头，盖屋树栅，恃火铳以自固。

〔(明)严从简：《殊域周咨录》卷九《佛郎机》〕

梁焯，字日孚，南海人，正德甲戌登进士，尝过赣从阳明学，辩问居敬穷理，悚然有悟。拜主客主事。……会佛郎机夷人加必丹末等三十员名入贡，至南京，江彬领四家兵马从上游豫，导引火者亚三谒上，喜而留之。比至京师，入四夷馆，不行跪礼，焯执问杖之。又番人写亦虎仙与其甥米黑儿、马黑麻以贡献事诬陷甘肃文武大臣。时彬及钱宁用事，二夷人者或驰马于市，或享大官之馔于刑部，或从乘舆馁珍膳于会同馆，或同仆臣卧起，而大臣被诬者皆桎梏幽囚，以是轻侮朝官，焯每以法约束之。二夷人相谓曰："天颜可即，主事乃顾不可即耶？"彬闻之，谓焯凌虐驾下人员，将奏闻。焯治后事以待命。三月丙寅，武宗晏驾，是日皇太后懿旨诛彬。已而火者亚三等就狱，称本华人，为外夷所役，于是写亦虎先等皆伏诛。有诏佛朗机不许入贡，以尝弑其君也。……

（万历《粤大记》，卷之十九《献征类》；万历《南海县志》，卷十一《人物列传》）

（何）鳌，字子鱼，弱冠魁南粤，登进士，知庆元县。庆元在万山中，犷悍难治，豪猾持吏长短，鳌至，取首恶诛之，与民更始。治甚有声，召为监察御史。佛郎机以入贡为名，两台不许，遂治区脱东莞之南头。潜至京师，见部不拜，朝欲位先诸夷。鳌与御史邱道隆奏驱之出境。……

（万历《顺德县志》，卷七《人物志》）

爪哇南有佛郎机国，向不通贡，或云古狻狼鬼国，有东、西二洲，其西洲之境天竺僧憍陈如遥属之，今佛郎机与爪哇对峙，疑即其地，大约不可考。正德十三年，佛郎机大舶突入广州澳口，铳声如雷，以进贡请封为名，左布政兼副使吴廷举听之，两台议非例，不许。寻退泊东莞南头，径造屋树栅，恃火铳以自固，数掠十岁以下小儿烹食之，率一口金钱百文，恶少缘以为市。广人咸惴惴莫必其命。御史邱道隆、何鳌皆疏其残逆异状。先年潜遣火者亚三附满剌加使舶，至广窥视，伺机便长蔓至今，请亟诛亚三，毁其居，驱逐山海，严私通者律。从之。戮于市，檄海道副使汪铉帅兵往逐其舶，人辙鼓众逆战，数发铳击败我军，寻有献计者请乘其骄，募善水人潜凿其舟底，遂沉溺，有奋出者悉擒斩之，余皆遁去。

（万历《广东通志》，卷六十九《外志四·番夷》）

湛若水，字元明，增城人……出使册封安南……既至安南，却其馈金不受。黎暊赠以诗，有"白沙门下更何人"之句。

（万历《粤大记》，卷之十四《献征类》）

诸番之直广东者，曰婆利，曰古麻剌，曰狼牙修，曰占城，曰真腊，曰爪哇，曰暹罗，曰满剌加，曰大泥，曰蒲甘，曰投和，曰加罗希，曰层檀，曰赤土。其直安南者，曰林邑，曰盘盘，曰三佛齐，曰急兰丹，曰顿逊，曰州湄，曰浡泥，曰阇婆，曰扶南，曰彭亨，曰毗骞，曰天方，曰锡兰山，曰西洋古里，曰榜葛剌，曰苏门荅剌，曰古里班卒，是皆南海中大小岛夷，见于明《祖训》《会典》者也。其不可考者，有莘、罗兰、顿田、离其、门毒、右笪、罗越、佛逝、诃陵、个罗、罗谷罗、婆露、狮子、摩逸、佛朗机诸国，则未尝入贡懋迁有无者也。安南本汉交趾地，洪武初朝贡，其物有金银器皿、熏衣香、降真香、沉香、速香、木香、黑线香、白绢、犀角、象牙、纸扇。占城本古越裳氏界，洪武二年，其主阿荅阿首遣其臣虎都蛮来朝贡，其物有象、犀、象牙、犀角、孔雀、孔雀尾、龙脑、橘皮、抹身香、熏衣香、金银香、奇南香、土降香、檀香、柏香、烧碎香、花藤香、乌木、苏木、花梨木、芜蔓、番纱、红印花布、油红绵布、白绵布、乌绵布、圆璧花布、花红边缦、杂色缦、番花手巾帕、兜罗绵被、洗白布泥。暹罗在占城南，洪武四年，其王参烈昭毗牙遣使柰思俚㑄剌识悉替等来朝贡，进金叶表，其物有象、象牙、犀角、孔雀尾、翠毛、六足龟、龟筒、宝石、珊瑚、金戒指、铜鼓、片脑、米脑、糠脑、脑油脑、紫檀香、速香、安息香、黄熟香、降真香、罗斛香、乳香、树香、木香、乌香、丁香、丁皮、阿魏、蔷薇水、琬石、紫梗、藤竭、藤黄、硫黄、没药、乌爹泥、肉豆蔻、胡椒、荜拨、苏木、乌木、大枫子、芯布、油红布、白缠头布、红撒哈剌布、红地绞节智布、红杜花头布、红边白暗花布、绵棋子花布、织人象花文打布、西洋布、织花红丝打布、剪绒丝杂色红花被面、织杂丝竹布、红花丝手巾、织人象杂色红文丝缦。真腊本扶南属国，洪武六年，其王忽儿那遣使柰亦吉郎等来贡，其物有象、象牙、犀角、孔雀翎、苏木、胡椒、黄蜡、乌木、黄花木、土降香、宝石。爪哇本古阇婆国，洪武三年，其王昔里八达剌遣使八的占必等来朝贡，其物有胡椒、荜芰、黄蜡、乌爹泥、金刚子、苏木、乌木、番红土、蔷薇露、奇南香、檀香、麻藤香、速香、降香、木香、乳香、黄熟香、安息香、乌香、荜拨、茄龙脑、血竭、肉豆蔻、白豆蔻、藤竭、阿魏、庐荟、没药、大枫子、丁皮、番木鳖子、闷虫药、碗石、宝石、珍珠、锡、西洋铁、铁枪、折铁刀、铜鼓、芯布、油红布、孔雀、火鸡、鹦母、玳瑁、孔雀尾、翠毛、鹤顶、犀角、象牙、龟筒。满剌加在占城南，永乐三年，其王西剌八儿速剌遣使奉金叶表来朝贡，其物有番小厮、犀角、象牙、珠母壳、玳瑁、鹤顶、鹦母、黑熊、黑猿、白鹿、锁袱、金母鹤顶、金厢戒指、撒哈剌白芯布、姜黄布、撒都细布、西洋布、花缦、片脑、栀子花、蔷薇露、沉香、乳香、黄速香、金银香、降真香、紫檀香、丁香、丁皮、磅、胡椒、血竭、乌爹泥、肉豆蔻、没石子、阿魏、窠铅、片脑、肉果、玛瑙珠、竹布、苏合油、乌木、苏木、大枫子、番锡、番盐。三佛齐本南蛮别种，在占城南，洪武四年，其王哈剌扎八剌卜遣使玉的力马罕亦里麻思奉金字表来朝贡，其物有黑熊、白獭、火鸡、孔雀、五色鹦母、诸香、兜罗绵被、布、龟筒、胡椒、肉豆蔻、番油子、米脑。浡泥本占婆属国，洪武四年，其王马谟沙遣使亦思麻逸朝贡，其物有珍珠、宝石、金戒指、金绦环、金银八宝器、龙脑、牛脑、梅花脑、降香、沉香、速香、檀香、丁香、肉豆蔻、黄蜡、玳瑁、龟筒、蠃壳、鹤、熊皮、犀角、孔雀、倒挂鸟、五色鹦母、黑小厮。锡兰山，正统十年，其王遣使耶把剌谟的黑哑等来朝贡，其物有宝石、珊瑚、水晶、金戒指、撒哈剌象、乳香、木香、树香、土檀香、没药、西洋细布、藤竭、芦荟、硫黄、乌木、胡椒、碗石。苏门荅剌，永乐三年，其王锁丹罕难阿必镇遣使阿里来朝贡，其物有马、犀、牛、龙涎、撒哈剌梭眼木香、丁香、降真香、沉速香、胡椒、苏木、锡、水晶、玛瑙、宝石、石青、回回青、硫黄、番刀弓。大坭，称隶暹罗助贡国，其来贸易，有胡椒、乳香、血竭、没药、片脑、荜拨、乌爹泥、土檀、黄檀香、降香、沉香、沉粟香、丁香皮、乌木、苏木、藤黄木、贪子、龟筒、象牙、番牛角、玳瑁、珠壳、宝石、打麻、西洋布、竹布、茭张席、灰筒。急兰丹，正德四年来贸易，有胡椒、乌木、丁皮。以上凡十二国，皆尝来往广东者。旧例，贡舶三艘至粤，使者捧金叶表，入京朝贡，其舶市物还国。次年，三舶复至迎敕，又市物还国。三年三贡，或五年一贡。一贡则其舶来往三度，皆以澳门为津市。

[（清）屈大均《广东新语》，卷十五《货语·诸番贡物》]

（嘉靖十五年十一月乙卯）初，上登极遣使，诏谕安南，以道路梗阻未达而返。至是，皇子生，奉旨复当遣使，诏谕礼部言："安南不修职贡且二十年。往者，两广守臣言：'黎譓、黎广非黎明应立之嫡，莫登庸、陈暠等皆篡逆之贼，宜遣使按问，求罪人主名，以行天讨'。……且使既以道阻不通，今宜暂停，遣命以全国体。"上曰："安南诏使不通，又久不贡，叛逆昭然。□□遣使勘问，征讨之事会同兵部速议以闻。"

（《世宗实录》卷一百九十三）

今上皇帝嘉靖二十四年，兴宁旱……夏五月安，置安南夷酋郑惟憭于长乐。

（嘉靖《惠州府志》，卷一）

嘉靖四十一年六月，夷人张克敬舟泊洋外，自称安南译者，奉贡献假道于钦，副总兵杨应春往诘焉，克敬赋诗以遗之。

（崇祯《廉州府志》，卷一《图经志》）

（嘉靖四十四年夏四月癸未）有夷目哑喏唎归氏者浮海求贡者，初称满剌加国，已复易辞蒲丽都加。两广镇巡官以闻，下礼部议："南番国无所谓蒲丽都加者，或佛郎机诡托也。请下镇巡官详审，若或诡托，即为谢绝，或有汉人通诱者，以法治之。"奏可。

（《世宗实录》卷五百四十五）

（隆庆六年十二月）己卯……两广督臣殷正茂等奏，请袭授安南莫茂冾为安南都统使司都统使。下礼部议。

（《神宗实录》卷八）

马六甲国王到达彭亨王国，一筹莫展，就决定派一使节去觐见中国皇帝求援，以收复该城，为获得援助起见，重申马六甲历代国王向来与中国友善，向中国称臣纳贡，忠顺不贰，而且为了增加此行的分量，打算派他的一位名叫 Tuao Nacem Mudaliar 的叔父前往。此人为他的心腹，受命之后，就在麻坡河上船，携夫人及若干摩尔人仆役启程。

到达广州城（这是到中国的人全都要首先停泊的港口）后，该市当局按照往日惯例，当即派人上京奏禀皇帝。皇帝所在离广州有一百八十里格的路程，他们向皇帝禀报，马六甲国王派来使节，请示如何办理。因中国惯例，未经皇帝准许，任何外国人均不得超越广州港，亦不得上京朝见他。广州当局派出的信使到了皇帝所在的北京城，旅途费了两个月之久，回告广州当局说，可准该使及其随从同行，并在旅途中供给一切所需。

（澳门《文化杂志》编：《十六和十七世纪伊比利亚文学视野里的中国景观》之《伟人阿丰索·布拉斯·德·阿尔布克尔克传》）

（万历元年三月甲申）两广提督侍郎殷正茂奏："暹罗国王华招宋差夷使进贡方物，称原给印信勘合，因东牛国攻破城池烧毁，乞行补给。"下礼部议。

（《神宗实录》卷十一）

（万历十七年十月丙子）安南都统使司都统使吴茂洽以补贡及应贡二仪，诣两广军门陈请，诏许之。

（《神宗实录》卷二百十六）

兴利除害事

皇明《祖训》：安南、真腊、暹逻、古【占】城、苏门答剌、西洋、爪哇、彭亨、（百）花、三佛齐、浡泥诸国，俱许朝贡。内带行商，多行谲诈，则暂却之，其后辄通。又按《大明会典》，凡安南、满剌加诸国来朝贡者，使回俱令于广东布政使司管待。见今设有市舶提举司及敕内臣一员以督之，所以送往迎来、贸迁有无、柔远人而宣威德也。至正德十二年，有佛郎机夷人突入东莞县界，昔布政使吴廷举许其朝贡，为之奏闻。此则不考成宪之过也。厥后犷狡，章闻朝廷。准御史丘道隆等奏，即行抚按，令海道官军驱逐出境，诛其首恶火者亚三等，余党闻风摄遁。有司自是将安南、满剌加诸番舶尽行阻绝，皆往漳州府海面地方私自驻扎，于是利归于闽，而广之市井萧然矣。夫佛郎机素不通中国者也，驱而绝之宜也。《祖训》《会典》所载诸国，素效恭顺，与中国通者也，朝贡贸易尽绝之，则是因噎而废食也。况市舶官吏设于广东者，又不如漳州私通之无禁，则国家成宪果安在哉？以臣等论之，中国之利，盐铁为大，山封水燎，仡仡终岁，仅充常额，一有水旱，劝民纳粟，犹惧不给。旧规番船朝贡之外，抽解俱有则例，足供御用。此其利之大者一也。除抽解外，即充军饷。今两广用兵连年，库藏日耗，藉此可充羡而备不虞。此其利之大者二也。广西一省，全仰给于广东，今则有征发即措办不前，虽折俸椒木，久已缺乏，科扰于民，计所不免。查得旧番舶通时，公私饶给，在库番货，旬月可得银两数万，此其为利之大者三也。贸易旧例：有司择其良者，如价给之，其次资民买卖。故小民持一钱之货，即得握椒，展转交易，可以自肥。广东旧称富庶，民以此耳。此其为利之大者四也。助国给军，既有赖焉，而在官在民又无不给，是因民之所利而利之大者也，非所谓开利孔为民罪梯也。议者或病外夷阑境之为虞。臣则又筹之暹逻、真腊、爪哇、三佛齐等国，洪武初首贡方物，臣服至今，永乐时，浡泥入朝，没齿感德；成化间，占城被篡，继绝蒙恩，南方蛮夷大抵宽柔，乃其常性，百余年未有敢为寇盗者。近昔，佛郎机来自西海，其小为肆侮，夫有所召之也。见今番舶之在漳闽者，亦未闻小有惊动，则是决不敢为害，亦彰彰明矣。况久阻忽通，又足以得其骧心乎，臣请于洋澳要害去处及东莞县南头等地面，递年令海道副使、备倭指挥督率官军严加巡察，凡舶之来出，于《祖训》《会典》之所载者，密询得真，许其照旧驻扎；《祖训》《会典》之所不载，如佛郎机者，即驱出境，如敢抗拒不服，即督发官军擒捕。而凡所谓喇哈番贼必诛，权要之私通、小民之诱子女下海者必禁，一有疏虞，则官军必罪。如此，则不惟兴一方之利而王者无外之道，亦在是矣。

[《苍梧总督军门志》，卷二十九《集议》；（明）张萱：《西园闻见录》，卷六十八《属国》]

霍文敏【编者按：霍文敏，即霍韬，广东南海人，明嘉靖朝名臣】云："东南番皆由广入贡，因而贸易，互为利市焉，中国不可拒之以自困。惟佛郎机则贼人之桀也，不可不拒。因拒佛郎机并拒诸番，非策也。为今之计，在诸番之来则受之，在佛朗机则斥之，否则厉兵以防之，示之必诛。"

[（清）屈大均：《广东新语》，卷十五《货语·诸番贡物》]

李珊，琼山官隆人，授行人使占城，赐从一品服还南京。

（万历《琼州府志》，卷九《秩官志》）

徐如珂，字季鸣，吴县人，万历二十三年进士，除刑部主事，迁广东岭南道右参议。暹罗贡使馈犀象珠翠，如珂不受，有强之者，如珂曰："受之必投诸河，人将谓我矫饰，思沽掷砚沉香之誉，不若慎之于始，为愈也。"卒无所染。

（道光《广东通志》，卷二四四《宦绩录十四·明三》）

按照中国和西方七八个国家的旧协定，每六年允许这些国家有七十二名商人进入中国。这些商人诡称是向皇帝进贡的使节前来旅行。贡礼大多是玉石、小钻石、紫色石头以及其他各种来源不一的宝石。

（《利玛窦中国札记》，第五卷第十三章《鄂本笃修士在中国逝世》）

（万历四十五年六月乙未）南京礼部奏奉旨发遣远夷王丰肃等，递送广东抚按，督令西归本国。

（《神宗实录》卷五百五十八）

（天启元年四月癸酉）安南故都统使黎维新子维祺叩关贡方物，并献犯边贼犯督胜。总督两广兵部右侍郎陈邦瞻以闻，章下所司。

（《熹宗实录》卷九）

二、涉外关系

（洪武十二年八月）丁丑，陕西都司械送所获番酋二十二人，湖广都司械送涪垫江盗及辰沅洞獠九十四人、永宁蛮妇二十七人至京，命释其罪，番酋及盗发戍海南……

(《太祖实录》卷一百二十六)

（洪武十六年六月）辛卯，海南卫巡捕海上，获阇婆等国人吴源等十四人，送至京师，诏释而遣之。

(《太祖实录》卷一百五十五)

（洪武间）三佛齐本臣属于爪哇者。本朝开国之初，海外诸番通使不绝，商旅便之。自胡惟庸谋乱，三佛齐因而遣间谍给我使臣羁留于境。爪哇国王闻知其事，戒三佛齐，令其礼送还朝。自后诸国道路不通，商旅阻绝。上欲遣使谕爪哇国，恐三佛齐中途阻之。命礼部移咨暹罗国王转达爪哇曰："自有天地以来，即有君臣上下之分，且有中国四夷之礼，自古皆然。我朝混一之初，安南、占城、真腊、暹罗、大琉球皆修臣职。惟三佛齐梗我声教。夫智者忧未然，勇者能从义。彼三佛齐以蕞尔之国而行奸于中国之中，可谓不畏祸者矣。尔暹罗国王犹守臣职，我皇上眷爱如此。可转达爪哇，俾以大义告于三佛齐。三佛齐系爪哇统属，其言必信。或能改过从善，则与诸国咸礼遇之如初，勿自疑也。"其后爪哇并三佛齐，废其国。其地有旧港，商舶所聚。爪哇置小酋以司市易。南海商人梁道明弃乡里来居，积岁聚众，为之酋长。

[（明）严从简：《殊域周咨录》，卷八《三佛齐》]

时爪哇已破三佛齐，据其国，改其名曰旧港，三佛齐遂亡。国中大乱，爪哇亦不能尽有其地，华人流寓者往往起而据之。有梁道明者，广州南海县人，久居其国，闽、粤军民泛海从之者数千家，推道明为首，雄视一方。会指挥孙铉使海外，遇其子，挟与俱来。

永乐三年，成祖以行人谭胜受与道明同邑，命偕千户杨信等赍敕招之。道明及其党郑伯可随入朝，贡方物，受赐而还。四年，旧港头目陈祖义遣子士良，道明遣从子观政并来朝。祖义，亦广东人，虽朝贡，而为盗海上，贡使往来者苦之。五年，郑和自西洋还，遣人招谕之。祖义诈降，潜谋邀劫。有施进卿者，告于和。祖义来袭被擒，献于朝，伏诛。时进卿适遣婿丘彦诚朝贡，命设旧港宣慰司，以进卿为使，锡诰印及冠带。自是，屡入贡。然进卿虽受朝命，犹服属爪哇，其地狭小，非故时三佛齐比也。二十二年，进卿子济孙告父讣，乞嗣职，许之。洪熙元年，遣使入贡，诉旧印为火毁，帝命重给。其后，朝贡渐稀。

（《明史》，列传第二百十二《外国五》）

永乐改元，遣使告谕即位。其王占巴的赖奉金叶表来贡。上使行人蒋宾、王枢往报之，赐金绮有差。且敕安南毋相侵略。从来请也。四年，遣中贵马彬谕以共伐安南，诏粤东诸将缮兵甲由海道与占城会。赐占城王镀金银印，他物甚侈。王出兵助征。五年奏言克复安南所侵地，献俘，贡方物。上下诏褒美。数年间屡遣使来贡，悉厚答之，至命中贵彬护其使臣以归。

（《东西洋考》，卷二《西洋列国考·占城》）

（永乐）七年，使凡两至，首春以祭仁孝皇后，秋九月更修职贡，厚报之。时南海叛民何八观等，屯聚岛外，窜入暹罗，至是使归，兼谕国王，毋为逋逃主。

（《东西洋考》，卷二《西洋列国考·暹罗》）

国朝永乐四年，左所百户王升、前所百户赵忠随征交止，留忠交州六年。百户黄勇运粮，亦暂留守御。七年，调征富良江札营。

（万历《琼州府志》，卷八《海黎志》）

（永乐九年十一月）壬申，改命征南将军都督韩观允征夷副将军，佩征南将军印，总率官军镇守交阯，节制交阯诸卫所。敕曰："交阯按察副使杨直奏乏粮，已令广东都司、布政司于钦、廉二州运粮万石往济之，尔宜计议暂停于无寇之处，俟尔到交阯，道路无阻，即令起运；如未可进，不宜资寇。"

（《苍梧总督军门志》，卷三十一《纪略·安南二》）

宣德二年冬十二月，弃交趾布政司，钦州澌凛峒长黄金广等以四峒叛附安南。……至是，金广等以澌凛、罗浮、古森、葛源等四峒一十九村二百七十户叛附安南，黎民封经略使，经略同知金事等官，仍世守其土，以属万宁州。

（崇祯《廉州府志》，卷一《图经志》）

宣德四年，钦差内官俞端调本卫百户项贵，统精锐军，往暹罗等国公干。

（嘉靖《惠州府志》，卷七《兵防志》）

（宣德十年四月壬寅）敕谕满剌加国王西哩麻哈剌者曰："……今已敕广东都司、布政司厚具廪饩，驾大八橹船送王还国……"

（《英宗实录》卷四）

思勒峒，在如昔都思勒村，宋以黄令德为峒主，国初收印罢为峒主，宣德间为交趾所侵，以其地置金勒千户所，遂移守那苏隘。丫葛峒，在如昔都丫葛村，宋以黄令钦为峒主，国初收印罢为峒长，宣德间其孙黄建叛附安南。澌廪峒，在贴浪都澌廪村，宋以黄令谢为峒主，国初收印罢为峒长，宣德间其孙黄安广叛附安南。罗浮峒，在如昔都罗浮村，宋以黄令宣为峒主，国初收印，罢为峒长，宣德间其孙黄子娇叛附安南。古森峒，在贴浪都，宋以黄令祚为峒主，国初收印，罢为峒长，宣德间其孙叛附安南。

（崇祯《廉州府志》，卷二《地理志》）

占城……（正统）十一年，敕谕摩诃贲该曰："迩者，安南王黎浚遣使奏王欺其孤幼，曩已侵升、华、思、义四州，今又屡攻化州，掠其人畜财物。二国俱受朝命，各有分疆，岂可兴兵构怨，乖睦邻保境之义。王宜祇循礼分，严饬边臣，毋恣肆侵轶，贻祸生灵。"并谕安南严行备御，毋挟私报复。

（《明史》，列传第二百十二《外国五》）

（安南）……天顺六年二月，命侍读学士钱溥、给事中王豫封（黎）灏为国王。……灏雄桀，自负国富兵强，辄坐大。四年侵据广西凭祥。帝闻，命守臣谨备之。七年破占城，执其王盘罗茶全，逾三年又破之，执其王盘罗茶悦，遂改其国为交南州，设兵戍守。……灏既得凭祥，灭占城，遂侵广东琼、雷，盗珠池。广西之龙州、右平，云南之临安、广南、镇安，亦数告警。诏守臣诘之，辄诡词对。庙堂务姑息，虽屡降敕谕，无厉词。灏益玩侮无畏忌，言："占城王盘罗茶全侵化州道，为其弟盘罗茶悦所弑，因自立。及将受封，又为子茶质苔所弑。其国自乱，非臣灏罪。"中朝知其诈，不能诘，但劝令还其土宇。灏奏言："占城非沃壤，家鲜积贮，野绝桑麻，山无金宝之收，海乏鱼盐之利，止产象牙、犀角、乌木、沉香。得其地不可居，得其民不可使，得其货不足富，此臣不侵夺占城故也。明诏令臣复其土宇，乞遣朝使申画郊圻，俾两国边陲休息，臣不胜至愿。"时占城久为所据，而其词诞如此。

（《明史》，列传第二百九《外国二》）

成化六年，安南国王黎灏与占城交兵，时占城盘罗茶全卒，其弟盘罗茶悦嗣立，奏称："安南国差人索取犀象宝物，不从，起兵攻围本国，提拏臣兄连妻小五十余口，抢劫宝印，烧毁房屋，杀死军民三百余口，掳去男妇不计其数，差人占守本国地方。臣暂管国事，乞为赐印封王及勒安南放出掳国男妇人口。"广东市舶提举司右监丞韦春亦奏前事，请行礼部，差官奉勒赍去安南，戒谕国王黎灏息并睦邻。上诏且不差人，待安南使人来，写勒与他赍去。

[（明）严从简：《殊域周咨录》，卷七《南蛮·占城》]

（成化十年十二月乙未）……事下所司礼部言："宜候满剌加入贡使还，降敕奖谕其王。"兵部亦言："安南恃强并吞封国，所系非小，宜下公卿博议。"于是英国公张懋等以为："安南强暴，固宜声罪致讨，第帝王之于夷狄以不治治之，且今未得占城所以灭亡之故，不可轻动。安南明年期当入贡，宜俟陪臣至日，令译者以其事审之，始可区处。又云南、广西及广东、琼、廉与之接境，宜行镇守总兵等官督属固守，以防侵轶之患。"上俱从之。

（《宪宗实录》卷一百三十六）

安南既破占城，复遣兵执槃罗茶悦，立前王孙斋亚麻弗菴为王，以国南边地予之。（成化）十四年，遣使朝贡请封，命给事中冯义、行人张瑾往封之。义等多携私物，既至广东，闻斋亚麻弗菴已死，其弟古来遣使乞封。义等虑空还失利，亟至占城。占城人言，王孙请封之后，即为古来所杀，安南以伪敕立其国人提婆苔为王。义等不俟奏报，辄以印币授提婆苔封之，得所赂黄金百余两，又往满剌加国尽货其私物以归。义至海洋病死。

（《明史》，列传第二百十二《外国五》）

（成化十七年九月）癸巳，兵部尚书陈越奏："安南国僻在西南万里之外，与云南、两广接垠。永乐中，王师克伐郡县其地，其后守臣失驭，随复陷没。今又转肆凭陵，东吞占城，西并老挝，残破八百，伪敕车里宣慰司，杀满剌加使臣，不可不为之虑。先年有边人还自安南，称其国欲犯云南，以其王母谏而止。都御史王恕亦称安南遣人伪为商人来觇虚实，又闻有江西人王姓者，亡命为伪御史，为之划策督兵，累次侵扰，未必非此从之谋。"占城使臣亦言："安南治战船三千，欲袭海南，不可不为之备。"上曰："朕视安南礼绝外国，每有违拒，亦优容之。而彼外示恭谨，中怀桀黠，迹其所为，盖有不可掩者。兵法曰：毋恃其不来，恃吾有以备之。宜申命云南、两广守臣严越境亡命之禁，彼若有犯，当整兵御之。"

（《宪宗实录》卷二百十九）

（成化二十一年十月丁酉）命降夷舍打古珍等广宁安置。初，建州夷宋款赤八来降，授广宁千户。至是，其子舍打古珍率其家人与其姻家佟失勒得等一十九人来降，欲依宋款赤八。辽东镇守等官亦为之请。兵部言："各夷以父子兄弟叔侄之亲牵引归附，俯顺其意，固得以夷制之道。但狼子野心，非我族类，积聚既多，安得无虞？且旧例多发广东安置。"得旨："宋款赤八子媳孙女并佟失勒得留广宁，余分置广东等处。"

（《宪宗实录》卷二百七十一）

（成化）二十一年，上别遣使封故王之弟齐亚麻勿庵为王。未至，而齐亚麻勿庵先卒。上复遣给事中李孟阳封王之次弟古来为王。时安南纳提婆苔而取其国，为申言古来不当嗣。古来航海至广州辩诉其冤。孟阳至广州，上言："占城险僻，安南构兵未靖，而提婆苔又尝窃据，今封古来，万一安南弗顺，损中国威。宜传命古来归国听勘，仍勒安南悔过。"上悉从之，命两广督府主其事。都御史屠滽属广东参议姜英往勘。国人佥谓古来实王弟，有名者，宜继国统，奏闻。滽遂移檄论安南，数其不能恤邻之罪，折其奸萌而导之顺逆。安南听命，不敢肆。孟阳乃致古来于崖州，受封而去。滽复选官军二千，令东莞商人张宣领之，护送古来至新州港，得返国。

［（明）严从简：《殊域周咨录》，卷七《占城》］

（成化二十二年十一月）癸丑，巡按广东监察御史徐同爱等奏：占城国王子古来攻杀交址所置伪王提婆苔。交址怒，举兵压其境，必欲得生提婆苔，古来惧，率其王妃王孙及部落千余人，载方物至广东崖州。事下礼部复议，上曰："古来以残败余息，间关万里，提携眷属投附中国，情可矜悯，其令总兵、镇守、巡抚等官加意抚恤，量与禀饩，从宜安置，毋致冻馁。仍严密关防之。"

（《宪宗实录》卷二百八十四）

（成化二十三年元月辛酉）命南京右都御史屠滽往广东谕占城国王古来，总督两广军务右都御史宋旻奏："古来在崖州，坚欲入朝赴愬交址侵虐之害，且言其所还州县皆荒僻凋弊之区。"事下兵都复议，谓古来辞与安南国前所奏者不同，命多官集议。于是英国公张懋、兵部左侍郎何琮等议，以为："两国事虽遥度，宜遣大臣一人，往犒古来，且谕之云：'朝廷悯尔委国远来，劳于跋涉，其勿入朝，恐久暴露于外，占据者渐有固志，客处者各怀异心，不如早归以安国人。'仍移文安南，责以存亡继绝之义，若果非王意，宜遣使迎古来复其国以自解。"诏可，遂命备注。

（《宪宗实录》卷二百八十六）

（弘治八年九月）戊子，暹罗国夷人㪺凡等六人，舟被风，飘至琼州府境，广东按察司以闻，命给之口粮，俟有进贡夷使还，令携归本国。

(《孝宗实录》卷一百四)

（弘治十年九月乙巳）先是，江西南城县民万轨商往琼州，因飘风流寓暹罗为通事，屡以进贡来京。至是，乞回原籍，且欲补充暹罗通事在京办事。下礼部，复奏前无此比，且言既不回外国，则所赐冠带亦宜革去，听其附藉供役。从之，仍令给冠带闲住。

(《孝宗实录》卷一百二十九)

占城……（弘治）十八年，古来卒。子沙古卜洛遣使来贡，不告父丧，但乞命大臣往其国，仍以新州港诸地封之。别有占夺方舆之奏，微及父卒事。给事中任良弼等言："占城前因国土削弱，假贡乞封，仰仗天威，詟伏邻国。其实国王之立不立，不系朝廷之封不封也。今称古来已殁，虚实难知。万一我使至彼，古来尚存，将遂封其子乎？抑义不可而已乎？迫胁之间，事极难处。如往时科臣林霄之使满剌加，不肯北面屈膝，幽饿而死，迄不能问其罪。君命国威，不可不慎。大都海外诸蕃，无事则废朝贡而自立，有事则假朝贡而请封。今者贡使之来，岂急于求封，不过欲复安南之侵地，还粤东之逃人耳。夫安南侵地，玺书屡谕归还，占据如故。今若再谕，彼将玩视之，天威亵矣。倘我使往封占城，羁留不遣，求为处分，朝廷将何以应？又或拘我使者，令索逃人，是以天朝之贵臣，质于海外之蛮邦。宜如往年古来就封广东事，令其领敕归国，于计为便。"礼部亦以古来存亡未明，请令广东守臣移文占城勘报，从之，既而封事久不行。

(《明史》，列传第二百十二《外国五》)

张政，勇敢有干略。宏【弘】治初，占城国乱，厥长来奔。都御史屠滽疏请送归，檄募能谙海岛可使者，无人敢往。政毅然应之。至占城，宣谕朝廷威德，争据者咸服政勇。及还，给冠带旌之。

(嘉靖《新安县志》之《义侠》)

占城国为安南所侵，王子古来奔广东，使诉于朝。（屠）滽受命往勘，移檄安南，谕以祸福，词对甚婉。因请停册使俾古来就馆受封，募健勇千人乘海舟二十余，护归国。古来以金宝饰器异香奇木为报。滽峻却之，国人为之疏，上命滽受之，再辞乃止。

(道光《广东通志》，卷二四二《宦绩录十二·明一》)

时佛郎机亦遣使朝贡请封，抵广东，守臣以其国素不列《王会》，羁其使以闻，诏予方物之直，遣归。

（《明史》，列传第二百十三《外国六》）

李纯，正德六年以进士知钦州。安南东兴王兵败走邕，以金求寄，不受，逐之出境。

（万历《广东通志》，卷五十四《名宦》）

（正德十年四月壬戌）两广镇巡官奏："安南端庆王子杨朗自思陵州回国嗣位，乞发附近思明及忠江官兵护送。然夷情难测，已遣人廉访且严饬边防矣。"兵部因言："安南限隔山海，永乐间，虽尝属我中国，后以其叛亲之，盖不欲事远夷而烦中国也，岂可发兵以护送邪？宣饬邻近安南一带地方，严兵防范，毋纵夷人入境，仍禁约诸人不得潜与交通。"从之。

（《武宗实录》卷一百二十四）

正德十一年，佛郎机夷人始入广州。夷人谋据南头，副使汪鋐逐之出境。

（崇祯《东莞县志》，卷二《事记》）

正德十二年，（佛郎机人）驾大舶突至广州澳口，铳声如雷，以进贡请封为名。

（嘉靖《广东通志》，卷六十六《外志》）

丘道隆，字懋之，上杭人。正德甲戌进士。乙亥，知顺德县……三载，迁御史。尝上疏言："佛郎机素非通贡之国，今入广，将为变。"乃命海道副使汪鋐逐之。

（万历《粤大记》，卷之十二《宦绩类》）

（正德十三年春正月壬寅）海外佛郎机前此未通中国，近岁吞并满剌加，逐其国王，遣使进攻，因请封，诏许来京，其留候远驿者，遂略买人口，盖房立寨，为久居计。满剌加亦尝具奏，求救朝廷，未有处也。会监察御史丘道隆言："满剌加朝贡诏封之国，而佛郎机并者，且啖我以利，邀求封赏，于义决不可听。请却其贡献，明示顺逆，使归还满剌加疆土之后，方许朝贡，脱或倘执迷不悛，虽外夷不烦兵力，亦必檄寻诸夷声罪致讨，庶几大义以明。"

（《武宗实录》卷一百九十四）

佛郎机，近满剌加。正德中，据满剌加地，逐其王。十三年，遣使臣加必丹末等贡方物，请封，始知其名。诏给方物之直，遣还。其人久留不去，剽劫行旅，至掠小儿为食。已而夤缘镇守中贵，许入京。武宗南巡，其使火者亚三因江彬侍帝左右。帝时学其语以为戏。其留怀远驿者，益掠买良民，筑室立寨，为久居计。

十五年，御史丘道隆言："满剌加乃敕封之国，而佛郎机敢并之，且啖我以利，邀求封贡，决不可许。宜却其使臣，明示顺逆，令还满剌加疆土，方许朝贡。倘执迷不悛，必檄告诸蕃，声罪致讨。"御史何鳌言："佛郎机最凶狡，兵械较诸蕃独精。前岁驾大舶突入广东会城，炮声殷地。留驿者违制交通，入都者桀骜争长。今听其往来贸易，势必争斗杀伤，南方之祸殆无纪极。祖宗朝贡有定期，防有常制，故来者不多。近因布政吴廷举谓缺上供香物，不问何年，来即取货。致番舶不绝于海澨，蛮人杂遝于州城。禁防既疏，水道益熟。此佛郎机所以乘机突至也。乞悉驱在澳番舶及番人潜居者，禁私通，严守备，庶一方获安。"疏下礼部，言："道隆先宰顺德，鳌即顺德人，故深晰利害。宜俟满剌加使臣至，廷诘佛郎机侵夺邻邦、扰乱内地之罪，奏请处置。其他悉如御史言。"报可。

嘉靖二年，遂寇新会之西草湾，指挥柯荣、百户王应恩御之。转战至稍州，向化人潘丁苟先登，众齐进，生擒别都卢、疏世利等四十二人，斩首三十五级，获其二舟。余贼复率三舟接战。应恩阵亡，贼亦败遁。官军得其炮，即名为佛郎机，副使汪鋐进之朝。

（《明史》，列传第二百十三《外国六》）

（正德十六年秋七月乙卯）正德间，海夷佛郎机逐满剌加国王苏端妈末而据其地，遣使加必丹末等入贡，请封。会满剌加国使者为昔英等以贡至，请省谕诸国王及遣将助兵复其国。礼部已议，绝佛郎机还其贡使。至是，广东复奏："海洋船有称佛郎机国接济使臣衣粮者，请以所番物，如例抽分。"事下礼部覆言："佛郎机非朝贡之国，又侵夺邻邦，犷悍违法，挟货通市，假以接济为名；且夷情叵测，屯驻日久，疑有窥伺。宜敕镇巡等官亟逐之，毋令入境。自今海外诸夷及期入贡者，抽分如例，或不赍勘合，及非期而以货至者，皆绝之。满剌加求援事宜，下兵部议。"既而兵部议："请责佛郎机，令归满剌加地，谕暹罗诸夷以救恤邻之义。其巡海备倭等官闻夷不早奏闻，并逮问。"上皆从之。

（《世宗实录》卷四）

满剌加王诉佛郎机夺国仇杀，于是御史丘道隆、何鳌言其悖逆称雄，逐其国王，掠食小儿，残暴惨虐，遗祸广人，渐不可长，宜即驱逐出境，所造垣屋尽行拆毁，重加究治，工匠及买卖人等坐以私通外夷之罪。诏悉从之。诛其首恶火者亚三等。（写亦虎仙同伏诛）命抚按檄备倭官军逐余党丑类归去。海道宪帅汪鋐率兵至，犹据险逆战，以铳击败我军。或献计使善泅者凿沉其舟，乃悉擒之。

[（明）严从简：《殊域周咨录》，卷九《佛郎机》]

满剌加……正德中，被佛郎机仇杀，其王苏端妈末见逐，退休陂隄，兵去复国。嘉靖初，遣使贡方物给赏如例。八年，广东以擒剿佛郎机，并绝安南、满剌加诸番舶。兵部议广东原设市舶司，应听如旧。许之。

[（明）茅瑞征：《皇明象胥录》，卷五《满剌加》]

督宪汪公遗爱祠记（节录） 陈文辅

……初，公以京职出广宪，下车之初，分莅西土，公以德教不服，乃用兵革，而民赖存活者以万万计。因任之年，分治岭南，民安于无事。会天旱，公甚忧之，暨吁请，甘雨随降，三农沾足，非德动天而何及？夫皇天眷德，随以玺书，专管海道。海多倭寇，且通诸番，濒海之患，莫东莞为最；海之关隘，实在屯门澳口，而南头则切近之。成化二十三年，占城古来来奔，边衅遂开，而番舶相继扰攘。近于正德改元，忽有不隶贡数恶彝，号为佛朗机者，与诸狡猾，凑杂屯门、葵涌等处海澳，设立营寨，大造火铳为攻战具，占据海岛，杀人抢船，势甚猖獗，虎视海隅，志在吞并。图形立石，管辖诸番，脍炙生人，以充尝食，民甚苦之，众口嗷嗷，俱欲避地以图存活，弃其坟墓室庐，又极凄惋。事闻于公，赫然震怒，命将出师，亲临敌所，冒犯矢石，劬劳万状，至于运筹帷幄，决胜千里，召募海州，指授方略，皆有成算。诸番舶大而难动，欲举必赖风帆，时南风急甚，公命刷贼敝舟，多载枯柴燥荻，灌以脂膏，因风纵火，舶及火舟，通被焚溺，命众鼓噪而登，遂大胜之，无孑遗。

是役也，于正德辛巳出师，至嘉靖壬午凯还，师行而秋毫不犯，于贼舟获有囊橐，来公所者，公悉以颁赏有功，一无所预。功成，公且推让，辞曰："军旅之事，皆军士之功也。吾何与焉？"捷闻，擢升廉宪，继升江西方伯，寻授节钺，总督南韶。天降甘露于治所，召入内台。呜呼！噫嘻！惟公之德之功，足以动天地感鬼神。其始也，甘霖应祷；其中也，甘露时降；天人感应，信不诬矣。矣今吾广人，虽闾里啬夫，无不称快。南头之民私相语曰："吾属非公，几左衽矣。"又尝指其童稚而言曰："若辈非公救拔，皆葬彝腹久矣。"是知公胙炙人口，溥且厚矣！民容能忘乎？祠成，郑志锐等状予以干《记》，予不敏，不足敷扬公之伟绩，姑记其行师救民之一节云。

（康熙《新安县志》，卷十二《艺文志》）

王国关于航海出国的规定：未经广州行政长官批准，任何中国人都不能去暹罗、爪哇、马六甲和帕森等王国。批准手续十分繁琐，令人无法忍受，只能放弃出国。外国人来到中国后就不能离开，除非得到皇帝的批准。为得到批准，富人也会倾家荡产。任何船只如违反停泊规定，其货物被没收上缴皇帝，人员被处死。……

有人肯定地说，从广州运货到那些岛的人赚三四成（或）五成。中国人有这种习惯，不让商人上岸，主要是怕他们进城，因为广州很富，经常有海盗船靠近。广州的将军是海道，是主要人物。将军由皇帝每年任命，任期不能延长。还有一个与陆军相似的海军将军，对其有管辖权。两位将军每年都要调换。

据说中国人下令不让去广州是因为害怕爪哇人和马来人。确实，这些国家的一条船可以打败中国人的二十条船。听说中国有一千多条船，各行皆是。但他们身体瘦弱，害怕马来人和爪哇人。确实，一条四百吨的船能毁掉广州，而广州被毁掉会给中国带来巨大损失。

每个国家都有自己的荣耀，中国的东西看来都很好，中国是一个受人尊敬、美丽和富饶的国家。马六甲总督要征服中国并不像人们说得那么困难，因为那里的人非常瘦弱，轻易就能打败他们。多次去过那里的人（和）船长们断言，曾夺取马六甲的印度总督用十条大船就可以征服整个沿海。

［澳门《文化杂志》编：《十六和十七世纪伊比利亚文学视野里的中国景观》之《东方概要》（手稿）］

林希元，字茂贞，同安人，正德丁丑进士，起为广东按察佥事，掌盐、屯二政……会安南不贡，方议征讨。擢希元备兵海北。希元主议以征为是，与督臣互异，罢归。

（道光《广东通志》，卷二四五《宦绩录十五·明四》）

（嘉靖二年三月壬戌）佛朗机国人别都卢寇广东，守臣擒之。初，都卢恃其巨铳利兵，劫掠满剌加诸国，横行海外。至率其属疏世利等千余人驾舟五艘破巴西国。遂寇新会县西草湾。备倭指挥柯荣、百户王应恩率师截海御之。转战至稍州，向化人潘丁苟先登，众人齐进，生擒别都卢、疏世利等四十二人，斩首三十五级，俘被掠男女十人，获其二舟，余贼末儿丁甫思多灭儿等，复率三舟接战，火焚先所获舟，百户王应恩死之，余贼亦遁。巡抚都御史张岭、巡按御史涂敬以闻，都察院复奏。上命就彼诛戮枭示。

（《世宗实录》卷二四）

（嘉靖）十五年冬，皇子生，当颁诏安南。礼官夏言言："安南不贡已二十年，两广守臣谓黎譓、黎广均非黎晭应立之嫡，莫登庸、陈皓俱彼国篡逆之臣，宜遣官按问，求罪人主名。且前使既以道阻不通，今宜暂停使命。"帝以安南叛逆昭然，宜急遣官往勘，命言会兵部议征讨。言及本兵张瓒等力言逆臣篡主夺国，朝贡不修，决宜致讨。乞先遣锦衣官二人往核其实，敕两广、云南守臣整兵积饷，以俟师期，制可。乃命千户陶凤仪、郑玺等，分往广西、云南，诘罪人主名，敕四川、贵州、湖广、福建、江西守臣，预备兵食，候征调。户部侍郎唐胄上疏，力陈用兵七不可，语详其传中，末言："安南虽乱，犹频奉表笺，具方物，款关求入。守臣以其姓名不符，拒之。是彼欲贡不得，非负固不贡也。"章下兵部，亦以为然，命俟勘官还更议。

（《明史》，列传第二百九《外国二》）

嘉靖十五年闰十二月，提督两广侍郎潘旦奉敕谕曰：安南国，粤在先朝，职贡罔废。自正德十年进贡以来，迄今二十余年，贡使不至。逮朕登极下诏，道阻而返。叛逆之罪，昭然明著，在法当头问罪之师。及又节据守臣奏称，该国贼臣作乱，国无定主，分裂窃据，不能归一。但恐夷情谲诈，难以遽信，已经差官查勘，俟罪状明白，即当命将，率领汉、土官军分道而进，声罪致讨。若不先事有备，何以刻期成功？特命尔会同巡按御史督同各该将领土官，整搠兵马，锋利器械，候总督官进兵之日，听其调取前去，随宜应用。仍督令三司掌印并该道守巡、兵备等官，多方处置粮草。凡兵马经住去处，足够支用，毋致缺乏。各该官员敢有迟延、违误者，听尔等指实参奏，从重究治。尔为宪臣，见有地方之责，务须计虑周祥，区画停当，使兵强食足，大振军威，可以慑远夷之胆，收征讨之功，斯副朕意。

嘉靖十六年冬十二月，两广都御史蔡经等奉敕谕曰：先该安南黎宁奏称，国王黎晭故绝，被贼臣莫登庸作乱，窃据国城，阻绝道路，久废职贡，已经差官查勘是实。近该云南镇巡等官捉获奸细阮景等，及伪造书印，具奏前来，得知此贼僭拟名号，伪置官属，好生背叛朝廷，罪在不赦。特敕尔等各宜遵照该部提请事理，即便调集兵粮，多方筹画，分道进兵，协力征剿，招抚归顺之人，用为向导。凡兹抚剿事情，尔等宜相机酌处，务要计出万全，期于僭乱底平，罪人必获，以彰天讨，以安远夷，斯副朕委托之重，毋或因循玩愒，致误事机。尔其敬之慎之。

（《苍梧总督军门志》，卷二《制敕》）

（嘉靖）十六年，安南黎宁遣国人郑惟僚等赴京，备陈登庸篡弑状，言："宁即譓子。譓卒，国人立宁为世孙，权主国事。屡驰书边臣告难，俱为登庸邀杀。乞兴师问罪，亟除国贼。"时严嵩掌礼部，谓其言未可尽信，请羁之，待勘官回奏，从之。寻召凤仪等还，命礼、兵二部会廷臣议，列登庸十大罪，请大振宸断，克期徂征。乃起右都御史毛伯温于家，参赞军务，命户部侍郎胡琏、高公韶先驰云、贵、两广调度军食，以都督佥事江桓、牛桓为左、右副总兵，督军征讨，其大将需后命。兵部复奉诏，条用兵机宜十二事。独侍郎潘珍持不可，抗疏切谏。帝怒，褫其职。两广总督潘旦亦驰疏请停前命，言："朝廷方兴问罪之师，登庸即有求贡之使，宜因而许之，戒严观变，以待彼国之自定。"严嵩、张瓒窥帝旨，力言不可宥，且言黎宁在清都图恢复，而旦谓彼国俱定，上表求贡，决不可许。旦疏遂寝。五月，伯温至京，奏上方略六事，以旦不可共事，请易之，优旨褒答。及兵部议上，帝意忽中变，谓黎宁诚伪未审，令三方守臣从宜抚剿，参赞、督饷大臣俱暂停，旦调用，以张经代之。时御史徐九皋、给事中谢廷茝以修省陈言，亦请罢征南之师。八月，云南巡抚汪文盛以获登庸间谍及所撰伪《大诰》上闻。帝震怒，命守臣仍遵前诏征讨。时文盛招纳黎氏旧臣武文渊得其进兵地图，谓登庸可破，遂上之朝。广东按臣余光言："莫之篡黎，犹黎之篡陈，不足深较。但当罪其不庭，责以称臣修贡，不必远征，疲敝中国。臣已遣使宣谕，彼如来归，宜因以抚纳。"帝以光轻率，夺禄一年。文盛即传檄安南，登庸能束身归命，籍上舆图，待以不死。于是登庸父子遣使奉表乞降，且投牒文盛及黔国公沐朝辅，具述黎氏衰乱，陈皓叛逆，已与方瀛有功，为国人归附，所有土地，已载《一统志》中，乞贳其罪，修贡如制。朝辅等以十七年三月奏闻，而黎宁承前诏，惧天朝竟纳其降，备以本国篡弑始末及军马之数、水陆进兵道里来上。俱下兵部，集廷臣议。佥言莫氏罪不可赦，亟宜进师。请以原推咸宁侯仇鸾总督军务，伯温仍为参赞，从之。张经上言："安南进兵之道有六，兵当用三十万，一岁之饷当用百六十万，造舟、市马、制器、犒军诸费又须七十余万。况我调大众，涉炎海，与彼劳逸殊势，不可不审处也。"疏方上，钦州知州林希元又力陈登庸可取状。兵部不能决，复请廷议。及议上，帝不悦曰："朕闻卿士大夫私议，咸谓不当兴师。尔等职司邦政，漫无主持，悉委之会议。既不协心谋国，其已之。(仇)鸾、(毛)伯温别用。"

(《明史》，列传第二百九《外国二》)

（嘉靖十六年二月壬子）安南国世孙宁黎差国人郑惟僚等十人赴京，奏称："正德十一年，逆臣陈暠为乱，弑主黎㫋，本国立㫋之故兄长子譓权管国事。十六年，讨暠诛之，其臣英登庸等复谋不轨，追逐譓居外，胁立其庶出幼弟廌假摄国事，寻鸠杀廌，伪立己子，自称天王，由此道路阻截，贡使不通，譓以是竟忧愤成疾而死。本国复立宁为世孙，权管国事。宁即譓之子也，屡驰书总镇告难，俱被登庸邀杀之于路，不得达。迩因广东商船潜行，取道来京，乞兴问罪之师，亟救国难。"奏下，礼部覆言："安南信使不通者二十余年，今朝廷方拟兴师问罪，彼国告变之奏遂至，事属可疑，且惟僚等附舟漂海，延住占城二年，行至广东地方，又不呈身赴告所在官司给文起送，亦难尽信。今宜将惟僚等暂留在馆，令原差锦衣卫等官勘核彼国事情，作速具奏，以待区处。"上从部议，诏："锦衣卫拘留郑惟僚等听候，不许接外人，光禄寺以朝鲜国贡使例供给之。"

(《世宗实录》卷一百九十七)

嘉靖十九年春，命兵部尚书毛伯温、咸宁侯仇鸾如广陈议处安南。冬，安南莫登庸降，纳之。二十一年夏六月，收复门峒，民归籍。

(崇祯《廉州府志》，卷一《图经志》)

嘉靖二十一年，夷人莫登让为黎氏所逐，携其妻仆来奔，钦州知州董廷钦纳之。后潜遁他境。

(崇祯《廉州府志》，卷一《图经志》)

嘉靖二十一年，安南范子仪等寇钦廉，黎岐贼寇琼厓，相犄角。总兵陈圭移文安南，晓以利害，使缚子仪而急出兵攻，黎岐败走之。

(道光《广东通志》，卷一八八《前事略·明二》)

嘉靖二十四年五月，处安南郑惟僚于长乐。先是莫登庸杀安南，黎宁遣惟僚以闻，及登庸纳款参赞，尚书毛伯温等请处惟僚等于广东，给之田宅，至是长乐县为买田，给惟僚五十亩，从者三十亩，复为置宅城中。

(万历《广东通志》，卷六《事纪》)

嘉靖二十五年，莫宏瀷立，阮元专恣用事，莫登庸次子正中及文明避之都，其同辈阮如桂、范子仪等亦避居田里，（阮）敬举兵逼都斋，正中、如桂、子仪等御之不胜，正中、文明率家属奔钦州，子仪收残卒，遁海东。敬诡称宏瀷殁，以迎立正中为词犯钦州，为参将俞大猷所败，诛死。

（道光《广东通志》，卷一八八《前事略·明二》）

嘉靖二十六年夏，合浦饥。安南夷裔莫正中、莫文明、莫福山率其家属百余人来奔。二十七年冬十月，安南叛贼范子仪、范子流等率众寇钦州，百户许镇与战于龙门港，死之。命都指挥俞大猷督兵□之伏诛。

（崇祯《廉州府志》，卷一《图经志》）

嘉靖二十八年，安南叛臣范子仪、范子流寇钦州，伏诛。先是，都统使莫福海故，子宏瀷幼，国内争袭交兵，族酋莫正中、莫文明、莫福山各携其男妇百余口避难至钦州，解赴军门。时提督侍郎张岳、总兵平江伯陈圭奏发韶州、肇庆、清远安插，给米有差。明年，其党范子仪、范子流伪称侯伯、副、参等号，率众联艘突至钦州，以挟取莫正中等为辞，围城劫村，杀伤官兵。提督侍郎欧阳必进奏改福建指挥俞大猷于广东都司，督调汉达土官兵一万员名御之，生擒范子流，俘斩一千二百名颗，子仪乘风遁还，继而宏瀷擒之，函首军门。

（《苍梧总督军门志》，卷二十《讨罪四》）

由于印度总督既未向使团供应物资，更没有运来大使盼望的大象和好马，加上又被解除了军事首领职务，这一切都未动摇迪奥戈·佩雷拉为上帝和国王效力的决心。相反，他从此对使团的事务更加尽心，不惜用个人的钱财为使团办事。他将收到的赠品和礼物与广州的官员分享。由于中国官员贪得无厌，礼品很快告罄。他也因此从中国官员那里得到了以前不敢奢望的回应：中国人向葡人求援以围剿猖獗的海盗。我将在纪实的第二部分讲述并贡献我的故事。事情经过是这样的。

一位朝廷大员率领一支庞大的皇家舰队从泉州抵达广州。舰队原在泉州一带驻防，由十八艘高大的帆船组成，与我国的帆船不相上下。

这位朝廷大员在海战中发了财，趾高气扬，盛气凌人，一到广州便命地方官吏支付长期拖欠官兵的饷银。地方官吏好言安抚，与之暗中周旋了数日，寻找借口拒付饷银，但畏惧其兵力，便请大员先返泉州，留下其弟在广州等候收取饷银。大员听后，深信不疑，率舰队离去。地方官员便用鞭子毒打在广州的兄弟。鞭挞是中国人常用的刑罚。

得悉其弟遭到受辱后，大员掉头返回。出于对奇耻大辱和不兑现支付饷银的报复，大员率兵冲进城里，烧杀掳掠，抢劫一空。据说，事出突然，超乎意料，城中达官贵人及其家眷平日为防盗贼都住在城内，事发后仓皇外逃，混乱中有两千多人在城门洞中被践踏致死。这并非夸张，因为广州人口超过里斯本，到过广州的人都说广州比里斯本大。广州大部分居民住在城内。中国人本身体格弱小，又不准携带武器，故胆小怕事，所以海盗仗其武器多和船上有火炮，以及惯于作战，在城内肆意抢劫，但由于城墙高大坚固未能攻入内城。

洗劫广州后，他们自称是暴动的海盗。从此之后，他们增加武器、大炮和军火，力量更为强大，无人敢冒犯。为求安全，他们选择东莞修筑城堡炮台，以便在海上活动后有地方休整娱乐。东莞距广州仅一天路程，故每当他们洗劫广州，便先在东莞便结，如入无人之境。当地居民胆小怕事，为了活命，连家产都不顾。广州官吏便将东莞居民迁往内地居住，这更使海盗胆大妄为。广州官吏估计：海盗会利用夜色袭击葡萄牙人的码头，上岸后烧抢一气，屠杀葡人，随后设埋伏等待来自印度或在季风季节前来避风的各地船只，将之洗劫一空。

广州官吏将此知会了军事首领，并告消息可靠，须严密监视。首领和大使立刻筹划部署，动员士兵和全镇居民分头把守。当时正值冬季，葡国人不过三百多，但加上奴仆，总数超过1500人。大家夜夜守候在估计海盗可能经过的关口，为保卫国家彻夜不眠。众人在行动中小心有序，利用夜色摆出镇上有过千葡人的阵势。上帝保佑，海盗并未如预计那样来犯，原因是其已得知来犯将遭痛狙。

六月中旬是葡人船只开始驶入澳门码头的季节。一天下午，海盗来人，出现在镇东的近海。全镇人得知后立，即赶到海滩察看。由于是白天，没想到海盗会来，故都未带武器。海盗们见状坦然镇静，若无其事，好像回到镇静家乡、码头一样。他们既不打手势，也不说想干什么。军事首领见他们如此胆大妄为，下令在山头架起射石炮，喝问海盗想干什么，然后向其帆船开炮。海盗却无动于衷，满不在乎，从容不迫地将船泊在我们两艘航往日本的货船之间。这两艘船上装有许多大炮，齐向海盗开火，不让海盗船靠近。海盗驾船向海上离去。

海盗的意图很快搞清，他们企图悄悄地靠近码头，在码头入口处伏击入港的货船。路易斯·德·梅罗航船的遭遇充分证明了这一点，当时梅罗的船在伶仃岛附近，正准备进入，与海盗迎面相遇，海盗向其发起攻击。由于梅罗的船上炮火很猛，海盗未能得手。放过梅罗的船，海盗重返码头通道处隐蔽，以便在那里控制出入船只。这时从帝汶运白檀木的贝罗·维洛佐的货船正要入港。我们眼看着海盗船向该船撞去,已来不及救援。正当海盗下手抢劫时,幸亏就近等待的唐·若昂·佩雷拉的船只及时赶到搭救,维洛佐的船才幸免于难。

由于处处遇到抵抗,加上葡人的船只相互救援,使海盗赶到对葡人的船难有所获,他们失望地折返广州,以便得到在我们这儿失去的东西。瓜分赃物使海盗出现内讧,他们分裂为两股。分裂后九艘船返回了泉州,另九艘在大员的率领下缩回东莞,并从那里滋扰广州。广州方面毫无抵抗能力,商界因不能与葡萄牙人通商损失巨大,葡国人自己也同样因为鼎力相助而蒙受损失。

迪奥戈·佩雷拉是个从不气馁的人,他想乘此良机与广州官吏结好,提出愿以葡国国王和大使的名义帮助驰援广州,击溃海盗。他十分谨慎,不让任何人得知其驰援的设想,一方面他积多年经验知道中国人不会再葡人面前示弱,另一方面因为中国人对葡人素不信任。

但是,上帝给了中国人勇气。他们居然接受了葡人的救援。力主接受的是皇帝之下的二号人物各省兵部首脑总兵。总兵同意后,其他官员不便表示异议。总兵随后向大使和迪奥戈·佩雷拉赠送金册,告之接受葡人救援的经过,称赞大使为中国皇帝出了大力,承诺将在其职权之内关照葡国使团,并将奏明皇上。总兵还称大使旅途劳累、应在澳门静心歇息,并请善待当地百姓,以免与葡国发生争执,这是皇帝对王国新使者的主要担心。此外,还有一些感激问候的话。

(澳门《文化杂志》编:《十六和十七世纪伊比利亚文学视野里的中国景观》之《热尔·哥依斯使团纪实》)

题为夷情事。澳夷之于中国,当论其通市与否?而贡非所重也。今既与市抽税矣,而不许其进贡,于事体为不顺。据广东布政司右布政使陈暹议,照满剌加本系进贡之国,赍来表文,若果系其国王所遣,即不当却,但查得《大明会典》,先朝原给有印文勘合,今据赍来表对,仅容二寸五分,用蜡色负印钤盖,似非先朝给印,且未赍有勘合,赴司比对,其非满剌加国王已无可疑。又据丘时庸亲自译审夷使,称满剌加国王久为蒲利都家所并,表文乃是本国王名唤哝沙必细的阳者所遣,则是满剌加王已无存。而蒲都家、满剌加国,前后国名不一,信有如各官所称并奸民拨置,或系别国生夷,畏惧说出真籍,绝其交易之路,为此掩饰之词。盖由地在海外,信息是非,无所折证,人属蛮夷,彼此言语,悉凭转译故也。照得蒲丽都家国名,史传所不载,历查本朝,并未入贡,恐系佛郎机国夷人,近年混冒满剌加名目,潜通互市,今又托名求贡,以为阻赖抽分之计。事涉可疑,诸司难便定拟,乞早赐奏请定夺,等因到臣。

据此会同议照外夷求贡，事出非常，若使在彼者委有真实效顺之心，而在我者初无隐伏可虞之患，则礼其使人，纳其方物，有何不可？但广东自嘉靖八年，该巡抚两广兵部右侍郎林富，题准复开番舶之禁，其后又立抽盘之制。海外诸国出于《祖训》《会典》所载旧奉臣贡者，固已市舶阜通，舳舻相望。内如佛郎机诸国，节奉明旨，拒绝不许通贡者，亦颇潜藏混迹射利于其间。驯至近年，各国夷人据霸香山濠镜澳恭常都地方，私创茅屋营房，擅立礼拜番寺，或去或住，至长子孙。

当其互市之初，番舶数少，法令惟新，各夷遵守抽盘，中国颇资其利。比至事久人玩，抽盘抗拒，年甚一年，而所以资之利者日已簿矣。况非我族类，不下万人，据澳为家，已踰二十载。虽有互市之羁縻，而识者忧其为广城肘腋之隐祸久矣。今当各夷势转桀骜之时，有此奉贡之请，据其所执告，谓为满剌加国所遣，似属素通贡献之邦。今据该司会同羌官译审，却称系蒲丽都家国，与原词满剌加大不相合，况又自称满剌加为其所并，则其称强西洋，情可推见。及查所交番书，验止方员各二寸五分，已非表文式制。又其上盖一员印，如中国图记之状，又岂以卑承尊、真正印信行移之体？据该司集议，共称恐系别国生夷，托名奉贡，以阻赖抽盘之计，亦属有因。

臣等又访得正德末年，佛郎机番夷亦以进贡为名来广，名虽求贡，实拥大番船往来贸易，喜则人，怒则兽，官兵莫敢谁何，沿海被其荼毒。嘉靖初年，海道副使汪铉用计破之，其患始绝。今蒲丽都家，恐即佛郎机自隐之国名，而本夷求贡之情，恐即先年贸易之故智，却其贡，则彼必肆为不道，或恣猖狂。然其发速而祸尚小，许其贡，则彼呼朋引类，日增月益，番船抽分之法，必至尽格而不行。沿海侵陵之患，将遂溃决而莫制，其祸虽迟而实大，大难图也。缘彼以求贡为名，臣等不容径拒，以干专擅之愆。但事关利害甚重，臣等又不敢缄默，以贻日后地方之患。乞敕下该部会同详议应否施行。

［（明）陈子龙等：《明经世文编》，卷三百四十二，吴桂芳《议阻澳夷进贡疏》］

岛夷关市，与为寇异，四夷来王，无以绥之，仁者所不处也；既纳其税，又探其未然之恶，而漫为之议者，义者所不为也；不察其顺逆，不辨其奸良，一概名之曰贼，非但俱焚玉石，将有俗庖月易一刀之虑，知者所不出也。

［（明）霍与瑕：《霍勉斋集》，卷十九《处濠镜澳议》］

寸天尺地尽尧封，邸借蒲桃【谐音：葡萄，指葡萄牙】须驻踪。一自庚邮频贡雉，几曾辛蛰悟芈蜂。徒戎策上迟江统，筹塞人先学范雍。天险莫将瓯脱例，西来市舶水中龙。

[（民国）蒲肇扬：《南海甘蕉蒲氏家谱》卷十一，蒲龙《感事》]

万历三年，海寇林凤突入广澳，总督兵部左侍郎兼都察院右佥都御史凌云翼击走之。林凤拥众数千，流劫海上猖獗多年，为官兵所逐，因奔外洋，攻吕宋、玳瑁港筑城据守，且修战舰，谋胁番人，复图内逞。福建巡抚刘尧诲遣人谕吕宋国主集番兵击之，巢船烧毁，贼众大挫，至是又从外洋突入广澳。云翼与福建总兵胡守仁兵合，追至碣石，获贼徒男妇八十余人，复追至淡水洋，贼船飘遁，兵随击之，焚沉艘二十余只，凤走遁外夷，不敢复回。

（《苍梧总督军门志》，卷之二十一《讨罪五》；万历《粤大记》，卷之三十二《政事类·海防》）

近据碣石水寨盘获番徒壹拾捌名连船壹只，又柘林水寨盘获番僧贰拾陆名并船壹只，本当照依律重处。值今圣明御天，怀柔远人……各番徒自吕宋小国而来，意欲通贡，一念效顺之诚，良可嘉尚，但查彼国向无此例，安得以是为请？除遵照明文将番徒给以原船，令其驾回本国外，合出给示谕各该番徒，今后再不许轻信奸人之言，航海而来，触冒法禁，罪悔何及……又以见天朝严肃之法而内忧外夷之大分正矣。须至告示者。右仰知悉。万历拾年拾月廿六日给告示。

（《西班牙图书馆中国古籍书志》之《明朝万历拾年告示》）

澳门：夷船停泊，皆择海滨地之湾环者为澳。先年率无定居，若新宁则广海、望峒，香山则浪白、濠镜澳、十字门，东莞则虎头门、屯门、鸡栖。嘉靖三十二年，舶夷趋濠镜者，托言舟触风涛，缝裂水湿贡物，愿暂借地晾晒。海道副使汪柏徇贿许之。时仅篷累数十间，后工商牟奸利者，始渐运砖瓦木石为屋，若聚落。然自是诸澳俱废，濠镜独为舶薮矣。近者督抚萧、陈相继至，始将诸夷议立保甲，听海防同知与市舶提举约束。陈督抚又奏：将其聚庐，中有大街，中贯四维，各树高栅，榜以"畏威怀德"四字，分左右定其门籍。以《旅獒》"明王慎德，四夷咸宾，无有远迩，毕献方物，服食器用"二十字，分东西为号，东十号，西十号，使互相维系讥察，毋得容奸。诸夷亦唯唯听命。

（万历《广东通志》，卷六十九《外志·番夷》）

（万历十九年）七月，广东蠔境澳佛狼机进我大明国天图一幅、地图一幅、犬一对、马一对、丝段香宝等件，共银五百余两，后下萨摩时，道遇之，不知如何嘱付，后等疑其发此大言，欲以壮士志，以惊东心耳。亦欲使别国远出，彼将入其后而灭国为郡，是未可知也。

[（明）侯继高：《全浙兵制》，卷二《附录（万历二十年二月二十八日朱均旺齐到许议后陈机密事情）》]

（万历二十一年正月辛酉）总督两广都御史萧彦奏："暹罗否极，西去日本万余里，近有贡使请于兵部，愿效勤王。兵部覆，令发兵直捣日本。又念海道旷远，夷心叵测，要行停请。兵部议关白以贼篡夺，淫虐奸狡，凭陵诸国。今复占据朝鲜，潜图内犯，致勤王师。乃暹罗黄使愤滋不道，既效勤王之忠，亦笃恤邻之义。臣等特为请遣，一以风励远邦，一以牵制倭众。盖兵家固有多方以误之者，初非以堂堂中国，恃兹岛夷之力为也，明旨既嘉其忠义，又重其事机，必待督臣酌议，取彼回文，方可颁敕，深识远见，隐然具在。今督臣坐镇炎荒海邦，机宜悉如指掌。合令查照，题议事理，将本部差去号召官员，悉听酌量行止。如已达彼国，即便责差忠勇通官，传檄宣谕暹罗国王，遵照明旨整顿舟师，回文奏报，另听敕书，至日遵行。"从之。

（《神宗实录》卷二百五十六）

（万历）二十一年八月，酋郎雷敝里系勝侵美洛居，役华人二百五十助战。有潘和五者为其哨官。蛮人日酣卧，而令华人操舟，稍息，辄鞭挞，有至死者。和五曰："叛死，箠死，等死耳，否亦且战死，曷若刺杀此酋以救死。胜则扬帆归，不胜而见缚，死未晚也。"众然之，乃夜刺杀其酋，持酋首大呼。诸蛮惊起，不知所为，悉被刃，或落水死。和五等尽收其金宝、甲仗，驾舟以归。失路之安南，为其国人所掠，惟郭惟太等三十二人附他舟获返。时酋子郎雷猫吝驻朔雾闻之，率众驰至，遣僧陈父冤，乞还其战舰、金宝，戮仇人以偿父命。巡抚许孚远闻于朝，檄两广督抚以礼遣僧，置惟太于理，和五竟留安南不敢返。

（《明史》，列传第二百十一《外国四》）

（万历二十五年九月丁酉）起陈璘为副总兵，统领广东营兵五千，赴朝鲜援救。

（《神宗实录》卷三百十四）

（万历二十五年九月庚子）兵部先后调发浙江、吴淞、福建、南京、江北、广东水兵二万一千名,旨令催儹速到应用,毋得迟误。

(《神宗实录》卷三百十四)

(万历二十五年十一月)丁酉,经略邢玠奏报:"倭贼焚舍弃寨,退守釜山。部议倭奴进退诡秘,或因冬寒,暂示鸷伏。大兵相继进剿,斯天时人事之宜者,惟是原调川兵马上驰催,浙兵计将抵关,各省直水兵已起行在迩,续调浙、福水兵将督发,广东水陆兵已发……"

(《神宗实录》卷三百十六)

(万历二十六年正月己亥)朝鲜闲山失利,东方亟索舟师。阁臣议募闽省惯海商船,以资防剿。御史徐兆魁言其不便,议欲选兵由陆而行,并委道臣赴淮造船,兼议捣巢之策。兵部覆称:"募船未便,自当停止……举事莫先于浙,尤莫便于闽广;以日本多两省之人,可以响应。两省多近洋之国,可以结联,加之商贩杂出,其间可以别用。是在各督抚同心秘计,随便酌行。如忠义可鼓,勿待正兵事机可乘,勿待奏报而一切假之便宜,毋以议论束缚致于制肘。"上是其议。

(《神宗实录》卷三百十八)

红毛鬼,不知何国。万历二十九年冬,二三大舶顿至濠镜之口。其人衣红眉发连须,皆赤足,踵及趾长尺二寸,形壮大倍常,似悍。澳夷数诘问,辄译言不敢为寇,欲通贡而已,两台司道皆讶其无表,谓不宜开端,时李权使召其酋人入见,游处会城将一月,始遣还。诸夷在澳者寻共守之,不许登陆,始夫。继闻满剌加伺其舟回,遮杀殆尽。

(万历《广东通志》,卷六十九《外志四·番夷》)

和兰红夷,自古不通中国,与佛郎机接壤,时驾大舶横行爪哇、大泥间。及闻佛郎机处吕宋,得互市香山澳,心慕之。万历二十九年,忽扬帆濠镜,自称和兰国。欲通贡,澳夷共拒之,乃走闽。……所恃独铜铳,其舟既大,亦不便回旋,可以计破。今红夷铳法盛传中国,佛郎机又为常技矣。

[(明)茅瑞征:《皇明象胥录》,卷五《和兰》]

红毛番,自称和兰国,与佛郎机邻壤。自古不通中华。其人深目长鼻,毛发皆赤,故呼红毛番云。(颜师古曰:西域诸戎,其形最异。今胡人青眼赤须,状类弥猴者,其种也。)一名米粟果,佛郎机据吕宋而市香山,和兰心慕之。因驾巨舰横行爪哇、大泥之间。筑土库，为屯聚处所。竟以中国险远，垂涎近地。尝抵吕宋，吕宋拒不纳，又之香山，为澳夷所阻，归而狼卜累年矣。

（《东西洋考》，卷六《外纪考·红毛番》）

　　记蕃于澳，略有数端：明初互市广州，正德时移于电白县，嘉靖中又移濠镜者，则有若暹罗、占城、爪哇、琉球、浡泥诸国；其后筑室而居者，为佛郎机；始与佛夷争市，继而通好求市者，和兰也；以澳为逋薮者，倭也。西洋亦有数端：若古里、琐里、西洋琐里、柯枝、锡兰山，于西洋为近；若忽鲁谟斯，处西海之极，为绝远，皆明初王会所列者；今西洋夷则所云意大里亚者也，入自明季。兹别其本末，都为一篇云。

　　弗郎西，明曰"佛郎机"，在占城西南。自古不通中国。明正德十三年，遣使臣加必丹末等入粤，贡方物，请封，始知其名。诏给方物之值遣还。其人久留不去，剽掠无虚日。已而夤缘中贵，许入京。武宗南巡，其使火者亚三因江彬侍帝左右，帝时学其语以为戏。其留怀远驿者，益掠买良民，筑室立寨，为久居计。十五年，御史何鳌言："佛郎机最凶狡，兵械较诸蕃独精，前岁驾大舶突入广东会城，炮声殷地，留驿者违制交通，入都者桀骜争长。见部臣不拜，又欲求长诸蕃。今听其往来贸易，势必争斗杀伤，南方之祸，殆无纪极。祖宗朝贡有定期，防有常制，故来者不多。近因布政吴廷举谓缺上供香物，不问何年，来即取货，致蕃舶不绝于海澨，蛮人杂还于州城，禁防既疏，水道益熟，此佛郎机所以乘机突至也。乞悉驱在澳蕃舶及蕃人潜居者，禁私通，严守备，庶一方获安。"会御史邱道隆亦以为言。礼部言："道隆先宰顺德，鳌即顺德人，故深晰利害，请如御史言。"报可。亚三本华人，为蕃人所使，侍帝骄甚。武宗崩，下吏讯实，乃伏法，绝其朝贡。嘉靖二年遂寇新会之西草湾。指挥柯荣、百户王应恩御之，转战至稍州。向化人潘丁苟先登，众齐进，生擒其将别都卢、疏世利等四十二人，斩首三十五级，获其二舟。余贼复率三舟接战，应恩阵亡，贼亦败遁，而舶市禁绝。黄佐曰："往者蕃舶通时，公私饶给，议者或病外蕃阑境之为虞。夫暹罗、真腊、爪哇、三佛齐等国，洪武初入贡方物，臣服至今。南方蛮夷，大抵宽柔，乃其常性，百余年间未有敢为寇盗者。迩者佛郎机来自西海，其小为肆侮，夫有所召之也。"当事上其言，海禁遂开。自是佛郎机得入香山澳为市，筑室建城，雄据海畔，若一国然，多至万余人。暹罗、占城、爪哇诸国畏而避之。

　　万历中破灭吕宋。吕宋在南海中，去漳州甚近，明初朝贡。佛郎机初与互市，久之，见其弱可取，乃奉厚贿，乞地如牛皮大，建屋以居。王不虞其作【诈】，许之。其人乃裂牛皮，联属至数十丈，围吕宋地，乞如约。王大骇，然业已许诺，无如何，遂听之，而稍征其税。其人既得地，即营室筑城，列火器，设守御。已竟乘其无备，袭杀其王而据其国，名仍吕宋，实佛郎机也。……

先是，遣将以巨炮利兵破灭满剌加，又击破巴西国，又与红毛中分美洛居。至是，益以吕宋，尽擅闽粤海上之利，势愈强横，筑城于隔水青洲山，海外诸蕃无敢与抗者。……

自为佛郎机破后，其贸易香山澳者，犹接迹不绝。巴西国无可考。美洛居事具红毛记。

佛郎机后又称干系腊国，今称费郎西，或曰法郎西，岁与吕宋入粤互市。有吕武勝者，尤黠慧，往来澳门、十三行，先后二十余年，土语华言及汉文字皆谙晓，人呼为吕大班。营责取息，获利累巨万。中国货物利钝、时价昂下，于洋舶未至前密输之，故行商近岁贸易无多赢。其人皆长身高鼻，猫睛鹰嘴，拳发赤须，好经商。市易但伸指示数，虽累千金不立约契。有事指天为誓，不相负。衣服华洁，贵者冠，贱者笠，见尊长辄去之。所产多犀象珠贝。初奉佛教，后奉天主教，明季大西洋人故得入居澳中，后竟为所有云。

（《澳门纪略》，卷下《澳蕃篇》）

贺兰，明曰和兰，又名红毛蕃。地近佛郎机。初就大泥、吕宋、咬𠺕吧诸国转贩，未尝敢窥中国。自佛郎机据吕宋，市香山，和兰闻而慕之，万历二十九年驾大舰携巨炮直薄吕宋，吕宋人力拒之，则转薄香山澳。澳中人数诘问，言欲通贡市，不敢为寇。当事难之。税使李道即召其酋入城游处一月，不敢闻于朝，乃遣还。澳中人虑其登陆，谨防御，始引去。已而入闽据彭湖。时佛郎机横海上，红毛与争雄，复泛舟东来，攻破美洛居国。美洛居在东海中，颇饶富，华人多市易。万历时，佛郎机来攻，其酋战败请降。红毛詗佛郎机兵已退，乘虚直抵城下，执其酋，语之曰："若善事我，殊胜佛郎机也。"酋不得已，亦听命。红毛率一二岁率众返国，佛郎机大举兵来袭，值红毛已去，遂破杀其酋。红毛蕃至，又破其城，自是岁构兵，人不堪命。华人流寓者说令各罢兵，分国中万老高山为界，山以北属红毛蕃，南属佛郎机，美洛居竟为两国所分。复与佛郎机入爪哇为市，筑土库于大涧东，佛郎机筑于大涧西。又于浮泥筑土库以居。遂侵夺台湾地，筑室耕田，久留不去。崇祯中为郑芝龙所破，乃与香山澳佛郎机通好，私贸外洋。十年，驾四舶由虎跳门薄广州，声言求市。其酋招摇市上，奸民视之若金穴，盖大姓有为之主者。当道鉴濠镜事，议驱斥，或从中挠之。会总督张镜心初至，持不可，乃遁去，终明之世不通市。

万历中，香山澳佛郎机潜匿倭贼，敌杀官军。四十二年，海道俞安性奉檄驱倭出海，凡九十八人，严其禁，患稍息。

（《澳门纪略》，卷下《澳蕃篇》）

意大里亚，居大西洋中。自古不通中国。明万历时，其国人利玛窦至京师，为《万国全图》，言天下有五大洲：第一曰亚细亚洲，中凡百余国，而中国居其一；第二曰欧罗巴洲，中凡七十余国，而意大里亚居其一；第三曰利未亚洲，亦百余国；第四曰亚墨利加洲，地更大，以境土相连分为南北二洲，最后得墨瓦腊泥加洲，为第五洲，而域中大地尽矣。明郑和七下西洋，近自古里、琐里，远至于忽鲁谟斯，凡数十余国，无所为意大里亚，亦无所为欧罗巴者，其说荒渺无考。万历九年，利玛窦始泛海九万里，抵广州之香山澳。渐入南京，倡行天主教。至二十九年，入京师献方物，自称大西洋人。礼部言："《会典》止有西洋琐里，无大西洋，其为伪不可知。又寄居二十年方行进贡，则与远方慕义特来献琛者不同。且所贡天主及天主母图，既属不经，而所携又有神仙骨诸物，夫既称神仙，自能飞升，安得有骨？则唐韩愈所谓凶秽之余，不宜入宫禁者也。乞给赐冠带还国，勿令潜居两京，与中人交往，别生事端。"不报。八月，又言乞速赐遣，亦不报。已而帝嘉其远来，假馆授粲，给赐优厚。利玛窦安之，遂留居不去，以三十八年四月卒于京，赐葬西郭外，今阜城门外有利泰西墓云。

自玛窦入中国，其徒来益众。有王丰肃者，居南京，专以天主教惑众，士大夫暨里巷小民间为所诱，又自夸风土人物远胜中华。礼部郎中徐如珂乃召两人，援以笔札，令各书所记忆，悉舛谬不相合，乃倡议驱斥。疏入，命丰肃及庞迪我、阳玛诺等，俱遣赴广东，听还本国。久之，王丰肃复变姓名，入南京行教如故。崇祯时，历法益疏舛，礼部尚书徐光启请令其徒罗雅谷、汤若望等，以其国新法相参较，开局纂修，报可。以崇祯元年戊辰为历元，其法视《大统历》为密，识者有取焉。比书成，名之曰《崇祯历》，未及颁行而明亡。

（《澳门纪略》，卷下《澳蕃篇》）

郭应聘，嘉靖末为广东参政，历广西巡抚。万历癸未，晋右都御使总制两广，会安南侵下雷归顺土酋界，应聘谕以利害，乃上表请罪，悉还所侵界。粤故濒海，时有二夷舶以通贩，至澳，守者将掩为功，献所俘三百人，鞫验无他，悉纵之。

（万历《广东通志》，卷十三《名宦》）

窃谓海中之澳，不止一香山可以互市，明公诚发译者好词问之，果以入市至，令一干吏，别择一澳，以宜置之。传檄香山夷人，谓彼此皆来宾，各市其国中之所有，风马牛不相及也，慎毋相残，先举兵者，中国立诛之。且夫主上方宝视金玉，多一澳则多一利孔，明公之大忠也；两夷各释兵而脱之锋镝，明公之大仁也；明公以天覆覆之，两夷各慑服而不敢动，明公之大威也。孰与挑衅构怨，坐令中国为池鱼林木乎哉？

[（明）王临亨：《粤剑编》，卷四《志游览》]

（万历三十六年十月庚午）两广总督戴燿奏奉旨讨贼自赎，擒获交夷渠魁扶安、企扬、扶忠三名。章下兵部。

（《神宗实录》卷四百五十一）

蔡善继，字五岳，湖州人，以进士万历三十六年任。多异政，发摘若神，境内豪讼者咸相戒匿影。甫履任，侦知澳彝情形，条议制澳十则，上之，大中丞悉如其议。未几，澳弁以法绳舞目，彝叫嚣，将为变。善继单车驰澳，数言解散，缚悖彝至县堂下痛笞之。故事，彝人无受笞者。善继素以廉介，为彝人所慑，临事控制有法，故彝凛凛弭耳受笞而去也。平居善词赋书法，逎逸文士也。而履危定变，直谈笑视之。后任岭西道，适两粤总制何士晋下令堕澳城台，一切机宜，悉借筹于善继。香之民，盖始终赖其袵席云。

（康熙《香山县志》，卷五《县尹》）

（万历三十七年四月己巳）原任两广总督戴燿勘言："钦州之役，首恶就擒。查安南都统使黎维新并头目郑松始解献贼首抚安等三名，足见恭顺。继征其兵未至，及我兵至，彼方有水兵数十船到于海上，俱未见有擒献功次，恐是虚应故事，庇护其党，容行文该国诘问……"

（《神宗实录》卷四百五十七）

臣所见闻更有大可危者，诸夷互市于澳门，世庙以前不过岁月一至，履霜不戒，渐至窃据内地，数万余人，借口防番，收买健斗倭夷以为爪牙，亦不下二三千人。而闽粤之作奸射利，窟穴其间者不与焉。替聚既厚，器械更精，桀骜嚣凌，目中已无汉法。犹曰：诸夷贪我财帛，祸或缓也。倭奴一鼓而下琉球，谋且及于鸡笼、淡水，此其志岂特称雄于海外已者？万一垂涎澳门厚利，顺风扬帆而至，内外应合，即诸夷恐不能制诸倭之死命，沿海将吏何以待之？臣窃谓，钦州往事尚在门庭，澳夷将来祸在肘腋，诸夷有警，犹是外忧，民困无聊，便成内溃。及其既溃而治，臣等以缄默之罪，何济于事？为是不避斧钺，斋沐吁请，伏愿圣明，俯念倒悬之亟，破格蠲减，俾军有余饷，民无横征，救此孑遗，固我桑土，以自为社稷计，地方幸甚！臣等幸甚！

万历三十八年十二月二十日。

[（明）王以宁：《东粤疏草》，卷一《请蠲税疏》]

（万历四十三年）十月，粤督张鸣冈奏：粤海旦夕以濠镜澳夷为兢兢，多蓄倭奴，以为羽翼。臣令道臣喻安性。香山县令但启元躬视澳中，宣上威德，献出倭夷一百二十三名，待以不杀，令归本国，已载舟而挂帆矣。夷目咩吵唧咭咻等立状为之永禁。四十四年七月，礼部奏西洋庞夷迪峨、熊三拔及已故利玛窦，不知何所慕恋，速来久处。说者谓香山县壕镜澳夷之细人也，前此买夷，楼蓬诛草于澳中，次第柴屋筑城，招倭奴红毛番【蕃】海鬼，窃据其地，习华语，读华书，众庶既利其赇贿，士人亦堕其云雾。今如丰肃、阳玛诺等，大煽夷教于洪武冈，非我族类，实逼处此。令申于外夷，必核印表，重译而后敢入，岂有不经路引？根株深固，识者抱郭钦、江统之忧，请亟罢遣。侍郎沈榷、御史朱楷皆论之。报可。

[（明）方孔炤：《全边略记》，卷八《海略》]

陈邦瞻，字德远，高安人。万历二十六年进士。……会光宗嗣位，即擢邦瞻兵部右侍郎，总督两广军务兼巡抚广东，遂移师讨擒之。海寇林莘老啸聚万余人侵掠海滨，邦瞻扼之，不得逞。澳夷筑室青州，奸民与通，时侵内地，邦瞻燔其巢。召拜工部右侍郎。未上，改兵部，进左。

（《明史》，列传第一百三十）

（浡泥）国统十四洲，在旧港之西，自占城四十日可至。初属爪哇，后属暹罗，改名大泥。华人多流寓其地。嘉靖末，闽、粤海寇遗孽逋逃至此，积二千余人。万历时，红毛番强商其境，筑土库以居。其入彭湖互市者，所携乃大泥国文也。

（《明史》，列传第二百十三《外国六》）

（万历）香山澳乃诸番旅舶之处……今则高居大厦，不减城市，聚落万头，虽其贸易无他心，然设有草泽之雄，睥睨其间，非我族类，未必非海上百年之隐忧也。

[（明）王士性：《广志绎》，卷四《江南诸省》]

而香山澳在省会西南，夷人住泊于此，稠密迩焉……然议者以濠镜澳终为腹心之疾，或议毁其巢庐，或议移之浪白、三洲，或议设官以治之，或议以邻国为壑而徙之南澳，要非根本之论也。夫东省之有番舶，譬人身之有痰火。苟元气完固，精神充足，则火与痰亦为血脉运动之资；若元神虚耗，营卫不周，而区区以去病为务，未有而日消月削也。故文德武备，图志者不容缺一。

[（明）王在晋：《皇明海防纂要》，卷一]

熹宗天启二年，广东福建一带海疆不靖，盗劫肆行，西士奉旨往墺商请葡萄牙国水师官员，拨发炮船兵弁捕剿，葡官允之。未几，盗悉朴灭，荷兰国人又侵扰澳门等处，葡师亦合力攻击，荷人遂远遁，上德葡人功，犒赏甚厚，并嘉奖教士。

[（清）黄伯禄：《正教奉褒》]

（天启二年）十一月，总督胡应台募解夷商二十四人以报，曰：濠镜之地，若莲蓬花，然浮峙海中，一线小经，联于香山，曰塘基湾。近年增税二万金，广民食其机利。顷太仆李之藻，欲募三百六十人，乘风浮海。以图恢伏。张寿【焘】之来，窃疑之。用夷攻虏，事不经见。责以战守三百，犹存乎见少，口以习铳已耳。无取多选远夷，致骇观听。今夏经【红】毛番仇杀澳夷，澳夷呼救甚急，助以酒米，张设军容，红番始遁创达，幸濠镜之不为彭湖也。（时红毛据彭湖。）

[（明）方孔炤：《全边略记》，卷八《两广略》]

澳城明季创自佛郎机。万历中，蔡善继由香山令仕至岭西道，总督何士晋采其言，下令隳澳城台。天启时，徐如珂署海道副使，澳夷奔告红毛将犯香山，请兵、请饷、请木石以缮墉垣。如珂昌言于两府，曰："此狡夷尝我也。"已而夷警寂然，而澳垣日筑百丈，如珂遣中军领兵戍澳，谕之曰："墉垣不毁，澳人力少也，吾助若毁。"不两日，粪除殆尽。夷相视嗒曰："是故为南祠部郎，逐我王丰肃者！"自是稍戒心。……

明时红毛擅此大器，尝欲窥香山澳，胁夺市利。澳人乃仿为之，其制视红毛尤精，发时以铳尺量之，测远镜度之，靡不奇中，红毛乃不敢犯。……岁十月，肖楮为红毛夷，缚而走于市，诸蕃手椎追击之，嚣而出，歌而入，晚则焚于野，明季红毛夺澳市，澳夷怨之切，岁有举所以志之也。

（《澳门纪略》，卷下《澳蕃篇》）

（邹）维琏会同巡按福建监察御史路振飞，看得红毛一番，远去中国四万里，晨昏昼夜皆相反，后乃侵据咬嘴吧，营窟台湾。其人深目长鼻，赤须朱发，其性贼虐，尚仇杀，诸夷畏之。其舟长五十丈，横广六七丈，名曰夹版，内有三层，皆置大铳，外向可以穿裂石城，震数十里，人船当之粉碎，是其流毒海上之长技，有如此者夫。此夷前代不通中国，神宗皇帝朝，流劫两粤，及吕宋、香山澳夷皆为仇敌。……

［（明）邹维琏：《达观楼集》，十八《奉剿红夷报捷疏》］

红毛夷：红毛夷自古不通中国，亦不知其国何名？其地在何所？直至今上辛丑，始入粤东海中。因粤夷以求通贡，且于彭湖互市，不许。次年又至闽海，时税盐高寀肆毒，遂许其市易，以抚按力遏而止。至岁甲辰，徐石楼学聚抚闽，忽有此夷船近海墉住泊。时漳州海商潘秀等，素商于大泥国，习与红夷贸易，且恃税监奥主，因先世于旧浯屿通贡市为辞，两院仍拒绝，遂罢议。而通番奸商，私与互市，与吕宋诸国无异，距今又十五六年矣。彼日习海道，而华人与贸易，亦若一家，恐终不能禁，说者又以广之香山噂夷盘踞为戒，似亦非通论也。当此夷初至内地，海上官军素不习见，且状貌服饰非向来诸岛所有，亦未晓其技能，辄以平日所持火器遥攻之。彼姑以舟中所贮相酬答，第见青烟一缕，此即应手糜烂，无声迹可寻，徐徐扬帆去，不折一镞，而官军死者已无算，海上惊怖以其须发通赤，遂呼为红毛夷云。次年复漂洋出粤东，迫近省会。粤人谋之香山噂诸贡夷，皆云：彼火器即精工，万无加于我曹，愿首挫其锋，比舳舻相接，硝铅互发，则香山夷大衄，所丧失以万计。及诱之登岸，焚其舟，则伎俩立穷，自此相戒毋犯。噂夷因与讲解议和，往来大浸，听其贩鬻，然终无以互市请者。自来中国惟重佛郎机大炮，盖正统以后始有之，为御夷第一神器。自此夷通市，遂得彼所用诸炮，因倣其式并方制造，即未能尽传其精奥，已足凭为长城矣。其人双瞳深碧，举体洁白如截肪，不甚为寇掠，亦有俘执解京者。大抵海上诸弁，诱致取赏，非尽盗也。近且骎骎内徙，愿为天朝用，亦亘古未有之事。

［（明）沈德符：《万历野获篇》，卷三十《外国》］

胡平运，字明卿，白藤人。崇祯三年庚午乡试举第一。辛未进士。授庶吉士，改陕西道御史。正色立朝，知无不言。时濠镜澳税居西夷，渐积横肆，而闽寇刘香扰乱粤海，当事选懦不敢用兵，粤绅官都门者积不平，平运特疏纠参。其略曰：臣窃惟今日之患，澳夷与海寇而已。臣乡人不言，无为皇上言之者，亦何从知万里之外受毒如此甚哉？其一在澳夷住濠镜澳。凡番、南、东、顺、新皆可扬帆直抵，其船高大如屋，重驾番铳，人莫敢近，所到之处，硝磺刃铁，子女玉帛，公然搬运。沿海乡村，被其掳夺杀掠，莫敢谁何，至杀伤官兵，上司亦莫敢问。往者哨船不过数只，今打造至于近百，出入无忌，挟制官司；往者夷数不满千人，今者报教万，一旦有警，此数万夷人，何逞不得？此大可忧也。而大蠹则在闽商，其聚会于粤，以澳为利者亦不下数万人，凡私货通夷，勾引作歹，皆此辈为之祟。官兵盘获其船，则以匿金匿宝诬捏反噬。而中国边情，钞传邸报，虚实亦在窥玩中，乞敕嫌臣禁制，令夷将番船拆毁，其通夷勾夷者严置重典。其一在洋寇。粤自潮州而下，及于阳电沿海，俱是盐场，粤东行盐通粤西及江西吉安、南赣三府，与桂府土盐。年来闽寇截据要路，盐船大小勒买路银，不从即焚其票。贼来无时，乘风飘突，越虎门一限可以直泊广州城下。去年二月，粤将陈昭、李相斩贼以保全城，朱可贞擒获多舟以保阳电，今贼日夕图报，猝然再至，何以为御？此大可忧也。而大蠹则在接济，米谷向禁出海，自郑芝龙至粤，假兵食为兴贩，又为潮船运盐之说，带私以入，载米以出，遂开接济海寇之途。乞敕疆臣严禁米谷出海，以绝接济。其一在海贼。南、番、东、顺、新、香等县交通小海，皆百姓出入必经之路，本地无赖，聚众打劫，向者不通数十人，今以千艘百号。白画公行攻围乡村，杀掳男女、良家被害者不知几千百矣。最可恨者，掳人勒赎，富者千金，贫者数两，刑威万状，得其财复杀其命。有产之家不敢出门，春哀罢耕，行旅绝迹，官间调哨调兵，贼已先知消息，此大可忧也。而大蠹则在窝家，各县窝贼必有主名，乞敕礼臣饬属缉办，如此则粤之亿万生灵，皆受皇上再生之赐矣。疏入，帝以未见报，切责督按不能消弭，令回奏，复谕以殚力剪除，不得以积年夷盗卸责。

（光绪《广州府志》，卷一百二十二《列传十一·胡平运传》）

我们与中国国王之间的和平与否依他的愿望而定，因为中国离印度太远，它的实力要比葡萄牙人在那里能纠集起来的人强大得多。所以，不论对他们多么恼火，我们从来不曾也没有想过打破这种和平。由于只要阻止食品进入，他们便能扼杀本市，因为没有其他地方也没有办法运来食品。

（澳门《文化杂志》编：《十六和十七世纪伊比利亚文学视野里的中国景观》之《要塞图册》）

中国闭关自守，有条件地对葡萄牙人开放了一扇侧门，但这扇门对于英国人是加锁封闭的。威得尔到来之后，准备利用那扇侧门并谦卑地去敲前门，但也准备，假如当面被享以闭门羹时，则破门而入。

（马士：《东印度公司对华贸易编年史》，页三十）

第二章
商贸往来

一、市舶、朝贡贸易

海外诸国入贡,许附载方物与中国贸易。因设市舶司,置提举官以领之,所以通夷情,抑奸商,俾法禁有所施,因以消其衅隙也。洪武初,设于太仓黄渡,寻罢。复设于宁波、泉州、广州。宁波通日本,泉州通琉球,广州通占城、暹罗、西洋诸国。琉球、占城诸国皆恭顺,任其时至入贡。惟日本叛服不常,故独限其期为十年,人数为二百,舟为二艘,以金叶勘合表文为验,以防诈伪侵轶。后市舶司暂罢,辄复严禁濒海居民及守备将卒私通海外诸国。

永乐初,西洋剌泥国回回哈只马没奇等来朝,附载胡椒与民互市,有司请征其税。帝曰:"商税者,国家抑逐末之民,岂以为利。今夷人慕义远来,乃侵其利,所得几何,而亏辱大体多矣。"不听。三年,以诸番贡使益多,乃置驿于福建、浙江、广东三市舶司以馆之。福建曰来远,浙江曰安远,广东曰怀远。寻设交阯云【屯】市舶提举司,接西南诸国朝贡者。

(《明史》卷八十一,志五十七《食货志五》)

极目山云杂晓烟,女萝遥护岭松边。陆行尽服岚霞气,水宿频吞虬蜃涎。晨仰际峰观拥日,暮看临海泊来船。信知百越风尘异,黑发人居不待年。

[(明)朱元璋:《明太祖文集》,卷二十《闻人岭南郊行》]

本朝除元乱大一统,诸番例当三年一贡,世见来王,许以互市,立市舶提举司以主诸番入贡。旧制:应入贡番,先给与符簿。凡及至,三司于合符,视其表文、方物无伪,乃津送入京;若国王、王妃、陪臣等附至货物,抽其十分之五,其余官给之直,暹罗、爪哇二国免抽。其番商私赍货物,入为易市者,舟至水次，悉封籍之，抽其十二，乃听贸易。然闽广奸民，往往有椎髻耳环，效番衣服声音，入其舶中，导之为奸利，因缘钞暴，傍海甚苦之。

（嘉靖《广东通志初稿》，卷三十《番舶》；嘉靖《广东通志》，卷六十六《外志·番夷》）

明洪武初设市舶司于太仓黄渡，三年二月罢之。凡番舶至太仓者，命军卫有司封籍其数，送赴京师。寻复设市舶司于浙江、福建、广东。浙江通日本，福建通琉球，广东通占城、暹罗、西洋诸国。（《续文献通考》）

谨按：其时置驿于浙江、福建、广东三省，以待市舶之至者，在广东者曰怀远驿。

洪武二年九月，定朝贡"附至番货，欲与中国贸易者，抽六分，给价偿之，仍免其税。"（《明实录》）

谨按：邱浚《大学衍义补》言：明虽沿前代市舶司之名，而无抽分之法。今考《实录》，则明初即定抽分，其后又有抽十分之五，有抽十二者。邱浚考之未审也。

（《粤海关志》，卷四《前代事实三》）

（洪武七年八月）辛未，罢……广东广州三市舶司。

（《太祖实录》卷九十三）

（洪武）七年，（暹罗）使臣沙里拔来贡。言去年舟次乌猪洋，遭风坏舟，飘至海南，赖官司救护，尚存飘余兜罗绵、降香、苏木诸物进献，广东省臣以闻。帝怪其无表，既言舟覆，而方物乃有存者，疑其为番商，命却之。谕中书及礼部臣曰："古诸侯于天子，比年一小聘，三年一大聘。九州之外，则每世一朝，所贡方物，表诚敬而已。惟高丽颇知礼乐，故令三年一贡。他远国，如占城、安南、西洋琐里、爪哇、浡泥、三佛齐、暹罗、真腊诸国，入贡既频，劳费太甚。今不必复尔，其移牒诸国俾知之。"然而来者不止。其世子苏门邦王昭禄群膺亦遣使上笺于皇太子，贡方物。命引其使朝东宫，宴赉遣之。

（《明史》，列传第二百十二《外国五》）

洪武初，设市舶于太仓，名黄渡市舶司，寻以近京师，罢，改设于福建、浙江、广东。七年九月，又罢。未几复设。盖东夷有马市，西夷有茶市，江南海夷有市舶。所以通华夷之情，迁有无之货，收征税之利，减戍守之费；又以禁海贾而抑奸商也，市舶不复利归豪强，而国家坐受其害。

（《筹海图编》，卷十二《开互市》）

自洪武迄嘉靖，置罢不常；又始置三司，后复罢浙江、福建，而专属之广东，大抵归其权于中官，凌轹官吏。古人互市之法，荡然尽矣。

（《粤海关志》，卷七《设官》）

洪武初，通使诸番定例，三年一贡，时见来王，许以互市，立市舶提举司以主之。旧制货物抽十分之五，其余官给之直。暹罗、爪哇二国免抽。其番商私赍货物入为易市者，舟至水次，悉封籍之，抽其十二，乃听贸易。永乐改元，遣使四出，诏谕诸番贡献毕至，乃命内臣监镇市舶设公馆于城南水滨。而税珰多纵恣为民害。四年，广东布政司言，每岁海外番邦人贡献方物以舟运载，惟南雄至南安，限隔梅岭，舟楫不通，自今请用民力接运。报曰：自今值农务之时，其方物并于南雄收贮。十一月，农隙却令运赴南安。着为令乃置怀远驿于广州城蚬子步，建屋一百二十间以居番人，隶市舶提举司。然内官总货提举官吏为领簿而已。（《郝志》）

（道光《广东通志》，卷一百八十《经政略》）

勘合号簿，洪武十六年始给暹罗，以后渐及诸国。每国勘合二百道，号簿四扇。如暹罗国，"暹"字号勘合一百道，及暹、罗字底簿各一扇，送贮内府；"罗"字勘合一百道，及"暹"字号簿一扇，发本国收填；"罗"字号簿一扇，发广东布政司收。比遇朝贡，填写国主、使臣姓名、年月、方物，令使者赍至布政司，先验有无表文，次验簿，比号相同，方许护送至京。每纪元，则更换给。时暹罗、占城、爪哇、真腊、满剌加、锡兰山、苏门答剌，皆以次给付（三佛齐，据《会典》未给簿籍），使回，俱广东布政司管待。

（万历《广东通志》，卷六十九《外志·番夷》）

（永乐元年八月丁巳）上以海外番国朝贡之使附带物货前来交易者，须有官专至之，遂命吏部依洪武初制于……广东设市舶提举司，隶布政司，每司置提举司一员，从五品；副提举二员，从六品；吏目一员，从九品。

（《太宗实录》卷二十二）

（永乐元年八月）命内臣齐喜提督广东市舶，置市舶提举司。命吏部依洪武初制，置提举一员，副提举二员。上以海外番国朝贡之使附带货物前来交易者，有官以主之。此置市舶提举之始。

（万历《广东通志》，卷六《藩省志·事纪五》）

永乐元年八月，帝以海外番国朝贡，附带货物交易者，须有官专主之，遂命吏部依洪武初制，于浙江、福建、广东设市舶提举司，隶布政司。（《明实录》）

谨按：洪武时已设市舶司，至是乃定为提举一员、副提举二员，吏目一员。

（《粤海关志》，卷四《前代事实三》）

市舶公馆，在郡西武安街南，永乐元年建。

（嘉靖《广州志》，卷二十二《公署》）

市舶提举司：提举一人（从五品），副提举二人（从六品），其属吏目一人（从九品）。掌海外诸番朝贡市易之事，辨其使人表文勘合之真伪，禁通番征私货平交易，闲其出入而慎馆谷之。洪武元年置市舶提举司，洪武七年罢福建之泉州，浙江之明州，广东之广州三市舶司。永乐元年复置，设官如洪武初制，寻命内臣提督之。

（道光《广东通志》，卷十八《职官表九·明一》）

合猫里，海中小国也。土瘠多山，山外大海，饶鱼虫，人知耕稼。永乐三年九月遣使附爪哇使臣朝贡。其国又名猫里务，近吕宋，商舶往来，渐成富壤。华人入其国，不敢欺陵，市法最平，故华人为之语曰："若要富，须往猫里务。"

（《明史》，列传第二百十一《外国四》）

永乐四年，市舶提举司舶税，据司揭岁约饷银四万余两。

（万历《广东通志》，卷七《藩省志·课税》）

永乐四年六月，广东布政司奏："每岁海外番夷入贡方物，水路以舟楫运载，惟南雄至南安，限隔梅岭，舟楫不通，请用民力接运。"上曰："番贡无定期，而农民少暇日。自今番夷入贡，如值农务之时，其方物并于南雄收贮，俟农隙运赴南安。"

（《粤海关志》，卷四《前代事实三》）

广东市舶提举司旧在府城外西南一里，即宋市舶亭海山楼故址。（见古迹）洪武初开创，永乐元年提举潘定复重修，正统十四年毁于兵燹，景泰六年提举祝应韶重建。正厅三间，匾曰"怀夷堂"；后厅三间，匾曰"天珍堂"，左右厢房各三间，库房一百一十六间，吏目厅三间，三门三间。额设提举一人。嘉靖三十六、七年，提督奏革去副提举吏目一人。官吏廨舍三十间。廨次有水心亭，前有观澜亭，其上有阁，濒江树坊牌曰"重译"。

（嘉靖《广东通志》，卷二十八《政事志一》）

凡外裔入贡者，我朝皆设市舶司以领之。在广东者，专为占城、暹罗诸番而设；在福建者，专为琉球而设；在浙江者，专为日本而设。其来也，许带方物，设牙行与民贸易，谓之互市。是有贡舶即有互市，非入贡即不许其互市，明矣。

[（明）郑若曾：《江南经略》，卷八上《开互市辨》]

永乐间，四夷来王，市舶至用内官监镇，寻置怀远驿于郭西南蚬子步，创屋百二十间，以司馆谷。时内官总货，提举官吏但领簿而已。其入贡者，惟正使进城，余皆就驿止宿，遇设宴管待方入，宴毕即出。成化、弘治间犹然。其衣服诡异，至有帽金珠，衣朝霞者。将侍宴，老稚咸竞观之。

（万历《广东通志》，卷六十九《外志·番夷》）

（宣德九年九月丁丑）广东市舶提举司奏："怀远驿乃永乐初所置，以馆海外番国贡使，今厅堂门庑颓坏，使臣往来皆无所寓。"命军卫有司协同缮治。

（《宣宗实录》卷一百十二）

（正统八年八月壬寅）广东都布按三司奏："占城国公干人船回，委官盘出象牙小梳坯三百三十七个、牙笏坯二枝、牙箸坯八十双，俱系番物，欲连人解京，其掌船百户陆善等告称自用己财贸易，未敢定夺。"上曰："皆微物也，其给还之。"

（《英宗实录》卷一百七）

景泰三年五月，爪哇国使臣乞以赐物贸易油麻之类于广东，许之。（《续文献通考》）

（《粤海关志》，卷四《前代事实三》）

（天顺三年二月）丁卯，司礼监太监福安奏："永乐间差内官下西洋，并往广东买办采捞珍珠，故国用充足。今久不采，府库空虚。"上命监察御史吕洪同内官往广东雷州、廉州二府杨梅等珠池采办。

（《英宗实录》卷三百）

（天顺五年二月庚寅）巡抚两广右佥都御史叶盛奏："广东珠池已经二次采取，即今珠螺稀嫩，须暂停缓，方得长大。况雷、廉等府州县夫蜑累被广西流贼劫杀，必须不兵，宁靖地方，人力宽苏之日，方可采捞。"上命户部议行。

（《英宗实录》卷三百二十五）

（成化元年二月戊子）监察御史赵敔上言：一、乞罢两广御史清军，敕按察司官一员任之。二、欲禁进贡马驾船附载商货，并赈恤挽船夫卒。其余亦多兵民利病未举行者。下兵部议，择其切时弊者取旨行之。

（《宪宗实录》卷十四）

（成化五年四月丙辰）广东市舶司奏："有番舶被风吹至九星洋，审知是琉球国所遣使臣来贡者，告欲贸易土货往福建，造船回国。"礼部复奏："宜移文广东巡抚等官，严加译审，果无虚诈，方许贸易。仍谕各夷今后进贡，务由福建故道，且禁约下人不得因而侵损，失彼向化之心。"从之。

（《宪宗实录》卷六十六）

（成化年间）先是市舶太监韦眷请以均徭余剩六十户隶市舶司，为造办进贡之需。（彭）韶因请罢，且言国家升平百十余年，生齿之繁，田野之辟，商旅之通，可谓盛矣。然而官府仓库少有储蓄，人民衣食艰于自给，此反有不及，何哉？以害财之多也。国初设官有数，今则内外文武加数倍矣；国初宗戚有限，今则远近王亲日益众矣；初僧道有额，今寺观日增矣；初宾贡有节，今四夷络绎矣；初土赋有常，今进献多门矣；初上用俭朴，今百度侈丽矣；初赋役尚简，今差役繁重矣；初书籍少刻，今板行猥滥矣；初牌坊少竖，今街衢充斥矣；初士风淳质，今人情皆好驰驱矣；初民用节约，今闾阎皆竞奢华矣。凡此皆所以害财也……疏上。诏减其半。

[（明）涂山辑，《新刻明政统宗》，卷十五]

成化二十二年，番人马力麻者，为海商，诡称苏门答剌使臣私通贩易。

市舶中官韦眷利其货，不究问之。广东布政使陈选发其奸抵罪。自后其国间一朝贡。

[（明）严从简：《殊域周咨录》，卷九《苏门答剌》]

（成化）二十二年，广东番禺县民黄肆及王凯父子招集撒马儿罕等国夷商，交结中官韦眷出海通番，怙势杀人惊扰地方，被本县知县高瑶遣兵壮人等搜没番货巨万，申呈于布政陈选。选行文奖高瑶。仍具奏下巡抚都御史宋旻勘报。旻畏眷，不敢诘问，姑缓之。眷结中官诬奏选党比高瑶。上怒。遣刑部员外郎李行会同巡按御史徐同爱鞫之。行同爱畏眷，不敢反异。复赂选所黜吏张□，令诬执选。不从，行等阿眷，执□拷掠。□曰：“死即死耳，安敢以私憾灭公议，陷正人也？”行等罗织无所得，乃诬选矫制发粟，意在侵欺，褒奖属官，志图报谢，论罪当徒。奏入。诏夺选官，遣锦衣卫千户张福逮选。士民数万人号泣遮留。选至南昌疾作，卒于石亭寺，时年五十八。

张裒乃上言："臣闻周公元圣而四国之谤乃致上疑于其君，曾参大贤而三之言不免摇惑于其母，是岂成王之不明，参母之不亲哉！凡以日能铄金而毁能销骨也。陛下临御区宇，明并日月，恩同父母。讵图怙冒之中尚罹屈抑，覆盆之下复有沉冤。窃见广东布政使陈选素崇正学，夙抱孤忠，孑处群邪之间，独立众憎之地。太监韦眷通番败露，知县高瑶按法持之，陈选移文嘉奖，以激贪懦，固监司之体也。奈何宋□、徐同爱怵势保奸，首鼠两觑。以致韦眷横行胸臆，秽蔑清节，荧惑圣明。勘官李行承眷颐指，锻炼成狱，竟无左验。臣本小吏，以讹误触法，为选罢黜，实臣自取，非选有加于臣也。眷乃妄意臣必憾选，以厚贿啗臣，令扶同陷选。臣虽胥徒，亦知廉耻，安敢欺昧心术，颠倒是非。眷既知臣不可利诱，乃嘱行等逮臣于理。弥日拷掠，身无完肤，臣甘死吁天，终无异口，行等乃依傍眷，语文致其词，劾选勘灾不实，擅便发仓，曲蔽属官，意图报谢，是毁共姜为夏姬，诟夷齐为盗跖也。本年岭外地震水溢，漂民庐舍，属郡交牒报灾，老弱张口待哺，而抚按藩臬若罔闻知。选独抱隐忧食不下咽，谓辗转行勘，则民命垂绝，其何能待！所以便宜议振，志在救民，非有他也。选素刚正，不堪屈辱，乃为勘官凌侮，愤懑成疾，旬日而殂。李行幸其就死，不为医疗，又潜遣养子密以选死报眷，以快其忿。小人佞毒，交结权幸，一至于斯。司寇之属，要在诘奸刑暴，安取此辈为也！夫选砥节奉公，横罹谗构，君门万里，孰谅其冤。臣以罪人摈斥田野，秉耒自给，百无所图，敢冒死披陈甘心鼎镬者，诚痛忠廉之士衔屈抑之冤，长谗佞之奸，为圣明之累也。"奏入。不报。第以他事罢眷镇守。选字士贤，浙江临海人。自少沉静端慤，立志以圣贤自期，潜修点识，不求人知。终身俭约，有寒士所不及者，盖笃行之儒为己之学也。南畿、河南、广东皆立祠祀之。

[（明）严从简：《殊域周咨录》，卷十六《撒马儿罕》]

（成化二十三年三月）丁卯，天方国顺国阿力以其兄纳的游方在中国四十余年，欲至云南访求之，因自备物宝物累万于满剌加国，附行人左辅至京进贡。而为内官韦眷所侵克，奏乞查验。礼部请估其贡物酬以直，而许其访兄于云南。上曰："阿力实以奸细窃货物假进贡，索厚利，且在馆悖言肆恶念。其远夷，姑宥不问。锦衣卫其速差人押送广东镇巡官收管，遇便遣回。"

（《宪宗实录》卷二百八十八）

（成化中）广东市舶提举司衙门，先于永乐元年八月内该内官齐喜钦奉太宗皇帝圣旨设立，彼时金民殷实户四十七名，军殷实户三十七名，在本司用，其他工脚夫并跟拨皂隶等项，又各不等，内臣相承接管，于今七十余年。

[（明）彭韶：《彭惠安集》，卷一《奏议》]

彭韶，字凤仪，莆田人。天顺元年进士。……十四年春，迁广东左布政使。中官奉使纷遝，镇守顾恒、市舶韦眷、珠池黄福，皆以进奉为名，所至需求，民不胜扰。韶先后论奏。最后，梁芳弟锦衣镇抚德以广东其故乡，归采禽鸟花木，害尤酷。韶抗疏极论，语侵芳。芳怒，构于帝，调之贵州。

（《明史》，列传第七十一）

宏【弘】治元年正月，韦眷、王敬皆太监梁芳党，眷为广东市舶太监，纵贾人通番，聚珍宝甚富，请以广南均獠户六十隶市舶。布政使彭韶争之，诏给其半。眷又诬奏布政使陈选，被逮。自是，人莫敢逆眷者。弘治初，眷因结蔡用妄举李文贵冒纪太后族，降左少太监，撤回京。

（《明史》，列传第一百九十二《宦官一》）

广东市舶太监韦眷，招集无赖驵侩数百十人，分布群邑，专鱼盐之利，又私与海外诸番相贸易，金缯宝玉，犀象珍玩之积，郿坞不如也。

[（明）黄瑜：《双槐岁钞》，卷九]

自弘治元年以来，番舶自广东入贡者，惟占城、暹罗各一次。

（《孝宗实录》卷七十三）

（弘治五年十月）各番进贡年限，乞行广东布政司出给榜文于怀远驿张挂，使各夷依限来贡。如番舶抵岸，先赴布政司比对勘合，字号相同，贡期不违，然后盘验起送，庶沿海人民不得常与外夷交通，以致起衅招寇。

（《孝宗实录》卷六十八）

　　（弘治六年三月）两广总督都御史闵圭奏：广东沿海地方多私通番舶，络绎不绝，不待比号，先行货卖。备倭官军为张势，越次申报，有司供亿，糜费不赀，事宜禁止。况夷情谲诈，恐有意外之虞，宜照原定各番来贡年限事例，揭榜怀远驿，令其依期来贡。凡番舶抵岸，备倭官军抑赴布政司，比对勘合相同，贡期不违，方与转呈提督市舶太监及巡按等官具奏起送。如有违碍，捕获送问。下礼部议。据圭所奏，则病番舶之多为有司供顿之苦。据本部所见，则自弘治元年以来，番舶自广东入贡者惟占城、暹罗各一次。意者私舶以禁弛而转多，番舶以禁严而不至。今欲揭榜禁约，无乃益沮向化之心，而反资私舶之利。今后番舶至广，审无违碍，即以礼馆待，速与闻奏。如有违碍即阻回，而治交通者罪。送迎有节，则诸番咸有所劝而偕来，私舶复有所惩而不敢至，柔远足国之道于是乎在。从之。

（《孝宗实录》卷七十三）

　　弘治十年，先是暹罗、占城、爪哇、琉球、浡泥诸国互市，俱在广州设市舶司领之。正德时，移于高州之电白县。

（《明史》，列传第二百十三《外国六》）

　　刘缨，字与清，新淦人，成化戊戌进士，宏（弘）治辛亥奉命按广东。广南濒海地，有别渚曰澳，番舶交易之地也。地有珠市，世其业者十人。豪民张政者，先窜名番舶商海外诸国，致番货直数十万，夤结中人监舶者，假以公牒，得捕盗海上，凭藉声势张甚，因欲渔夺十人者之业，不得悉，诬十人者为盗，捕置狱中，七人瘐死，余三人当论决。公讞得其情，并释三人，抵政死。指挥倪凤亦以捕盗，恣剽海上，害尤甚。顾凤阴狡，多养死士自卫，迫之恐变，乃以计，密擒得之，竟致之法。……

（道光《广东通志》，卷二四三《宦绩录十三·明二》）

　　周孟中，字时可，庐陵人，成化己丑进士……宏（弘）治中为广东左布政使，先是海舶中官岁例采珠造柜，并金大户解纳侵扣不赀，至是商贾之利复笼取太尽。孟中悉加裁革,地方以安。

（道光《广东通志》,卷二四三《宦绩录十三·明二》）

熊绣,正德元年总制两广,严番舶抽税之禁。

（万历《粤大记》,卷之九《宦绩类》）

李希颜,字原复,华亭人……正德初,升广东按察司佥事。……仍领海舶,例有私赂以万计,希颜悉给军士而无所规利。是时巨寇黎头八啸聚山谷,希颜率兵与之大战,败之,获其渠魁。当道者疾其功,不为奏赏。……

（万历《广东通志》,卷十三《藩省志·名宦》）

正德四年,暹罗船有飘至广东者,市舶中官熊宣与守臣议,税其物供军需。事闻,诏斥宣妄揽事柄,撤还南京。

（《明史》,列传第二百十二《外国五》）

（正德四年三月）乙未,暹罗国船有为风飘泊至广东境者,镇巡官会议税其货,以备军需。市舶司太监熊宣计得预其事以要利,乃奏请于上。礼部议阻之。诏以宣妄揽事权,令回南京管事,以内官监太监毕真代之。

（《武宗实录》卷四十八）

（正德四年）布政司案：查得正统年间,以讫弘治,节年俱无抽分。惟正德四年,该镇巡等官、都御史陈金等题,要将暹罗、满剌加并吉阐国夷船货物俱以十分之三抽分。该户部议,将贵细解京,粗重变卖,留备军饷。至正德五年,巡抚两广都御史林廷选题议各项货物着变卖存留本处,以备军饷之用。正德十二年,巡抚两广都御史陈金会勘副使吴廷举,奏欲仿宋朝十分抽二,或依近日事例,十分抽三,贵细解京,粗重变卖,收备军饷;题议只许十分抽二。本年内占城国进贡,将搭附货物照依前例抽分。

（嘉靖《广东通志》,卷六十六《外志·番夷》）

初,入贡海舟至,有司封识,俟奏报,然后起运。宣宗命至即驰奏,不待报,随送至京。武宗时,提举市舶太监毕真言："旧制,泛海诸船皆市舶司专理,近领于镇巡及三司官,乞如旧便。"礼部议：市舶职司进贡方物,其泛海客商及风舶番船,非敕旨所载,例不当预。中旨令如熊宣旧例行。宣先任市舶太监也,尝以不预满剌加诸国番舶抽分,奏请兼理,为礼部所劾而罢。刘瑾私真，谬以为例云。

（《武宗实录》卷六十五；《明史》，卷八十一《食货志五》）

（正德五年九月）癸未，户部覆议两广镇巡官奏，谓盗贼连年为乱，军饷不支，乞将正德三年、四年抽过番货，除贵重若象牙、犀角、鹤顶之类解京，其余粗重如苏木等物，估价该银一万一千二百有奇，宜变卖留充军饷。报可。

（《武宗实录》卷六十七）

（正德十年五月甲辰）先是太监肖敬传旨："令提督广东市舶司太监曹宏采取奇异香料并土物以进。"巡按御史丁楷极言不可，状礼部复请从楷言，不纳。

（《武宗实录》卷一百二十五）

（正德十二年五月辛丑）始榷进贡番舶，从广东右布政使吴廷举之请也。其后启佛朗机衅，谓廷举作俑矣。

［（明）谈迁：《国榷》，卷五十《武宗》］

正德十二年，西海夷人佛郎机亦称朝贡，突入东莞县，大铳迅烈，震骇远迩，残掠甚，至炙食小儿。海道奉命诛逐，乃出境。自是海舶悉行禁止。例应入贡诸番亦鲜有至者，贡舶乃往漳、泉，广城市贸萧然，非旧制矣。于是两广巡抚都御史林富稽《祖训》、遵《会典》，奏上得允，于是番舶乃通焉。湾泊有定所（布政司案：查得递年暹罗国并该国管下甘蒲洦、六坤州与满剌加、顺塔、占城各国夷船，或湾泊新宁广海、望崀，或新会奇潭、香山浪白、蠔镜、十字门，或东莞鸡栖、屯门、虎头门等处海澳，湾泊不一）。抽分有则例（布政司案：查得正统年间以迄弘治年，俱无抽分。惟正德四年，该镇巡等官、都御史陈金等题要将暹罗、满剌加国并吉阑国夷船货物俱以十分抽三，该户部议将贵细解京，粗重变卖，留备军饷。至正德五年，巡抚两广都御史林廷选题议各项货物着变卖存留本处，以备军饷之用。正德十二年，巡抚两广都御史陈金会勘副使吴廷举奏，欲或仿宋朝十分抽二，或依近日事例十分抽三，贵细解京，粗重变卖，收备军饷。题议祇许十分抽二。本年内占城国进贡将附搭货物照依前例抽分。至正德十六年，满剌加国奏佛朗机夺国及进贡诈伪议，礼部议行镇巡等官遣发出境。嘉靖五年，又该姚都御史奏，称暹罗国进贡将陪贡附搭货物，十分抽二，以备军饷，方物解京。嘉靖六年，该国副使坤思悦者米的利等奏称，正船并无抽分。该礼部查得《会典》内该国例不抽分，行回将原抽货物退还变贵，修船归国，遵行到令）。俸粮折色，椒木兼支（布政司案：查得递年止系都布按三司文武官员及在省文职官吏，本司备行广丰库，于库贮抽回胡椒、苏木，计算各名下折色俸银，每一两内除八钱，折苏木一百斤尚余二钱，折椒五斤八两八钱八分，其余卫所武职官吏与夫境外各属，则无折支椒木之例）。嘉靖中，革去市舶内臣，船至澳，遣知县有廉干者，往船抽盘，提举司官吏亦无所预。

（嘉靖《广东通志》，卷六十六《外志三·番夷》）

（正德十四年四月丙午，礼部复巡按广东御史高公韶谓）旧例，岭南诸番入贡，其所附货物，官税其半，余偿之直；其不以贡来者，不许贸易，与之交通者罪至死。后以中人镇守，利其入，稍弛其禁……

（《武宗实录》卷一百二十三）

（正德十六年五月庚申）海上诸岛夷自广东入贡者，旧制验实奏闻，则权其赀以充国用。久之，奸利之徒冒称入贡，去来无时，而有司利其所权，漫不之禁，滋成内讧，民甚患之。至是，守臣以闻，诏："自今外夷来贡，必验有符信。且及贡期，方如例权税。其奸民私舶，不系入贡，即入贡不以期，及称诸夷君长，遣使贸迁者，并拒还之。"

（《世宗实录》卷二）

广州会府隶州一、县十，南海最大，新会次之；州县所隶水驿十有一，马驿五，惟新会隶水马驿二，蚬江其一，是必当水陆孔道也。道孔而驿任劳，县大而办亦剧，马卒舟人，行资居费，委积于郊野……蚬江且岸海，圣化薄内外，海国在服。若暹罗、浡泥、占城、真腊、苏门答剌、爪哇之属，岁时朝贡，候风潮而来者，日集番舶胡贾，交市奇物，帖而人，激而犬羊，虽疏简节目，而必制之。丞亦与有责也。

[（明）夏良胜：《东洲初稿》，卷二《送驿宰邓景升之蚬江序》]

（嘉靖元年四月癸未）户部上言："广东看守珠池内臣前已奉诏旨，不许干预廉、琼、高、雷地方。今太监安川乃复夤缘传奉，兼管地方。事属欺罔，乞申前令，管市舶守珠池者，各专职任，俱不许干预地方事务。"上是之。

（《世宗实录》卷十三）

嘉靖元年，给事中夏言上言：倭祸起于市舶。礼部遂请罢市舶，而不知所当罢者市舶太监,非市舶也。夷中百货,皆中国不可缺者。夷必欲售,中国必欲得之,以故祖宗虽绝日本,而三市舶司不废,盖东夷有马市,西夷有茶市,江南海夷有市舶,所以通华夷之情,迁有无之货,收征税之利,减戍守之费。又以禁海贾,抑奸商,使利权在上,罢市舶而利取在下,奸豪外交内诇,海上无安日矣。

(《粤海关志》,卷四《前代事实三》)

嘉靖元年,给事中夏言奏:倭祸起于市舶,遂革福建、浙江二市舶司,惟存广东市舶司。

(道光《广东通志》,卷一百八十《经政略》)

嘉靖元年,暹罗、占城货船至广东。市舶中官牛荣纵家人私市,论死如律。

(《明史》列传第二百十二《外国五》)

嘉靖元年,占城及暹罗等国商泊至广东。时太监牛荣提督市舶司,乘其货未报税,命家人蒋义私与交易,私与交易,收买各物。事发,蒋义抵罪,货没于官。自后贡使依期至,亦不能如朝鲜之络绎有常云。

〔(明)严从简:《殊域周咨录》,卷七《南蛮·占城》〕

贡例,国初入贡附载方物止五国,定有则例:暹罗国使臣人等进到贡物,例不抽分,给予价钞;占城国贡物给价;三佛齐正贡外,附贡货物皆给价,其余货物许令贸易;苏门答剌正贡外,使臣人等自进物俱给价;锡兰山使臣人等自进贡俱给价(载《会典》)。

正德五年,都御史陈金奏,占城进贡将附搭货物,诏十抽二之例,始抽分。

嘉靖五年,都御史姚镆奏,暹罗进贡将陪贡附搭货物,亦照前例抽分,以备军饷。次年,该国副使坤思悦者米的利等奏言,正船并无抽分。礼部复查,该国有旧例,令将原抽货物退还,变卖修船归国。(旧例,国王进贡,其王妃、王子、使臣人等搭货或上进者为正船,若余船皆以商论。此五国载入会典,它不载者不敢此例。)

(万历《广东通志》,卷六十九《外志·番夷》)

(嘉靖八年七月)旧规,番舶朝贡之外,抽解(私货)俱有则例,足供御用。此其利之大者,一也。番货抽分解京之外,悉充军饷。今两广用兵连年,库藏日耗,籍此可以充溢而备不虞。此其利之大者,二也。广西一省,全仰给于广东。今小有征发，即措办不前。虽折俸椒木，久已缺乏，科扰于民，计所不免。查得旧番舶通时，公私饶给。在库番货，旬月可得银数万两。此其利之大者，三也。贸易旧例，有司择其良者如价给之。其次恣民买卖。故小民持一钱之货，即得握椒，展转交易，可以自肥。广东旧称富庶，良以此耳。此其利之大者，四也。助国助军，即有赖焉，而在官在民，又无不给，是因民之所利而利之者也，非所谓开利孔为民罪梯也。

[（明）林富：《两广疏略》，卷上《请通市舶疏》]

（嘉靖八年八月乙丑）提督两广侍郎林富上言：迩者，诏下广东采珠。臣闻祖宗时率数十年而一采，未有隔两年一采，如今日者也。盖珠之为物也，一采之后，数年始生，又数年始长，又数年始老，故禁私采、数采，所以生养之也。自天顺年间采后，至弘治十二年再求，珠已成老，故得之颇多。至正德九年又采，珠亦半老，故得之稍多。至嘉靖五年又采，珠尚嫩小，故得之甚少。今去采仅二年，珠尚未生，恐少，亦不可得矣。五年之后，病死、溺死者五十余人，而得珠仅八千八十余两，说者谓以人命易珠。今兹之后，恐虽易以人命，珠亦不可得矣。今岭之东西所在，饥民告急，申诉纷纷，盗贼乘间窃发，巧复以采珠坐派府县，恐民愈穷愈急，将至无所措其手足，而意外之变生矣。巨闻内库尚有扁小余殊犹可备用，未至其乏。如少俟数年，池蚌渐老，民困少苏，徐取而用之，其于爱民之仁、用物之节似为两得。"疏入，报如前旨采办进用，无得迟误。

（《世宗实录》卷一百四）

（嘉靖八年十月己巳）初，佛朗机火者亚三等既诛，广东有司乃并绝安南、满剌加。诸番舶皆潜泊漳州，私与为市。至是，提督两广侍郎林富疏其事，下兵部，议言："安南、满剌加自昔内属，例得通市，载在《祖训》《会典》。佛朗机正德中始入，而亚三等以不法诛，故驱绝之，岂得以此尽绝番舶？且广东设市舶司，而漳州无之，是广东不当阻而阻，漳州当禁而反不禁也。请令广东察番舶例，许通市者，毋得禁绝；漳州则驱之，毋得停舶。"从之。

（《世宗实录》卷一百六）

初，广东文武官月俸多以番货代，至是货至者寡，有议复许佛郎机通市者。给事中王希文力争，乃定令，诸番贡不以时及勘合差失者，悉行禁止，由是番舶几绝。巡抚林富上言："粤中公私诸费多资商税，番舶不至，则公私皆窘。今许佛郎机互市有四利。祖宗时诸番常贡外，原有抽分之法，稍取其余，足供御用，利一。两粤比岁用兵，库藏耗竭，籍以充军饷，备不虞，利二。粤西素仰给粤东，小有征发，即措办不前，若番舶流通，则上下交济，利三。小民以懋迁为生，持一钱之货，即得展转贩易，衣食其中，利四。助国裕民，两有所赖，此因民之利而利之，非开利孔为民梯祸也。"从之。自是佛郎机得入香山澳为市，而其徒又越境商于福建，往来不绝。

（《明史》，列传第二百十三《外国六》）

（嘉靖九年十月辛酉）给事中王希文言："广东地控夷邦，而暹罗、占城、琉球、爪哇、浡泥五国贡献，道经东莞。我祖宗立法，来有定期，舟有定数，比对符验相同，乃为伴送附搭货物，官给钞买，载在《祖训》可考也。洪武间，以其多带行商，阴行诡诈，绝不许贡；至正德年间，佛郎机匿名混进，流毒省城，副使汪鋐并力驱逐，仅乃绝之。今未逾数年，抚按以折俸缺货，遂议开复。祖宗数年难沮之虏，幸尔扫除；守臣百战克威之功，一朝尽弃，不无可惜。即无论为害地方，但以堂堂天朝受此轻渎之贡，治之不武，不治损威，无一可者也……"疏下，都察院覆："请自今诸国进贡，宜令依期而至，比对勘合，验放其番货，抽分交易如旧……"得旨："如议行。"

（《世宗实录》卷一百十八；王希文：《石屏公遗集》，卷上《为重边防以苏民命事》）

嘉靖九年，给事中王希文言："暹罗、占城、琉球、爪哇、浡泥五国来贡，并道东莞。后因私携贾客，多绝其贡。正德间，佛郎机阑入流毒，概行屏绝。曾未几年，遽尔议复，损威已甚。"章下都察院，请悉遵旧制，毋许混冒。

（《明史》，列传第二百十三《外国六》）

（嘉靖九年十月辛酉）给事中王希文言："……又雷廉珠池，昔在祖宗虽设监守，不过防民争夺而已。正德年间，逆竖用事，传奉采取，流毒海滨。我皇上御极，即将珠池少监裁革，海滨之民，不胜祈幸。今革者已复，采者取盈，驱无辜之民，而蹈不测之险，求不可得之物，而责以难足之数，非圣政听宜。"疏下，都察院覆："……罢珠池监守，请以镇守太监兼摄，仍严禁民间，不许僭用珠饰。"得旨："如议行。"

（《世宗实录》卷一百十八）

嘉靖九年，巡抚林富乞裁革珠池、市舶内臣疏言：广东滨海，与安南、占城等番国相接，先年设有内臣一员，盘验进贡方物。臣以为市舶太监不必专设，以贻日胺月削之害。市舶乞改巡视海道副使带管。待有番船至澳，即同提举等官，督率各该管官军，严加巡逻。其有朝贡表文，见奉钦依勘合，许令停泊者，照例盘验。若自来不曾通贡生番，如佛郎机者，则驱逐之，少有疏虞，听臣纠察，庶几事体归一，而外患不生。若欲查照浙江、福建事例，归并总镇太监带管，似亦相应。但两广事情与他省不同，总镇太监住扎梧州，若番舶到时，前诣广东省城，或致久妨机务，所过地方且多烦扰，引惹番商，因而辄至军门，不无有失大体。故臣愚以为不如命海道副使带管之便也。

（嘉靖《广东通志初稿》，卷三十《珠池》；《粤海关志》，卷四《前代事实三》）

嘉靖十年，革去市舶内宦。其馆在郡西武安街宋转运司旧址。

（嘉靖《广东通志》，卷二十八《政事志·公署》）

嘉靖十一年五月，巡按林有孚疏言镇守内臣之害，兵部尚书李承勋覆议，大学士张孚敬力持之，遂革镇守，并市舶、守珠池内臣皆革之，一时称快。

（《粤海关志》，卷四《前代事实三》）

莫子麟，字瑞卿，广西横州人。嘉靖辛卯，领乡荐高等。丁未，筮仕广州府推官……己酉，掌番禺，皆剧任也。……其在广郡也，承委抽分番舶，还至驿浒，出箱囊对同事者矢而后发，无一介长物，同事莫不叹服。

（道光《广东通志》，卷二四六《宦绩录十六·明五》）

皇明御宇，万邦攸同，重译颂圣，岛夷献宾。然来之不拒，则伪者日趋，遂窥垄断。爰有权征，舶志量衡，易官互诘，课三之一，余许贸迁。丛委兑交，供亿顿烦，利害均焉。嘉靖戊戌，惠安李抑斋公前宰番禺，俯临稽舶，译究夷状，察其费浩获微，而吾之得不偿失，咸匪永图。乃更制设规，听其自核，敢有诈匿者，抵法则常。甫旬日而竣事，又旬日而化居，犬羊有知，从臾欣戴，且致私觌，以图报称。公麾之曰："彼诚夷哉，吾儒有席上之聘，大夫无境外之交，王人耻边氓之德，兹奚其至我？"夷酋奈治鸦看者再恳，再却，乃以百金偕其使柰巴的叩之蕃司，欲崇坊以树观。侍御王十竹公判谓："忠信可行于蛮貊，而良心之在诸夷，未尝泯也。"遂不遏其请。……时公膺召入铨部，亦罔攸闻。既而邑丞祁门李君楣至，首访殊典，久未镌勒，谓文昔叨掖垣，曾疏抑番舶，宜知巅详，属言以昭厥垂。文再拜，逊且揆曰："夷贡惟常，平法惟公，官廉惟职，彰善树风，惟权德之廉岩谷，其曷遏能云，况李公政泽，流溢邻封，却金光声，誊腾荒徼，侏僸能言，道口且碑，奚文之赘？"……自汉武开边，夷贡始入中国，唐监以帅臣。开元，波斯淫巧已极，王处休所谓"资忠履信，贻厥将来"，其确论乎。开宝杭明，崇宁纲远，泉货泄之外境，患滋甚焉。我圣祖监殷，著为厉禁，虽诸蕃称贡，先验剖符，官给钞易，而暹罗、爪哇实则蠲之。法久弊萌，律愈严，而奸愈巧，间或闭或通，闭则隘悬，通则失体，夫名以贡来，而实以私附，不责其非专，而且资之贸易，得其物不足以菽粟，而吾民且膏血焉。业已封舶，而中易其人夫，既任之而复疑之，非可使闻于夷邦也。缙绅名流，狠与衡石而鞭算之，不亦卑乎？异哉李公立说，计其大而略其微，蘗其本而抑其末，遵复制典，一举而五善集焉。故不拒其来，以示广也；令其自核，以导忠也；不再稽疑，以怀信也；却而不屑，以示威也；惠之不费，治之以不治也。泽广则华尊，纳忠则夷顺，孚信则远柔，威崇则纪立，治而置之，则名正体宣而法行，识者于兹一端，已占其为台铺器矣。惟王仁无外，宰相则论道以弘其仁，铨部则为天下得人以行其仁也。李公小试其道，而化及夷邦，今兹天曹又登庸俊良，俾宇内阴受其赐，阶是而宰钧持衡，则斡旋之速，又何如哉？若夫崇坊之举，所以峻其防也，防夷以杜渐，防民以止趋，防奸以禁匿，使庶僚知所劝且儆焉。此则当道之公良，有司之职也。公奚与焉？又奚御焉？予既为兹说，质之郡伯藩臬诸名公，咸曰："立德立功，纪言纪事，可以备野史矣。"乃登于石。

嘉靖二十年岁次辛丑秋七月东莞县县丞祁门李楣谨立。

[崇祯《东莞县志》，卷七《艺文志·却金留芳记》；（明）王希文：《石屏公遗集》卷上]

嘉靖二十七年闰四月，拨市舶等税银四万零八两，内市舶司税银二万六千两，广州府课税司税银一千两。

（万历《广东通志》，卷七《藩省志·课税》）

广东市舶提举司在府城外西南一里，即宋市舶亭海山楼故址。洪武初开创，正厅、后厅、左右厢房、库房、吏目厅三，门额设提举。嘉靖三十七年，提督奏革去副提举吏目，廨次有水心亭，前有观澜亭，其上有阁，濒江上树坊牌，曰重译，前衢树坊牌二，东曰来宾，西曰乐远，今改于承宣街右。

（万历《广东通志》，卷七《藩省志·省署》）

（澳门）外环大海，接于牂牁，曰石硖海，乃番夷市舶交易之所。往年夷人入贡，附至货物，照例抽盘，其余蕃商私赍货物至者，守澳官验实申海道，闻于抚按衙门，始放入澳，候委官封籍，抽十之二，乃听贸易。其通事多漳、泉、宁、绍及东莞、新会人为之，椎髻环耳，效蕃衣服声音。每年夏秋间，夷舶乘风而至，往止二三艘而止，近增至二十余艘，或又倍焉。往年俱泊浪白等澳，限隔海洋，水土甚恶，难于久驻，守澳官权令搭蓬栖息，殆舶出洋即撤之。

［（明）庞尚鹏：《百可亭摘稿》，卷一《陈末议以保海隅万世治安疏》；乾隆《香山县志》，卷九《艺文·抚处濠镜澳夷疏》］

自54（1954）年一来，船队队长、在沙乌尔结婚的阿尔加维人列昂内尔·德·索乌萨同中国人商妥，向中国人缴税，中国人则允许他们在自己的港口做买卖。从那时到现在，一直是在广州进行贸易，广州是中国第一大港，中国人将他们的丝绸和麝香运到广州来，葡萄牙人在中国进行贸易，收购的就以这二者为大宗。那里有一些安全的港口，很宁静，没有风险，也没有任何人来打扰。中国人也好好地做他们的买卖，老老少少对于同葡萄牙人来往通商都感到高兴，葡萄牙人的声名传遍了中国。所以，朝廷有些要人也到广州来看看他们，因为事先听到了他们的声名。

（澳门《文化杂志》编：《十六和十七世纪伊比利亚文学视野里的中国景观》之《中国概说》）

番商者，诸番夷市舶交易，纲首所领也……洪武初，令番商止集舶所，不许入城，通番者有厉禁。正德中，始有夷人私筑室于湾澳者，以便交易；每房一间，更替价至数百金。嘉靖三十五年，海道副使汪柏乃立客纲、客纪，以广人及徽、泉等商为之。

（嘉靖《广东通志》，卷六十八《外志·杂蛮》）

（嘉靖）三十九年，凤阳巡抚唐顺之议复三市舶司，部议从之。

唐顺之云：国初浙、福、广三省设三市舶司。在浙江者，专为日本入贡，带有货物，许其交易。在广东者，则西洋番舶之辏，许其交易而抽分之。若福建，既不通贡，又不通舶，而国初设市舶之意，浸不可考矣。舶之为利也，辟之矿然，封闭则国收其利权；而自操之，是为中策；不闭不收，利孔漏泄，以资奸宄啸聚其间，斯无策矣，今海贼据浯屿、南屿诸岛，公然通番舶之利，而中土之民，交通接济，杀之而不能止，则利权之在下也。宜讲求国初设立市舶之意，无泄利孔，使奸人得乘其便，其于海禁利害晰如也。然市舶之与商舶，其说稍异，市舶者，诸夷船舶，（无）【吾】近地与内地民互为市，若广之濠镜澳然。商舶者，盖土著民醵钱造舟，装土产径望东西洋而去，与海岛诸夷相贸易。其出有时，其归有候。广洋巨浸，船一开帆，四望惟天水相粘，茫无畔岸，而海人习知海道者，用指南针（即罗经也）为其导向。相传有航海针经，针或单用，或指（两）【西】辰间，以前知某洋岛所在，约更时当行水路几许，打量水深浅几托（方言"几仞"为"几托"），海中岛屿作何状，某洋礁险宜慎，或风云气候不常，以何法趋避之。异时海贩船十损二三，及循习于常所来往，舟无恙，若安澜焉。盖海滨民射利【之】精（知）如此。东洋若吕宋、苏禄诸国，西洋暹罗、占城诸国，及安南、交阯，皆我羁縻属国，向无侵叛。故商（物）【舶】不为禁。而特严禁贩日本者，比于通番接济之例。

（《筹海图编》，卷十二《开互市》）

（嘉靖四十四年九月）先是，言者欲比广东事例开市舶，以通海夷。至是，浙江巡抚刘畿言，宁波旧设市舶司，听其贸易，征其舶税行之；未几，以近海奸民侵利启衅，故议裁革。今人情狃一时之安，又复议。复不知浙江沿海港口多而兵船少，最难关防，此衅一开，则岛夷啸聚，其害有不可胜言者。户部亦以为然，事遂寝。

［（明）王圻：《续文献通考》，卷二十六《市籴二·市舶互市》］

念华夷同体，有无相通，实理势之所必然。中国与夷各擅土产，故贸易难绝，利之所在，人必趋之。本朝立法，许其贡而禁其为市。夫贡必持货与市兼行，盖非所以绝之。律通番之禁、下海之禁，止以自治吾民，恐其远出以生衅端。至其公同验实，则延礼有银，顿贮有库，交贸有时。督主有提举，有市舶，历历可考。又例观广、福通商行税，在王者有同仁之政，在吾人无独弃之情。

（《明经世文编》，卷二百七十，唐枢《复胡梅林论处王直》）

凡番舶抵澳，必一二月，官府乃为盘验抽分，番奴坐困，不得以货易粟，每厚贿执事，以捄饥饿，利归积猾，而夷人怨苦矣。

［（明）霍与瑕：《霍勉斋集》，卷十一《贺香山涂父母太夫人荣封序》］

近日闽浙有倭寇之扰，海防峻密，凡番夷市易皆趋广州。番船到岸，非经抽分，不得发卖。而抽分经抚巡海道行移委官，动逾两月，番人若必俟抽分乃得易货，则饿死久矣。故令严则激变之祸生，令宽则接济之奸长。近来多失之宽，恐侮敌玩寇，闽浙之祸将中于广州也。广东隔海不五里而近乡名游鱼洲，其民专驾多橹船只，接济番货。每番船一到，则通同濠畔街，外省富商搬磁器、丝绵、私钱、火药违禁等物，满载而去，满载而还，追星趁月，习以为常，官兵无敢谁何？比抽分官到，则番舶中之货无几矣。番夷市易将毕，每于沿海大掠童男童女而去。游鱼洲人时亦拐略人口卖之，多得厚利，以此年久岁深，恐奸人嗜利无已。或诱为强横而教猱以肆其奸，或投为爪牙而假虎以煽其焰，则广州之民涂炭矣。为今之计，莫切于豫之一言。大约番舶每岁乘南风而来，七八月到澳，此其常也。当道诚能于五月间先委定广州廉能官员，遇夷船一到，即刻赴澳抽分，不许时刻违限，务使番船到港，不俟申覆都台，而抽分之官已定。番货在船，未及交通私贩，而抽分之事已完，所谓迅雷不及掩耳。此当预者一也。于六月间，先责令广州府，出告示，召告给澳票。商人一一先行给与，候抽分官下澳，各商亲身同往，毋得留难，以设该房贿窜。此当预者二也。抽分早则利多入官，澳票先则人皆官货，私通接济之弊，不禁而自止矣。上益国课，下芟民奸，默锡苍生之福，潜消未形之祸，莫切于此，惟仁人念之。其广东沿海备倭兵将原有可恃者，以东莞、香山多走海南，及生盐艚船轮差守御，舟巨而士勇，习于风涛战斗之险，无有畏敌之心也。闻近日上司不知存恤，诛求厚而征调烦，商人多告去者。夫商人利微而害大，则不愿走洋海之货。不愿走海则不作大艚。不作大艚，则上无以应备委【倭】之差，下无以养敢死之士。敢死之士无所于依，势将他图，此所谓弃干城而藉寇兵者也。大易有之，惟能容民，即所以畜众，今能恤海商，即所以固海防也。所当预者三也。

[（明）霍与瑕：《霍勉斋集》，卷十二《上潘大巡广州事宜》]

徐用检，号鲁源，兰溪人，嘉靖壬戌进士，历升至广东按察使。暹罗、占城等国航海商粤众且近万，用检设法防之，患遂弭。

（道光《广东通志》，卷二四四《宦绩录十四·明三》）

番商私赍货物，入为易市者，舟至水次，悉封籍之，抽其十二，乃听贸易。

（嘉靖《广东通志》，卷六十六《外志·番夷》）

其怀远驿，原额馆夫八名，事为安养夷人而设。近年番船俱无进贡，亦无番夷在驿安养。前项馆夫，欲行裁革，诚恐后有番船到事□，缺人供应，□存旧额征银贮收府库。该用馆夫之口，方许留用，□□申府支银给领，每日一名，亦支招二名，无事不许□支。

（嘉靖《广东通志初稿》，卷二十八《驿传》）

罢采珠池盐铁澳税疏　李侍问

　　……据广州府呈称：该本府知府严起恒察看得香山澳税隶于市舶司，而稽察盘验责于香山县，申报司道，上下覈实，照额抽征，无所容其侵匿者也。第据市司称，历年缺额，粤饷无抵，屡经司严禁私贩，重惩接济，已不啻三令五申矣。但东洋不开，西洋险阻，彝船不通，利源日塞，目前之计，日孜孜搜奸剔弊，惟冀望足于饷额二万三千之数，尚恐不能，敢希此外稍有盈余乎？等因。又据市舶提举司申称，该署司事盐课提举叶禾，看得香山澳税船饷足矣。原额二万六千，嗣因递征不足，议减四千，见在之额实二万二千也。虽有定额，原无定征，皆取诸丈抽彝船与夫彝商、唐商之互市者，一一按例征抽。自澳而入，自省而出，皆经香山县覆盘，又报司道而稽覈之。连年岁额，每苦不足，又岂有容有司势绅包侵隐匿之弊乎？等因。又据香山县知县顾其言申，看得卑职历稽往牒，博访舆论，知澳税之数。万历二十六年，额系二万六千两，比缘岁输不足，减去四千，皆取诸到澳之彝船、唐商彝商之贸易。船之去来呈报则有澳官，饷之多寡抽征则有市舶司，本县于其丈量抽征之间，而稽覈之。实则税额之事，各有攸司，本县原无报饷之责也。推原其故，以船之至与不至为按之足不足，非如田土之赋，可按亩而征之者也。乃今日澳务较昔日，不啻天壤，额正苦不足，岂得尚有余羡。近奉本道条议防海事宜，严绝私贩，饬禁接济，杜其所从出，截其所由经，不啻谆切，皆因舶饷之缺而讲求之者。凡有蠹弊剔厘莫不至，悉有司势绅包侵隐匿之弊，奚所容焉？等因，各到道。该本道看得香山澳税初定二万六千，后征不足，议去四千，见在岁额二万二千。察所抽者，皆于到澳之番舶、贸易之彝商并唐商之下澳者。丈量尺寸，盘秤觔两，各有定例，按而抽之，莫能高下其手。饷之足与不足，在乎番船商货之大小多寡而盈缩焉。虽有定额，实无定规，不如田亩之赋，可按籍而问之者。向来收征则有市司，盘察则有香山县，本道又复覈而详察之，有司势豪无所容，其包侵隐匿也。察自崇正【祯】元年，以迄于今，多不足额。矧今东洋绝市，西洋罕至，商货停阻，司是饷者，日孜孜以求足额为念，第舶饷之盈亏，总在彝船之多寡，或东西两洋日后和好，依旧互市，岁额庶可充足。若以今日之事势计之，旧额且不能敷，安得尚有盈余而侵匿之乎？移文察照，覆严转详，等因，准此。

　　该本司左布政使姜一洪看得天下事，局外者谭之，痛痒犹不相关；局内者筹之，利害乃能具晰。盖局外之人多见利而不见害，简内之人验往察来，揆时度势，而后利害之数始较然也。即如粤东珠池盐铁，香澳旁观泛论，讵不指为利薮哉？今奉明旨，部文并宪檄，屡行察檄。据雷廉道之言曰："珠不内徙，开采反多伤财。"盐道之言曰:"赋已递增,商贾不堪重困。"海道之言曰:"东洋失利,额饷犹难取盈。"不啻娓娓具陈矣。夫以国赋方殷,苟可效涓埃之助,何惜罄山海之藏?凡属人臣同心敢后,无如利不偿害,既不便于民,并亦无济于国,则有不得不图维郑重者。大槩海壖凋敝,物力萧条,彝船罕贸易之踪,珠泪乏鲛人之泣,商贩不前,斥卤告匮,粤之为粤,万历末年已不如昔,而今更大非昔比矣。且廉州则飓风时作,或官民俱无站立之区;广惠潮南韶等郡,则盗警时闻,即兵饷益有匮乏之虑,以致修船制器,动虞肘衿。见今两院所为,蒿目兴嗟,本司深惭,束手罔措者也。干没包侵,倘可严剔,一分即可收一分,为当官之用,奚至公私交匮如是哉?此道府县俱为开采仍多耗损,而清察委无盈余者耳。本司窃见,粤幸叨安一日者,亦惟此。盖东粤一度而南,便是穷洋绝岛,与中壤大不相侔。地既薄而罕积,民多以盗为生,散之难,聚之甚易。犹幸海不生珠,山稀煽铁,洋船罕至,本境获宁,即窃发不无尚可消弭,从事亦岁得以惟正之供,转输于天府,否则啸聚丛奸,此邦政未可卜也。至关桥诸税,比年叠加,出途者有裹足之思,司榷者无呕心之策。又本司所目击其难而不敢唯命者耳,既经各道移覆前来,拟合呈详,等因。到臣。

该臣会同总督两广军务兼巡抚广东地方,察看得兴革一事,须权利害,第遥度揣摩之空谈,何如亲身履历之实见,如粤之珠池、盐铁、香山诸税,议者以为利薮,岂知其厉阶?况廉州地控交南,凤称要害,开采之令一行,寇贼乘机啸聚,官兵备顾彼失此,万一挑衅,封疆噬脐何及?矧募役造船置器,所费不赀,委有限之金钱,索于不可知之巨浪,已属非计,而况驱民于惊涛凶刃之下,以求之乎?得不偿失,利不补害,往事已有明征矣。若夫盐铁一事,解额频年递加,亦既重矣。远不具论,近有崇正【祯】十二年而加二万五千之额,解又加三千,为地方修练之用。司榷皆点金无术,自是派之商人,当此膏尽髓穷之日,一派再派不已,臣恐诸商裹足不前,灶民并失恒业,额饷无从追征,而盐徒意外之变,尤可虑也。若夫澳彝舶税原需之洋船互市,今东洋连年不到,西洋交易渐稀,额内尚虞不敷,岂能求之额外?又如桥关税额,升续加征,而榷重民贫已不堪命。臣巡历所至,每见小民呼吁,咸以税重为言。凡一切无艺之征,已会督臣痛加厘革,设法禁止。复檄南韶道臣魏士章,清厘各厂之榷,余者五千有奇,凑给新饷,连阳兵食,则桥关之利亦既搜括无遗矣。伏祈皇上轸念民间,将前议概行报罢,俾岭海穷黎含哺鼓腹于尧天舜日之下,以输此惟正之供,诚祖宗生灵之福也。等因。

崇正【祯】十四年八月二十九日,奉圣旨,这珠池盐铁澳税等议,应否概行报罢,着该部确察具奏,钦此。钦遵抄出到部,送司案呈到部。该臣等看得边腹多故,而国用浩繁,臣部日求生节之术而不可得。苟一隙之可开采,未尝不亟欲举行，以充此公家之用者也。如粤之珠池、盐铁、澳税等项，建议者似皆可以取佐臣部之空匮。今据该省按臣之疏与司道府县之详陈，说利害较若列眉，则又确确乎！其不可行矣。臣粤人也，习闻粤事，倘数事果可举行，当此度支艰难之际，臣何惮而不娓娓陈之。盖事贵虑始，法在防微，在珠池，计动大众；在澳税，必启彝情；在铁山，已经奉明旨严封；在盐课，已经勤饷加额，亦难容措议。而粤地襟山带海，海上之舶舻，山中之蒿莽，无非奸宄窟穴，以无动为大耳。万一举事不当，未见其税课，如盐埠、渡税、总店、渔课四项，正与相符，是则我皇上如天之仁也。欲加意残黎，更无庸微臣之赘辞也。伏乞敕部议覆施行。

（乾隆《广州府志》，卷五十三《艺文五》）

海山楼，在镇南门外，山川前后拱揖，百越伟观，此为一也。楼下即市舶亭，宋嘉祐，经略魏琰建。

（嘉靖《广州志》，卷三十《台榭》）

王希文授刑部给事中，税珰所至，暴敛不法，而粤珠池、市舶尤甚，疏奏罢之。（《香山县志》）

（《粤海关志》，卷四《前代事实三》）

黄光升，嘉靖乙丑进士，历广东按察副使，广民与夷市于洋海中，互相剽掠，则为置符籍以勾稽之，严践更以防闲之。先是，番舶税重，商人百计求免，光升为制减十之六，商乃乐输。且躬自清白，锱铢不染，而岁盈数万，后鲜有能继其廉者。交趾莫正中与宏瀷争立，其酋以兵攻钦州，索正中急。以公画授俞大猷，帅东莞、新会二邑兵大挫之，斩其二酋，乃定宏瀷之袭。

（万历《广东通志》，卷十三《名宦》；万历《粤大记》，卷之九《宦绩类》）

吴廷举，晋广东左布政使，立番舶交易之法。

（万历《粤大记》，卷之九《宦绩类》）

周延，字南乔，吉水人，嘉靖癸未进士，令新会，有政声，召为兵科给事中。去日，攀辕者载道。历官兵部侍郎，提督两广，至则节冗费，杜倖功，疏严番舶交易。罢琼、万、乌石诸驿，岁省数千金，二广乂安。

（万历《广东通志》，卷十三《藩省志·名宦》；万历《粤大记》，卷之九《宦绩类》）

林功懋，字以谦，漳浦人，嘉靖壬辰进士，知东莞县……尝榷税，番舶贿赂一无所受。时都指挥王宠偕行，闻之□然，曰："独文臣不爱钱乎？"亦峻拒之。夷人叹服，为筑却金亭。

（万历《广东通志》，卷二十一《郡县志·广州府名宦》）

林功懋，字以谦，漳浦人，嘉靖壬辰进士，知邑事，……尝抽分番舶，峻却其赂，不追匿货，番人悚息，毙巨寇许折桂，民称快焉。官历西按察使。

（按《通志》于本传载抽分番舶，有却金亭一事。考之，夷人为番禺令李抑斋恺建者。李恺以嘉靖十七年来莞榷税，分毫不染，夷人请之藩司，崇坊以报德。允其请，乃建却金留芳亭于莞校场，给事王希文为记。此外，恐无两却金亭。是必误移李事为林事也。附记此以为备考。）

（崇祯《东莞县志》，卷四《官师志》）

（嘉靖时，无锡人顾起经为广东盐课提举）又以材兼署舶务，能悉涤其交通接济之弊。有琉球国舶遇飓而漂者，君馆而食之，皆得所。

[（明）王世贞：《弇州史料后集》，卷二十一《顾参军玄纬先生志略》]

李恺，字克谐，福建惠安人。嘉靖壬辰进士，授番禺知县。东莞番舶所辖，由县令征税，久或侵渔。恺征税如额，夷商欢呼。

（同治《番禺县志》，卷三十二《列传一》）

夷舶之抽，诘货贿，所闻往令即永蘖于民间，不无稍膏闰于此。侯纤毫谢绝，岛夷震慴，奉约恐后。

（乾隆《香山县志》，卷九《艺文·赠署邑刘使君序》）

回回　……宣德中遣使贡献方物，使回，广东布政司管待，今附舶香山濠镜澳贸易。

锡兰山　……正统、天顺间犹来朝贡，使回，广东布政司管待，今附舶香山濠镜澳贸易。

浡泥　……每贡使回，广东布政司管待，今附舶香山濠镜澳贸易。

彭亨　……使回，广东布政司管待，今附舶香山濠镜澳贸易。

百花　……使回，广东布政司管待，今附舶香山濠镜澳贸易。

吕宋　吕宋，在海之西南，其风俗服食、婚姻与佛郎机大同小异。……使回，广东布政司管待，今附舶香山濠镜澳贸易。

天竺　……先是，岭南香山有澳曰濠镜，为诸番互市之地，夷商杂处，财货充溢，其势必至于争斗。夷性嗜利，尤易猾也。天竺僧自彼国渡海远来，历三年始达濠镜，诸夷信其法，遂奉之以要束诸夷，诸夷事之惟谨，不敢或违，固怵于输迴果报之税，乃僧之戒行，亦足动人哉。以不通朝贡，故广东布政司不列管待。盖不拒，去不追，王德体然也。

　　咭呤　……地产胡椒、苏人、豆蔻、象牙，时附舶香山濠镜澳贸易。

　　甘坡寨　……地产降真、豆蔻、象牙、犀角，时附舶香山濠镜澳贸易。

　　顺嗒　……地产胡椒、象牙、丁香、都蔻，时附舶香山濠镜澳贸易。

[（明）蔡汝贤：《东夷图说》]

　　仍诏佛郎机人不得进贡，并禁各国海商亦不许通市。由是番船皆不至，竞趋福建漳州，两广公私匮乏。

　　嘉靖中，巡抚都御史林富上疏曰："臣惟巡抚之职，莫先于为民兴利而除害。凡上有益于朝廷，下有益于生人者利也；上有损于朝廷，下有损于生人者害也。今以除害为民，并一切之利禁绝之，使军国无所资，且失远人之心，则广东之废市舶是也。谨按皇明《祖训》，安南、真腊、暹罗、占城、苏门答剌、西洋爪哇、彭亨、百花、三佛齐、浡泥诸国，俱许朝贡，惟内带行商，多设谲诈，则暂却之，其后亦复通。又《大明会典》内安南、满剌加诸国来朝贡者，使回，俱令于广东布政司管待，所以送迎往来者，实欲懋迁有无，柔远人而宣威德也。正德间，因佛郎机夷人至广，犷悍不道，奉闻于朝，行令驱逐出境。自是安南、满剌加诸番舶有司尽行阻绝，皆往福建漳州府海面地方，私自行商，于是利归于闽，而广之市井皆萧然也。大佛郎机素不通中国，驱而绝之宜也。《祖训》《会典》所载诸国素恭顺，与中国通者，朝贡贸易尽阻绝之，则是因噎而废食也。况市舶官吏公设于广东者反不如漳州。私通之无禁，则国家成宪果安在哉！以臣筹度，中国之利，盐铁为大。有司取办，仡仡终岁，仅充常额。一有水旱，劝民纳粟，犹惧不克。旧规至广番舶除贡物外，抽解私获俱有规例，足供御用。此其利之大者一也。番货抽分，解京之外，悉充军饷。今两广用兵连年，库藏日耗，藉此足以充羡而备不虞。此其利之大者二也。广西一省全仰给于广东，今小有征发，即措办不前，虽折俸椒木，久已缺乏，科扰于民，计所不免。查得旧番舶通时公私饶给，在库番货旬月可得银两数万。此其为利之大者三也。货物旧例有司择其良者，如价给直，其次资民买卖，故小民持一钱之货，即得握菽，展转贸易，可以自肥。广东旧称富庶，良以此耳。此其为利之大者四也。助国给军，既有赖焉。而在官在民，又无不给，是因民之所利而利之者也，非所谓开利孔而为民罪梯也。议者若虞外夷阑境为害，则臣又思之暹罗、真腊、爪哇等国，皆洪武初入贡方物，臣服至今；浡泥诸国，皆永乐中来朝，没齿感德者；而占城，则成化间被篡继绝蒙恩者焉。南方蛮夷大抵宽柔乃其常性。百余年来，未有敢为盗寇者。见今番舶之在漳闽，亦未闻其小有警动，则是不敢肆侮为害，亦章章明矣。况久阻忽通，又足以得其欢心乎！请敕广东、福建海道宪臣及备倭都指挥，于广州洋澳要害诸处及东莞县南头等地督率官军，严加巡察。凡番舶之来，私自行商者尽皆逐去。其有朝贡表文出于《祖训》《会典》所载众国，蜜调得真，许往广州洋澳驻歇。其《祖训》《会典》之所不载，如佛郎机者，即驱出境。敢有抗拒，不服督发，官军擒捕，而凡所谓喇哈番贼必诛。权要之私通与小民之诱子女下海者必重禁。稍有疏虞，官军必罪。如此则不惟一方之利复兴，所谓王者无外之道亦在是。庶我中国怀柔有方，公私两便矣。"

奏下，从其言。于是番舶复至广州，今市舶革去中官。舶至澳。遣各府佐县正之有廉干者往抽分货物，提举司官吏亦无所预。然虽禁通佛郎机往来，其党类更附诸番舶杂至为交易。首领人皆高鼻白晳，广人能辨识之，游鱼州快艇多掠小口往卖之。所在恶少与市，为驵侩者日繁有徒，甚至官军贾客亦与交通云。

按象人而用，孔子恶之。况买人食之乎？甚哉，虎狼之不若也。佛郎机所以不载于前世诸书者，固因其荒僻而或略，亦疾其不仁而痛绝耳！今附录之，凡以为后事之鉴也。又自永乐改元，遣使四出，招谕海番，贡献毕至。奇货重宝前代所希，充溢库市，贫民承令博买，或多致富，而国用亦羡裕矣。议者多谓广东、福建、浙江海滨贡道之处，皆建市舶提举司。广东因佛郎机之扰，于时番舶暂行禁止。迨后林富请禁即复通。而近日召倭奴叛寇王直亦以互市要国家，当事诸公或可或否，迄无定议是不。然广东所至贾胡，皆安南以下属夷，非侵犯中国者，有利而无害，故可受之与通互市。浙江所至贾胡，仅倭奴一种部落耳。民之仇而国之贼，有害无利者。宜援《祖训》为例，绝不与通，以佛郎机之人待之足矣。夫朝贡且不可许，况可容其互市耶！别闻前代波斯国贾胡能识宝气，史册多载，本朝独不见通贡，岂其地并于他国，以至绝灭无闻耶？不然，何使迹之寥寥也。

[《嘉靖广东通志初稿》，卷三十《番舶》；（明）严从简：《殊域周咨录》，卷九《佛郎机》。此疏为黄佐代作，题为《代巡抚通市舶疏》，见《泰泉集》卷二十]

东南自浙江而闽、广为三省，其外大海多蛮夷，环水而岛居者若干国，凌风驾涛，译言赍贡，岁率以为常，故每省各该市舶司领之，又命中贵臣一人统其事，区划周悉，盖欲下通款附之诚，上以布我朝廷柔远之意也。

〔（明）高岐：《福建市舶提举司志》"艺文"条〕

闽、浙、东广近海之处，各立市舶府，领之以中官；而又有市舶司，分莅其事。每番舶至，则先遣提举阅实其货，籍其入贡之数，有余乃听贸易，而又为之平其物价，治其争讼，盖圣朝所以柔远之意，固甚善也。

〔（明）林文俊：《方斋存稿》，卷四〕

令番舶之私自驻札者，尽行逐去，其有朝贡表文者，许往广州洋澳去处，俟候官司处置。

（嘉靖《广东通志初稿》，卷三十《番舶》）

周行，字鹿野，福建龙溪举人。隆庆元年任，洁己惠民，以寄压逋逃。请升邑为州，顺德争之，不果。时彝商丽处澳门，番舶至，奉檄盘验，有例金，峻拒不纳，惟禁水陆贩及诱卖子女等弊而已。

（康熙《香山县志》，卷五《县尹》；乾隆《香山县志》，卷四《职官》）

沈思孝，隆庆二年进士，又三年授番禺知县。……殷正茂总制两广，欲听民与番人互市，且开海口诸山征其税，思孝持不可。

（《明史》，卷二百二十九《沈思孝传》）

粤东向有东、西二洋诸国来往交易，系市舶提举司征收货税。明隆庆五年，以夷人报货奸欺，难于查验，改定丈抽之例，按船之大小以为税额。西洋船定为九等，后因夷人屡请，量减三分；东洋船定为四等。

〔（明）梁廷枬：《海国四说·粤道贡国说》，卷四《西洋诸国》〕

（隆庆六年正月）己未，诏云南、广东采办珠宝，岁进宝石二万块、珠八千两，三年而止。

（《穆宗实录》卷六十五）

（隆庆六年四月）甲子，提督两广侍郎殷正茂言："广东山海之寇日益充斥，民疲于奔命，死徒过半。陛下岁令采珠八千两，必三年然后已，计所费至三千万金。今军兴，一切尚苦不赡，岂复能办此。即上供不可缺，宜稍杀之，改千为百，宽三年为十年，其银硃铜蜡诸物，郡县兵荒者可罢征，以苏重困之民。"户部覆奏，上从之。

（《穆宗实录》卷六十九）

广东市舶提举司，旧在府城外西南一里，即宋市舶亭海山楼故址。万历三年改建于布政司前街之右。

（万历《广东通志》，卷十五《郡县志·广州府公署》）

（万历六年十一月辛亥）国初于闽、广、浙设三市舶，不徒督理贡事，亦以牵制市权，寻以浙江多故，旋改旋罢，惟闽、广二舶尚存。而广南番船直达省下，禁令易行。福建市舶等隶福州，惟琉球入贡，一关白之，而航海商贩，尽由漳、泉，止于道府，告给引文为据。此者沿海居民富者出资，贫者出力，懋迁居利，积久弊滋，缘为奸盗者，已非一日。今（两广）总督凌云翼，议将下番船舶，一一由海道挂号，验其丈尺，审其货物，当出海回籍之候，俱欲照数盘验，不许夹带违禁货物。福建刘思问一谓漳州澳船，须令赴官告，给船由文引，并将货物登记。二谓泉、漳商船无可查办，要行该有司将大小船只编刻字号，每船十只，立一甲长，为文为验。三谓沿海居民，间有通贼接济，宜立保甲，互相稽查；如一家接济，则九家连坐；其甲保长另行重处。四谓南日山寨新移吉了巡司之旁，道里不均，应接不及，须移置平海卫南哨澳地方，以便策应。臣窃谓今日剧贼林道干、林凤等遁逃岛外，尚属天诛，更有黠猾豪富，托名服贾，勾通引诱，伪造引文，收买禁物，藉寇兵而赍盗粮为乡导，而听贼用。诚有如督抚贰臣所言者，伏乞敕下闽广该地方官，查照前议，斟酌施行。得旨，海禁事，宜着该省抚按官会议停当具奏。

（《神宗实录》卷八十一）

（万历十八年正月乙丑）巡按广东御史黄正色奏：议防珠池四事：一、添设官兵，以扼险要；一、限制船器，以去盗贼；一、分信历诘，以遏入路；一、重征商贩，以杜匿藏。俱如仪行。

（《神宗实录》卷二百十九）

临江喧万井，立地涌千艘。气脉雄如此，由来是广州。
［（明）汤显祖：《汤显祖诗文集》，卷十一《广城二首》］

（万历二十六年九月丁亥）两广总督陈大科奏，沿海多虞，乞罢开采，不纳。

(《神宗实录》卷三百二十六)

吕宋国，例由福建贡市。万历二十六年八月初五日，径抵濠镜澳住舶，索请开贡。两台司道咸谓其越境违例，议逐之。诸澳彝亦谨守澳门，不得入。九月，移泊虎跳门，言候丈量。越十月，又使人言已至甲子门，舟破趋还，遂就虎跳门结屋，群居不去。海道副使章邦翰饬兵严谕，焚其聚。次年九月，始还东洋。或曰此闽广商诱之使来也。

（万历《广东通志》，卷六十九《外志·番夷》）

（万历二十七年二月戊午）以千户陈保奏，遣内官李凤开采雷州等处珠池，兼征市舶司税课。

(《神宗实录》卷三百三十一)

（万历）二十七年二月，分遣中官领浙江、福建、广东市舶司。（《神宗纪》）

（道光《广东通志》，卷一八八《前事略·明二》）

（万历二十七年二月）开采雷州等处珠池，兼征市舶司税课。

（光绪《广州府志》，卷七十九《前事略》）

（万历二十八年二月辛卯）广东开采珠池兼理矿务少监李敬题：原奏，效劳省祭官叶立本、鲁一中捐赀助工，乞改武职把总，名色仍随开采效用。从之。

(《神宗实录》卷三百四十四)

（万历二十八年四月乙酉）珠池市舶税务内臣李凤激变新会县，乃参县民李芸易、原任通判吴应鸿……阻挠课务，主谋兴叛。上震怒。即命官旗逮击李云易等赴京究问，其余有名渠魁，即付李凤严拏正法。

(《神宗实录》卷三百四十六)

（万历二十八年四月乙未）广东巡按顾龙桢为激变流殃非常大异，市舶税务内臣李凤、差官陈保往新会县拘锁平民严刑逼勒，以致士民数千鼓燥县堂。税棍林权等率觉相持，自午至戌，挤踏死伤于县门者五十余命，窃惟新会迫在海滨，民轻易动，而李凤以垄断之计，开告密之门，无影无踪，忽兴大狱，其甲获罪，则曰某乙、某丙，实指唆之，株连所及，几至竭泽……罗织善良，钳制命吏，招集海盗，驾使大船截海商，登岸劫杀，在在见告，惨于夷寇，波水为红。臣愚以为不撤李凤，不尽法陈保等，海隅万里将不可胜讳也，流入不报。

(《神宗实录》卷三百四十六)

(万历二十九年二月戊戌)广东珠监李敬进金银内库，矿金五百二十五两，银五千一百余两，又大小珍珠一千二百六十九两，银三百三十五两。

(《神宗实录》卷三百五十六)

(万历二十九年六月乙未)广东珠监李敬进金银内库，珍珠一千八百五十八两有奇，贿赎银二千两，犒工银五百两，矿金一百九十九两，矿银三千两，珍珠实价银三千一百五十三两。

(《神宗实录》卷三百六十)

(万历三十年七月癸未)广东巡按李时华疏："税使借名进贡，公私踪迹可疑。谨将节次查核有据底数，另本开坐上闻。伏乞圣明题对李凤原本，以验虚实，以破奸欺事。内言李凤起解方物，用六十舡，当有三千抬，据凤本三次揭，多不过三百抬，不知六十舡所盛，竟归何处？又四十木桶，每桶银八千。此外，仍将银易金，不知已进否？且私蓄数十名姝，通澳夷，放白艚贩米，诈职官，交沐昌祚，种种不法诸状。"不报。

(《神宗实录》卷三百七十四)

彝舶饷原额银贰万陆千两。续因缺额太多，万历叁拾肆年，该司道议详两院会议，准允减银肆千两，尚实额银贰千两。年年洋船到澳，该管官具报香山县，通详布政司并海道俱此。市舶司会同香山县诣船丈抽，照例算饷，详报司道批回该司，照征饷银；各彝办纳饷银，驾船来省，经香山县盘明造册，报道及关，报该司照数收完饷银贮库。

(《广东赋役全书》之《澳门税银》)

(万历四十一年六月辛亥)广东珠池，自万历三十三年十二月十五日元孙诞生，恩诏停采，后道路传闻有金吾右卫指挥倪莫上疏请开，于是刑科给事中郭尚宾疏论开采之害。不报。

(《神宗实录》卷五百九)

每年洋船到澳，该管澳官员报香山县，通详布政司并海道俱批，市舶司会同香山县诣船丈抽，照例算饷，详报司、道，批回该司照征饷银。各夷办纳饷银，驾船来省，经香山县盘明造册，报道及开报该司，照数收完饷银存库。

（万历四十八年《广东赋役全书》）

番商私赍货物至者，守澳官验实，申海道闻于抚按衙门，始放入澳，候委官封籍，抽其十分之二，乃听贸易焉。

[（明）庞尚鹏：《百可亭摘稿》，卷一《陈末议以保海隅万世治安疏》]

巨浸空中一岛清，四围海色透南溟。风生浪涌千山雪，潮落沙明万户星。蜃气晴嘘村雾湿，龙涎夜吐水云腥。凭高正见鳍旗动，烟外诸番有贡舻。

（万历《琼州府志》，卷十一《艺文志·程莹〈环琼海色（其二）〉》）

抽分 舶利自汉世有之，刘向有言：独樯舶深五十余肘，三木舶深十五余肘，西域以肘为度，此其征也，时皆遣使通之始来，后亦渐入中国。唐始设市舶使，以帅臣兼领，定市区，令蛮夷来贡者为市，稍收利入官，凡舟之来最大者为独樯舶，能载一千婆兰（夷人谓二百斤为一婆兰）。次曰牛头舶，比独樯得三之一。又次曰三木舶，曰三木船，曰料河舶，递得三之一。中若龙脑，沉香，丁香，白荳蔻四色并抽解一分。宋淳化二年，始定抽解二分，继又定为二色，龙脑珍珠之类皆为细色，十分抽一，又博买四分，麤色者十分抽二，后又博买四分，抽买即多，至重费脚乘及家赡钱，以事纲运，绍兴间始有枉费国用之禁。国朝自洪武至弘治年，诸国贡至，皆取自上裁，多寡为例，抽分无考。正德四年，都御史陈金始奏以十分抽三为率，贵细解京，粗重变卖，留备军饷。都御史林富复申明变卖专留本处备饷，从之。十二年，陈金再镇，时副使吴廷举奏请或仿宋朝十分抽二，或依近日事例十分抽三，其贵细粗重分别如前。陈金议从今日例，部议复定十分抽二为常。

丈量 番商舟至水次，往时报至督抚属海道，委官封籍之，抽其十二，还贮布政司库变卖，或备折俸之用，余听贸易。隆庆间，始议抽银，檄委海防同知、市舶提举及香山正官，三面往同丈量估验，每一舶，从首尾两牓丈过，阔若干，长若干，验其舶中积载，出水若干，谓之水号，即时命工将牓刻定，估其舶中载货重若干，计货若干，该纳银若干，验估已定，即封籍其数，上海道转闻督抚待报，征收如刻记后水号，征有不同，即为走匿，仍再勘验船号出水分寸，又若干，定估走匿货物若干，赔补若干，补征税银，仍治以罪，号估税完后，贸易听其便计，每年税银约四万余两备饷。自万历二十七年后，皆内监李权使专之，虽丈估不得裁矣。

禁令 国家虑远防微，有通夷、通澳、匿税、下海，诸禁犯者，治之甚严，具载律例，不详著。

（万历《广东通志》，卷六十九《外志·番夷》）

（万历时）澳门番舶，外国宝贝山积，皆县官司其权课……
［（明）霍与瑕：《霍勉斋集》卷十一，《贺香山涂父母太夫人六十一序》］

加增饷者，东洋吕宋，地无他产，夷人悉用银钱易货，故归船自银钱外，无他携来，即有货亦无几。故商人回澳，征水陆二饷外，属吕宋船者，每船更追白银五十两，谓之加征。后诸商苦难，万历十八年，量减至百二十两。
［（明）张燮：《东西洋考》，卷七《饷税考》］

"各处市舶提举司，正官，提举一员；首领官，吏目一员。"原注："后浙江、福建俱革，今止存广东。"

（《大明会典》，卷四《吏部·官制》）

按市易之制，从古有之，而宋之南渡，其利尤溥。自和好后，与金博易，三处榷场，其岁入百余万缗，所输北朝金缯，尚不及其半。每岁终，竟于盱眙岁币库搬取，不关朝廷。我朝书生辈，不知军国大计，动云禁绝通番，以杜寇患，不知闽、广大家，正利官府之禁，为私占之地。如嘉靖间闽、浙遭倭祸，皆起于豪右之潜通岛夷，始不过贸易牟利耳，继而强夺其宝货，靳不与直，以故积愤称兵，抚臣朱纨谈之详矣。今广东市舶，公家尚收其羡以助饷，若闽中海禁日严，而滨海势豪，全以通番致素封。频年闽南士大夫，亦有两种议论，福兴二府主绝，漳泉二府主通，各不相下，则何如官为之市，情法可并行也。况官名市舶，明示以华夷舟楫，俱得住泊，何得宽于广而严于闽乎！况迩年倭侵高丽，亦何曾问闽、广海道也。
［（明）沈德符：《万历野获编》，卷十二《户部·海上市舶司》］

万历中，福建商人岁给引往贩大泥、吕宋及咬留吧者，荷兰人就诸国转贩，未敢窥中国也。自佛郎机市香山、据吕宋，荷兰闻而慕之。二十九年，驾大舰，携巨炮，直薄吕宋。吕宋人力拒之，则转薄香山澳，澳中人数诘问，言欲通贡市，不敢为寇，当事难之。税使李道即召其酋入城，游处一月，不敢闻于朝，乃遣还。澳中人虑其登陆，谨防御，始引去。……
然是时佛郎机横海上，红毛与争雄，复泛舟东来，攻破美洛居国，与佛郎机分地而守，后又侵夺台湾地，筑室耕田，久留不去。……崇祯中，为郑芝龙所破，不敢窥内地者数年。乃与香山佛郎机通好，私贸外洋。十年，驾四舶由虎跳门薄广州，声言求市，其酋招摇市上，奸民视之若金穴，盖大姓有为之主者。当道鉴濠镜事，议驱斥，或从中挠之。会总督张镜心初至，力持不可，乃遁去。已为奸民李叶荣所诱，交通总兵陈谦为居停出入。事露，叶荣下吏；谦自请调用以避祸，为兵科凌义渠等所劾，坐逮讯。自是奸民知事终不成，不复敢勾引，而番人犹据台湾自若。

其本国在西洋者，去中华绝远，华人未尝至。其所恃惟巨舟、大炮，舟长三十丈，广六丈，厚二尺余，树五桅，后为三层楼，旁设小窗置铜炮，桅下置二丈巨铁炮，发之可洞裂石城，震数十里，世所称红夷炮，即其制也。然以舟大难转，或遇浅沙即不能动，而其人又不善战，故往往挫衄。其所役使名"乌鬼"，入水不沉，走海面若平地。其柁后置照海镜，大径数尺，能照数百里。其人悉奉天主教，所产有金、银、琥珀、玛瑙、天鹅绒、琐服、哆啰嗹。国土既富，遇中国货物当意者，不惜厚资，故华人乐与为市。

谨案：《明史·外国传》作"和兰"。

（《粤海关志》，卷二十二《贡舶二》）

审看得饷船出入，必由香山抽盘，必由市司投单。

［（明）颜俊彦：《盟水斋存牍》一刻"谳略"一卷］

张大猷调香山令，税珰李凤谋驻节县内。大猷言地近海瘴，非税使所宜居，且番情叵测，万一犯及税使，如朝廷威德何？珰沮而止。（《香山县志》）

万历末年，李凤增粤税至二十万，粤商苦累，百计求免不得。四十一年十月，给事中郭尚宾奏：捧诵圣旨，李凤既已久病垂危，着在任调理，不准辞。所收现在税课，并一应钱粮方物等项，差内官阮升前去暂管。钦此。伏查两粤同一体，先年粤西税监病故，皇上命四川税监监管，今内臣何敢蒙蔽圣聪，不循粤西事例，而令阮升得营接李凤之差，岂以广东尚堪朘削乎？夫粤东非有天雨之粟，地出之金，异于中州大藩也。粤东商民，非有计然之积蓄，陶朱之多藏，比于中州大贾也。他藩钱粮，惟供本藩，粤东协济粤西兵饷四五万金。他藩地方之患尚缓，粤东盗贼之警，无处无日不报，岁征兵饷、兵船银四十万两，支给不敷也。以浙江、福建、湖广大省监税，止各五六万止，因当时粤东抚按失计，税金遂三四倍于大藩，至今尚十八万金，加之商税不足，又派之粮差，又派之稻谷，又派之宰牛、鱼、虾、菜、果等项，又派之濠镜澳货二万两，榷解十余年以来，商民皮肉已尽，脂髓并穷，愁苦无聊之状，自抚按、司道以至府县之官，无不人人目睹心悲。望皇上撤回李凤，脱粤东商民于汤火者，见于抚按之屡疏可征也。李凤初至粤东，纵棍徒以掠乡民，所在蠢蠢思乱，赖巡按李时华缚其爪牙法绳之，凤始稍戢，人心始稍安。自后李凤时复咆哮，粤民屡欲扑杀之，亦赖时华禁止，李凤乃得保其首领。阮升不知前车之当戒，急作李凤之后身，营求内援，立取中旨，一时传宣，举朝无不骇愕。今粤东望照粤西事例，带管而不可得，且旨内又无不许骚扰地方之语，将听阮升为所欲为耶！目前虑澳夷之叵测，澳夷亦雄据以相持，不过为此二万饷金耳！榷此，不能益内帑之毫毛；减此，可以图夷人之徙舍。夷人已成尾大不掉之势，皇上乃吝二万饷金之蠲，以忘国恤！皇上之自为谋，与为皇上谋者，能恝然视为无害耶！四十二年二月，给事中郭尚宾奏：旧年税监李凤物故，蒙皇上察廷臣言，不委阮升，止命闽监高寀兼管粤东。闻命之日，欢声动地。讵意奉旨兼管，曾几何时，高寀辄听棍徒唆拨，而有移住粤东之望。福建巡抚袁一骥乃言：近因广东税监李凤病故，已奉旨代为督理。该监方欲移住彼处，或姑听其便。夫粤东民非众于他藩，地非广于他藩。然粤东一年之税，他藩三四年之税也。江西七万，而四万取之赣关：福建六万，而三万取之东西二洋：乃粤东取二万于澳夷，犹不足额，每年凑解十六万，无一非民膏民脂也。近蒙圣恩捐减二万，粤民喜跃欲狂。然二万之减，在他藩当为旷荡之恩，施在粤东，仅为太甚之稍去。粮差之加减如故，而杼轴日空一日，牛、米、鸡、豚、菜、果之苛敛如故，而关市日扰一日，盗贼日繁一日，军兴之费日增一日，粤民困苦至此。高寀即令营得入粤，然已无可朘之民膏，只有不可轻犯之民怒，入粤何益于寀也！传闻棍徒自粤走闽，为该监画策。该监为棍徒所用，欲求一餍足于粤而忍心于此！一骥复导之为择食之枭，明背兼管之新纶，阴坚遣珰之弊政。臣以为高寀在闽，坐而虚縻；在粤东，飞而肆虐。坐而虚縻不可也，飞而肆虐尤不可也。惟并撤高寀，而付各税于有司，则为闽也，实所以为粤也。乃臣更有请焉：粤东尚征十六万，虽云势难骤减，谈者不谓粤民之易虐，而谓粤力之能供，榷之者不忧力之已殚，而忧数之少绌。粤民之无告久矣。有如大赐减免，令粤民得比他藩税额，则圣治民生，两大有裨，珰辈亦当不萌觊觎，又何营求移往邻国哉！（《香山县志》）

（《粤海关志》，卷四《前代事实三》）

冯渠，浙江新城人，万历癸未进士，为永安知县，署海丰，廉明仁恕，缓赋平刑，逐舞文，厘宿蠹，禁贩舶以救荒，创社仓以备岁。莅政数月调任番禺。（海）丰人立碑颂德。

（同治《番禺县志》，卷三十二《列传一》）

岛夷互贩，习居澳门。

（万历《广东通志》，卷十四《郡县志·广州府舆图》）

各处税务，悉还有司征解，税监转进；惟市舶夷饷与广州税课，该监仍委榷云。后因派税充饷盈缩不定，上下辄缘为奸。

（万历《广东通志》，卷七《藩省志·税课》）

东广地滨海，物力瘠薄，国初计虑深远，诸征榷皆留为军储备缓急。迩者边境告困，大司农始议济边，十裁其四。今试观籍中所载，盐为重，番舶、关梁、铁冶次之，余仅仅充数，然亦并收……其拟岁输加二十万，视江浙大省数倍蓰焉，民何能堪？

（万历《广东通志》，卷七《藩省志·税课》）

国初，任土作贡，粤之解太仓者止于十万。今课税若此且半浮于正赋上矣，此中原无富商大贾，止有夷税一项稍充，近归税监自抽，亦称缺额，其他可知。

（万历《广东通志》，卷七《藩省志·税课》）

贾舶既到，司关者将币报酋，舶主见酋，行四拜礼。所贡方物，具有成数。酋为商人设食，乃给木牌于廛舍，听民贸易。

〔（明）张燮：《东西洋考》，卷一《西洋列国考·交趾》〕

（天启元年六月丙子）广东巡按王尊德以拆毁香山湾夷亲筑青州岛，具状上闻，且叙道将冯从龙、孙昌祚等同心任事之功，乞与纪录。部覆从之。按澳夷所据地名蠔镜，在广东香山县之南，虎跳门外海澨一隅也。先是暹罗、东西洋、佛郎机诸国入贡者附省会进与土著贸迁，设市舶提举司税其货。正德间，移泊高州电白县。至嘉靖十四年，指挥黄琼纳贿，请于上官，许夷人侨寓蠔镜澳，岁输二万金。从此雕楹飞甍栉比相望，番舶往来。有习于泅海者，谓之黑鬼，刺船护送。万历三十四年，于对海筑青洲山寺，高可六七丈，闳敞奇秘，非中国梵刹比，县令张大猷请毁其垣，不果。万历四十二年，始设参将府于中路雍陌营调千人守之，至是稍夷其居，然终不能尽云。

（《熹宗实录》卷十一）

（天启四年二月壬寅）东厂太监魏忠贤奏减香品，从之。熹宗旧纪，是月免川、广、浙香贡。

(《熹宗实录》卷三十九)

琉球国中山王尚丰为吁天循例，效顺输税，再赐议处事。切惟上天雨露，不择地而施，小国人民，惟徼恩尤切。念琉球歆服二百余年以来，向慕风化，遵守机宜，涤荡夷习之染，傲乎华教之休，非一日矣，故三年两贡，增船一只，装载方物、硫黄、马匹，依期奉贡，未尝少违，殊蒙覆育之恩，深□教化之泽，因而衣服器用，仰给□天朝，固进贡之规，有互市之例；恪遵祖制，禁在硝铁军需之物，然而丝缯未有禁也。夫求丝者，不过美天朝衣冠文物之美，顾小国藉丝造缎疋，以昭文采之盛，殊非蠹害之物可比。兹者既经巡抚福建都御史沈会同巡按御史张具题，礼部议覆，又奉明旨，将丝议禁，敢不钦遵？蒙朝廷仁抚四夷，岂有厚薄属国？惟是广东香山嶴有例，暹罗、交趾之贡，有互市，有贸丝，价银每两纳税三分，例可通查，事同一体。夫福建、广东，乃邻邦咫尺，而琉球、暹罗、交趾，乃贡典相侔。粤既开恩，闽独有□敢谓朝廷之恩未普，而使蕞尔之国向隅，以负怀□之至意也。盖小国所辖三十六岛，只求白丝三十余担，照例银每两输三分，差委正官明验追征，虽云须斯不下千计，亦可少助边饷万一，照依广东香山嶴进贡市丝抽课，上益朝廷裕饷，下俾小国沾恩。欲陈宸听，未敢擅便，为此备由移咨，差遣紫金正议大夫等官蔡坚等赍赴投递，愿惟申详拟议，曲循题请等因，为此一立、一移礼部、福建等处（承）宣布政使司。

崇祯十一年十月□日。

(《历代宝案》第一集，卷二十)

兵部提失名会同两广总督张镜心题残稿

八月三十日，准总兵手本报称：据留质在省夷商嘱咀缠等番书禀称，先六月十六日随同通事带有大银钱一万文，交李叶荣买货；二次有银钱一万一千六百文及琥珀、哆啰绒等货，俱交李叶荣手等情。又据通事李叶荣领状，开报银钱一万一千六百文、番绒六捆、琥珀一包，又二桶燕窠、三大包药材，一包寄在叶宅等情。本镇唤房主揩捆邦俊与经手人及通事李叶荣查算，初次银钱一万文；除夷人收回酒米糖姜等货约三千二百文，尚有银钱四千八百文，俱系铺家领买货物，今追完封贮。其李叶荣所开银钱一万一千六百文与哆啰绒等货，即二次所带进之物也，亦已对质明白，承认有人俟其陆续吐出。其三次则捕盗林芬盘诘军报：木香乳香一百五十緺，银钱一箱，现贮船上。以上夷财夷货，就夷之所供，与通事之所认，查对明白。其前后羁留夷人五名内，查三名的系头目；一名噶咀缠，一名毛直缠，一名嘛道呧。其夷奴二名，则无名可查，等因到臣。九月初二日，又准陈总镇手本称，追据叶宅家人吐出琥珀等货，当委旗牌官秤验，内琥珀七桶，重十一斤半；又一桶重十一斤十二两；又一桶重七斤半，俱系连桶。又一箱，连箱重四十九斤；又燕窠三圆笋，连笋共重四十五斤，又二长箱，连箱共重三十一斤半；阿魏一圆笋，连笋重三十五斤；哆啰绒四緺半，俱系二次带进之物，业经烙数封识，存贮库中，或与原数不符，似宜严讯经手李叶荣对质明白，方可服远夷之心。又准手本移报，初次银钱一万文，除夷人收回及见追贮共八千文，今又查叶宅家人，先领二千文，并催贮收等因到臣。

九月初八日，随据市舶司呈称，到澳会同香山县寨差官及提调备倭各官，唤令通事、夷目、揽头至议事亭宣谕，督促各夷赴省。奈夷性难驯，汉法莫施，外顺宣谕，中实迟疑。职勒限催促押同通事刘德、揽头吕沈西、夷目喊嘀洲啡嚓蹦等，具领赴省，等因。臣又批濠钱【镜】澳之市制也。澳夷既为利来，红夷便为利往，自此聿有宁宇矣。但夷财定追楚，方得其弭首帖伏。而澳夷仍踵故辙，播弄低昂，则市价未平，尚未能令其灰心也。该道督饬海防官逐一查明，严禁奸揽射利，并谕澳夷领回，公平贸迁，毋滋骚扰。缴九月初九日，又准陈总镇手本，内称，看得澳夷与红夷通事业已八年，今日仍归澳地，原非创始。但年来澳夷既居为奇货，而未增国饷，昨遣吴万和往澳宣谕，尚在支唔。而在省夷目，请先输饷而后贸易。若俯从其请，令其归澳，似为便捷等因。移送夷商梦喑啽等呈称：啽等虽系西海远夷，颇知信义，商贩中国，迄今八年，苦为澳夷背索，高抬物价数倍，凡奸揽侵蚀，悉扣入啽等名下，已亏数十万金。今年恨不交银伊手，即置毒食中，鸠杀四十余命，给逐虎门，又为官兵堵截。蒙会同海道议差李叶荣斋牌宣谕，所携银货对算无差。是荣赤心供令，诚意款夷，两无违忤。兹差揽头吴万和同澳夷抬入沼门附利贸易，敢不遵依。但恐狡谋百出，利归私澳，饷诎公家，则啽等恭顺之悃忱，转为澳揽之几【俎】肉。今啽见有六人为质，所存货物，查数已明，愿先以二人随市舶司带同叶荣返船，亲赍饷银完库。（缺二十字）与殷实官商面同澳夷交易等情，到臣当批。据夷呈饷似矣。欲挟李叶荣而去，则何为乎？缘笼之下，任其兔脱，是名何法？总之，奸徒播弄，不至大创不已。该道督海防官并市舶司严论利害，仍着澳夷具领征饷，即行驱逐，毋致久踞生奸也。缴臣又牌行海道，据市舶司详报。押同澳夷通事、揽头、夷目刘德、沈吕西、猫洲嚓蹦等到省，领给红夷财货，已经拨发。该道查给半月矣，乃犹迁延内地，非我族类，毋生彼心。牌发该道，速查李叶荣原带红夷财货，并各夷目即行该府及海防官，查明给发驱逐，限三日内开洋，毋得潜通接济。倘有奸徒仍前勾引，实时拿究。其李叶荣速究招详。去后久未报复，又牌行该道，速督该府及海防官速将财货并各夷目火速给还，即日驱逐开洋，毋得再容停泊，酿衅地方。李叶荣速究详报。

十月十八日，又准总兵手本，移报行旗鼓官，查将李叶荣原带进夷财夷目，尽数给发，速令开洋。今据本官缴报夷商梦啼哩等，番书领状，称具红夷梦啼哩等，今赴领到原带进银钱三万八千文，内除哩等先买糖姜酒米四千文，又自买糖货八千文，尚实银钱二万六千文，通事李叶荣原领一万四千文，叶宅原领银钱一万二千文，以上通共三万八千文，逐一验收银货，装载回舡。又领木香、乳香一百五十緷，又领外琥珀价发白糖一千担存贮哆啰绒四疋半，俱承领明白。尚欠燕窠银钱一百六十五文，少红哆啰绒二十四尺，该银钱二百八十文。少乌绒十六尺，该银钱一百二十八文。应候叶宅清楚，所领是实，移送前来。

十月十二日，又准该镇手本，移称叶宅原欠燕窠、哆啰绒价共钱五百七十三文，今又催完足数，前后数目俱已清楚，交付夷人收领等因在案。……

崇祯十三年《七》八月二十四日郎中张若麟。

（"中央研究院"历史语言研究所编，《明清史料》乙编第八本，页七五一至七五六）

在陆路者曰"互市"，在海道者即曰"市舶"。其设官也，肇于唐；其立制也，备于宋。然有明中叶，又时通时罢者，何哉？盖宋之市舶主于助国用，明之市舶，主于总货宝。

（《粤海关志》，卷二《前代事实一》）

臣谨案：明初置互市，其番舶之来泊无定所，率择滨海地之湾环者为澳。若新宁则有广海、望峒，东莞则有虎头门、屯门、鸡栖，香山则有浪白、濠镜，皆置守澳官。嘉靖之末，诸澳尽废，而濠镜亦非中国有。推原其故，番人之得市于濠镜也，自黄庆始；番人之得居于濠镜也，自汪柏始。史言吏其土者，皆畏惧莫敢诘。甚有利其宝货，佯禁而阴许之者。总督戴耀在事十三年，养成其患。明政不纲，流毒一至于此。然而佛郎机始据之，旋为西洋所攘夺，西洋继有之，又不免为英吉利所窥伺。夷人之性，惟利是图，以犬羊之桀骜，成蛮触之争竞。

（《粤海关志》，卷二十六《夷商一》）

县濒海，旧有海南商艘及鱼盐、市舶，例赴县投税，岁可得数百金为公费。

（康熙《新会县志》，卷五《地理》）

故明海岛诸国，并许朝贡，惟以倭彝犷悍，绝不使通；然而市舶之往来，于彼不废，故有舶商匿货之禁，原以专计泛海之船，行之累朝，深得其利。

［（清）贺长龄：《皇朝经世文编》，卷二十六《户政》］

二、海禁与民间贸易

水寨：九舟之过秋溪及樟水港者必由之。洪武初，置石城，造战舰以拒番舶。今官军往来防御以夏秋为期。……一曰接济，谓黠民窥其乡□，载鱼米互相贸易，以赡彼日用……一曰通番，谓闽粤滨海诸郡人，驾双桅，挟私货，百十为群，往来东西洋，携诸番奇货……

（嘉靖《潮州府志》，卷一《地理志》）

洪武初，令番商止集舶所，不许入城（广州），通番者有厉禁。

［（清）严如煜：《洋防辑要》，卷十五《广东防海略下·杂蛮》］

（洪武二十三年十月乙酉）诏户部申严交通外番之禁。上以中国金银铜钱、段匹、兵器等物自前代以来不许出番，今两广……愚民无知，往往交通外番，私易货物，故严禁之……

（《太祖实录》卷二百五）

洪武二十七年，"以海外诸夷多诈，绝其往来，惟琉球、真腊、暹罗许入贡。而缘海之人，往往私下诸番贸易香货，因诱蛮夷为盗，命礼部严禁绝之。"

（《粤海关志》，卷四《前代事实三》）

洪武三十一年夏四月，禁广东通番。

圣旨：如今广东近海的百姓内有等不畏公法，专一为非。将带违禁物货，私自下海，潜往外国买卖。那沿海卫所巡守官军，不行用心，设法巡拿，以致诱贼，不时出没，劫掠良民。该府便出榜文，着沿海卫所，今后不问军民，但私自下海的人，问他往何外国买卖，通诱消息，若拿有实迹可验的，就全家解来，赏原拿人大银两个，钞一百锭。若守把官军不肯用心巡拿，与犯人同罪。有能首告，一体给赏。

(万历《广东通志》，卷六《藩省志·事纪五》)

(洪武三十四年十一月，重申禁夹带番香货卖。《礼部禁约》云：)沿海军民私自下番，诱引蛮夷为盗，有伤良民。不问官员军民之家，但系番货番香等物，不许存留贩卖，其见有者，限三个月销尽，三个月外仍前存留贩卖者，处予重罪。

(万历《广东通志》，卷六《藩省志·事纪五》)

何淑川，洪武癸酉以人材知钦州，守御百户胡全纵子仆私贩夷椒并诸不法。

(万历《广东通志》，卷五十四《郡县志·廉州府名宦》)

国朝洪武初，广东各府俱设军器局大使一员，副使一员，其后革去，复令各卫所指挥千百户等带管造作军器，咸有定制，其出境及下海私卖与夷人者治以重罪。

(万历《广东通志》，卷八《藩省志·兵总》)

惠帝(朱允炆)建文三年十一月，礼部禁约：沿海军民私自下番诱引蛮夷为盗，有伤良民。不问官员军民之家，但系番货番香等物，不许存留贩卖。其现有者，限三个月销尽；三个月外仍前存留、贩卖者，处以重罪。

(道光《广东通志》，卷一百八十七《前事略·明》)

四澳旧有居民，国初属海阳，与黄隆、海山俱为信宁都地。洪武二十四年，以居民顽梗，尽发充海门千户所军，因误粮饷，仍发回四澳渔耕。永乐间，倭夷越海劫掠，难以防御，将吴宗理等九十五户，徙入苏湾下二都安插。原田地五十三顷零抛荒，不许人耕，以绝祸根。

[(明)陈天资：《东里志》，卷一《疆域·澳屿》]

(宣德六年四月丙辰)上问并海居民有私下番贸易及出境与夷人交通者，命行在都察院揭榜禁戢。

(《宣宗实录》卷七十八)

（正统九年二月）己亥，广东潮州府民滨海者纠诱停郡亡赖五十五人，私下海，通货爪哇国，因而叛附爪哇者二十二人，其余俱归复，具舟将发，知府王源获其四人以闻。上命巡按御史同按察司官并收未获者户长鞫状，果有踪迹，严锢之，具奏处置。

（《英宗实录》卷一百十三）

（景泰七年六月癸卯）广东按察司劾："都指挥张士纵家奴下海，私易番货。"命执鞫之。

（《英宗实录》卷二百六十七）

天顺三年秋七月诏，禁廉商人毋得与安南交通。（获安南盗珠贼范员等，有敕问安南国王。安南回奏：迤东濒海村人潜与钦、廉贾客交通，盗众珠池，已行惩治，本处头目，勒出榜禁约，钦廉濒海商贩之人不许潜与安南交通。仍令廉州府衙巡视，遇贼盗珠，务擒获究问，奏请发落。）

（崇祯《廉州府志》，卷一《图经志》）

天顺四年七月诏，禁钦、廉商人毋得与安南交通。广东副总兵都督同知欧信等曰："先因获到安南盗珠贼范员等四民，研审明白，有敕责问安南国，回奏：'员等是迤东濒海村人，于外海捕鱼，潜与钦、廉贾客交通，盗众珠池，互相贸易，已行惩治。'敕至，尔即出榜禁约钦、廉濒海商贩之人，不许潜与安南国人交通诱引盗珠。仍令廉州等府卫原委巡视珠池官，遇贼盗珠，务擒捕得，获送尔处究问，如违治罪不宥。"

（万历《广东通志》，卷六《藩省志·事纪五》）

（天顺五年正月甲子）巡按广东监察御史吕洪等奏：兵部郎中何宜知其父演，累岁在广东兴贩珍珠，得银万计，多置人口，宜不能致书劝阻。比闻差官采珠，又预报消息，致令其父逃归，窃夺国课，宜从究治。"上命锦衣卫鞫之。

（《英宗实录》卷三百二十四）

（成化元年七月戊申）爪哇国遣使臣梁文宣入贡方物。舶至广东广海卫，有段镇者常泛海为奸利，识文宣，因诱出其附余货物，乾没之，且导其泊潮州港。指挥周岳受委封盘，又私留其玳瑁百余斤。巡按御史以闻。命追问岳，以镇为奸利日久，发充大同威远卫军。

（《宪宗实录》卷十九）

（成化五年九月乙巳）福建都指挥佥事王雄受所部赂，听其与岛夷奸阑互市，及军出海遇番舶逗挠官军，遂为所伤。镇守巡按等官各奏其罪，下巡按御史鞫之，俱当绞例……都御史林陪等言："其情罪深重，难以常例处分。"上以为然，降指挥佥事，从广东边海卫带俸差操。

（《宪宗实录》卷二十一）

（成化八年秋七月）癸亥，广东守珠池奉御陈彝奏："南海县民为风飘至安南国，被其国王编以为军，其后逸归，言中国人飘泊被留及所为阉禁者百余人。"奏下，户部请移文巡抚镇守等官，禁约军民人等，毋得指以商贩私通番国，且令守珠军人设法提备。从之。

（《宪宗实录》卷二十四）

张诰，字汝钦，华亭人，成化丙戌进士，改翰林庶吉士。戊子，拜监察御史。丁酉，升广东按察副使巡督海道。乡人有附番商越境牟利者，严为之禁，其弊遂绝。

（道光《广东通志》，卷二四四《宦绩录十四·明三》）

（成化十四年）（方）敏等访南海外洋有私番舡一只出没，为因上司严禁，无人换货，各不合于陈佑、陈荣、吴孟、谋久，雇到广东东莞县陈大英，亦不合，依听将自造违式双桅槽船一只，装载前项瓷器并布货，于本年五月二十日开船，越过缘边官府等处巡检司，远出外洋。

[（明）戴金：《皇明条法事类纂》，卷二十《把持行事》]

成化十七年，暹罗贡使还，至中途窃买子女及私盐，命遣官戒谕诸番。
（《宪宗本纪》）

（《粤海关志》，卷四《前代事实三》）

（成化十七年冬十月）丙辰，使占城国行人司右司副张瑾有罪，下狱。先是，瑾与给事中冯义同奉命，赍敕、印封占城国王故齐亚麻勿庵为王，多挟私货，以图市利。至广东，闻齐亚麻勿庵已死，而其弟古来遣哈那巴等来请封，虑空还失利，亟至占城……又经满剌加国，尽货其私物以归……

（《宪宗实录》卷二百二十）

弘治四年三月，两广总督都御史闵珪奏：广东沿海地方，多私通番舶，络绎不绝。不待比号，先行货卖，备倭官军为张势，越次申报有司，供亿糜费不赀，事宜禁止，况番情谲诈，恐有意外之虞。宜照原定各番来贡年限事例，揭榜怀远驿，令其依期来贡，凡番舶抵岸，备倭官军押赴布政司，比对勘合相同，贡期不违，方转与呈提督、市舶太监及巡按等官，具奏起送。如有违碍，捕获送问，下礼部议。据珪所奏，则病番舶之多，为有司供烦之苦。据本部所见，则自弘治元年以来，番舶自广东入贡者，惟占城、暹罗各一次。意者私舶以禁驰而转多，番舶以禁严而不至。今欲揭榜禁约，无乃益阻向化之心而反资私舶之利。今后番舶至广，审无违碍，即以礼馆待，速与奏闻。如有违碍，即阻回，而治交通者罪。送迎有节，则诸番咸有所劝而偕来，私舶复有所惩而不敢至。柔远足国之道，于是乎在。从之。

[（明）林光俞：《礼部志稿》，卷九十《议处番船违碍》]

（弘治六年三月丁丑）广东沿海地方多私通番舶，络绎不绝，不待比号，先行货卖。备倭官军为张势，越次申报，有司供亿，糜费不赀，事宜禁止。况夷情谲诈，恐有意外之虞。宜照原定各番来贡年限事例，揭榜怀远驿，令其依期来贡。凡番舶抵岸，备倭官军押赴布政司比对，勘合相同，贡期不违，方与转呈提督市舶太监及巡按等官具奏起送。如有违碍，捕获送问。

（《孝宗实录》卷七十三）

（弘治七年九月己亥）南京锦衣卫指挥使王锐言："东南番夷进贡所余之物许市人收买，令所在官司买储在库，或差人解京以备缓急之用。"下两广守臣议，以为："番物拣退例该给还番人，今王锐奏，止听所在官司收买，别无所用；差人解京，又有舟车转运之费。宜准旧例，严私通番货之禁，拣退之物仍给还番人，令自变易。"从之。

（《孝宗实录》卷九十二）

毛锐，西陲人，宏【弘】治初出镇湖广，改两广（谨按《明史本传》功臣表，宏【弘】治二年十月移镇两广），平蛮贼，累有功……言官劾锐广置邸舍，私造大船以通番商，置不问。

（《明史》列传第四十四；道光《广东通志》，卷二五四《宦绩录二十四·明十三》）

陆杰，字元望，淞之子，宏【弘】治进士……历迁广东左布政使。五岭以南，擅番舶之利，杰惩犯禁者数人，民始敛。安南贡使不至，朝议以都御史毛伯温督师征讨。杰预侦安南隐事,为伯温言,可不烦兵而服。伯温以闻,许便宜,罢兵。未几,莫登庸果上表请罪。……

（道光《广东通志》,卷二四三《宦绩录十三·明二》）

（正德十年四月丙午）礼部复巡按广东御史高公韶奏:"旧例,岭南诸番入贡,其所附货物,官税其半余偿之直。其不以贡来者不许贸易,与之交通者罪至死。后以中人镇守,利其入,稍弛其禁。顷者,权豪贪纵,任其住泊,遂令诸夷交结奸民肆行剽掠,贻患地方。参议陈伯献尝奏禁革,而奉行之人因循未止。乞再申禁约,以杜侵患。"从之。

（《武宗实录》卷一百二十三）

（正德十二年五月辛丑）命番国进贡并装货舶船榷十之二解京,及存留饷军者,俱如旧例,勿执近例阻遏。先是,两广奸民私通番货,勾引外夷,与进贡者混以图利,招诱亡命,略买子女,出没纵横,民受其害。参议陈伯献请禁治之,其应供番夷,不依年分,亦行阻回。至是,右布政使吴廷举巧辩兴利,请立一切之法,抚按官及户部皆惑而从之;不数年间,遂启佛郎机之衅,副使汪鋐尽力剿捕,仅能胜之。于是,每岁造船铸铳为守御,计所费不赀,而应供番夷,皆以佛郎机故,一概阻绝,舶货不通矣。利源一启,为患无穷,廷举之罪也。

（《武宗实录》卷一百四十九）

（正德十二年五月）命番国进贡并装货舶船,榷十之二,解京,存留军饷俱如旧。先是,广民私通番货,与遣贡者混图利己,经禁治而应供番夷亦行阻回。至是,吴廷举议复之,卒起佛郎机之衅。岁有造船铸统之费,而番夷亦绝利源之启,为害无穷,固如此。

[（明）谭希思:《明大政纂要》,卷四三]

佛郎机国,前此朝贡莫之与。正德十二年,自西海突入东莞县界,守臣通其朝贡,厥放猖狡为恶,乃逐出之,今不复来云。

赞曰……维广海滨,诸夷错聚。国初仁声,极天渐被。修贡来庭,犹为慕义。迩来番舶,以利煦妪。在我抽分,固为琐尾。维广多事,聊备鼙鼓。狡虏频来,恐生不轨。济以奸民,秉心蝮虺。东家掠男,西家诱女。父母悲号,怨声凄楚。彼有象牙,我贵竹箸。彼有香椒,我尚糇饵。闭我玉关,标我铜柱。厥去勿追,厥来勿拒。练兵休民,蓄威养气。国重于磐,媲休因垒。

（嘉靖《广东通志初稿》,卷三十五《外夷》）

（正德十五年）祖宗朝贡有定期，防有常制，故来者不多。近因布政吴廷举谓缺上供番物，不问何年，来即取货，致番舶不绝于海澨，蛮人杂沓于州城。禁防既疏，水道益熟，此佛郎机所以乘机突至也。乞悉驱在澳，番舶及番人潜居者，禁私通，严守备，庶一方获安。

（《明史》，卷三百二十五《佛郎机传》）

（国初）闽因罢诸番市，而利皆归之于广，漳人垂涎，而引广夷入境；正德广之禁严，番舶入漳、泉，而广失利。

〔（明）顾炎武：《天下郡国利病书》，卷九十六《福建·郭造卿〈闽中兵食议〉》〕

嘉靖元年，暹罗、占城货船至广东。市舶中官牛荣纵家人私市，论死如律。

（《粤海关志》，卷四《前代事实三》）

嘉靖元年，暹罗及占城等夷各海船番货至广东，未行报税。市舶司太监牛荣与家人蒋义山、黄麟等私收买苏木、胡椒并乳香、白腊等货，装至南京。又匿税盘出，送官南京。刑部尚书赵鉴等，拟问蒋义山等违禁私贩番货例，该入官苏木共三十九万九千五百八十九斤、胡椒一万一千七百四十五斤，可值银三万余两。解内府收贮公用，牛荣夤缘内铛，得旨，贩卖商货给主。刑部尚书林俊复疏，谓："查得见行条例，通番下海买卖劫掠有正犯处死，全家边卫充军之条。买苏木、胡椒千斤以上边卫充军货物入官之条。所以严华夷之辩，谨祸乱之萌。今蒋义山等倚恃威权，多买番货，天幸匿税事发，将牛荣等参奏。陛下方俞正法之请，寻启用幸之门，忽又有旨给主，明主爱一颦一笑敝袴以待有功者。今三万余两之物果一敝袴比，给还罪人果赐有功比，皆臣等之所未喻也。伏望大奋乾刚，立断是狱，将代为营救并请讨之人下之法司，明正其罪。"上乃诏赃物照旧入官。

按夷中百货，皆中国不可缺者。夷必欲售，中国必欲得之。以故《祖训》虽绝日本而三市舶司不废。市舶初设，在太仓黄渡，寻以近京师，改设于福建、浙江、广东。七年，罢未几，复设。盖北夷有马市，西夷有茶市，江南海夷有市舶。所以通华夷之情，迁无有之货，收征税之利，灭戍守之费。且以禁海贾抑奸商，使利权在上也。然夷货之至，各有接引之家，先将重价者私相交易，或去一半，或去六七。而后牙人以货报官，且为之提督，如牛荣辈者复从而收腊之，则其所存以为官市者又几何哉！今提督虽革而接引积蠹莫之能去，盖多势豪为主，久握其利。海道副使或行严缉，是非蜂起，是以难刷其敝。迩年浙、福之间都御史朱纨励禁接引，以致激生倭寇。然则市舶之当开与否，岂不有明鉴哉！

[（明）严从简：《殊域周咨录》，卷八《真腊》]

林功懋，嘉靖二年任东莞知县，尝抽分番舶，峻拒其贿，不容匿货，番人为之悚息。

（道光《广东通志》，卷二四六《宦绩录十五·明四》）

（嘉靖三年四月壬寅）……刑部覆："御史王以旂议：福建滨海居民，每因夷人进贡，交通诱引，贻患地方。宜严定律例，凡番夷贡船，官未报视而先迎贩私货者，如私贩苏木、胡椒千斤以上例；交结番夷，互市称贷，绍财构衅及教诱为乱者，如川、广、云、贵、陕西例；私代番夷收买禁物者，如会同馆内外军民例；搅造违式海船，私鬻番夷者，如私将应禁军器出境因而事泄律；各论罪。怙恶不悛者，并徙其家。第前所引例已足尽法，徙家太重，请勿连坐。仍通行浙江、广东，一体榜谕。"从之。

（《世宗实录》卷三十八）

（嘉靖十二年九月）辛亥，兵部言："浙、福并海接壤，先年漳民私造双桅大船，擅用军器火药，违禁商贩，因而寇劫。屡奉明旨严禁，第所司玩愒，日久法弛，往往肆行如故，海警时闻，请申其禁。"上曰："海贼为患，皆由居民违禁贸易。有司既轻忽明旨，漫不加察，而沿海兵巡等官又不驻守信地，因循养寇，贻害地方。兵部其亟檄浙、福、两广各官，督兵防剿。一切违禁大船，尽致毁之。自后沿海军民私与贼市，其邻舍不举者连坐。各巡接御史速查连年纵寇及纵造海船官，具以名闻。"

（《世宗实录》卷一百五十四）

（嘉靖十二年九月）辛亥，禁浙、福、两广大船贩海。……（丁卯）广东巡梭何儒前招降佛郎机番人，得制铳法，累功官上元主簿，以秩满，进宛平县丞。

[（明）谈迁：《国榷》，卷五十《武宗》]

叶照，字景旸，浙人，嘉靖癸未进士……甲午升广东副使巡视海道。广东番舶奸商多窜入岛夷为市。照严下海之罚，申互市之禁，海道肃清。

（道光《广东通志》，卷二四四《宦绩录十四·明三》）

市舶提举司废署在水东墟，或云在莲头。正德间自广州移置。嘉靖十四年移于壕镜。

（道光《电白县志》，卷十六《古迹》）

时佛郎机已并满剌加，益以吕宋，势愈强，横行海外，遂据广东香山澳，筑城以居，与民互市，而患复中于粤矣。

（《明史》，列传第二百十一《外国四》）

[嘉靖三十一年，耶稣会创始人之一方济各·沙勿略（Franciscns Xavier）在上川岛写给满加剌弗朗西斯科·佩雷斯神父的信说]多亏我主的慈悲、怜悯，迪奥戈·佩雷拉的大船及所有乘客安全无恙地来到了上川港。在此我们遇到了许多其他商人的船只。上川港距广州三十里格。许多商人从广州城赶来此地与葡萄牙人交易。葡萄牙人不断与他们打交道，看看是否有人愿意带我去广州城。

（顾卫民：《中国天主教编年史》，页五十九）

岁甲寅（嘉靖三十三年），佛郎机国夷船来泊广东海上，比有周鸾号称客纲，乃与番夷冒他国名，诳报海道，照例抽分，副使汪柏故许通市。而周鸾等每以小舟诱引番夷，同装番货，市于广东城下，亦尝入城贸易。岁乙卯，佛郎机夷人诱引倭夷，来市广东海上，周鸾等使倭扮作佛郎机，同市广东卖麻街，迟久乃去。自是佛郎机夷频年诱倭市广东矣。

[（明）郑舜功：《日本一鉴》，卷六《海市》]

嘉靖三十三年，题淮南直隶、浙、福、广东等处，有将双桅、三桅大船下海，及沿海居民遇夷船乘风漂泊，私送水米者，俱坐通番重罪。

（《大明会典》，卷一百三十二《兵部·镇戍》）

（1555年，中葡间）商业的利润，是被原籍属于广州、徽州（安徽）、泉州（福建）三处的十三家商号垄断着。他们不顾民众的反对，一味致力于发展外人的势力。

（裴化行：《天主教十六世纪在华传教志》，页九十四）

[嘉靖三十五年（1556），葡人莱昂内尔·德·索萨（Leonelde Souza）向葡王约翰三世（King John Ⅲ）的兄弟路易斯亲王（Prince Luis）详细报告了

他与广东海道副使谈判订立"和平协议"的经过。］关于做生意的情况及中国之行，我仅简述如下。因为我此行花费了三年时间，在那里做过许多生意，但获益较少。我发现，所有港口都设有密集的岗哨，并配备了武器，以不让我们经商。这一切，我很快就从一位反叛的中国人以及被关押的葡萄牙人那里获悉了。我深知，这些葡萄牙人必须同我一起奋斗。我根本无法经商，因为有皇帝的命令。他得知我们在悄悄地做生意，便下令禁止黑心肠的佛郎机人即葡萄牙人，像其他商人那样入境和缴纳税课。他们把葡萄牙人视为强盗和不服从他们皇帝的捣乱分子。

由于我发觉及得知那个地方有这种情况，便立即在船上尽可能地采取最好的防护措施，并要求同我在一起的葡萄牙人不要上岸攻击，也不要无理取闹。葡人已受到先前丑闻的困扰，并因此而出现生活必需品和食品短缺，因岸上不再给我们提供食物。按照上帝的旨意，大家派我去订立和平协议，并按惯例确定关税。我接受了这一任务……

这一和平协议和关税是由广州城及广州地区的海道下令订立的。他是国家的高级官吏，相当于海军司令，负责海防并兼理市舶一切事宜。必要时，往往受任大权，亲自出马。由于我没带特许状，同他达成的这一和平协议既没见诸文字，也没有写成公文，但我们按惯例交纳百分之二十的关税，就像得到中国皇帝的特许经常在海上往来的暹罗人一样。关于百分之二十的关税，我不同意超过百分之十。他答道，他不能降低，因为这是给皇帝的税课，他将禀报皇上，来年方可答复。皇帝不能来，往皇帝处需三四个月路程。并说，我们当时可对所带去的货物的一半支付不超过百分之二十的税，这样便等于我所说的百分之十。他还请我好好款待上船检查的官员，别看他们未佩戴皇帝授予的徽章和军衔，但他们相当于法官；并提醒我说，就是因为最初的葡萄牙人对一名中国官员失礼，皇帝才不允许他们进入中国。所以，我的运气太好了，万万不可失去。

就这样，我订立了和平协议，确定了在中国做生意的事情，大家都能平平安安地做买卖和赢利。许多葡萄牙人往广州城其他地方，并在那里休息数日，自由地经商，再无人受辱。他们所付的关税未超过我前面所说的标准……

（《西方澳门史料选萃（15—16世纪）》之《广东及广州城海道遣人议和》）

嘉靖己未（三十八年），巡按广东监察御史潘季训禁止佛郎机夷登陆至省，惟容海市。……近又访得日本之夷，皆以华人勾倭离岛，名虽称商，实为寇盗，故今鲜有从商者，多从佛郎机夷之船来市广东海上。今年，佛郎机夷号称海王者，官市广东龙厓门，得闻三洲有船私市。谓减己利，而乃牵人龙厓与之伢市而去。称海王者，盖屋居止龙厓门，民厌其祸，官怀隐忧，遣使驱逐，恬然不惧，此患积至十年矣。又闻市铜铸造大铳，声言朝贡，莫知所为。复有佛郎机夷号称财主王者，横过海王，俱处其间，隐祸亦不可测也。

[（明）郑舜功：《日本一鉴》，卷六《海市》]

（嘉靖四十三年）近数年来，始入蚝镜澳，筑室以便交易，不逾年多至数百区，今殆千区以上。日与华人相接济，岁规厚利，所获不赀，故举国而来，负（扶）老携幼，更相接踵，今筑室又不知其几许，而夷众殆万人矣。

[（明）庞尚鹏：《百可亭摘稿》，卷一《陈末议以保海隅万世治安疏》；乾隆《香山县志》卷九《艺文·抚处濠镜澳夷疏》]

广东军饷资番舶，开海市，华夷交易，夷利货物，无他志，固不无害。乃今数千夷团聚一澳，雄然巨镇，役使华人妻奴子女，守澳武职及抽分官但以美言奖诱之，使不为异，非能以力钤束之也。盖海市当就船上交易，货完即行，明年又至可也。舍船而屋居岸上，夷性变诈，叛贼亡人各相煽惑，知中国短长，一水竟达城下，其势何可久哉！此肉食者谋之。

是年春，东莞兵变，楼船鼓行，直抵省城下。城门昼闭，贼作乐饮酒天妃宫中。汤总兵克宽与战，连败衄，乃使诱濠镜澳夷人，约以免其抽分，令助攻之，然非出巡抚意。已夷平贼，汤剿为己功，海道抽分如故。夷遂不服，拥货不肯输税，省城官谋困之，遂阻道不许运米面下澳。夷饥甚，乃听抽分，因谓中国人无信，不知实汤总兵为之也。中国亦谓夷难驭，不知汤固许之免也。天下事变每生于两情不通。

[（明）叶权：《贤博编·游岭南记》]

市舶之开，惟可行于广东。盖广东去西南之安南、占城、暹逻、佛郎机诸番不远，诸番载来乃胡椒、象牙、苏木、香料等货，船至报水，计货抽分，故市舶之利甚广。数年之前，有徽州、浙江等处番徒，勾引西南诸番前至浙江之双屿港等处买卖，逃免广东市舶之税，及货尽将去之时，每每肆行劫掠，故军门朱虑其日久患深，禁而捕之，自是西南诸番船只复归广东市舶，不为浙患。

[（明）俞大猷：《正气堂集》，卷七《呈总督军门在庵杨公揭论海势宜知海防宜密》]

钟按：市舶之开，惟可行于广东；海禁之开，惟可行于福建，何也？广东去西南诸番不远,其其载到货物,皆足资中国之用,非若日本,惟一刀一扇耳。且南方风气柔弱,非倭奴剽悍之比,故香山之抽税,凡以收诸夷之利也。福建阻山负海,商旅病于跋涉,民多贩海为生,若禁之太严,则奸民无措,其执□而为盗。日纳饷过洋之例开,此豪猾之徒有利可趋,何苦而犯法纲哉?

〔(明)邓钟:《筹海重编》,卷十《经略二》〕

东南夷皆由广入贡,因而贸易互为利市焉,中国不可拒之以自困。惟佛郎机之夷,则贼房之桀也,不可不拒。因拒佛郎机并拒诸夷,非策也。为今之策,在诸夷之来,则受之;在佛郎机则斥之,否则厉兵以防之……

〔(明)霍韬:《霍文敏公全集》,卷十下《两广事宜》〕

广故要服,而当天地之尽,异国殊类,往来货通,议者谓资军饷之利是也。然今重译之设,利其奇货,为贪饕之地,固不为训,况日与异种舻舳相望,而虚弱之情窥于夷,且必肆扈而莫可支者,货之崇也,故曰夷狄豺狼不可厌也,诸夏亲昵,不可弃也。……吾恐佛郎机之变生肘腋矣。虽然通之,固非美政,而禁之亦非长策。吾读林巡抚《番舶疏》,亦近似有理也。化而裁之谓之变,推而行之谓之通。

(嘉靖《广东通志初稿》,卷三十五《外夷》)

凡有闽广水商,久没该国者,尽室起赴新州,分田立宅,就其众中之豪,授以千百夫长之号,内以都护占城,外则大通诸国,运致土产,转相贸易。不出数年,番舶毕集。吴、浙、闽、广水商亦许径至,若遣官往理,起例抽分,足国裕民……

〔(明)陈全之:《蓬窗日录》,卷二《西南夷》〕

……粤有香山濠镜澳,向为诸夷贸易之所,来则寮,去则卸,无虞也。嘉靖间,海道利其饷,自浪白外洋议移入内,历年来渐成雄窟,列廛市贩,不下十余国。夷人出没无常,莫可究诘。闽粤无籍,又窜入其中,□然为人一大赘疣也。

〔(明)蔡汝贤:《东夷图说》〕

隆庆初年,巡抚福建涂泽民题请开海禁,准贩东西二洋。唐顺之有云:"国初浙、福、广三省,设三市舶司,在浙江省者,专为日本入贡,带有货物,许其交易;在广东省者则西洋番舶之辏,许其交易,而抽分之。若福建既不通贡，又不通舶，而国初设立市舶之意，漫不可考矣。"

[（清）顾炎武：《天下郡国利病书》，卷九十六《福建》]

（隆庆戊辰年）稍弛报税之禁，以通岛舶之利。居民大贾，听其自行打造，随便贩贸，则乌艚巨舰日渐众多，一旦有急，输流刷掳，可济险艰……且弛税通商，生理阜通，则骁悍之徒日鲜从贼。

[（明）何维柏：《天山草堂存稿》，卷二《闻会省警变亟与抚台李公条议》]

（隆庆三年十月辛酉）满伽剌等国番商素号犷悍，往因饵其微利，遂开濠镜诸澳以处之，致趋者如市，民夷杂居，祸起不测。今即不能尽绝，莫若禁民毋私通，而又严饬保甲之法以稽之，遇抽税时，第令交于澳上，毋令得至省城，违者坐于法。

（《穆宗实录》卷三十八）

隆庆三年己巳，知县林会春逐厓山番舶，捕治通番民汤惟蛟等。初番舶泊厓门，祠庙数为秽渎，奸民多略良家子女卖之，惟蛟兄弟其首也。至是，会春请之上官，悉逐番舶，收惟蛟兄弟，置之法，民患始息。

（康熙《新会县志》，卷三《事纪》）

（隆庆三年）佛郎机、满咖剌诸夷，性之绞悍，器之精制，尤在倭奴之上……民夷杂居，将来祸变，恐出叵测，立法禁制，是不可不严其防也。夫弗利其有，绝而弗通，此上策也。若谓沿袭既久，聚恐生变，饷额所需，岁赖其入，则臣愚以为先固内治，欲固内治，先严私通之禁；欲杜私通，先严官军之令，盖各处把海澳，俱有官军，若非夤缘交通，彼固不能飞渡也。往岁总兵俞大猷调诸夷剿平叛卒，许免抽分一年，至期夷众负功不服抽税，此其负信在我，毋怪其然也；然副使莫抑，因而舍之，下令严戢官兵把截，船不得通，路不得达，夷遂困服，自愿抽税，反倍于昔。此先于治内以收利权，可谓得其机括矣。

[（明）陈吾德：《谢山存稿》，卷一《条陈东粤疏》]

我潮倭寇之患，虽延蔓各邑，而揭之蓬州等里，实首先被之，尝询之里人，谓是里旧有以下海为业者，惯与外国交通，以故倭得乘之以入。何者，彼盖其所熟路也。当是时，地方承平日久，户口殷富，豪家大贾往往以势利相高，公然造大船，遍历诸部，扬帆而去，满载而归，金宝溢于衢路，彼小民者见之，目夺心骇，以为富拟王公，可一苇杭之而得矣，而岂虞末路至此。盖不惟不能保其有，且并其人亡之，始知向之驾万斛之舟，冒不测之险以求利者，乃所以阶桑梓无穷之祸也。

（隆庆《潮阳县志》，卷一《建置沿革纪》）

在大中华帝国的海岸，北纬二十三度半之处，有广州城，这是该帝国各省中之一的省会。它位于一条通航河流沿岸，该河的河口有许多岛屿，由耕种者居住，这些岛屿之一即澳门岛，亦即本文所介绍的，它在该（广州）城往下八十里格之处，约有十里格之长。其一端，亦即其最优良的港口，逐渐形成了大批葡萄牙人聚居之地，他们经过劳累的工作和战争服役之后，携妻带眷移至该处居住，因为中国这片地区十分富庶，应有尽有。

该聚居点在很短的时间内就扩大起来，现已超过两千户人家，而葡人至此聚居尚未到二十年，因为以往中国人不允许他们聚居，亦不允许任何其他外国人前来聚居。今后，天长日久，聚居点必将陆续扩大，因为这个岛屿是由印度运往中国与日本及东方其他各地的货物以及由这些地方运往印度的货物所必需的中转站。

因为凡是开到这个广东省的外国船舶，都必须在这个澳门岛的港口停泊，然后同陆地上的人进行交易，不准再深入，而由于外商纷至沓来，中国内地其他各省也就运来各种各样的货物。结果是澳门这个聚居地就在贸易上十分出名，东方各地各式各样的货物大批聚集于此。这样，一方面由于这里进行大量贸易，另一方面也由于这片土地十分安宁，它的人口和规模也就不断增加，可以预计，不久之后，它将成为这一带最富庶最繁华的城市之一。

（澳门《文化杂志》编：《十六和十七世纪伊比利亚文学视野里的中国景观》之《市堡书（手稿）》）

住在澳门这里的葡萄牙人，如同中国皇帝的蕃臣，因此，服从与承认广州的管辖，每年缴纳贡银五百两，亦相当于卡斯蒂利亚币五百杜卡多。运货前来的船舶，按各船的容积与长度缴税，而不按货物缴税，因而有些船载货达六七千杜卡多，而在广州仅缴百分之二【二十】的税。

（澳门《文化杂志》编：《十六和十七世纪伊比利亚文学视野里的中国景观》之《中国风物志》）

凡守把海防武职官员，有犯受通番土俗哪哒、报水分利、金银货物等项，值银百两以上，名为买港，许令船货私入，串通交易，贻患地方，及引惹番贼海寇出没，戕杀居民，除真犯死罪外，其余俱问受财枉法罪名，发边卫永远充军。

凡夷人贡船到岸，未曾报官盘验，先行接买番货，及为夷人收买违禁货物者，俱发边卫充军。

凡沿海去处，下海船只，除有号票文引许令出洋外，若奸豪势要及军民人等，擅造二桅以上违式大船，将带违禁货物下海，前往番国买卖，潜通海贼，同谋结聚，及为向导劫掠良民者，正犯比照谋叛已行律，处斩，仍枭首示众，全家发边卫充军。其打造前项海船，卖与夷人图利者，比照私将应禁军器下海，因而走泄事情律，为首者，处斩；为从者，发边卫充军。若止将大船雇与下海之人，分取番货，及虽不曾造有大船，但纠通下海之人买番货，与探听下海之人番货到来，私买、贩卖苏木、胡椒至一千斤以上者，俱发边卫充军，番货并入官。其小民撑使单桅小船，给有执照，于海边近处捕鱼打柴，巡捕官军不许扰害。

私自贩卖硫黄五十斤、焰硝一百斤以上者，问罪，硝黄入官。卖与外夷及边海贼寇者，不拘多寡，比照私将军器出境因而走泄事情律，为首者，处斩；为从者，俱发边卫充军。

各边夜不收，出境探听贼情，若与夷人私擅交易货物者，除真犯死罪外，其余问调广西烟瘴地面卫所，食粮差操。

凡官员军民人等，私将应禁军器卖与进贡夷人图利者，比依将军器出境因而走泄事情者律，斩；为从者，问发边卫充军。

（《大明律》附编，舒化辑：《问刑条例》之《兵律·关津》"私出外境及违禁下海条例"）

条议海禁事宜疏　刘尧诲

据广东布政使司呈奉，臣案验开款，具呈到臣，该臣会同巡按广东监察御史龚懋贤议照：闽、广山海地里联接，一应兵防、民事利害既已相同，禁令不宜或异。但民情、土俗在闽则以海舶禁阻，民无治生，已有成例，许令给引于东西番国贸迁；在广则以澳夷互市，公私两利，素遵重禁，不许贩夷启衅。是闽之向通，而广之当禁也，必奚若夫阻绝接济，禁革私交。闽中所开清查船只，稽察货物，编刻号船，照对文引，稽核保甲，禁缉接济，及商船分番出洋，量留防守，并漳、潮互相关会稽察船只，款列已为详备，依议诚得经权。广东司道奉以参酌，虽不能以尽同，要之顺民之情，因地之利，操纵而张弛消息之耳。所据广东司道覆议四款前来，谨条列如左，除咨覆巡抚福建右佥都御史耿定向，将福建司道所议条款会疏题请外，如蒙伏乞敕下该部再加查议，交互参酌，照款覆议上请，通行臣等钦遵施行，地方幸甚，臣等幸甚。

一、禁遏过番，以杜私交之党。据广东布政使司呈复，该臣等会看得：造船将带违禁货物下海及将军器出境走泄事情，犯者处以极刑，全家发遣，律例开载甚严。闽中向因沿海居民以海为生，而该省原不与番为市，故导之贩海市番，非但裕饷，且以布民利而止盗也。本兵所谓势难尽禁者，诚洞见之矣。若广东既素遵海禁矣，且民间亦无贩海巨舟，而各番来市者岁以为常，所据司道覆议，欲再通行申明例禁，以绝衅端，是亦守法之经而防微之渐也。原两省事机各具，随俗而通止之，虽曰相异，而适所以相成也，似应依拟。伏乞圣裁。

一、查编海船，以诘接济之奸。据广东布政使司呈复，该臣等会看得：广东沿海各县先年商民打造乌艚、横江、白艚等船，分别大小，编以纲纪等字号，立法可为详尽矣。以后闽、浙军兴，借调数多，前船漂没，势不复振，故议设六水寨，各领船兵若干，于是民间出海之船益稀，而查编之法因之俱废矣。所据司道呈开，凡有船只装载二百担上下、能出洋者，尽数查出，照编字号，似应依拟，通行沿海守巡、巡海、海防各道及各府海防同知等官一体遵照举行。以后凡海船往来有刻号而无印票，及有印票而不对船号、并不告编籍记刻号者，即系为盗接济之船，事发即将船货没官，仍尽法究处，如此则不烦盘诘而接济者若无所容矣。伏乞圣裁。

一、稽查保甲，以清接济之源。据广东布政使司呈复，该臣等会看得：广东保甲连坐之法，万历二年十月内该督抚臣殷正茂题准通行。凡拿获强盗，严提本犯父兄、族长，问拟应得罪名，枷号三个月发落，田产没官；续议并将里排邻佑保甲连坐以罪，至今遵行。所据司道呈请，再行申明，相应依拟，合无以后凡有造船通番接济，除正犯自有正条外，其父兄、族长亦照前例提问、枷号，里排、邻佑及保甲人等俱从连坐法。如知情容隐者，与本犯问罪；有能首告及诸色人等知而举者，但审得实者，田产尽数没官，船货尽给充赏，此法行而奸民冒禁者鲜矣。伏乞圣裁。

一、察验商船，以防混迹之患。据广东布政使司呈复，该臣等检会得《大明律》一款，凡军民出百里之外不给引者，军以逃军论，民以私度关津论，则惠、潮、漳、泉之船往来贸易不得不给引者。且潮州鮀浦等处岁抽稻谷等税一千四百两，已载之章程，行之有年，各称便益，遽难改议。所据司道呈请，闽、广船只往来买卖，照闽中所议，俱要给引，委为相应，但既已抽收饷税，每引纳价一两，似觉过多。除福建者听福建军门酌行外，其广东惠、潮之船倘有过闽者，听于该府告给文引，该道挂号，每引量纳引价银一钱，贮作军饷，开载库簿备查，如此则两省立法齐一，不致异同矣。伏乞圣裁。

(《苍梧总督军门志》，卷二十七《奏议五》)

为了满足我的愿望，当葡萄牙人去购买发往印度的货物的广州（Canton）交易会（fiera）或市集（mercato）的时间来临时，我把我的现金交给了代表们。从澳门市民中选出四五人，任命他们以大家的名义去购货，以便货物价格不出现变化。代表们乘中国人的船被送往广州，携带着想花或可以动用的钱，一般相当于25万至30万埃斯库多的雷阿尔或来自日本及印度的银锭。这些船名叫"龙子划"（1antee），类同日本的黑船（funee），以桨航行。葡萄牙人不得离开这些船只。只有白天允许他们上岸行走，入广州城商讨价格，观看货物，商定价格。定价称作"拍板"（dare la pancada）。之后，可以这一价格购买各人欲购的货物，但商人代表订立合同前，任何人不得采购。入夜后，所有人返回龙头划船上进食休眠。一边购货一边根据葡人的需要将其以龙头划船运至来自印度的大舶或澳门。

(《西方澳门史料选萃（15—16世纪）》之《周游列国评说》（1598—1599），页二百七十二)

市舶海禁之开，惟可行于闽、广，何也？广东去西南诸番不远，其货物皆足资中国之用，非若日本惟一刀一扇耳。且南方风气柔弱，非倭奴剽悍之比，故香山之抽税，凡以收诸夷之利也。福建阻山负海，旁旅病于跋涉，民多贩海为生，禁之太严，奸民势穷必至为盗。自纳饷过洋之例开，豪猾之徒成趋利而畏法，故海澄之开禁，凡以除中国之害也。若行之于他省，则如王直构祸，遂使倭乱侵寻，可为殷鉴矣。然海禁开于福建为无弊者，在中国往诸夷，而诸夷不得入中国也。倘严其违禁之物，重其勾引之罪，则夷夏有无可以相通，恣其所往，亦何害哉！

[（明）谢杰：《虔台倭纂》，卷上《倭利》，邓钟《论海市》]

（1607年，荷兰海军上将麦特利夫）假如我们要寻求贸易机会，就只能前往广州。因为中国皇帝颁令，漳州可发舶前往各国，但不准外国人前去。与此相反，外国人可到广州，但不许华船从广州前往外国。违者处以重刑。

(包乐史：《中荷交往史（1601—1999）》，页四十)

（万历四十一年六月二十七日）夫濠镜距香山邑治不百里，香山距会城百五十里耳,有陆路总经塘基湾,径达澳中。其三面俱环以海,在广州以澳为肘腋近地。夷人佛郎机,以番舶易达,故百计求澳而居之。查夷人市易,原在浪白外洋,后当事许其移入濠镜,失一。原止搭茅暂住,后容其筑庐而处,失二。既已室庐完固,复容其增缮周垣,加以铳台,隐然敌国,失三。每年括饷金二万于夷货,往岁丈抽之际,有执其抗丈之端,求多召侮,閧然与夷人相争,失四。乃闽广亡命之徒,因之为利,遂乘以肆奸,有见夷人之粮米牲菜等物,尽仰于广州,则不特官澳运济,而私澳之贩米于夷者更多焉。有见广州之刀环、硝磺、铳弹等物,尽中于夷用,则不特私买往贩,而投入为夷人制造者更多焉。有拐掠城市之男妇人口,卖夷以取赀,每岁不知其数,而藏身于澳夷之市、画策于夷人之幕者更多焉。夷人忘我与市之恩,多方于抗衡自固之术。我设官澳以济彼饔飧,彼设小艇于澳门海口,护我私济之船以入澳,其不容官兵盘诘若此。我设提调司以稍示临驭,彼纵夷丑于提调衙门,明为玩弄之态以自恣,其不服职官约束若此。番夷无杂居中国之理,彼且蕃聚倭奴若而人,黑番若而人,亡命若而人,以逼处此土,夷人负固怀奸之罪不可掩也。抽饷有每年难亏之额,彼乃能役我兵船数只,兵数百名,护货如许以入澳,夷人善匿亏饷之罪不可掩也。……夷人市易,原在浪白外洋,后当事许其移入濠镜……中国自宜解之,使悉徙故土,体悉其情,随申以内夏外夷之义。先免抽饷一、二年,以抵其营缮垣室等费。谕令即先遣回倭奴、黑番,尽散所纳亡命,亦不得潜匿老万山中,仍立一限,令夷人尽携妻子离澳。其互市之处,许照泊浪白外洋,得贸易如初。

[(明)郭尚宾:《郭给谏疏稿·题为粤地可忧防澳防黎疏》]

(万历四十一年)两广兵部右侍郎张鸣岗:粤与闽、浙同一防倭也,而浙未常与夷市,闽市有往无来,彼瞭海上双凫乱飞皆湾弧,向之无敢闯之。乃粤则与诸夷互市,而谢绝之难;市则夹带,倭夷杂处而辨别之难;澳夷盘据内地,近且匿养倭奴,以为爪牙,则驱逐之难;闽广奸人窜入澳中,搬唆教诱,则提防之难;至近日白艚盛行,在闽者以贩米为名,拒之则病邻,而不拒则交通百出;在粤者以贸货为名,禁之则阻绝生理,而不禁则通澳通倭,弊不胜究,法不胜设。然为地方弭隐忧,则必严禁曲防,毋姑息养乱之为得也。

(《神宗实录》卷五百九)

(万历四十二年)凡蕃船到澳,许即进港,听候丈抽。如有抛泊大调环、马骝洲等处外洋,即系奸刁,定将本船人货焚戮。

凡彝趁贸货物，俱赴省城公卖输饷。如有奸徒潜运到澳与彝，执送提调司，报道，将所获之货，尽行给赏首报者，船器没官，敢有违禁接买，一并究治。

（乾隆《香山县志》，卷八《濠镜澳》）

（1629年2月10日）澳门的葡萄牙人已和中国贸易130年之久，贸易方式经由特殊的付款及送礼，其大使经皇帝特准居住于此，其商船到广东参加每年两次的年集，购买货物。他们也许获得比马尼拉和我们更多的利益，因为长期的居住使他们较知道哪里有好货，还有哪些珍奇异物。他们也有机会可以订货，要求特定长、宽、重和图样的丝制品，因为他们知道什么规格的可获利最高，可在哪里卖，印度或日本或葡萄牙等。

（《荷据下的福尔摩莎》，页七十四）

然蕃又潜匿倭贼。（万历）四十二年，总督张鸣冈檄令驱倭出海，因上言："粤之有澳夷，犹疽之在背也；澳之有倭贼，犹虎之傅翼也。今一旦驱斥，不费一矢，此圣天子威德所致。惟是倭去而蕃尚存，有谓宜剿除者，有谓宜移之浪白外洋，就船贸易者。顾兵难轻动，而濠镜在香山内地，官军环海而守，彼日食所需咸仰于我，一怀异志，我即制其死命，若移之外洋，则巨海茫茫，奸宄安诘？制御安施？似不如申明约束，内不许一奸阑出，外不许一倭阑入，无启衅，无弛防，相安无患之为愈。"部方从之。因设参将于中路雍陌营，调千人戍之。又奏请就其聚卢中大街，中贯四维，各树高栅，榜以"畏威怀德"，分左右，定其门籍，以《旅獒》"明王慎德，四译咸宾，无有远迩，毕献方物，服食器用"二十字，分东西各十号，使互相维系讥察，毋得容奸，一听约束，皆用海道俞安性之议也。

海道副使，其属有海防同知。安性复条具五事，勒石永禁，与澳夷约，惟海防同知命。

一、禁畜养倭奴。凡新旧夷商敢有仍前畜养倭奴顺搭洋船贸易者，许当年历事之人前报严拿，处以军法。若不举，一并重治。

一、禁买人口。凡新旧夷商不许收买唐人子女，倘有故违，举觉而占吝不法者，按名究追，仍治以罪。

一、禁兵船编【骗】饷。凡蕃船到澳，许即进港，听候丈抽，如有抛泊大调环、马骝洲等处外洋，即系奸刁，定将本船人货焚戮。

一、禁接买私货。凡夷趁贸货物，俱赴省城公买输饷，如有奸徒潜运到澳与夷，执送提调司报道，将所获之货尽行给赏首报者，船器没官。敢有违禁接买,一并究治。

一、禁擅自兴作。凡澳中夷寮,除前已落成遇有坏烂准照旧式修葺,此后敢有新建房屋,添造亭舍,擅兴一土一木,定行拆毁焚烧,仍加重罪。

(《澳门纪略》,卷上《官守篇》)

两广百年间资贸易以饷兵,计其入,可当一大县,一旦弃之,军需安出?一不便也。香山海洋得澳门为屏卫,向时如老万,如曾一本,如何亚八之属,不敢正目而视,阖境帖然;若撤去澳夷,将使香山自为守,二不便也。

[(明)霍与瑕:《霍勉斋集》,卷十九《处濠镜澳议》]

一、请收私番接济之利。一得之愚,以豫为要,具在别稿。或有可采,乞赐施行。澳中事体,经纪弊端,非愚所悉,在海道加之意耳,大抵非严不济。……

一、请杜嘱托以防耗蚀。凡海道捉获私番、椒木、匿税湖丝、违禁货物及盐课私贩,皆动以千百金,足供军饷。

[(明)霍与瑕:《霍勉斋集》,卷十二《书·上吴自湖翁大司马》]

今吴之苏、松,浙之宁、绍、温、台,闽之福、兴、泉、漳,广之惠、潮、琼、崖,驵狯之徒冒险射利,视海如陆,视日本如邻室耳。往来贸易,彼此无间。我既明往,彼亦潜来。

[(明)谢肇淛:《五杂俎》,卷四《地部》]

凡将马牛、军需、铁货、铜钱、段疋、䌷绢、丝绵私出外境货卖,及下海者,杖一百;挑担驮载之人,减一等,物货船车并入官。于内以十分为率,三分付告人充赏。若将人口、军器出境及下海者,绞;因而走泄事情者,斩。其拘该官司及守把之人,通同夹带,或知而故纵者,与犯人同罪;失觉察者,减三等,罪止杖一百,军兵又减一等。

各处地方,如遇夷人入贡经过驿递,即便查照勘合应付,不许容留令买卖连日支应,违者重罪;若街市铺行人等私与夷人交通买卖者,货物入官,犯人问罪,枷号一个月,发落。

(《大明会典》,卷一百六十七《刑部·关津》)

军民人等,与朝贡夷人私通,拨置害人,因而透漏事情者。

汉人冒诈番人者。

会同馆夫，五年以上不替役，及近馆军民用强揽当者。

会同馆内外四邻人等，代夷收买违禁货物，牙行及棍徒诓赊货物，年久无还，累死客商属军卫者。

海防武职，听受分利，私通番货，贻害地方，及引惹海寇，戕害居民者，除真犯死罪外，边卫永远。

打造海船卖与夷人图利，为从者。

私卖硝黄与外夷及边海贼寇，为从者。

私将应禁军器卖与进贡夷人图利，为从者。

（《大明会典》，卷一百七十五《刑部·罪名三》）

咭呤……不通朝贡，附舶香山濠镜澳贸易。

［（明）陈仁锡：《皇明世法录》，卷八十二《南蛮·咭呤》］

广东巡按御史李时华革弊五禁附……严禁白艚以防接济：粤东滨海，在在通津，漳泉之白艚贩籴，舳舻相望，富室利其易售，牙行利其易得，奸徒通番接济，引诱为寇，酿祸非浅。本院□得其实，牌行守巡各道转行所属府州县，并守把澳港、关津，严加禁遏，如有前艚，悉令驱逐。去秋岁入小歉，米价不至翔贵者，禁白艚之力也，行此不惟粤东粒食无艰，而海上寇□亦杜矣。

（万历《广东通志》，卷七《藩省志·屯粮》）

他们的猜疑并非全无道理，因此当接到葡萄牙使节的申请时，他们马上禁止葡萄牙使节入境；但他们本身对财富是那样的盼望，以致他们不能完全约束自己对贸易的苛求。国家资金的岁入和从贸易中私人企业所得的利益，大到连地方官也很快地把猜疑心撇在一边。他们从未完全禁止贸易。实际上他们允许增加贸易，但不能太快，而且始终附有这样的条件：即贸易时期结束后，葡萄牙人就要带着他们全部的财物立即返回印度。这种交往持续了好几年，直到中国人的疑惧逐渐消失，于是他们把邻近岛屿的一块地方划给来访的商人作为一个贸易点。那里有一尊叫做阿妈（Ama）的偶像。今天还可以看见它，而这个地方就叫做澳门，在阿妈湾内。与其说它是个半岛，还不如说它是块突出的岩石；但它很快不仅有葡萄牙人居住，而且还有来自附近海岸的各种人聚集，都忙于跟从欧洲、印度、摩鹿加群岛运来的各色商品进行交易。迅速发财的展望引诱中国商人到这个岛上来居住，于是在几年之中这个贸易点开始出现了城市规模。

（《利玛窦中国札记》第二卷第二章，耶稣会士再度尝试远征中国）

葡萄牙商人已经奠定了一年举行两次集市的习惯，一次是在一月，展销从印度来的船只所携来的货物，另一次是在六月末，销售从日本运来的商品。这些市集不再像从前那样在澳门港或在岛上举行，而是在省城本身之内举行。由于官员的特别允许，葡萄牙人获准溯河而上至广东省壮丽的省会作两天旅行。在这里，他们必须晚间呆在他们的船上，白天允许他们在城内的街上进行贸易。然而，这是在许多守卫和戒备之下进行的，显然是当地人民仍然对外国人心存疑惧。这种公开市场的时间一般规定为两个月，但常常加以延长。记述这种每半年一次的市集的原因之一是，它们为福音的信使们深入中国内地提供了最早的、唯一的通道。

（《利玛窦中国札记》第二卷第二章，耶稣会士再度尝试远征中国）

在过去的岁月里，葡萄牙人曾渡过浩瀚无际的海域，使自己来到已知的极东地区，他们最后驻足于中国海滨。他们熟知这个国家的财富，想尽各种办法诱使它的百姓进行贸易交往。然而这不是一件容易办到的事，因为中国人远甚于世界上的其他一切民族，对外国人是猜疑的。

（《利玛窦中国札记》第二卷第二章，耶稣会士再度尝试远征中国）

时中国禁与葡萄牙人通商，葡萄牙人只能与华人私相贸易；广东官吏有利可图，遂视若无睹。中国船舶载土货至上川，以易欧洲船舶所载之货而归。

（费赖之：《在华耶稣会士列传及书目》，页三至四）

自纨死。海禁复弛，佛郎机遂纵横海上无所忌。而其市香山澳、壕镜者，至筑室建城，雄踞海畔，若一国然，将吏不肖者反视为外府矣。壕镜在香山县南虎跳门外。先是，暹罗、占城、爪哇、琉球、浡泥诸国互市，俱在广州，设市舶司领之。正德时，移于高州之电白县。嘉靖十四年，指挥黄庆纳贿，请于上官，移之壕镜，岁输课二万金，佛郎机遂得混入。高栋飞甍，栉比相望，闽、粤商人趋之若鹜。久之，其来益众。诸国人畏而避之，遂专为所据。四十四年，伪称满剌加入贡。已，改称蒲都丽家。守臣以闻，下部议，言必佛郎机假托，乃却之。

万历中，破灭吕宋，尽擅闽、粤海上之利，势益炽。至三十四年，又于隔水青州建寺，高六七丈，闳敞奇闶，非中国所有。知县张大猷请毁其高埔，不果。明年，番禺举人卢廷龙会试入都，请尽逐澳中诸番，出居浪白外海，还我壕镜故地，当事不能用。番人既筑城，聚海外杂番，广通贸易，至万余人。吏其土者，皆畏惧莫敢诘，甚有利其宝货，佯禁而阴许之者。总督戴燿在事十三年，养成其患。番人又潜匿倭贼，敌杀官军。四十二年，总督张鸣冈檄番人驱倭出海，因上言："粤之有澳夷，犹痈之在背也。澳之有倭贼，犹虎之傅翼也。今一旦驱斥，不费一矢，此圣天子威德所致。惟是倭去而番尚存，有谓宜剿除者，有谓宜移之浪白外洋就船贸易者，顾兵难轻动。而壕镜在香山内地，官军环海而守，彼日食所需，咸仰于我，一怀异志，我即制其死命。若移之外洋，则巨海茫茫，奸宄安诘？制御安施？似不如申明约束，内不许一奸阑出，外不许一倭阑入，无启衅，无弛防，相安无患之为愈也。"部议从之。居三年，设参将于中路雍陌营，调千人戍之，防御渐密。天启元年，守臣虑其终为患，遣监司冯从龙等毁其所筑青州城，番亦不敢拒。

其时，大西洋人来中国，亦居此澳。盖番人本求市易，初无不轨谋，中朝疑之过甚，迄不许其朝贡，又无力以制之，故议者纷然。然终明之世，此番固未尝为变也。其人长身高鼻，猫睛鹰嘴，拳发赤须，好经商，恃强陵轹诸国，无所不往。后又称干系腊国。所产多犀象珠贝。衣服华洁，贵者冠，贱者笠，见尊长辄去之。初奉佛教，后奉天主教。市易但伸指示数，虽累千金不立约契，有事指天为誓，不相负。自灭满剌加、巴西、吕宋三国，海外诸蕃无敢与抗者。

（《明史》，列传第二百十三《外国六》）

澳城，明季创自佛郎机。万历中，总督何士晋采香山令叶善继言，下令隳澳城。天启时，海道副使何如珂始克尽隳之。初，嘉靖时有请复通市番货，给事中王希文力争之，番舶禁绝。已而，巡抚林富言互市有四利，诏从之。诸番之复通市，自林富始。十四年，都指挥使黄庆纳贿，请于上官移舶口于濠镜，岁输课二万金，澳之有番市自庆始。三十二年，番舶托言舟触风涛，愿借濠镜地暴诸水渍贡物，海道副使汪柏许之。初仅茇舍，后奸民牟利者渐运瓴甓木料为屋，佛郎机始得混入。久之，遂为所据。番人之入居澳，自汪柏始。佛郎机既据澳，至万历二年建闸于莲花茎，设官守之，而番夷之来日益众，吏兹土者皆畏惧，莫敢诘，甚有利，其宝货佯禁而阴许之，总督戴耀在事十三年养其患。香山县知县叶善继条议制澳十则，上之然。番又匿倭贼。四十二年，总督张鸣冈檄令驱倭出海，因上言，申明约束，以制澳夷，部议从之，因设参将于中路，调千人戍之，皆用海道俞安性之议也。海道副使其属有海防同知，安性复条具五事，勒石永禁，与澳夷约，一切受海防同知管辖。天启元年，改设参将于前山寨，设立兵弁，防制渐密。终明之世无他虞。

（道光《广东通志》，卷一百二十五《建置略二》）

第一批葡萄牙人于1524年到了中国这一带地区，在上川岛与中国人做了十八年生意、在浪白滘与中国人做了十二年生意之后，才发现这个澳门港，觉得这里便于做生意和保存货物，一些人或另一些人就在此停留，建造房屋，一开始建的是草房，后来建的是土坯房。房屋越来越多，三十年之后已经成了个有声望得到城市称号的居民点了。

（澳门《文化杂志》编：《十六和十七世纪伊比利亚文学视野里的中国景观》之《澳门的建立与强大记事》）

海忠介，本番禺人，隶籍琼州，祖墓向在番禺鸿鹄岭，见公撰《梁端懿墓碑》。公无子，人多惜之。相传天启间，有秀才作文祭之，有句云："谁谓公无子，天下之忠臣孝子，皆公子也；谁谓公无孙，天下之直臣孝孙，皆公孙也。"将焚之，有风自天而下，撒其文去。钮玉樵琇谓崇祯间，公之孙名祖述者，造船载货出洋，遂得上天云。按《纲鉴辑略》：天启八年八月，荫名臣海瑞子晏入监，是则公有子矣。公卒于万历十五年八月，距荫子时，已三十三年，而史传及文集亦言公无子。疑其族人为公立嗣，未可知也，据《粤小记》修。

（同治《番禺县志》，卷三十二《列传一》）

（1629年2月10日）澳门的葡萄牙人已和中国贸易130年之久，贸易方式经由特殊的付款及送礼，其大使经皇帝特准居住于此，其商船到广东参加每年两次的年集，购买货物。他们也许获得比马尼拉和我们更多的利益，因为长期的居住使他们较知道哪里有好货，还有哪些珍奇异物。他们也有机会可以订货，要求特定长、宽、重和图样的丝制品，因为他们知道什么规格的可获利最高，可在哪里卖，印度或日本或葡萄牙等。

（《荷据下的福尔摩莎》，页七十四）

（崇祯四年八月二十四日）兵部尚书臣熊（明遇）等谨题，为摘陈粤事切要，以戒衣袽，以固疆圉事。

职方清吏司案呈，崇祯四年八月初六日，奉本部送兵科抄出广东巡按高钦舜题前事内称，臣衔命于役，兹已告竣。凡巡历所至，有关吏治民生，得失利病，与夫山海交讧，兵荒洊至之情形，已一一次第入告矣。乃夫东粤之所。大忧有在肘腋间而中人膏肓者，臣窃鳃鳃计之，以今盗贼披猖，所在报警，地方官无日不以防守为事。即立保甲，练乡兵，饬海禁，严接济，亦既不遗余力，而里勾引外连，此攻彼击，更相流煽，人心摇摇，其故安在？则知所以靖盗，而未知所以靖盗之源也。粤故瘠壤，而被膻名，非以夷商贸易，百货所聚，贵珠玉而贱五谷耶？而粤之祸乱，实胎于是。何也？省会密迩澳地，夷之实逼，处此非粤之利也。其初，不过以互市来我濠镜，中国利其岁输涓滴，可以充饷，暂许栖息，彼亦无能祸福于我。乃奸商揽棍，饵其重利，代其交易，凭托有年，交结日固，甚且争相奔走，惟恐不得其当。渐至从中挑拨，藐视官司，而此么么丑类，隐然为粤腹心之疾矣。查澳关之设，所以禁其内入，惟互市之船经香山县，原立有抽盘科，凡省城酒米船之下澳与澳中香料船之到省，岁有尝【常】额，必该县官亲验抽盘，不许夹带盐铁硝黄等项私货。立法之始，为虑良周。今甲科县官，往往避膻，不欲与身其间，而一以事权委之市舶，相沿陋规，每船出人，以船之大小为率，有免盘尝【常】例，视所报正税不啻倍蓰。其海道衙门，使费称是，而船中任其携带违禁货物，累累不可算数。更有冒名饷船，私自出入游奕，把哨甲壮人役托言拿接济而实身为接济者，又比比而是，不可致诘。总之，以输饷为名，以市舶为窟，省会之区，纵横如沸，公家一年仅得其二万金之饷，而金钱四布，徒饱积揽奸胥之腹。番哨听其冲突，夷鬼听其抢掠，地方听其蹂躏，子女听其拐诱，岂不亦大为失计，大为寒心者哉！今宜仍以澳关分里外之界，以香山严出入之防。省船之应出者至香山验过乃出，澳船之应入者至香山验过乃入。其有大夹板船躲泊外洋老万山、榕州、大井、大窑山等处，致番哨运货走税，责令海防官严拿，连船货没官充饷，据法正罪。其别项外海船，诡称飘风踪迹闪烁者，市司不许妄申报饷，该管衙门不许轻准放行。事关海禁，有碍封疆，万不容稍徇情面，等于儿戏也。其岁额酒米船、香料船各若干，必香山县官逐一亲自抽盘，毋容吏书上下其手，一面单报督按司道存案，一面移单市司查对报税。市司止许照货登簿收税解饷，不许更立帮饷，使用种种名目，以恣需索，延挨生事。如是，则革免盘之陋规，可溢数倍之饷额。当此三空四尽、捉襟露肘之日，亦不堪以有用之金钱，任若辈自润私囊也。至于海道自有海上机宜，时费筹度，此商贾刀锥之末，又何庸分心，以纷纭其职掌为哉。而况猾胥之积恋，市侩之交通，陋规之相沿，亦成如市之门，非建威销萌之体也。且此饷原起解布政司，而地方之事，守巡二道并有攸责。其市舶税单，应并报该司守巡，凡互市出入船数，每季各衙门循环册报督按查核。其非经抽盘、非经报税等船，不许混插往来，庶互相觉察，稍换窠旧【臼】，而官此者且一洗脂腻之嫌耳。更责成附省二县，盘诘奸细，驱逐无籍，不许奸商棍揽借市易之名，盘踞招摇。有游手好闲面生可疑为保甲所不载者，人得而执之，则内地肃清，而奸宄靡自潜踪，寇贼去其内应。此弭盗安民之第一义也。臣叨皇上任使，兢兢竭蹶，攀重峦，渡炎海，到处咨询。即俚僮黎岐，靡不究所以驸驭之法。而驻省城者凡三，其关切事宜，更无逾此。谨会同两广总督王业浩具题，伏乞敕下兵部，申饬施行。等因。

崇祯四年八月初四日奉圣旨：这本说夷商奸棍交构挑拨酿患可虞，督按道府有司，便当查照成规，设法禁止，何得漫无钳押。硝黄铁器不许阑出，屡谕甚严，岂容玩视？奏内分界讥防、盘验申报等事，俱著酌议具奏。该部知道。钦此钦遵。抄出到部送司，案呈到部。为照东粤设有市舶，所以通华夷之情，迁有无之货，虽曰藉输饷以减戍费，其实原使利权归上，而不容奸豪积猾内外交调也。乃法久弊生，官司视洋船为金穴，商棍亦望海市为铜山，巧立名色，违禁征收，以至私货夹带莫可遏。按臣深忧远虑，欲严界限，以密讥防，复盘验而饬申报，其得杜患销萌之早计者哉。查澳关所以分内外，而香山县其出入之总途也。旧例设盘验科，即该县正官为政。自市舶专其事，免盘有例，而船货不可问，积弊遂有不堪言者，则复盘验而稽出入，不独剔厘当然也。但作奸通番，又不在酒米香料等船。若双桅夹板潜迹外洋，最易以藏匿。而海船借口飘风蒙报放行者，犹奸宄之接济，不可不力禁而法惩者也。抽盘既归县官，必以精心白意，实为通商惠民之政，然后可若犹是假手吏书，徒循申报故事，则觉察亦是虚文，而市利只饱饮河之腹耳。既经具题前来，相应复请，合候命下遵奉施行。

崇祯四年八月二十四日。

尚宝司卿管司事李维贞，协赞司事员外郎华允诚，管理册库员外郎王升。

[《明清时期澳门问题档案文献汇编》（一），《兵部尚书熊明遇等为澳关宜分里外之界以香山严出入之防事题行稿》]

（崇祯四年八月）倭贡始于汉，市始于唐，泮涣始于元，至于我明，奸生于国，引倭为难，太祖高皇帝恶之，明诏阻绝，然亦止绝其贡，不绝其市，以故闽、广、浙江设司市三，以分受夷舶。及成、弘乃废，积渐侵淫，遂成极厄。万历初年，抚臣庞尚鹏始请开洋，民生既苏，利济亦溥。二十一年，以倭寇朝鲜仍议禁，然于事无益。抚臣许孚远，鉴于前辙，下令通融，则饷额溢至三万余，而沿海迄无事。崇祯元年，抚臣朱一冯题，为禁洋船以弭盗源，期尽一年，贼平另议。卒之，洋已禁矣，而盗源竟不可弭。此往事之略也。

海外有东西二洋，则【西】洋则占城最大，次暹罗，次爪哇，今为下港，其属咬嚼吧，即红夷。次其真腊，次浡泥，次三佛齐、满剌加、苏门答剌、彭亨等国。东洋则吕宋，今为狒狼机，次苏禄等国。贩西洋国，利其珍也，贩东洋者，利其旷也，若于倭何利哉？人止知倭之入寇，定吾民勾引，更不思其所以勾倭者曷故，初不过借以逗通洋之利，而究竟乃始不可收拾。此商贩之略也。

夷人嗜汉财物，而不知汉所艰，得者乃在银钱，故商贾之挟以往者率多，轻微及一切戏具，获利倍蓰，以至无算，彼安坐其土，习为固常，冥然不甚怪惜，若禁商不往，则彼必来，即不来亦必有招之来者，使得窥内地权子母明算计吾民不盈，所顾势必用欺用骗，急即挟官府以逼之内，复哃疑官府鞅自掩招诱之迹，而阴泄其情以市德于夷，且速之去夷，昧如寝关，暴犷不获，须臾宁贴，许栋王直皆缘兹起。此胎祸之略也。……

崇祯四年八月□日。

尚宝司卿管司事李维贞，协赞司事员外郎华允诚，管理册库员外郎王升。

[《明清时期澳门问题档案文献汇编》（一），《兵部尚书熊明遇等为敬陈闽省开海禁及海外佛郎机等国通洋事题稿》]

（崇祯七年四月二十二日）太子太保、兵部尚书仍加俸一级臣张（凤翼）等谨题，为粤东省有三可忧、三大蠹害斯民日受荼毒，庙堂万里难知沥诉剥肤，以祈敕救事。

职方清吏司案呈，崇祯七年四月初七日，奉本部送兵科抄出陕西道监察御史胡平运题称，窃惟今日之患，夷狄与流寇而已。然而九边之夷虏一有犯抢，则必图御备之策，情形日得上闻，未有臣乡澳夷日日杀掳，而置若罔顾者也；五省之流寇每有焚劫，则必图擒剿之方，明旨时见切责，未有臣乡海寇日日杀掳，而衰如充耳者也。臣乡之人不言，无有为皇上言之者，亦何从知万里之外受毒如斯甚哉。

其一，在澳夷。彼占住濠镜，而阑入之路，不特在香山，凡番、南、东、新皆可扬帆直抵者也。其船高大如屋，上有楼棚，叠架番铳，人莫敢近。所到之处，硝黄、刀铁、子女、玉帛违禁之物公然般载，沿海乡村被其掳夺杀掠者，莫敢谁何。官兵间或追之，每被杀伤，而上司亦莫之敢问，有掩耳盗铃而已。往者番哨不过数只，今打造至于近百，出入无忌，往来不绝，藐视汉法，挟制官司，居然有据防以叛之意矣。往者夷数不满千人，近且报至数万。试思此数万人，日食若干，无非粤人之膏血，犬羊桀骜之伦，肯贴然相安乎？人知澳夷叵测之为害大而且烈，不知其名为忠顺，实则日日抢犯害久而且长也。一旦有事，此数万夷人，何遽不得，此大可忧者也。而大蠹则在闽商。其聚食于粤，以澳为利者，亦不下数万人。凡私物通夷，勾引作歹，皆此辈为之崇。官兵盘获其船，则以匿金匿宝诬捏反噬。财力所至，鬼神为通，官司亦被其播弄。甚而中国边情邸报，日与抄传，况粤之虚实不在其窥玩中也。乞敕督臣，严则道将设法禁制，不许容纵番哨出入内地，仍行牌责令澳夷将番哨尽行拆毁，凡通夷勾夷者，拿获审实，即行重典，庶犬羊稍戢乎。

其一，在外洋寇。外洋者，粤自潮州而下及阳电一带大海是也，沿海俱是盐场。臣乡行盐，通粤西一省，江西吉、南、赣三府及桂府王盐。盐商领引，用鸟尾大船出洋搬运，到省盘验，而后发行。年来闽寇据截要路，每视盐船大小，勒买路银三百、五百不等，有不从者即时焚戮。其票□称"宽平"年号，其伪衔称"威镇国某官"。夫商往运盐则被贼掳而资本尽，不往运盐则致课亏而赔累深，倾身家，丧性命，非一人一日也。尤可虑者，贼来无时，乘风飘突，越虎门一限可以直薄广州城下。去年二月之役，非粤将陈照、李相焚斩大敌以保会城，朱可贞擒贼多舟，以保阳电，则残破不在秦、晋、楚、豫之下矣。今贼耽耽愤愤，日夕图粤，未肯忘情，卒然再至，何以为御？此大可忧者也。而大蠹则在接济。盖贼聚洋海，动至万人，不有接济，何以为食？臣乡谷米向来严禁出海，自郑芝龙到粤，假饷兵为兴贩，民情已自汹汹，又为潮船运盐之说，其实借盐为名，而夹带私货以入，重载粮米以出，射利之奸，直以接济海寇计。二年春间，贼犯新安境，商船并力截其归路，食尽几穷，闽奸夜济以粮食、火药，遂贩商而遁，此明征也。乞敕粤督臣，整兵饬备，严禁米谷不许出海，以绝接济之端，羽翼其稍杀乎。

其一，在里海。里海者，番、南、新、顺、东、香等县一带支通之小海也。其海皆郡邑乡城农工商贾出入必经之路，其盗皆本地无赖强悍之徒，聚众打劫，向者党与不过数十人，船不过二三只，今以近千为艘、近百为号矣；向者昏夜行劫，追捕则散，今则白昼公行，与官兵为难矣；向者行劫于水上，今则攻围乡村，杀男掳女，良家被害死者不知几千百矣。最可恨者，掳人勒赎，富者千金百金，贫者亦十两五两，或沉诸水，或试诸刀，刑威万状，使其人破家变产典妻鬻子，馈之金而赎其命。破财得命犹幸也，得其财复杀其命，不亦太可怜也哉！今毋论在城在乡，中产之家不敢出门一步，日日掳人，日日杀人，春农罢耕，行商绝迹，官司付之不闻，而贼党布满。虽衙门人役各有其类，上司间或调哨调兵，彼已先知消息。及今不图，则劫库劫困，城邑之灾立可见矣。此大可忧者也。而大蠹则在窝家。盗无窝主，则所劫之脏谁为寄藏，谁为转卖，勒赎之人何停留？而窝盗之家，其踪迹自不容掩。官司不知，而乡保知之；间有一乡一保皆为盗者，则邻乡邻保亦必知之。各县窝盗必有主名，奚难查访？奚难处治？恐未尝以民命关心焉耳。乞敕粤东按臣，访犯必以窝主为先。考察之日，府县必以获贼多寡为殿最；督臣必以盗之靖否为功罪；守巡二道必以治兵治船之坚瑕为黜陟，如此，则自今以后，粤之亿万生灵，皆受皇上再生之赐矣。臣粤人陈粤弊，言言真切，事事可行，不比浮泛条陈。伏乞皇上俯念岭外小民受此荼毒，采择刍荛，地方万幸。等因。

崇祯七年四月初六日奉圣旨：据奏番哨、里外海寇及三大蠹情形，地方受害殊甚，该督按何五剿缉消弭，又未见报闻，所职何事！着自行回奏。其条饬事宜，该部即与看议具复。钦此钦遵抄出到部送司，案呈到部。

除地方受害情形备行督按回奏外，看得粤东僻在海隅，中朝耳目稍远，法纪未免少宽，奸民狡夷相倚为梗，时或有之，然未闻台臣所称大忧、大蠹若斯之甚也。以粤人谈粤事，自言言真切可行，为今之计，惟有驱蠹以弭忧而已。目前可忧之形，已成必溃之势，所幸种种弊原，灼然可见，及今料理犹易为力。澳夷所恃者，巍舰巨铳也，而以闽商之勾连，番哨之名目，益肆无忌，为害最深。第查该省沿海一带，向有哨船分守，使能责其实用，足为捍御之资，又何藉于番哨？今欲绝弊源，宜禁闽商之勾引，番哨而不用，倘不遵守，立置三尺，则奸宄屏迹，澳夷之害杜矣。洋寇所恃者，内地奸民勾连接济也。然兴贩之弊不革，则接济之蠹不除。惟禁米谷之出海，可杜奸徒之兴贩，更不许假饷兵之名为射利之计，如有违犯，即行究处，则大盗食尽而自毙，洋寇之患弭矣。里贼所恃者，窝家之寄藏变卖停留隐匿也。然不严乡保，则踪迹不可得而诘；不重访察，则窝不可得而知。今议考察有司，以所获窝主之多寡为各官之殿最，窝家缉尽，贼计难施，该督按加意力行，则藏奸无薮，里贼之蠹除矣。但澳夷盘据，敢于横行杀掠者，非一朝一夕之故而外洋大盗，内地无赖，又实繁有徒。其蠹已深，则其根亦难猝拔，缓之必成痈，急之恐又速其挺走。是在当事者细察地方情形，相机御备，或速行擒拿，或徐为整顿，使海邦之民阴受消弭之福，而不见张皇之迹，斯则策之最善者也。至于闽将郑芝龙，向以剿寇赴粤，闽疆为其信地，今后不得有逾南澳，致滋骚扰；亦应转该巡抚申饬可耳。

谨奉旨看议，相应复请。合候命下，遵奉施行。

崇祯七年四月二十二日。

郎中张士第，协赞司事郎中邹毓祚。

［《明清时期澳门问题档案文献汇编》（一），《兵部尚书张凤翼等为广东深受澳夷之患等事题行稿》］

（和兰）崇祯中，为郑芝龙所破，不敢窥内地者数年，乃与香山佛郎机通好，私贸外洋。十年驾四舶，由虎跳门薄广州，声言求市。其酋招摇市上，奸民视之若金穴，盖大姓有为之主者。当道鉴壕镜事，议驱斥，或从中挠之。会总督张镜心初至，力持不可，乃遁去。已，为奸民李叶荣所诱，交通总兵陈谦为居停出入。事露，叶荣下吏。谦自请调用以避祸，为兵科凌义渠等所劾，坐逮讯。自是，奸民知事终不成，不复敢勾引，而番人犹据台湾自若。

（《明史》，列传第二百十三《外国六》）

驱外奸以杜内患。看得新之流患在海，而海之隐忧在彝。彝居澳地，立有商市，可无虞也。然有窟穴于澳中，往来海上，暗通接济者，则异域奸棍也。异棍多窜身于澳艇以作奸，漂泊半海等山，托名种烟、烧炭，交结土宄，投人厚资，收买违禁货物，运售彝地；掠有良家子女，卖与彝人。哨兵以澳艇，不加察明；澳艇以无阻，得恣藏奸，殊可憾也。合请明示，申严宪禁，不许远人私乘澳艇，住泊山海。责令哨兵盘诘，遇获驱逐回澳。如有私带人口及禁物等项，即行拿解，治以通彝之罪；使异棍知有所禁，而不蹈入；土宄惧有所备，而不阑出。是亦祛奸杜患，安内攘外之一义。

（康熙《新安县志》，卷十二《艺文志·知县周希曜条议十四款》）

中国物产是这么丰富，它可以充足地供应全世界某些货物。汉人将全国各地的货物送到易于脱售的城市或港口。例如以前西班牙人对中国或汉人到马尼拉的贸易，商人习惯送商品到三乡岛（Sanxian），后来送到兰巴卡（Lampacas，即香山县浪白滘），葡萄牙人在那里建立基地已14年。然后又送到澳门和广州的市集，但是商品这么多，葡萄牙人根本买不完。

从北方或内地来赶集的商人看到商品未售完，以为有利可图，就用自己的船载到马尼拉、暹罗、锡江（Macassar，一译望加锡，印度尼西亚海港，在今苏拉威西岛西南部）等地，最后常在海上遭到不幸或损失，特别是遇到海盗，使他们无法继续航行下去。

（《荷据下的福尔摩莎》，页七十七）

时葡萄牙人与中国贸易，每年有一定时期，限在广州附郭举行，日入后葡萄牙人必须归舟，不许逗留中国境上。

（《在华耶稣会士列传及书目》上册，页二十四）

（葡萄牙人）在广州并无据点，准许他们每年前往一次，而且只限于在城外前面的海珠小岛上；除此之外，只准他们在澳门贸易，且得由中国官吏任意制订管理条例，并任由中国商人索价。即使在这种情况下，他们的贸易每年仍达一百万两。

（《东印度公司对华贸易编年史》，页十八）

审得贾人之商于粤者，近无不饱牙侩之腹，小则倾赀，大则丧命，用是向以岭南为利薮，今日且为鬼国矣。

［（明）颜俊彦：《盟水斋存牍》一刻，《谳略》卷三］

为严逐棍揽，以禁接济，以安四方事。照得粤省密迩澳地，闽揽实逼处此，拨置夷人往来构斗，大不利吾粤，已经本厅审详数四，钉解者钉解，驱逐者驱逐，复条陈上台，勒碑永禁。乃尚有借名充饷，依城凭社，潜踞地方，私行接济，如吴寰宇等，真可发指。况年岁荒歉，薪桂米珠，通国之民嗷嗷旦夕，即疏罗定之关，不知费几许唇舌，宁堪复以饱奸人之腹？除详报院台，行海道转行市舶司、香山县严逐外，合行示谕：今后如有前项棍揽，敢扞宪纲，复行接济种种不法，许军民人等，当即擒解本厅，转解院台，尽法究治，决不轻贷。

[（明）颜俊彦：《盟水斋存牍》之《禁棍揽接济》一刻"公移"一卷]

从古商艚到来，下椗既定，借铺居停，必向行家地主，计开通船货财，役递交关。其行主定价包买，粗好相配，无有留滞。于返帆之日，谓之回唐。要用某货，亦须先期开明，照合约单代为收买，主客两便，账目清楚。客人止弦歌游戏，既得甘水洁静，又无虫虾侵蚀船板之患。待至程期，满载荣归而已。

（《岭南摭怪等史料三种》之《嘉定通志》，卷二《山川志》）

贾人趋厚利者，不西入川，则南走粤，以珠玑金碧材木，或当五，或当十，或至倍蓰无算也。

[（明）张瀚：《松窗梦语》，卷四《商贾纪》]

（爪哇）其国一名莆家龙，又曰下港，曰顺塔。万历时，红毛番筑土库于大涧东，佛郎机筑于大涧西，岁岁互市。中国商旅亦往来不绝。其国有新村，最号饶富。中华及诸番商舶，辐辏其地，宝货填溢。其村主即广东人，永乐九年自遣使表贡方物。

（《明史》，列传第二百十二《外国五》）

（满剌加）男女椎髻，身体黝黑，间有白者，唐人种也。俗淳厚，市道颇平。自为佛郎机所破，其风顿殊。商舶稀至，多直诣苏门答剌。然必取道其国，率被邀劫，海路几断。其自贩于中国者，则直达广东香山澳，接迹不绝云。

（《明史》，列传第二百十三《外国六》）

（苏禄）土人以珠与华人市易，大者利数十倍。商舶将返，辄留数人为质，冀其再来。其旁近国名高药，出玳瑁。

（《明史》，列传第二百十三《外国六》）

倭夷之来，皆我滨海顽民私通接济，相煽以为祸尔。甚至豪势之字私造双桅大船，出其资本，招引无藉棍徒，交通外夷，贸易番货，其船只出海开张旗帜，肆行掳掠，寔一巨寇也。若被害之人赴官告诉，而势要又为救解，以故夷人无忌，酿成大祸，是寇非自寇也，由我有以致之尔。今欲杜彼之来，莫若严于自治。禁豪势交通之私，断小民接济之路，守备责其护功，军兵时加巡逻，又于沿海居民令其起盖敌楼，互相防守，一遇有警，前后策应。其捕鱼小舟各在本港，不许驾出外洋，如出地方不回，报官治以接济之罪。如是，海宁自清，无外寇之患矣。

（崇祯《廉州府志》，卷六《经武志》）

闽广奸商，惯习通番，每一舶推豪富者为主，中载重货，余各以已资市物往，牟利恒百余倍。有苏和本微，不能置贵重物，见福橘每百价五分，遂多市之，至泊处用楪数十，各盛四橘，布舶面上。夷人登舟竞取而食，食竟后取置袖中，每楪酬银钱一文，苏意嫌少，夷复增一文，计所得殆万钱，每钱重一钱余，盖已千金矣。

［（明）周玄暐：《泾林续记》］

闽广商民以贩海为业，寸板不许下海，其禁难矣。今开之于收汛之时，则商贾之利通；禁之于出汛之时，则接济之奸绝。且出汛官兵，凡遇海上异船，便可扬帆追击，而贼船不得假商船以入内地，此海防上策也。然必闽广通行，使商民明知春汛四阅月以清明前为始，冬汛二阅月以霜降前为始，惟此二汛，海禁不得故违，余时听其往来，则航海者知其趋避，而防汛通商两不相病矣。噫！常情难与虑始，惟在决断行之耳。

［（明）王鸣鹤：《登坛必究》，卷十《两直各省事宜·广东》］

夫粤自番州而上接牂牁九疑，此岭南界也。其番夷市舶交易，盖自唐结好立户而已然矣。洪武初，命商番止集舶所，乃后稍稍筑私室于湾澳以便交易，则已有杂居之意矣。嘉靖间，盗发禁之，徙去。寻又别集今之香山濠镜澳，林林然聚也。夫市之可也，居之不可也。乃今则居矣，居而联络矣，又或匿亡命、畜死士矣，而漳潮无籍蚁附而蝇集矣。官为之权而仕其便，而哗然觭觭，莫之谁何矣！

［（明）章潢：《古今图书编》，卷四十一《区处诸寇》］

所积着西洋货物，多以妇人贸易，美者宝蔓华满，五色相错，然眼亦微碧……澳人多富，西洋国岁遣官更治之，诸舶输珍异而至，云帆踔风，万里倏忽，唐有司不得稽也。每舶载白金钜万，闽人为之揽头者分领之，散于百工。作为服食器用诸淫巧以易瑰货，岁得饶益。向者海禁甚严，人民不得通澳，而潘王左右阴与为市，利尽归之，小民无分毫滋润，今亦无是矣。

[（清）屈大均：《广东新语》，卷二《地语·澳门》]

东粤之货，其出于九郡者，曰广货；出于琼州者，曰琼货，亦曰十三行货；出于西南诸番者，曰洋货。在昔州全盛时，番舶衔尾而至，其大笼江，望之如蜃楼屃赑。殊蛮穷岛之珍异，浪运风督，以凑郁江之步者，岁不下十余舶。豪商大贾，各以其土所宜相贸，得利不赀，故曰金山珠海，天子南库，贪者艳之。《晋书》称：广州包带山海，珍异所出，一箧之宝，可资数世。然地多瘴疠，人情惮焉。惟贫窭不能自立者，求补长吏。故前后刺史，皆多黩货。朝廷欲革其弊，以吴隐之为广州刺史。隐之至郡，清操异常，每食惟干鱼菜。帷帐器服，皆附外库。其后有王琨者，刺史广州，人言南中沃实，官此者常致钜富，世云"广州刺史，一经城门，即得三四十万"。琨无所取，纳表献禄俸之半。有王僧孺者，为南海太守，叹曰："昔人为蜀部长史，终身无蜀物，吾欲遗吾子孙，不在越装。"有张田者知广州，尝谓人曰："南海饶诸珍物，但身为市舶使，不欲以此自污。"作钦贤堂，绘古昔清刺史像师事之。有周种者知广州。故事：番舶抵郡，犀象、香珠之属，悉选以献，曰"呈祥"。种一无所受，终任不至舶务。有余靖者知广州，奏罢番舶之税，以来远人。又戒在任官吏。不得私市南药，及受给由苏息二钱。比自罢归，囊中无南海一物。有孔戣者为岭南节度使，始至，免属州逋赋十八万缗、米八万斛、黄金税八百余两。番舶初来，有下碇税，有阅货宴，所饷犀象、香琲，下及仆隶，戣禁绝无求索。旧制，海商死者，官籍其货，满三月，无妻子诣府，则没入之。戣以海道远，岁一往复，苟有验者，不为限，悉推与之。有卢钧者，为岭南节度使，番舶之来，旧帅皆作法兴利以致富。钧奏请监军领市舶使，已不干预。有韦正贯者，为岭南节度使，旧日番舶始至，大帅必取其上珍，而售以下直，番人厌苦之。正贯至，一无所取之。数公者，皆清廉自爱之君子，求其取所当取者不可得。况于身为大贾，干山海之货，役利细民，与市井子孙争为奸利者乎！比年以来，岭海亦大空虚矣。所喜者，大庾绾毂其口，百里间磴道巉岩，十郡之大阻恃焉。天欲留不尽之货财于南越，故以此台关一线为咽喉。俾玩巧事末之民，与夫皆窃偷生者，得仰机利而食。不然者，地之所产者有尽，而贪人之捆载者无穷。岭海虽为天下饶，所存以为生且养者，亦无几矣。嗟夫！国之富藏之于民，复藏之于其地之民，夫使其地之民各享其利，而无眈眈者虎视其间，而其国治矣。

[（清）屈大均：《广东新语》，卷十五《货语·黩货》]

明士大夫有挟番货规利者，其人可与言则微讽之；其不可言者则正色拒之。

（道光《直隶南雄府志》，卷三）

三、贸易商品

在昔舶舟凑集，则珍异货贝来自诸番。今则无有矣。

明珠、大贝、文犀、玳瑁、沉香、大甲、碎龟，出自海南诸番，而辐凑于五羊。

（永乐《广州府辑稿》）

旧志：凡东洋交易，多用丝纻【纾】，倭国尤为凶狠，商人畏之，回易鹤顶等物；西洋交易，多用广货，回易胡椒等物。其贵细者往往满舶，若暹罗产苏木，地闷产檀香，其余香货，各国皆有之。若沉香有黄沉、乌角沉，至贵者蜡沉，削之则卷，嚼之则柔，皆树枯其根所结。惟奇南木，乃沉之生结者。犀角有乌犀、花犀、通天犀、复通犀。花犀者，白地黑花；通天犀，黑地白花；复通犀则通天犀，白花中复有黑花，此皆希世之贵也。鹤顶、龟筒、玳瑁见说可合，为犀角不苟合，故公服以玉与犀为带，贵其不苟合之义也。

（嘉靖《广东通志》，卷六十六《外志三·蕃夷》）

岭以南为郡凡十，而广州在会府，部使者及藩宪临之于上，政务尤繁。其地擅山海之饶，番舶时至，名珍异宝，充斥境中，不可胜用。是故择守于广州者，非其才与守卓然过人者，尤未可轻畀之。

（林文俊：《方斋存稿》，卷四）

（宣德六年二月丁丑）广东碣石卫遣总旗李善运官库降香四百斤纳京库，亏四十余斤，行在礼部奏：香当追陪，并治其罪。上曰："此盖出纳之际权衡低昂之过，当恤其远来，免陪，亦不罪之。"

（《宣宗实录》卷七十七）

（天顺年间，叶盛提督两广军务，作《广州行》诗）
广藩遥控海南夷，宝舶连翻到水涯；十郡关城分节制，万山酋长肃威仪。
米盐墟市青苓叶，鱼蠏杯盘赤荔枝；明日观令出城去，烧香先过祝融祠。
　　　　　　　　　　　　　［（明）叶盛：《菉竹堂稿》卷三］

（弘治元年闰正月）我国苏杭及福建、广东等地贩海私船至占城国、回回国地，收买红木、胡椒、番香，船不绝……琉球、日本、暹罗、满剌加等国进贡，俱从福建布政司泊船到此府，过嘉兴至苏州。
　　　　　　　　　　　（《漂海录——中国行记》，页九十五至九十六）

（弘治八年十二月）癸亥，先是有旨，令顺天府支太仓银买上供速香千斤及令广东布政司解送各品香五千斤。至是，户部以速香难得，请暂买黄速、黄熟香代之。得旨，命速香、黄速香、黄熟香各买五千斤。
　　　　　　　　　　　　　　　　　（《孝宗实录》卷一百七）

（正德九年六月丁酉）广东布政司参议陈伯献奏："岭南诸货出于满剌加、暹罗、爪哇诸夷，计其产，不过胡椒、苏木、象牙、玳瑁之类，非若布帛、菽粟民生一日不可缺者。近许官府抽分，公为贸易，遂使奸民数千驾造巨舶，私置武器，纵横海上，勾引诸夷，为地方害，宜亟杜绝。"事下礼部议："令抚按等官禁约番船，非贡期而至者，即阻回，不得抽分以启事端，奸民仍前勾引者，治之。"报可。
　　　　　　　　　　　　　　　　　（《武宗实录》卷一百十三）

施儒，字聘之，别号西亭，浙之归安人也……正德辛未，乃廷对成进士……起广东按察司佥事，兵备潮惠。……而鸽鸟事起。先是恶少航海者售鸽于东岛夷，获二十金。即讹言番嗜鸽甚，可射利数百。群聚奔走若狂，有倾赀散产易一鸽者，都废耕织本业，儒谓此鸟妖不可长。……
　　　　　　　　　　　（道光《广东通志》，卷二四五《宦绩录十五·明四》）

从交趾支那到中国沿海有（多个）要塞。第一个（是）海南，那里可以找到朝贡中国的小珍珠，（然后）是南头、广州和漳州等要塞。广州最大，商业发达。海南位于一个小海湾，岸边没有河流。附近海里有几个岛屿，可以捕捞到大量的珍珠。
广州是整个中国的货物集散地，既有陆地上的产品，也有海产品。广州位于一条大河的出海口，涨潮时水位高达六至八米。从出海口看到的城市坐落在平原，没有山峰。房子由石块砌成，城墙宽高各十几米，一侧陡峭。吕宋人说去过那里。广州港有很多大船。城内有人巡逻，关闭坚固的城门。我们说得那些有印信的在城外交易，地点距广州三十里格（古里程单位，一里格合五公里），从广州把货物带给皇帝。一些人说从广州到首都要走四个月，另一些人说走四个半月。实际上顺利时这段路只需走二十天。……

素丝来自漳州；染色丝绸来自肇庆；花缎、缎子、锦缎、绫罗来自南京和Anquem；珍珠来自海南；樟脑来自漳州。南京有各种棉织品和大商人。从北京到南京乘船需走一个月。因为港口不好，货物都看得见，我这里不再详述。

（澳门《文化杂志》编：《十六和十七世纪伊比利亚文学视野里的中国景观》之《东方概要》）

本夷市道稍平，既为佛郎机所据，残破之，后售货渐少，而佛郎机与华人酬酢，屡肆辀张，故贾船希往者，直诣苏门答剌必道经彼国，佛郎机见华人不肯驻，辄迎击于海门，掠其货以归，数年以来，波路断绝。然彼与澳夷同种，片帆指香山，便与粤人为市，亦不甚藉商舶彼间也。

（《东西洋考》，卷四《西洋列国考·马六甲》）

（嘉靖）十四年九月，章圣太后目泪，用海松子调治有验，命广东守臣于暹罗濒海处所采进。

（道光《广东通志》，卷一百八十八《前事略·明二》）

（嘉靖十五年九月）辛巳……上为圣母调药止目泪，用海松子有效，诏下广东布政司，于暹罗界濒海处所，访求进用。

（《世宗实录》卷一百九十一）

嘉靖二十三年，户部照会广东布政司采解降真、沉、速等香三十万斤，今至者降真香一十六万三千九百四十斤，沉香一千七百六十八斤、速香八千九百八十八斤一十四两，黄速香一万六千五百斤。嘉靖四年以来本部始行召商贾办，四年广西司入降真香一万斤，每斤价银三钱六分。七年速香二千斤，每斤价银一两二钱。八年速香五百斤，每斤价银一两一钱，黄速香五百斤，每斤价银九钱。十年速香六百斤，每斤价银一两一钱八分，黄速香六百斤，每斤价银一两五分。十四年速香一千斤，每斤价银一两三钱，黄速香一千斤，价银如八年。十五年速香二千斤，价银如十四年。十六年沉速香六百斤，每斤价银三两，黄速香七百斤，价银仍旧，降真香二千斤，每斤价银五钱。十七年速香二千斤，每斤价银一两三钱三分。黄速香一千斤，价银仍旧。降真香五千斤，每斤价银五钱五分。十八年黄速香二千斤，价银仍旧。十九年降真香一万斤价银如十七年，沉速香一千斤，价银如十六年，速香二千斤，价银如十四年。黄速香二千五百斤，价银仍旧。二十年，速香二千斤，价银仍旧。降真香一万一千斤，价银仍旧。沉香二百斤，每斤价银二两八钱。沉速香一千二百斤，价银仍旧。黄速香三千斤，价银仍旧。二十一年，沉香四百斤，每斤价银三两六钱。降真香一万五千五百斤，每斤价银四钱五分五厘。沉速香一千一百斤，每斤价银二两八钱一分。速香二千六百斤，每斤价银一两一钱五分。黄速香二千斤，每斤价银八钱。黄熟香二千斤，每斤价银七钱一分。二十二年，降真香三万五千斤，每斤价银四钱六分五厘，沉香六百斤，价银三两六钱一分五厘。速香二千五百斤，价银如二十一年。沉速香二千斤，价银如二十一年。黄速香三千斤价银如二十一年。二十三年，降真香二万五千斤，每斤价银四钱八分，沉香三百五十斤，每斤价银二两八钱一分。二十四年，降真香三万斤，每斤价银四钱六分。沉香五百斤，每斤价银三两五钱八分。沉速香二千五百斤，每斤价银二两七钱八分，速香一千五百斤，每斤价银一两一钱二分。黄速香二千斤，每斤价银七钱七分。二十五年，降真香五百斤，每斤价银四钱二分。

沉香七百斤，每斤价银三两五钱五分。沉速香六千斤，每斤价银二两七钱五分。速香八千斤，每斤价银一两一钱。广东司于二十四年买办茄蓝香五斤，价银六十两。二十五年茄蓝香五斤价银六十五两。嘉靖二十七年，坐派钱粮，广东布政司甲子库颜料银硃五千五百七十一斤，百药煎二十四斤七两三钱三分。姜黄七十斤，黑铅四万五千

七十五斤二硃一百二斤。栀子一百七斤三两四钱二分五厘。藤黄五十二斤六两八钱，五倍于九十三斤乌梅三百一十二斤一两。……

（嘉靖《广东通志》，卷二十一《民物志二》）

（嘉靖三十五年八月）壬子，命于福建、广东番舶购龙涎香。

[（明）谈迁：《国榷》，卷六十一《武宗》]

（嘉靖三十五年八月壬子）上谕户部：龙涎香十余年不进，臣下欺怠甚矣，其备查所产之处，具奏取用。户部覆请差官弛至福建、广东，会同原委官于沿海番舶可通之地，多方寻访，勿惜高价。委官并三司掌印官往俸侍罪矣，获真香，方许开支。

（《世宗实录》卷四百三十八）

（嘉靖三十五年十一月戊寅）广东布政司进龙涎香一十七两。

（《世宗实录》卷四百四十一）

（嘉靖三十六年七月）丙子，……广东抚臣进龙涎香十九万有奇。

（《世宗实录》卷四百四十九）

（嘉靖三十六年十二月）乙未，先是遣主事王健等往闽、广采取龙涎香，久之无所得。至是，健言："宜于海舶入澳之时，酌处抽分事宜。凡有龙涎香投进者，方许交商货买，则价不费而香易获，不必专官守取。"部议为然，请取回奉差备官吏下广东抚按官，于沿海番舶往来处所设法寻买，并将海船抽税事宜议奏，诏从之。

（《世宗实录》卷四百五十四）

其三：沉香浦前恶气起，玄甲朱裳附如蚁。红旗五丈画蚩尤，海艚掠尽行商死。庙堂肉食运权谋，刀尺纷纷搔狱市。街衢横尸君不闻，调燮安能辅天子。

其五：买香南海千余日，昔日十家空九室。恶风巨舶不复来，官府悬金费要质。已闻关门闲斥堠，复见宫中祠太乙。君王早晚罢轮台，江湖私愿从兹毕。

[（明）黎民表：《瑶石山人稿》，卷三]

（嘉靖间）连年倭患，皆为私通贸易而起。浙人多诈，窃买丝绵、水银、生铜、药材，一切通番之货，抵广变卖，复易广货归浙。本谓交通，而巧立名曰"走广"。

（《筹海图编》，卷十二《行保甲》）

地产珠池，番物骈集，本民用所兴，而内使数来采办，民反病之。故外负富饶之名，而内实贫困者，广东是也。

[（明）陈全之：《蓬窗日录》，卷一《寰宇一·广东》]

夫夷狄之于中国，若侵暴我边疆，杀戮我人民，劫掠我财物，若北之胡、南之越，今闽之山海二寇，则当治兵振旅攻之不逾时也。若以货物与吾民交易，如甘肃、西宁之马，广东之药材、漆、胡椒、苏木、象牙、诸香料，则不在所禁也。佛郎机之来，皆以其地胡椒、苏木、象牙、苏油、沉速檀乳诸香与边民交易，其价尤平；其日用饮食之资于吾民者，如米面、猪鸡之数，其价皆倍于常，故边民乐与为市。未尝侵暴我边疆，杀戮我人民，劫掠我财物。且其初来也，虑群盗剽掠累已，为我驱逐，故群盗畏惮，不敢肆。强盗林剪横行海上，官府不能治，彼为吾除之，二十年海盗，一旦而尽。据此则佛郎机未尝为盗，且为吾御盗，未尝害吾民，且有利于吾民也。

[（明）林希元：《林次崖先生集》，卷五《与翁见愚别驾书》]

嘉靖三十九年，凤阳巡抚唐顺之云：……于时凡贩东西二洋、鸡笼、淡水诸番，及广东高雷州、北港等处，商渔船引俱海防官为管给，每引纳税银多寡有差，名曰引税。（东西二洋，每引纳税银三两。鸡笼、淡水及广东引纳税银一两。其后加增：东、西洋税银六两，鸡笼、淡水税银二两。万历十八年，革商渔文引，归沿海州县给发，惟番引仍旧。）每请引百张为率，随告虽给，尽即请继。原未定其地，而亦未定其船。万历十七年，巡抚周寀议，将东西二洋番舶题定只数，岁限船八十八只，给引如之。后以引数有限，而私贩者多，增至一百十引矣。其征税之规，有水饷，有陆饷，有加增饷。水饷者，以船之广狭为准，其饷出于船商。陆饷者，以货之多寡计值，其饷出于铺商。又虑有藏匿，禁船商毋辄起资，以铺商所接买货物应税之数给号票，令就船完纳，而后许鬻卖焉。（西洋船面阔一丈六尺以上者，征饷银五两，每多一尺，加银五钱。东洋船颇小，量减西洋十分之三。陆饷胡椒、苏木等类，计值银一两者，征饷银二分。鸡笼、淡水名曰小番，地近船小，每船面阔一尺，征水饷银五钱，陆饷亦如东西二洋之例。）加增饷者，东洋中有吕宋，其地无出产，番人率用银钱易货。（钱用银铸造，字用番文、九六成色，漳人今多用之。）船多空回，即有货亦无几，故商贩回澳，征抽水陆二饷外，属吕宋船者，每船另追银百五十两，谓之加增。

（《粤海关志》，卷四《前代事实三》）

（嘉靖四十一年六月甲寅）上谕内阁自访取龙涎香以来，二十余年，所上未及数斤，昨尽毁于火，其示燿设法取用。于是户部覆请遣官至闽、广购之。诏，官不必遣，即令所在抚按官急购以进京师。商人有收得，旨令平价以售，有司毋得抑减。仍别购沉香、海䃲香各二百斤，杂香品各三十斤。

（《世宗实录》卷五百一）

（嘉靖四十一年九月戊申）广东布政使司进龙涎香等香五十七两有奇。

（《世宗实录》卷五百十三）

（嘉靖四十二年四月甲寅）广东进龙涎香六十二两有奇。

（《世宗实录》卷五百二十）

（嘉靖四十三年五月壬寅）广东进珠二十两。上发视，少之。命户部别选大珠，兼督催香木以献。

（《世宗实录》卷五百三十四）

题为筑建重城，以固保障事。据广东布政司呈奉臣会案议，照安内攘外固以攻战为先，而思患预防则以城守为本。看得广东省城正南归德等门外壕畔高第、卖麻等街，商民绸缪，财货积聚，乃两广所恃以为利府，奸宄垂涎，以为奇货之地也。且省城一舍之外，即为大洋。迩来海寇倭夷交相煽乱。虽城关之险已足深恃无虞，而郭外居民，原无城堡可恃。一旦警急，奔走转徙，骚然靡宁，必须建筑外城，永图宁固，庶几奸徒绝觊觎之念，而重地赖重城之险。此百世之业也。及照省城沿河地方，居民辏水，鳞次相比。若欲照常，中筑土城，外包砖石，则所费地基过广，恐居民拆卸房屋太多，致令嗟怨。况广城三面阻水，其北虽云枕山，而又省会来脉所在，诚恐取土妨碍。若自远运土，则其费益不赀赘矣。莫若止建砖城一座，基阔一丈二尺，收顶九尺，此比照常土外两边包砖之费，仅增三分之一，而尽省土城，其费实过半矣。城坚而费省，民便而风水亦利。广东省城为十郡根本之地，而城南郭外，正诸商贸易之区，生民之凑集如云，财货之积聚满市，真一省丰阜之最，两广通利之源也。缘城外一望，巨海茫洋。寇患之生，不无窥伺之念。如先年反贼黄萧养等之作耗，近日柘林哨兵之煽乱，动行突犯，变皆起于仓卒，民不免于仓惶。此已然之事，既为可鉴。矧连年倭奴入犯惠潮，其志皆欲趋广，传闻汹汹，向切可虞。况兼香山县濠镜澳互市番夷，近年聚落日繁，鸷横日甚，切近羊城，奸宄叵测，尤为广人久蓄腹心深痼之疾。伏乞敕下该部、再加酌议。如果蒭言可采，乞赐覆拟施行。

（《明经世文编》卷三百四十二，吴桂芳《吴司马奏议·议筑广东省会外城疏》）

自后琉球商人有漂至琼州者，执送广州按察。佥事经彦寀为请于朝，抚恤之归，远人感德。

[（明）严从简：《殊域周咨录》，卷四《琉球》]

广民本多贫，然鱼米本贱，而又有番舶贸易之利，故家虽无十金之资，而用度自足负担者。苟持一钱出市，可以得饱。盖操利易而物价平故也。近年以来，地方日窘，利源日遏，皆由公差乐于奉承，铺户罹其毒螯。市贾萧条，贫者十九。……

（嘉靖《广东通志》，卷二十《民物志·一》）

广城人家大小俱有生意，人柔和，物价平，不但土产如铜锡俱去自外江，制为器，若吴中非倍利不鬻者，广城人得一二分息成市矣。以故商贾骤集，兼有夷市，货物堆积，行人肩相击，虽小巷亦喧填，因不减吴阊门、杭清河坊一带也。

［（明）叶权：《贤博编·游岭南记》］

海阳……惟紬绢往往杂以造丝，又稀薄不可衣，而黠民以此昂其值于诸番，因而为患。

（嘉靖《潮州府志》，卷二《建置志》）

刘允……权知化州，化滨海，岁市玳瑁、翠羽以万费。允至，悉罢之。

（嘉靖《潮州府志》，卷五《官师志》）

（1590年）这种蚕丝之多，每年可以装满由印度开来澳门的船，其中至少一艘是前来我国（日本）的，这些丝绸不但在印度使用，也带到葡萄牙去。不光是生丝运到那边去，而且还有各式各样的丝织品，因为中国人的织造术是十分出色的。

（澳门《文化杂志》编：《十六和十七世纪伊比利亚文学视野里的中国景观》之《日本天正遣欧使节团》）

（万历十九年）病余扬粤夜，伏枕绕云烟。阁道晴穿屦，溪潮夜出船。时时番鬼笑，色色海人眠。舶上兼灵药，吾生倘自全。

［《汤显祖集》（一）"诗文集"，卷十一《南海江》］

（万历二十二年）福建巡按刘芳誉奏：……一，日本长岐地方，广东香山澳佛郎番每年至长岐买卖，装载禁铅、白丝、扣绵、红木、金玉等物，进见关白，透探大明虚实消息。仍夹带倭奴，假作佛郎机番人，潜入广东省城，觇伺动静。……今从此发，有往吕宋船四只，交趾船三只，柬埔船一只，暹罗船一只，佛郎机船二只，兴贩出没，及此为咽喉也。一，器械不过矿硝、鸟铳焉害，硫黄日本产出焰硝处，恶土煎炼亦多，惟乌铅乃大明所出，有广东香山澳发船往彼贩卖，炼成铅弹，各州俱盛。

［《明经世文编》，卷四百，福建巡抚许孚远《请计处倭酋疏》；（明）王在晋：《皇明海防纂要》，卷四］

龙涎香出西洋诸国，番舶径往东澳，元非西产。万历甲午，命福建、两广办进，西人亦为之困，则广之一字累之也。《岭外杂记》云：龙枕石睡，涎沫浮水面，积而坚凝，惟鲛人能取之。新者色白，久则紫，又甚久则黑。白者如百药煎，黑者次之。似五灵脂，其气近臊，和香焚之，则翠烟浮空而不散。一说云香有三品：一曰汛水，如前所记者，上品也。一曰渗沙，乃漂泊洲屿间，风雨浸淫，久渗沙土者。一曰鱼食，龙吐涎，群鱼竞食，粪浮于砂积上，气甚腥秽，皆不可用。此物予常于闽行省见之，舶商携有十三两至，问其价，云：每两价一百二十两。问何据，云：嘉靖间，采办有案。予因取视之，形正如百药煎，初焚微有腥气，已而清气逼人。时尽倒累年旧牍检之，果得一牍，云：每两价六十七两。且谓留上香五两，次香七两，以待再命。而库册业已失载，司帑者细检，帑内废朽诸物，得两裹，封识宛然，香气无异新者。予考之闽广采办龙涎，事在嘉靖丙辰。

［（明）魏濬：《峤南琐记》，卷下《龙涎香》］

（番船）定期于四月终至，五月终去，不论货之尽与不尽也。其交易乃搭棚于地，铺板而陈所置之货，甚为清雅，刀枪之类悉在舟中。

［（明）茅元仪：《武备志》，卷二百一十三］

（万历三十二年正月）两广总督戴耀极言中官采珠之害。初，粤中香山澳，九夷贸易，番舶所舣，渐乃筑城聚室，俨然立一番主，交构中官，流毒一方云。

［（明）许重熙：《宪章外史续编》，卷十《万历注略》］

（万历四十一年）加之商税不足，又派之粮差，又派之稻税，又派之宰牛、鱼虾、菜果等项，又派之濠镜澳货二万两，榷解十余年以来，商民皮肉已尽，脂髓并穷。

［（明）郭尚宾：《郭给谏疏稿》，下册《题为粤邦独苦税金疏》］

通都大邑皆有税盐，两淮则有卤盐，广东则有珠监，或专遣，或兼摄。大珰小监，纵横绎骚，吸髓饮血，以供进奉。

（《明史》，卷三百五《陈增传》）

天启元年辛酉，一官年十八，性情荡逸，不喜读书；有膂力，好拳棒。潜往粤东香山澳寻母舅黄程。程见虽喜，但责其"当此年富，正宜潜心。无故远游，擅离父母"。一官诡答以"思慕甚殷，特候起居，非敢浪游"。程留之。

至天启三年癸亥夏五月，程有白糖、奇楠、麝香、鹿皮欲附李旭船往日本，遣一官押去。然前日本与今不同，今之日本，凡船只到港，人都入在班中拘束，不许四处散歇。交易只许六十万两，各船匀摊，数足将余货发还，给水米蔬菜驾回。昔之日本，最敬唐人，凡各洋悉唐朝与通，故称中国人曰唐人。船一到岸，只有值日库街搬顿公司货物公司乃船主的货物洋船通称。其余搭客暨船中头目、伙记、货物悉散接居住，转为交易。

[（清）江日升：《台湾外记》，卷一]

（1625年6月）有一百多名澳门市人正在广州的货市上为前往日本的航行购买货物。

（澳门《文化杂志》编：《十六和十七世纪伊比利亚文学视野里的中国景观》之《中国旅行记》）

（崇祯乙亥）梅菉墟，夫非地灵人杰也哉？……四方十五国之人，托处聚庐……此墟之萃美而称名乎一小都会，俗殷以醇；黄岭烟开，绿波风淡，明珠产于上流，宝香生于迩境。

[（清）卢兆龙：《梅菉墟永寿庵永远香灯碑记》]

（梅菉墟）泉刀贝布，玳瑁犀象，靡不罗集。

[（清）梁兆餐：《梅菉志》，卷六《金石》]

（1635年）陛下在本市（澳门）除了上述各航线之外，再没有任何收益，因为中国国王在他的土地上对任何东西都征税。例如：载运货物进入的各类船只，按船只大小交税[五百或六百坎迪尔（candis）的帕塔索船（patachos）交五百或六百澳门元]。不过丈量船只的时候可以向丈量者行贿，使他高抬贵手，这样[中国]国王的收入就会少很多，因为丈量员们关心自己的收入甚于关心他们国王的收益；另外，他们并不注意船上载运什么货物。

运出货物的税在广州缴纳，中国人这座城市与澳门之间有一条河相连，距离为三十里格。广州举办货市,其他地方也有许多货市。

(澳门《文化杂志》编:《十六和十七世纪伊比利亚文学视野里的中国景观》之《要塞图册》)

1637年,有6艘来自澳门的龙船装载大量广东货前往日本,包括少量白色生丝、大批织物和其他商品,销出纺丝30万件。

(《荷兰人在福尔摩莎(1624—1662)》,页一百九十二)

审看得铺行答应原有成规,物之产于外夷者,夷商供之;物之出于内地者,内商供之。以犀角、玳瑁、龟铜、雀顶、奇楠、冰片、丁香、豆蔻、木香、乳香、没药、苏合油,责之夷舶纲纪;以沉、檀、速、降等香,责之四季香户与漳行;牛黄、人参、麝香、琥珀,责之药材铺户。府县会议详允,原自井井。夷商纲纪姚弼等,自认答应西洋犀角、西洋布、紫檀木、冰片、丁香、西洋手巾数件,隐下原议答应象牙、玳瑁、龟铜、雀顶、豆蔻、乳香、没药、酥合油,不入呈内,且原议犀角、紫檀木等器,皆发价与夷商纲纪平买,然后付各匠雕造,给以工食;而又以雕成犀杯、带簪、紫檀钟筷等物,分派各铺户,答应备呈给示。夫夷商纲纪盘踞粤地,取利不赀,与各铺行肥瘠不同,且难得之货,非彼勿致,岂容夤管卸脱,变乱旧规,重为贫户累也?应候详允日,重立板榜,永垂划一,再有推诿,三尺从之。更请宪禁,大小衙门,非急切需用之物,珍奇玩好,徒供耳目,何致腼颜索取!使铺行与纲纪呶呶于前,捆栽度岭,隐之笑人?前两县议中有讥不可食、寒不可衣之论,诚药石之言也。职敢为申明其说,请严饬之,呈请夺。

军门王批:如详立榜永示,并仰厅尊饬告谕,严禁扰取铺行,报缴。

[(明)颜俊彦:《盟水斋存牍》二刻"公移"]

粤中惟广州府各县悉富庶,次则潮州,又次则肇庆。琼州虽称安富,而路遥阻海。其他府县,皆无足数者,广属香山为海舶出入襟喉,每一舶至,常持万金,并海外珍异诸物,多有至数万者。先报本县,申达藩司,令舶提举同县官盘验,各有长例,而额外隐漏,所得不赀,其报官纳税者不过十之二三而已。继而三十六行,领银提举,悉十而取一,盖安坐而得,无簿书刑杖之劳。然尤不若盐课提举,先时每岁可得羡银五万金,今各上司禁革需索,复差府县官同查验盐船,其额稍亏,然犹不减三万,钻谋顶缺央分上必须三千金,此官昔年以三年为满,近铨部因求之者众,遂改周年一选。任者未满,代者已至;代者方上,继者又来,一官而三人共之,故广人屈指小官多得钱者,必首盐司云。

(周玄暐：《泾林续记》)

逾岭以南多高山，形势大类函谷关。天生列嶂真奇绝，苍梧大庾如连环。
连环翠削芙蓉片，千山万水开乡县。析木津通牛女躔，群舸道绕南溟甸。
广州地势沃且平，石羊永奠桑麻成。春风早到尉佗郭，旭日朝看陆贾城。
陆贾城中十万家，尉佗郭里七香车。闾阎扑地流清吹，观阁连天带彩霞。
彩霞下湛胥江浒，紫气远薄东南土。当年左纛竞繁华，至今越秀盘歌舞。
烟市繁华宛洛同，如花越女何丰茸。扶留嚼后唇如血，茉莉妆残髻转慵。
二月斗春草，惜芳人美好。五月竞龙舟，靓服盼中流。
东连浴日观，西上弄珠楼。看花问虞苑，沉钓引金牛。
丹荔黄橙珍果错，蔗浆蜜饵银盘络。西樵茗煮碧云泉，罗浮春动红螺杓。
江边鼓吹何喧阗，商航贾舶相往旋。珊瑚玳瑁倾都市，象齿文犀错绮筵。
合浦明珠连乘照，日南火布经宵然。别有声名照寰宇，人物中州堪比数。
张崔玮节耀星辰，丘梁瑰业雄终古。悲歌慷慨眇燕齐，委佩从容袭邹鲁。
郁水神洲岂偶然，乡里衣冠不乏贤。投笔岂无定远志，请缨还拟终军年。

[《粤东诗海》，卷四十一；(明)韩上桂：《广州行呈方伯胡公》]

澳人多富，西洋国岁遣官吏治之，诸舶输珍异而至，云帆踔风，万里倏忽，唐有司不得稽也。每舶载白金巨万，闽人为揽头者分领之，散于百工，作为服食器用诸淫巧以易瑰货，岁得益饶。

[(清)屈大均：《广东新语》，卷二《地语·澳门》]

广州望县，人多务贾与时逐，以香、糖、果、箱、铁器、藤、蜡、番椒、苏木、蒲葵诸货，北走豫章、吴、浙，西北走长沙、汉口，其黠者南走澳门。至于红毛、日本、琉球、暹罗斛、吕宋，帆踔二洋，倏忽数千万里，以中国珍丽之物相贸易，获大赢利。农者以拙业力苦利微，辄弃耒耜而从之。惟下番禺诸乡，其俗微重朴勤，能尽地力，早禾田两获之。余则蒔菜为油，种三蓝以染绀，或树黄姜、麦，或蔓菁、番薯。大禾田既获，则以海水淋旱烧盐。其平阜高冈，亦多有荻、蔗、吉贝、麻、豆、排草、零香、果蔬之植。民皆纤啬筋力，以本业为孳孳。亦可谓地无废壤，人无游手者矣。然其谷亦不加多。往者海道通行，虎门无阻，闽中白艚、黑艚盗载谷米者，岁以千余艘计，甚为广人大患。今也边禁既严，艚船稀至，而天下游食奇民，日以辐辏，若士宦，若工商，若卒徒白抢，若倡优游媚，增至数千百万，咸皆以东粤为鱼肉，恣其噬吞，如蝼蚁之附膻，蚕之食叶，斯亦已耳。谷之所由以空乏，不其然欤！地虽膏腴，而生之者十三，食之者十七，奈之何而谷不仰资于西粤也。然今西粤频年苦兵革，有司者罕以劝农为务，小民不以地着而安，服畴无人，死徙载道，而谷亦渐稀少矣。虽灵山产谷之地，其土沃，其水肥仁，亦且荒芜弥望，有司者苟能给发官钱，为之治草庐，具牛种农器，使得各尽地利，则民之良者，犹不致玩巧而事末，而暴者亦可不务兼并，或去而椎剽为盗也。不则尽迁广州招抚之盗以实之，使之屯垦荒田，以分其势。无复仍居故土，寓盗于农，以为乡间患害。则亦足食一良策也……

[（清）屈大均：《广东新语》，卷十四《食语·谷》]

（西关水域）番舶衔尾而至，其大笼江，望之如蜃楼巘员，殊蛮穷岛之珍异，浪运风督，以凑郁江之步者，岁不下十余舶。豪商大贾，各以其土所宜相贸，得利不赀。故曰："金山珠海，天子南库。"

[（清）屈大均：《广东新语》卷十五《货语·黩货》]

（西关一带）百货之肆，五都之市，天下商贾聚焉。屋后多有飞桥跨水，可达曲中，宴客者皆以此为奢丽地也……当盛平时，香珠犀象如山，花鸟如海，番夷辐辏，日费数千万金，饮食之盛，歌舞之多，过于秦淮数倍。

[（清）屈大均：《广东新语》卷十七《宫语·濠畔朱楼》]

满剌加所贡物有玛瑙、珍珠、玳瑁、珊瑚树、鹤顶、金母鹤顶、琐服、白苎布、西洋布、撒哈剌、犀角、象牙、黑熊、黑猿、白鹿、火鸡、鹦鹉、片脑、蔷薇露、苏合油、栀子花、乌爹泥、沉香、速香、金银香、阿魏之属。

（《明史》，列传第二百十三《外国六》）

琐里其产：撒哈剌、（以毛织之，蒙茸如市氍毹，有红绿二色。）红八者蓝布、觊木黑布、白苎布。其贡：马、红撒哈剌、红八者蓝布、红番布、木里布、白苎布、珠子顶串、黄黑虎。其贡亦由广东。

[（明）严从简：《殊域周咨录》，卷八《琐里》]

（苏门答剌）其贡：马、犀牛、龙涎、撒哈剌、梭服、宝石、木香、丁香、降真香、沉速香、胡椒、苏木、锡、水晶、玛瑙、番弓、石青、回回青、硫黄。自满剌加国顺风九昼夜可至。其道亦由广东。

[（明）严从简：《殊域周咨录》，卷九《苏门答剌》]

（苏门答剌）贡物有宝石、玛瑙、水晶、石青、回回青、善马、犀牛、龙涎香、沉香、速香、木香、丁香、降真香、刀、弓、锡、锁服、胡椒、苏木、硫黄之属。货舶至，贸易称平。地本瘠，无麦有禾，禾一岁二稔。四方商贾辐辏。华人往者，以地远价高，获利倍他国。

（《明史》，列传第二百十三《外国六》）

（茶蘼露）暹罗、满剌伽人购以银钱，贮以玻琍瓶，携至占城，占城妇女以香蜡调之膏发。客至，则以发拂拭杯盘之属以为敬。奥门番女得之，以注饮馔，或以沾洒人衣，外有蔷薇水，暹罗、爪哇、满剌加三国，曩以进贡。其蔷薇乃三佛齐所种，与中国蔷薇不同，广人多以土蔷薇浸水效之，试以琉璃瓶翻摇数四，泡周上下则真也。

［（清）屈大均：《广东新语》，卷十四《食语·茶蘼露》］

夫用银何始乎，顾炎武云：唐宋以前，上下通行之货，一皆以钱而已，未尝用银……用银始于闽、粤，以其地坑冶多而海舶利耳。然今二者皆不如昔，使能与天下十五省直悉废银不用，皆以钱以粮以布帛及诸土物易之，上之人以节俭倡率，禁瑰货，绝淫巧，贱贾而贵农，将使黄金与土同价，复见今日，斯言必非荒谬也。

银：闽、粤银多从番舶而来，番有吕宋者，在闽海南，产银，其行银如中国行钱。西洋诸番，银多转输其中，以通商故。闽、粤人多贾吕宋银至广州，揽头者就舶取之，分散于百工之肆，百工各为服食器物价其值。承平时，商贾所得银，皆以易货，度梅岭者，不以银捆载而北也，故东粤之银，出梅岭十而三四。今也关税繁多，诸货之至吴、楚、京都者，往往利微折资本，商贾多运银而出，所留于东粤者，银无几也，故谚曰：物贱银贵，无钱可替。大抵小民贸易喜用钱，上之人苟能以钱易银，尽弃银而勿用之，而银于是乎同于瓦砾矣……

［（清）屈大均：《广东新语》，卷十五《货语·银》］

古钱：自河头至高、雷二郡，用唐宋钱，廉州则用开元钱，开元钱以面有半月痕者为贵。相传开元铸钱，贵妃指甲误触其模，冶吏不敢擅易，此半月痕即贵妃指甲云。又高、雷、廉用元丰钱，以平头元为上，尖头元次之。平头元者，元字上一画平也，尖者作一点，行书也，前世钱文未有行书者。淳化中，太宗始以宸翰为之，既成，以赐近臣，名御书钱，其用万历钱，则以跂者为上。跂者，历字左撇直下也，交趾亦用宋钱，以六十钱为一勺，琼用钱以六孔为一钱,六十为一两,六百为一贯,数皆以六。

[(清)屈大均:《广东新语》,卷十五《货语·古钱》]

然古时珠贱今珠贵,古时合浦人以珠易米,珠多而人不重。今天下人无贵贱皆尚珠,数万金珠,至五羊之市,一夕而售。奸人或以珠池为逋逃薮,与官吏交通,盗珠之人一,而买珠之人千百。产珠之池一隅,而用珠之国极于东西南朔……

合浦珠名曰南珠,其出西洋者曰西珠,出东洋者曰东珠。东珠豆青白色,其光润不如西珠,西珠又不如南珠。南珠自雷、廉至交趾,千里间六池,出断望者上,次竹林,次杨梅,次平山,至汗泥为下,然皆美于洋珠。宓山云:洋珠大如豆者,竟似夜光。但易碎又轻,一名玻璃珠,其中空故轻。

[(清)屈大均:《广东新语》,卷十五《货语·珠》]

龙脑香,出佛打泥者良,来自番舶,粤人以樟脑乱之。樟脑本樟树脂,色白如雪,故谓之脑。其出韶州者曰韶脑。樟脑以人力,龙脑以天生者也。凡脑皆阳气所聚,阳香而阴臭,而龙者纯阳之精尤香。其脑与涎,皆香品之最贵者。

[(清)屈大均:《广东新语》,卷十五《货语·龙脑香》]

南海之石湾善陶,凡广州陶器皆出石湾……石湾之陶遍二广,旁及海外之国。谚曰:石湾缸瓦,胜于天下。

[(清)屈大均:《广东新语》,卷十六《器语·锡铁器》]

货用青白磁器、五色烧珠、色绢、金银之属。其山曰:镇国。其产曰:锡、布、苏木、胡椒、象牙、犀角、硫黄、玳瑁。其贡:番小厮、犀角、象牙、玳瑁、鹤顶、鹦鹉、黑熊、黑猿、白鹿、锁袱(哈烈亦产。一名梭服,鸟毳为之,纹如纨绮)、金母鹤顶、金厢戒指、撒哈剌、白芯布、姜黄布、撒都细布、西洋布、花缦、片脑、栀子花、蔷薇露、沉香、乳香、黄速香、金银香、降真香、紫檀香、丁香、乌木、苏木、大风子、番锡、番盐。其道由广东。

[(明)严从简:《殊域周咨录》,卷八《满刺加》]

我也毫不怀疑,这就是被称为丝绸之国(Serica regio)的国度,因为在远东除中国外没有任何地方那么富饶丝绸,以致不仅那个国度的居民无论贫富都穿丝着绸,而且还大量地出口到世界最遥远的地方。葡萄牙人最乐于装船的大宗商品莫过于中国丝绸了。他们把丝绸运到日本和印度，发现那里是现成的市场。住在菲律宾群岛的西班牙人也把中国丝绸装上他们的商船，出口到新西班牙和世界的其他地方。

（《利玛窦中国札记》，第一卷第二章《关于中华帝国的名称、位置和版图》）

一个连续数月的集市首次在广州举行后，以后一年两次：一月份澳门商人开始购买发往马尼拉、印度和欧洲的商品；六月份则购买发往日本的商品，以便及时备好货物，使商船能在东南和东北季风开始时按时启航。

（《历史上的澳门》，页四十）

远东与欧洲的贸易为葡萄牙王室所垄断。一支王家船队每年从里斯本起航，通常满载着羊毛织品、大红布料、水晶和玻璃制品，英国造的时钟，佛兰得造的产品，还有葡萄牙出产的酒。船队用这些产品在各个停靠的港口换取其他产品，船队由果阿去柯钦，以便购买香料和宝石，再从那里驶向满剌加，购买其他品种的香料，再从巽他群岛购买檀香木。然后，船队在澳门将货物卖掉，买进丝绸，再将这些连同剩余的货物一起在日本卖掉，换取金银锭。这是一种能使所投资成2倍或3倍增长的投机买卖。船队在澳门逗留数月后，从澳门带着金、丝绸、麝香、珍珠、象牙和木雕艺术品、漆器、瓷品回国。葡萄牙国王为自己保留了东方贸易中最大的特权。他给予有功的大臣的最大实惠就是准许他们用一两艘大帆船运来东方商品，卖给里斯本的商人，以获巨大的利润。

（《历史上的澳门》，页四十）

每年运到那个叫做广州的城市的白银，就至少有四百个塞斯特尔休，但一点儿白银也都没有从中国流出境外。

（澳门《文化杂志》编：《十六和十七世纪伊比利亚文学视野里的中国景观》之《日本天正遣欧使节团》）

第三章
海防体系

一、海防军制

明洪武初，朱亮祖平定广东，遂命镇守，建置诸卫所，分布要害。十七年，指挥花茂上言，复设沿海诸卫所，分筑墩台，屯种荒田，且耕且守，以备倭寇，而军制特详。

（嘉庆《新安县志》之《经政略·经政四·兵制》）

国初，自闽浙至广东沿海一带俱防倭。故雷制卫所各造战船，择本卫指挥一员提督，各所官管领众哨，拨内外四所旗军七百名，分上、下班防守。隆庆初年以官军失机，革去。始设白鸽寨于通明港，添设钦依把总一员领兵防守，而备倭之制遂变为水寨矣。

（万历《雷州府志》，卷十三《兵防志二·兵船》）

三龟山抵海洋蕃国，有田三百余顷，及其膏腴，粒之香美，甲于一方。……洪武初属黄粱籍，居民吴进添通蕃为乱，花茂奏讨平之。

（光绪《广州府志》，卷七十八《前事略四·明》）

明太祖洪武二年，命平章廖永忠、参政朱亮祖取广东，遂命亮祖镇守，建置卫所，分布要害。其防汛之境，略分三路：高、雷、廉三郡斗入海中，西界钦州，控连交趾，杂处罗旁，南面巨海，绾毂琼山，而占城、暹罗、满剌诸番环匝于外，盖省会之西蔽也。其地以神电、雷州、廉州三卫十一所为边。白鸽、涠洲两水营游徼于外，是为西路。广州带三江阻重海，崖门、虎门夹峙左右，屹为扃钥。前山、澳门，番舶所集，南头控其东，阳江界其西，实全省之中权也，其地以肇庆、广海、南海三卫六所为边，虎头门、广海、北津三营游徼于外，而南头一镇总挈之，是为中路。惠潮二郡界连闽省，漳舶通番，道所必经。南澳介处两省之间，伏莽蟠互，全恃两府之弹压。又省会东偏一要陁也，其地以潮州、碣石两卫八所为边。柘林、碣石两水营游徼于外，是为东路。三路各统于本管之参将，而兼辖于两总戎。琼州孤悬海外，自为一镇。此明代设兵之大较也。

[（清）杜臻：《粤闽巡视纪略》，卷一]

沿海港口，贼船皆可冲入。

[（明）张萱：《西园闻见录》，卷五十七《兵部六·海防前》]

国朝二年，海南分司拨百户刘杰领军一百名守镇万州。七年，始移在卫后所于州开设，展城镇御。二十年，改为守御所。其所北二百八十里系文昌清澜港，所南九十里系陵水南山港，各屡侵倭寇。二十四年，指挥桑昭奏于清澜置守御千户所，次年委官筑城开设，号为东路三所，而以儋、昌、崖为西路。指挥通督西路者号提督，后改总督，分督一路者为督备。其路分有急，在卫及两路军互调帮守，随时地为增减，轮罢不一。其他巡捕、守备、守御等委，不论指挥、千百户皆得充之，但所委地有广狭。……成化十五年以后，改两路提督为总督。

（正德《琼台志》，卷十八《兵防上·兵制》）

（洪武三年十二月乙丑）雷州卫指挥同知张秉彝言便宜四事：一、预造战船以防海道之寇；二、增兵屯雷州，以为钦、廉诸州缓急之援；三、雷州之地当广海之冲要，城池水寨，守御之势不得不重，而见在军旅单弱，宜益镇守之兵以重其势；四、本州粮储不足以给廷食，乞以岁办盐课给民间籴粮以给军。上从之。

（《太祖实录》卷五十九）

水寨城，在县南苏湾都白塔寺之右，洪武三年指挥俞良辅创筑。周围三百一十三丈八尺，立四门，凿池于内，置水关于西北隅，内通海港，自南而西转入水关，潴于池，以泊战船。

（嘉靖《广东通志》，卷十五《舆地三·城池·潮州府》）

水寨，凡舟之过秋溪及樟林港者必由之。洪武初置石城，造战舰，以据番舶。今官军往来防御，以夏秋为期。

（嘉靖《潮州府志》，卷一《地理志》）

（洪武五年）海南卫辖内外十一所，共额设旗军一万五千九百二十七名。大率每军十名，立一小旗，五小旗立一总旗，二总旗为百户所，共旗军一百一十二名，领以百户一员，十百户所为千户所，共旗军一千一百二十名，谓之正卒。又有羡卒，各所多寡不一。……卫属五所，该正军五千六百名，统以指挥使、同知、佥事、镇抚等官，推选一员专掌军政，余以充备倭、巡捕、督备、督操、督屯之任。外所加置吏目，并隶本卫及广东都司、前军都督府。

卫指挥一员专掌巡海，听广东海道副使、备倭都指挥节制。所辖内外十一所，每所官各一员督所管军船常于所部海面巡视，有警辄行申报。

（正德《琼台志》，卷二十一《海道·海防》）

（洪武六年秋七月辛丑）广东都卫言："所属雷州卫地邻溪洞，控制蛮夷，其人叛服不常，请益兵镇守。"命以兵五千益之。

（《太祖实录》卷八十三）

洪武十五年三月癸亥，籍广州水军。命南雄侯赵庸籍水军。时蛋人附海岛，无定居，或为寇盗，故籍而用之。

（嘉靖《广州志》，卷四《事纪下》）

（洪武二十年闰六月庚申）敕福建都指挥使司备海舟百艘，广东倍之，并具器械粮饷，以九月会浙江，候出占城，捕倭夷。

（《太祖实录》卷一百八十二）

洪武二十年，海寇登海口岸。指挥花茂奏设城池，移后千户所官军守御。

二十三年，海寇登昌化棋子湾岸，指挥桑昭奏筑昌化千户所城池隄备。二十四年，指挥桑昭以清澜海港边临大海，尝有倭寇泊舟，侵掠居民，奏立守御所，军一千名以备御。二十五年，倭船侵掠万州，指挥桑昭奏拨军一千名，委千户俞凯董领筑城守御。二十七年，以南山滨临大海，尝有倭寇泊舟登岸，都指挥花茂奏设千户所，拨官军一千员名守御。二十七年，都指挥花茂迁调罴巡检司于太平都南窠村，以防海寇。

（正德《琼台志》，卷二十一《海道·海防》）

国朝洪武二十三年，设立香山守御千户所，千户五员，百户十员，旗军一千一百六名，岁久逃敌六百七十一名，实在四百五十二名，拨往苍梧军门征调者凡征哨旗军二百一十三名，守把镇头角营七十三名，备倭一百八十四名，存留守城六名。

（嘉靖《香山县志》，卷三《政事志第三·兵防》）

城池：县旧惟土城，在今城外东一里，元至正永废矣。国朝洪武二十七年，备倭都指挥花茂守御千户，马帖木始建城。

（嘉靖《惠州府志》，卷六）

甲戌，广东都指挥花茂奏于沿海增设所军防海，是年安陆侯吴杰、都督马鑑偕花茂至雷，垜进丁夫充军额，相三县要地，设海安、海康、乐民、锦囊四守御千户所，咸隶于卫。……

团操军即备倭军。国初闽、浙、广东沿海一带俱患倭，故各设军备之。雷制拨所军七百名分上、下班防守，所官领之，择卫指挥一员提督。……

国初自闽浙至广东沿海一带俱防倭。故雷制卫所各造战船，择本卫指挥一员提督，各所官管领众哨，拨内外四所旗军七百名，分上下班防守。

（万历《雷州府志》，卷十二《兵防志一》）

南山千户所城池：洪武甲戌，都指挥花茂奏立于南山港西，只用木栅。永乐间，署所事百户赵昱以南山港旧所屡侵倭寇，奏请移所。六十年（编者按：应为十六年）指挥张恕乃督工，于今岭黎乡马鞍山之北筑砌，包砖石，周围三百四十四丈，高一丈八尺，阔一丈五尺，雉堞三百九十九，铺八座，东西南北启门，上各建楼。浚池周回四百九十七丈，阔二丈五尺，深一丈。成化四年，指挥舒翼、千户王玉用砖增砌，加高尺许，填塞西门。

（万历《琼州府志》，卷四《建置志》）

柘林澳，内漳潮海寇、外暹罗诸番倭常泊舟于澳内，为地方患。洪武年间建大城千户所于腹里，而外筑烟墩以瞭望之。续抽潮、碣二卫官兵以防番寇秋来之患，名曰"提督东路"。嘉靖年间，藩司因佛郎机之虑，定岁募舟兵十余艘，以协防其处。

（嘉靖《广东通志初稿》，卷三十四《营堡关津附》）

日本复连岁寇浙东西边。上欲讨之，惩元军覆溺之患，乃包容不较，姑绝其贡，着于《祖训》。二十八年，命信国公汤和，缘海相地，筑城备倭。和尝以年高思归故乡，从容乞骸骨。上喜之，赐钞五万，俾造第凤阳。因谓和曰："日本小蛮，屡扰东海，卿虽老，强为朕行，视要地筑城增戍，以固守备。"和行海上，自山东登莱至广东雷廉数十城，民三丁抽一，屯戍备之，尤严下海通蕃之禁。

　　　　　　　　　　［（明）严从简：《殊域周咨录》，卷二《东夷·日本国》］

　　郡界海外，接诸番，时有扬帆之警，我高皇帝所谓必加严备，乃无警于民者也。

　　　　　　　　　　　　　　　（正德《琼台志》，卷二十一《海道》）

　　国朝洪武初，海南卫所各设备倭官军。本州城西六里港边名军船厂，原设战船三只，备倭三只，备倭官一员，军一百五名。后迁于新英港，船止二只，捕盗、舵工、旗军共五十名。

　　　　　　　　　　　（万历《儋州志》之《地集·兵防志·海防》）

　　天下郡邑滨海者有之，未有若琼之四面环海者，……占城、暹罗诸番西南外峙，东北又与闽浙诸洋相通，稍或撤备，则门庭皆敌矣。广东处南海之边，而琼又当其南，实南徼之要害也。

　　　　　　　　　　［（明）郑若曾：《郑开阳杂著》，卷一《琼馆守御论》］

　　番夷诸国多在西南海中，逶迤而至崖南、占、蜡、暹、刺、哇、佛、泥诸蕃，而琼之东，则匝大海，千里长沙万里石塘，是即地所不满之处。

　　　　　　　　　　　　　　　（正德《琼台志》，卷六《山川下》）

　　惠郡南海之滨，国初于此屯重兵，曰平海、海丰、碣石、捷胜、甲子门，所以扼海道也，苍梧番戍，昉于近代，空此以备彼，岂计之两得哉。

　　　　　　　　　　　　　　　（嘉靖《惠大记》，卷一《迹考上》）

　　（永乐四年闰七月）庚午，敕广东都指挥司选精锐军士六百人，以能干千户二员、百户六员领之，具器甲糗粮，由海道往占城，会合军马防遏黎寇安南。

　　　　　　　　　　（《太宗实录》卷五十七；万历《广东通志》，卷六《事纪》）

　　永乐四年闰七月，敕广东都指挥使司选精锐军士六百人，以能干千户二员、百户六员，使之具器甲糗粮，由海道往占城，会合军马防遏黎寇安南。（谨案：黎季犛篡逆。是年七月，命朱能为征南将军，沐晟、张辅副之，帅师分道讨安南。）

九月，广东都司送至钦州所获黎贼觇伺之人，遂敕朱能等曰：贼已遣人于广东缘海侦伺，宜加意慎防，不可忽略。

（道光《广东通志》，卷一百八十七《前事略·明》）

（永乐四年八月）辛亥，广东右布政使徐奇言："所属盐课提举司积盐已多，今大军征安南，宜令官民之家径太平等府中纳盐粮，每引米五斗，不拘次于广东、海北二处关支，俟彼粮储足用罢中。"从之。

（《太宗实录》卷五十八）

（永乐四年九月戊午）广东都司送至钦州所获黎贼舰伺之人，遂敕总兵官成国公朱能等曰："贼已遣人于广东缘海侦伺，虑其知海道无兵，并力于尔，宜加意慎防，不可忽略。"

（《太宗实录》卷五十九）

永乐五年夏六月癸未，安南平，以广东军士四千七百五十留屯。
秋九月，命太监郑和使西洋诸国（首从广东往占城国起）。

（万历《广东通志》，卷六《事纪》）

（永乐六年二月丁亥）掌交阯布政司事黄福言："……宜令广东海运二十万石往给交阯。"从之。

（《太宗实录》卷七十六）

（永乐六年十二月）庚子，命都指挥姜清、张真充兵官，指挥李珪、杨衍充副总兵，往广东、福建，各统海舟五十艘，壮士五千人，缘海堤备倭寇……

（《太宗实录》卷八十六）

（永乐八年夏四月戊戌）是日，礼部启："交阯布政司掌司事工部尚书黄福建言五事，其一曰，往时大军征安南，由丘温抵伪都，克服之，后因以为通行之路。而经涉鸡陵、隘留、丘温、凭祥、龙州、太平，俱瘴疠之地，行者艰难。今询得泸江北岸小河直通盘滩，下至新安府靖安州万宁县，抵广东钦州，水路止十站……迄今广东、广西二布政司差官量道里，设水马驿站、递运所，并相其要害去处设卫所、巡检司镇御盗贼,既免瘴疠,又便往来。

(《太宗实录》卷一百三)

(永乐十年冬十月)癸亥,命镇守交趾都督韩观督运广东粮万石,赴交趾给军食。

(《太宗实录》卷一百三十三)

(永乐十六年冬十月)庚辰……升广东道监察御史童寅为交趾按察使……改交址布政司左参议徐道正于贵州布政司。

(《太宗实录》卷二百五)

(永乐十九年春正月)戊子,兵部言:"广东都指挥李端捕倭失机已就逮。"上命选能干官往,率众备倭。

(《太宗实录》卷二百三十三)

(洪熙元年七月乙亥)广东都指挥使李龙奏:"缘海卫所临大洋,指挥等官多是新袭少年,未谙武略,猝遇寇至,虑有疏虞,请别选老成用之。"上谕行在兵部臣曰:"……宜精选指挥使、正千户掌印,庶几行事得宜,亦使后辈有所取法。"

(《宣宗实录》卷三)

惠郡南海之滨,国初于此屯重兵焉,曰平海、海丰、碣石、捷胜、甲子门,所以扼海道也。

(嘉靖《惠大记》,卷一《迹考上》)

(宣德元年三月丁未)敕……广东……都指挥司……选调马步军……赴交阯讨叛寇……

(《宣宗实录》卷十五)

(宣德二年三月庚寅)命……都察院副都御史胡㮣往广东……总督运粮往交阯给军。

(《宣宗实录》卷二十六)

宣德二年冬十二月,弃交趾布政司,钦州渐凛峒长黄金广等以四峒叛附安南。正统五年秋九月，巡按御史朱鉴奉玺书：率都布按三司官至钦州揭榜招叛民黄金广、黄宽、黄子娇、黄建等，不至乃还。

（崇祯《廉州府志》，卷一《图经志》）

（宣德七年二月庚寅）巡按广东监察御史陈浛奏："广东海洋广阔，海寇屡出为患，往者调遣官军五千人，海船五十艘，出海巡捕二十余年，多被淹没，无益警备，请如福建设立水寨，于潮州碣石、南海、神电、广海、雷州、海南、廉州八卫海道冲要之处，官军操舟就粮守备，每寨用指挥一员督之，仍委都指挥一员总督以备寇，且整饬腹里诸卫官军以备应援。上谓尚书许廓曰："凡事虽有变通，然亦不可不慎，官军巡海已非一日，今欲立水寨，未知果利便与否，宜令广东三司及巡按御史定议以闻。"

（《宣宗实录》卷八十七）

（宣德九年十二月癸亥）广东钦州奏："本州岛帖浪、如昔二都与交址万宁县接境，比因黎利叛逆，都民黄宽等为所迫，助蛮寇掠民财。昨蒙恩命，令善招抚。宽等甘心附贼，抚之不从。"上命行在兵部移文广东三司、巡按御史审度，便宜处置。

（《宣宗实录》卷一百十五）

（正统三年七月壬辰）广东按察司副使贺敬等言："比奉敕巡察雷州、神电、海南、潮州诸卫之地，其间军校多土人，恃沿海卫所例不他调，辄暴横不可制，乞敕后有犯者，不分腹里，沿海海北者谪钦州，缘边海南者谪崖州，缘边守瞭，其月日以所犯杖徒流为差。"从之。

（《英宗实录》卷四十四）

（正统四年正月己丑）广东布政司右参政张琰等奏："沿海诸卫所添拨官军屯田，缘荒闲地少，请以洪熙、宣德间军士遗下屯田召民承佃者仍还军屯种。"从之。

（《英宗实录》卷五十）

（正统八年春正月壬戌）敕广东按察司按察使郭智曰："广东缘沿地方设卫所城堡于要害之处，专备倭寇，比闻都司卫所官不得其人，贪污暴虐，玩法欺公，或侵用月粮，或卖放军士，或私下海捕鲜，或令营干家务，以致军伍空阙，兵备废驰，如遇紧急何以应用……今特命尔整饬缘海备倭军务，尔即同都司巡海官遍历各卫所地方，询查前弊，务从清革。凡有当建置者，从长审处。仍与三司、御史公同推举都指挥，或指挥智谋骁勇、历练老成、堪任边务者一人，具来闻，令总备倭之事，如不胜任，连坐举主。尔为方面风宪重臣，素谙边事，宜体朕付托之重，持廉秉公，恪勤所务，必使军政修举，边境无虞，乃称尔职。"

(《英宗实录》卷一百)

题为区画边务事。据广东按察司呈，照得广东先因地方广阔，政务繁多，正统年间布政司添参政二员，一员巡察边务，一员整理粮储。按察司添设副使一员，巡察海道。景泰年间为陈言减省事例，革去前项官员。广东累被蛮贼越境流劫，额设官员分理不周，钱粮、海道缺官整理，呈乞照详等因到院，行间又据广东都布二司亦呈前因，会同巡按御史都布按三司等议得，广东地方广阔，政务浩繁，钱粮拖欠，倭寇出没，不可无官专理。乞敕该部计议，照旧添除历练老成、有为有守参政、副使各一员，驰驿钱粮，管粮巡海，谨题。天顺四年闰十一月二十四日。

[（明）叶盛：《两广奏草》，卷九《请设道臣疏》]

看得广东地方，比之广西数倍广阔。先年无事之时，仅设海道备倭都指挥。近因反贼黄萧养及广西流贼越境出没，复设副总兵等官。今各府有贼，地方目下进剿稍宁，终是出没不常。止有副总兵欧信，倘闻东西警报，人船水陆，往复经月，不能得到，岂不有误事机。虽有总督备倭张通专管海道，亦因沿海路远，东抵福建，西抵广西，相去曲折，并琼州海道，周围八千余里，往来不便，照顾不周。若不因时制宜，边备终非久计。乞敕该衙门计议，合无比照广西事例，副总兵等官分管附近广州、肇庆、韶州、南雄四府地方，其见在总督备倭指挥使张通，并守备石鏴俱系奉敕官员数内，张通稍优，合无令其分守廉、雷、高、琼四府地方，石鏴分守潮、惠二府地方，俱仍听总兵等官节制，其各官分守地方，俱不妨提督官军民壮，抚安民夷，防截盗贼，兼管各该海道备倭。其张通地方，系两广交界，即今尚剿流贼，事体甚重，本官节次有功，未蒙升赏，乞量与将官名目，实为便益。

[（明）叶盛：《两广奏草》，卷十二《调拨各路将官疏》]

（天顺八年正月）乙亥，上即皇帝位……颁诏大赦天下，诏……所有合行事宜条列于后……一、广东……等处贼寇生发……因官司采买物件，守令不得其人，以致饥寒迫身，不得已而啸聚为盗，情犯虽重，诏书到日，有能悔过自散者，悉宥其罪，听从复业本分生理，所司加意优恤，勿究前非，户下拖欠税粮等项，悉皆蠲免，仍免杂泛差役三年……广东所属沿海卫所……备倭旗军月粮减支六斗者，诏书到日为始每月加支米二斗，候有粮之日全与关支……"

（《宪宗实录》卷一）

（正统九年五月）己未，广东按察使郭智奏："沿海备倭官军宜以每月朔望于小海内驾船，操习水战。"从之。

（《英宗实录》卷一百十六）

（正统九年六月癸未）广东接察使郭智言："海门、大鹏等守御千户所城皆低小，城上路亦狭隘不便旋折，如有不虞岂能当敌？请发附近丁夫增筑高广，甃以砖石。"从之。

（《英宗实录》卷一百十七）

（正统十二年四月癸卯）广东备倭署都指挥佥事杜信言："缺军守城，恐倭寇登岸难于防制，请以海南卫南山守御千户所屯军取回守城，以屯田牛具拨民承种。"事下户部言："倭寇出没，防备有时，屯田法废，使民经涉海洋以给军饷，恐非经久至计。本处如果缺军防守，止宜摘拨正军守城操备，仍令余丁如旧屯种，务俾不失原定分数，如故违不遵，从提督屯田风宪官逮治。"从之。

（《英宗实录》卷一百五十二）

（正统十三年五月）辛亥，广东都指挥佥事姚麟言二事。一、广东近年被蛮贼攻掠州县，沿海各卫以操守备倭为名，略不遣人策应。乞令今后遇贼逼近劫掠，一体听调策应。贼退，仍回卫操守备倭。一、泷水、信宜、化州、廉州等处，正系蛮贼出没道路，守堡者多新袭官员，未经战阵，遇警恇怯，不能成功。比见广东按察司问发广州等卫指挥、千百户等官一百一十余员，俱发沿海卫分充军立功，其间多有勇锐，曾经征战，即今海道无虞，乞将前项立功人员调发信宜、泷水、化、廉有贼处所哨守，彼思复职必能奋勇杀贼。事下，兵部以所言深合事机，从之。

（《英宗实录》卷一百六十六）

（正统十四年春正月）戊子，总督备倭广东署都指挥佥事杜信奏：沿海东、西二路备倭官军累次调入腹里操备，即今福建贼邓茂七余党奔窜海边，劫掠官民，乞将原调官军退回守备。上命镇守广东安乡伯张安及都布按三司等官从公计议。果系备倭之数即便退还，务要防贼、备倭两不失误。信又言：潮州等卫所备倭船多被飓风击败，乞敕所司补造，用饬边备。从之。

（《英宗实录》卷一百七十四）

（正统十四年三月癸巳）巡按广东监察御史沈衡奏："海贼驾船十余艘泊福建镇海卫玄钟千户所，攻围城池，官军射却之。玄钟地邻潮州，恐贼犯境，已檄备倭都指挥杜信等严督提备。"

（《英宗实录》卷一百七十六）

（正统十四年六月戊寅）广东总督备倭署都指挥佥事等官杜信等奏："往者奉命所部沿海卫所专一备倭防贼，顷年广东都司将南海等卫官军调去泷水等地方操守，今又调广海、香山、海朗、新会、东莞、大鹏、海丰、海南各卫官军前去泷水、信、雷地方征剿，恐沿海贼徒闻知上岸劫掠，以何为备？"上曰："泷水与缘海不知何处为急，尔兵部即驰文与广东三司及巡按御史，酌量贼情，缓急以处治之，务在彼此得宜，不致误事。"

（《英宗实录》卷一百七十九）

（成化十二年二月）己亥……交阯既侵龙州边境又欲假道云南，窥觎我道路。况已并占城，志骄气满。虽曾分疏，然谲诈难保，不可不虑。宜令云南、两广镇守总兵、巡抚诸臣严守备，缮城池，训军马，申通番之禁，有警亟驰奏，然亦不得生事，启衅一兵……

（《宪宗实录》卷一百五十）

（成化十八年七月）戊寅，守廉州珠池左监丞韦助乞往来琼、廉、高、肇四府，会巡守、备倭等官督兵捕盗，不妨本职。事下，兵部占："助奉敕守理一事，难以侵守臣之职，请移文勘议可否。"上特许之，命勿勘。

（《宪宗实录》卷二百二十九）

（成化二十三年十二月己亥）命云南、两广镇守巡抚□兵等官严修边务，以备安南。从兵部奏请也。

（《宪宗实录》卷二百八十五）

成化中，总督两广都御史韩雍初开督府于苍梧，立秋调发先预备粮饷，买料于南海县，雇匠造船五百艘，所费不过二万。每十艘外有一小哨船，以便探逻驻扎苍梧及番禺江上。每岁六月行令途观，各定年分轮班，领士兵大约四千。七月初齐集，船中每船十人，听令调剿。其饷给薪米之数，登岸交易之法约束周密，凡山海寇盗倏忽掩其不备，无不敛手就擒。

贼至不能御之于海，则海岸之守为紧关第一义。贼新至饥疲，巢穴未成，击之犹易。延入内地，纵尽歼之，所损多矣。然自来沿海戍守，莫不拥城观望，幸贼空过，谓可免罪而不顾内地之有警。内地戍守亦幸贼所不到而不肯策应沿海。今宜分定沿海保护内地，内地策应沿海，沿海力战，倘有所损，宜坐内地不能策应之罪；内地有警沿海幸完，宜坐沿海纵贼之罪。又如同是一样，沿海地方贼由此方登岸，此方却不扰累而扰累彼方；贼由彼方登岸，彼方却不扰累而扰累此方，自来唯坐地方扰累者之罪，今宜并坐。贼所从入，其沿海文武将吏有能连次鏖战，抵遏贼锋，阻贼下船不得登岸深入者，虽无首级，以奇功论。

（光绪《广州府志》，卷七十四《经政略五·海防》）

切照民出食以养军，出力以卫民，实相藉以为安者也。潮郡西北负山，东南望海，山海二寇出没为患，盖自昔然矣。国初设立潮州卫，管辖十所，共旗军一万余名，分布内外，地方以宁。至成化间广西□猺作乱，提督军门暂将本卫所军借调若干，更戍梧州，往还三千余里，水土不服，十九疾病，十五生还，以致尺籍空虚，见今仅存若干。而环潮之疆，群盗巢穴奚啻数十，包藏祸心，变且不测，城守缺人，又且借调不以，岁复一岁。

（《潮州耆旧集》卷十九，陈一松《为盗贼纵横恳乞天恩复回守御以急救生灵疏》）

（香山南）三百里曰三龟山，乌沙海汇其东。林木葱翠，中有三石如龟。洪武中居民通番寇，奏革其田，永不许耕。成化中，番舶自乌沙海侵扰，岁令官军守之。

（万历《广东通志》，卷一《舆图》）

（弘治元年三月庚午）礼科都给事中李孟赐言五事：一、两广边徼重地，军政废弛，行伍缺乏而广州特甚。然亦不独广州，天下皆然。各卫所军士差役百出，将领不知抚恤，往往变名易姓逃避他所。镇守太监、总兵、都御史又各拣选听候，跟随官军，多至千余名，彼此不得禁治。临阵对敌，此辈常后；论功行赏，乃独居先。甚者，各植私党转祸为福，以致边务不协。都御史为纠劾之官，战伐或非所长。若失机等事，与总兵等官概治以罪恶，有惧罪隐匿贼情之弊。乞行各镇巡等官常饬兵备，毋致怠玩。各清军御史某年清解某处军人若干，备行彼处清军御史一一查究，卫所卖放者治以重罪。仍行各镇除副参、游击、奇兵、游兵外，余悉听总镇等官操练、调度。都御史只许提督操练，禁革奸弊，将官有失机等事，悉许纠举。一、琼州在大海之南，旧设有兵备副使，后竟革去。但此地密迩交址、占城、暹罗诸夷，恐海谷隐匿逋逃为盗，乞仍设兵备以专责任。……

(《孝宗实录》卷十二)

官卫指挥一员，专掌巡海，听广东海道副使备倭都指挥节制。所辖内外十一所，每所官各一员，海面巡视，有警辄行申报。旗军一手一百七十名。内五所，国初该一千名，正统以后渐减，今五百名。左所旗军一百名，右所旗军一百名，中所旗军一百名，前所旗军一百名，后所旗军一百名。东三所，原六百名，宣德以后渐裁，今三百名，清澜所一百名，万州所一百名，南山所一百名。西三所，原六百名，宣德以后渐革，今三百七十名，儋州一百五十名，昌化所一百名，崖州所一百二十名。

战船二十三只，内五所各一只，外六所各三只。

(正德《琼台志》，卷二十一《海道·兵防》)

分水在占城之外罗海中，沙屿隐隐如门限，延绵横亘不知其几百里，巨浪拍天，异于常海。由马鞍山抵旧港，东注为诸蕃之路，西注为朱崖、儋耳之路，天地设险，以域华夷者也。

[(明)黄衷：《海语·分水》]

嘉靖十三年，增筑定海门月城。明黄佐《新建定海门辅城记略》：嘉靖甲午，□我邦者建议，此邦左□□右□□航浮案引之国□弧楼矛之夷不时儆动，必自东□入海，当具其冲，则定海也。今正东、正南二门皆有子□，而此乃孤壁，思患预防必此焉。先乃上具事于督府巡院，皆如所请。丙申冬，檄冲之掌兵者董其事，越丁酉春，告戒，长二十一丈，有奇高二丈四尺。

(光绪《广州府志》，卷六十四《建置略一·城池》)

(嘉靖十五年十一月丙子)兵部会议征讨安南事宜，请会推武职大臣一员充总兵官，总督军务，隆以推毂之礼；次选副总兵二员、参将四员、游击四员，悉听大将节制。又推文职大臣素□经济者一员，总督军务与总兵官，计议行事。其两广、云贵二司及所属大小官员宜者核更置挥用有才力善于济者以备任使,遣总督军饷大臣二员于云、贵、两广各择部属才望者三、四员,自随措办钱粮,以供军饷。所用之兵,乞依永乐年间征讨事例,近取两广、云、贵、远取四川、福建、湖广、江西汉土官军。道里远阻,移檄往返,动经数月,乞先敕各处抚按及将领等官整饬戎兵,预备器械以听征调。所籍粮饷,亦乞敕各处,抚按等官多方处置,凡兵马经行之处,必足二年之用,庶免临事缺乏之忧。疏入,诏可,仍令差去官从实查勘,驰报。

(《世宗实录》卷一百九十三)

(嘉靖十六年四月)辛酉,吏部议覆武定侯郭勋奏言:"今方有事安南,请于……广东添设右参政副使各一员……两广……地方先年裁革首领佐贰官,宜量紧要地方仍旧铨补,俟大选则以才力者除授。"议入,得旨:"两司官依拟添设知府,并复设紧要地方官属,即择各处有才名者更调升补,不必大选内除授。"已,乃升……四川副使龚亨为广东参政……广州府知府邹守愚为广东副使。

(《世宗实录》卷一百九十九)

(嘉靖十六年十月壬子)巡按广东御史余光上言:"安南事言机不应者谋不神,势不因者功不建。昔勾践谋吴,二十年而后发者,豫其图也。董晋定汴,一朝而抚定者,应之速也。臣曩在都下闻安南之事,三支互争,形如鹬蚌,可收渔人之利,意窃信之。今入境与三司会议,其实不然。盖莫登庸全有其地,诸酋率服,黎宁播迁,不知其所。且黎氏鱼肉国主,在陈氏为贼子,屡取屡叛;在我朝为乱魁,今具失国播逃,或者天假手于登庸以报之也。夫夷狄篡夺,实其常事。自宋以来,丁移于李,李夺于陈、陈篡于黎,今黎又转于莫,是陈为李贼,今莫又为黎贼,此好还之道也。若复立黎,是悖覆暴之义。势莫能久,夷狄之运,一败弗复。辽人、金人之盛,尚不复兴;我朝立忠顺王,终不能制吐番。中国分割如五季六朝,竟不能复其中兴者,必吊伐以奉天讨、大一统以承正运者,乃克享之耳。若黎宁者,今虽置之,终为他有,何者?倾木不能植,余烬不能嘘,兹天道也。故今日于安南,直宜问其不庭,责以称臣,约之修负。彼若听服,因而授之,此因势以定,不在劳兵也。若必征剿,则势难穷追,兵难久驻,劳师生变,未见其便。臣窃恃皇上明圣,缘古人臣出疆安社稷可专之义,谨一面遣官至彼境上,宣扬天威,问其不庭,责以称臣入贡,一面驰奏以闻。夫不请则专其罪莫逃,待报则缓其机易失。且广东去京师八千余里,去安南又四千余里,若往复陈请而后行之,将失时违机矣。夫事在边疆，苟利朝廷，厥罪与嫌成不可恤。惧罪匪忠，远嫌匪直，臣实不敢。伏乞圣明远照，听臣便宜从事。"疏入，上曰："奏内事情，及引用五季六朝等语，兵部参阅以闻。"部覆谓："其敷陈失当，以拟有伦，举动轻率，宜加罚治。"命夺俸一年。

（《世宗实录》卷二百五）

（嘉靖十七年四月戊午）提督两广军务兵部侍郎蔡经奏："两广进兵安南，水陆之路有六，计兵，姑以三十万为率，责限亦以一年为期，合用粮石已该一百六十余万，其造舟、市马、犒赏、器械诸费，大约用银两七十余万。今核两广兵，除哨守外，汉土兵及雇募不过一十二万，仅及三之一。粮除岁支外，改运兑运及召买不过四十万，仅及四之一。银括诸库，所贮不过三十余万，亦仅及其半耳。若兵未可以期月，斯所费尚不止此。臣唯兵贵代谋，敌宜用间。查得凭祥、龙川、归顺、钦州及海洋西路皆按安南近境，必须就近体察，则彼之虚实可以周知，归附易于招致。臣已量遣官兵预积粮饷于前项紧要处所，使之振扬威武，体察机宜。若果黎宁尚存、民怀旧主，宜量授名职，假之气势、鼓率忠义、荡析党奸，我制其命，彼效其力，莫贼不足平矣。如其才不然，则彼国人心已澳，不可骤收，而我动调大众，远涉炎海，即使雷霆所击，靡不摧折，然劳逸势殊，不可不审处也。"钦州知州林希元乃复以安南人心离散，登霜父子乱政亟行之状上闻，因言："陷夷旧民，自拔正者甚众。彼藩离已失，兵可迳进，且登庸近攻黎宁武文渊，皆为所败，则其兵力可和，时不可失，请亟遣文武大臣视师，以收复中国南裔。"疏俱下，兵部尚书涨瓒等复请会府部科道议，及议上用兵事宜，率常谈，且多前所已条议者。上不悦曰："安南事必识违道者，乃见得分晓。朕闻卿、士大夫私相论议，谓不必征讨。尔等职司，邦政全不主持，一一委之会议。既俱不协心国事，其己之，仇鸾、毛伯温令在京别用。"

（《世宗实录》卷二百十一）

（嘉靖十九年六月）戊辰，提督两广部御史蔡经以崖、万等州黎岐叛乱攻逼城邑，有司不能支，奏请添设参将一员驻劄崖陵，分守琼州地方及兼管琼、雷、廉州海洋备倭。其原设总督、备官仍驻劄东莞，止令专管广、惠、潮、高海洋备倭。兵部覆言："琼州悬居海中，延袤三千里，黎峒盘处，犷险难制，而崖州陵水去黎尤近，虽有督备指挥势轻，况今黎贼乱，难以弹压，诚宜战改设参将。若广东备倭，旧有都指挥一员为之，总督虽驻劄东莞与琼、雷、廉西路海洋稍远，而经岁不至以驰其防，则总督之旷职非官不备也，宜不可改。"

上乃听增琼州参将，令事宁之日，镇巡议存革以闻。

(《世宗实录》卷二百三十八)

惠州卫所之制……二十七年，备倭都指挥花茂始奏，立碣石卫所于海丰，亦隶广东都司统。

(嘉靖《惠州府志》，卷十下)

阳江县濒海，东海朗，西双鱼，皆海堧也。旧制，三所备倭官各一人，每岁四月风汛之时，各率旗军出海防御。阳江所旗军七十人，海朗所旗军八十二人，双鱼所旗军一百人，各战船一，哨船一。霜降后撤回。军分二班，一班仍旧防御，一班办备倭料银。又每岁调东莞乌艚船十，雷州、神电、宁川、锦囊等九卫所官军乘之，俱赴戙船澳防汛。嘉靖二十七年掣。三十五年复阳江双鱼所军船。自此多事。

(万历《肇庆府志》，卷十六《兵防志二·海防》)

照得苏松、浙江、福建、广东皆滨大海，计程从陆道里虽远，乘风泛海旬日可至，令苏松有钦发山东鎗手，有召募徐邳乡兵，有调到广西狼兵，湖广士兵，是苏松已有备矣。浙江有处州乡兵，有漳州海兵，今又召募东莞等县打手，是浙江已有备矣。漳泉虽未调集，而海沧之兵素号强悍，贼每失利，多不敢犯，是福建亦有备矣。惟广东惠潮等府，素有富饶之名而无备御之实。虽节经牌案行令守巡兵备海道及备倭守备等衙门严加备御，固常小有俘获，而地方广远，顾此失彼，况倭寇于苏松、浙江、福建等处俱不能犯，诚恐纠集大众，顺风扬帆，群至惠潮地方，贼众我寡，何以御之？

[(明)谈恺：《虔台续志》，卷五《事纪》]

(嘉靖三十四年五月癸丑)兵部尚书杨博上言御倭方略："一、部督周珫新被简命，宜钦遵敕谕，整饬军容，有诅挠不用命者，即以军法从事……一请量借……广……四省粮饷，以济军兴。"疏入，报可。

(《世宗实录》卷四百二十二)

(嘉靖三十四年十一月)壬寅，兵科给事中夏栻言方今备倭曰："征调客兵，团结乡兵，二者而已。顷议者患客兵骁悍，罢遣之；而寇在门庭，乡兵未即可用。臣谓直练土著，为经久之计，暂借客兵为摧陷之资……"会总督杨宜亦言："士兵未可遽恃，请募……广东战舰兵勇赴军门听用。"疏俱下，兵部议："……远者不可调，其永、保宣慰兵用之已效者，仍听征发，余如所请。"从之。

（《世宗实录》卷四百二十八）

（嘉靖三十五年六月）壬辰，广东倭寇劫掠潮州等处，抚臣谈恺以闻，因请："以本省兵船调赴浙、直军门者，挈还自救，其军饷取之赃罚银。"部覆："并海诸省俱系要地，宜令恺与胡宗宪酌议彼中事势缓急，以为去留，不得自分彼此，余当如议。"从之。

（《世宗实录》卷四百三十六）

（嘉靖三十七年闰七月辛且）以广东倭患，免潮州府海阳、饶平、潮阳、揭阳四县及海北盐课司正入觐。

（《世宗实录》卷四百六十二）

（嘉靖三十九年三月庚辰）吏兵二部会议提督两广侍郎郑纲条陈："一、惠湖二府，海倭山盗并赴，请添设参将一员专驻，揭陈督兵防御；一、岭东分守独居省城，兼领南、韶、惠、湖四郡不便，宜仍以广州、南韶隶岭南分守；而岭东专管惠、潮，仍改赐敕书，令其兼理海防。一、倭贼入潮，每以漳海积寇相煽引，而黄冈镇巡司则闽广界区，漳寇所由入者。请以潮州捕盗通判移驻其地，练兵防盗。"诏："如议行。"

（《世宗实录》卷四百八十二）

（嘉靖三十九年九月）戊寅……以倭患，免广东潮州府海阳、揭阳、饶平、潮阳、惠来县，惠州府海丰县三十八年京库粮银二万四千有奇……

（《世宗实录》卷四百八十八）

（嘉靖四十三年七月）辛亥，以广东倭乱，免惠、潮、韶、肇等府州、县正官入觐。

（《世宗实录》卷五百三十六）

（嘉靖四十三年）窃惟广东一省，西北联络五岭，东南大海在焉，蛮夷杂居，禁纲疏阔，海倭山寇，出没扰攘，现有经略，臣不敢烦渎外，谨摘其祸切门庭者，著为论列，惟陛下试垂听焉。广州南有香山县，地当濒海，由雍麦【陌】至濠镜澳，计一日之程。有山对峙如台，曰南北台，即澳门是也。……

（葡人）诡形异服，弥满山海，剑芒耀日，火炮震天。喜则人而怒则兽，其性素然也。奸人且导之，凌轹居民，蔑视澳官，渐不可长。若一旦豺狼改虑，不为狗鼠之谋，不图锱铢之利，拥众入据香山，分布部落，控制要害，鼓噪直趋会城，俄顷而至，其祸诚有不忍者，可不逆为虑耶。议者欲于澳门狭处，用石填塞，杜番舶潜行，以固香山门户，诚是也。然驱石塞海，所费浩繁，无从取给，举事当待何时。或欲纵火焚其民，以散其党，为力较易。然往年尝试之矣，事未及济，几陷不测。自是夷人常露刃相随，伺我动静，可复用此故智耶？议者又欲将澳以上，雍麦【陌】以下，山径险要处，设一关城，添设府佐官一员，驻札其间，委以重权，时加讥察，使华人不得擅入，夷人不得擅出，惟抽盘之后，验执官票者，听其交易，而取平焉；是亦一道也。然关城之设，势孤而援寡，或变起不测，适足以为惊鹜之资，岂能制其出入乎。安边者，贵消祸于未然；怀远者，在伸威于既玩。臣愚欲将海道副使移驻香山。弹压近地，曲为区处。明谕以朝廷德威，厚加赏犒，使之撤屋而随舶往来。其湾泊各有定所，悉遵往年旧例。如或徘徊顾望，即呈督抚军门，亲临境上，慰谕而譬晓之，必欲早为万全之虑而后已。若以启衅为忧，则祸孽之萌，亦常早见而预待之，况有旧澳见存，皆以耳目所亲见亲闻者。彼将何从执怨乎？番船抽盘，虽有一时近利，而窃据内地，实将来隐忧。党类既烦，根株难拔，后虽百其智力，独且奈何！或谓彼利中国通关市，岂忍为变？孰知非我族类，其心必异，此殷鉴不远。明者睹未萌，况已著乎？急则变速而祸小，缓则变迟而祸大。惟督抚军门，加意调停，从宜酌处，毋递其向慕中国之心。就于通事中，择其便给者，优以殊格，使掉其舌锋为就客，开示祸福，以阴折其骄悍之气。自几番舶入境，仍泊往年旧澳，照常交易，无失其关市岁利。复严布通番之令，凡奸人之私买番货，畔民之投入番船，及略卖人口，擅卖兵器者，悉按正其罪。俾人皆知有法之可畏，而不敢为射利之徒。区台既定，威信潜孚，查往年所以禁制而防御之者，悉遵旧例施行，诸夷自将驯服，而默夺其邪心，即祸本潜消矣。

[（明）庞尚鹏：《百可亭摘稿》，卷一《陈末议以保海隅万世治安疏》；乾隆《香山县志》，卷九《艺文·抚处濠镜澳夷疏》]

（嘉靖四十五年九月）壬辰，复设柘林守备，以澄海、潮阳二县水兵隶之，令往来南澳及河渡门处备盗。时吴平既败，余党陈新老、林道乾等复窥南澳。议者以南头参将去海洋远，不便弹压，欲于南澳别设参将，募重兵守之。侍郎吴桂芳以南澳中地险而腴，在胜国时设兵戍守，其后戍兵印据之以叛。此所谓御盗生盗，覆辙照然，不如置戍柘林，而以南头参将及该府补盗官节制督察之便。报可。

（《世宗实录》卷五百六十二）

节年旧规，每年春末夏初，风迅之期，通行督发沿海府卫所县各该捕巡备倭等官军兵，出海防御倭寇番舶。及议于潮州府民壮七百八十三名数内抽追五百名工食银两，行令该府委官就近又选募本处惯经水战打手与驾船后生共五百名，每名日给工食银六钱，口粮三斗，就于大城所仓关支，查取海阳等县艚船坐驾，委官部领前去拓林等处海澳，协同各该备倭官军防守，仍听东路备倭官员不时点闸。其余民壮二百八十三名工食银两仍旧发解东莞县贮候，雇募南头、福永、西乡等处骁勇兵夫与驾船后生共一千五百名，查取该县乌艚船每年三十只，分拨五百名驾船十只，前去高雷廉等处紧关海澳，听各备倭官员部领防守。一千名驾船二十只，分发在于南头海澳及佛堂门、伶仃洋等处，协同备倭官员防御巡缉。每月支给工食银六钱，口粮三斗，就在附近仓分关支。若非调遣，不给口粮。如前项民壮工食银两支给不敷，合于布政司库贮军饷银内动支，解发东莞贮候支用。前项船只验其装载，如十万以上给银一两五钱，十万以下给银一两。东莞县雇募，于军饷银内支用，海阳等县船只于该府库贮无碍官银内支领。俱九月终旬，风汛宁息，海洋无事，方才掣散，将支用过银米造册缴报，呈奉抚按衙门详允同行雇募前项兵船防御，及呈请动支布政司军饷银五千两，给发东莞县贮候支用。

（嘉靖《广东通志初稿》，卷三十五《海寇·防御海道旧规》）

原蒙专委潮州卫指挥一员带领蓬州、海门、大城各千户所，并本卫旗军共六百余名守把柘林、深、清等澳，并蒙海、蓬等衙门议募海夫五百名坐驾艚船，另委千百户一员管押，协同潮州卫所官军防守，每年四月初旬风汛之期上班，至九月终旬风息掣散，其工食议于本府军饷银内支给，口粮就于大城所逐月关领。近因漳州海贼越境劫掠人财，本官召募本土鮀江都大家井惯战海夫余严八等五百名，俱以拣阅纪籍在官，欲以四月初旬上班，只雇海夫三百名，刷驾大艚船与备倭官军在于柘林等处防守，九月终旬掣散。如有倭寇重大，则添雇二百名与同班兵夫捍御。下班空月海洋有警，亦听动支官银临时雇募，无事则此二百名即时掣回。住支工食，原议在于本府军饷银两解募东莞兵船，嘉靖十年间被许折桂等作耗，则权追本府属县民壮七百八十三名雇募截捕，后于本处雇募兵船听调。近因各处山贼窃发，城池缺人防守，呈允抚按衙门存留民壮防护，雇募兵夫，合当遵照原议，每年于盐利、军饷银内照数动支，刷驾本处艚船亦合遵照前议月给脚银。及称各备倭官军九月终旬退回水寨，守把非系贼行紧关处，所以致海贼乘虚突来，无兵瞭望，恣其湾泊肆劫，欲行令备倭官军遵照，于九月掣班之时，常川在柘林驻扎，与附近大城所官军在彼日□巡瞭，哨守缉捕，不许坐视等因。

（嘉靖《广东通志初稿》，卷三十五《增减夫船新议》）

御史戴璟看得中路佛堂门、十字门、冷水角等处，实滨海要害之地。要其急，则柘林海道门户；南头，海道咽喉也。昔年南头设有海道驻扎衙门，岂非以此地控其枢□而居中调度哉。但今日某路兵夫若干，某路兵夫若干，皆不过虚糜府库钱粮，率饱备倭囊橐云耳。尔必欲为长治之算，可不循名而责实哉！且贼之所以横行，皆缘本处熟识为向导也。夫□人先以籴谷为由，而奸民因之为市。其究也，奸民贿结军哨，而外翼之，上之人岂能知哉？近年海贼劫，萧廷昌据擒获大半，皆潮阳之土著也。其劫居民王朝用离靖海所不越数里，而半月不捕，军政之驰至此可慨矣。故欲治外必先治内，势之最急也。昔叶义问有言，土豪练海道之夷险，能使船户，凡沿海以土豪为寨主，而饶于舟楫之间，官军不过扼堵岸之口，此策之上也。以愚见言之，必以土豪用之海道，恐滋土民交通之□，亦岂得为上□哉。吾谓不若仿新建伯十家牌式，凡沿海居民以十家为一牌，一人为盗九家不举者连坐，亦为得之，而其要在府官。若辈若逐县官若□□斯可矣。其隘口去处，莫若如邓海道建议，于各隘居民，令其自御各村盗贼，每岁量计兵器之费，有功则□□□重赏之。是亦村自为保，人自为战之意。岂非先人有制人之心哉！故欲御海寇，当知勤我宪节，严我军法，三□保甲，而海道之说思过半矣。

（嘉靖《广东通志初稿》，卷三十五《议守关隘》）

倭艚番舶之虞，近日潮深澳事可见矣。彼岂尽通货贿哉。万一奔突，则惠先受其祸。督盗、通判、守备并驻碣石，严船禁，绝接济，练水军，扼要津，令此往彼来咸失利，变将自销然。潮惠地切唇齿，必相犄角，延有济也。

（嘉靖《惠志略》之《兵防志》）

按图东起不帆港，接惠来之境。其东置加字巡司，附近圭湖、后埕二村。其西置甲子所，附近石帆村，居民勇悍，自能力战，鲜有败事。三十里至宁海澳，外有鱼尾澳，洲渚亘延，可以泊舟。中有湖东港，山势盘曲，可以避风。每岁秋冬之交，东北风劲，贼舟必入是港以藏避之，淹留弥月，远近受祸，仁人所不忍言也。议者谓港门甚小，可以填塞。昔已成功，复为所凿，遗患未几，必塞是港，然后甲子、碣石六十里之间，始有息肩之期矣。又二十里至石桥港。外有田尾澳，亦可泊舟，中置碣石卫，西门之外。复置盐课司。民居稠密，颇称富饶，频年为贼所掠，人无固志，知县张济时为筑土城，乃获宁宇。又二十里至捷胜，其所设在海滨。外有白沙湖、遮浪角皆可泊舟。

中有大德港，置南沙、大德二营，相对防守。议者欲迁捷胜城外，增其戍兵，使与官军相为犄角，庶有实用。又二十里至长沙港，为邑治之门户，旧置巡司及兵营以守之。议者欲迁于谢道山，可以应援邑治。此必不可己之策也。又十里至鲘门港，接五里沙，为邑之孔道，而难于设险。虽南山隘可守，然未有戍兵，是亦不可己者。有十里至观音堂港，门尤小，贼舟每泊港外，荡小艇入掠，虽有石牌营，莫之能禁也。近亦有镇塞之议，以时屈而止。又十里至盘沿港，则归善之境矣。

（嘉靖《海丰县志》之《海防图序》）

海寇有三路，设巡海备倭官军以守之。春末夏初，风迅之时，督发兵船出海防御，中路至东莞县南头城，出佛堂门、十字门、冷水角，诸海澳。东路惠潮一带，自柘林澳出海，则东至倭奴国，故尤为濒海要害。西路高、雷、廉海面，惟廉州境接近安南，为重地焉。夫倭当朝鲜之下流，山峦巉屼，而环以大海，天地东南之仁气至此而尽。性谲且凶，狙诈狼贪，风土使之然也。历鲁东、淮、浙、泉、漳而后至于潮，双桅出没东洋，如履平地久矣。其为海堧患也，弘治以前无通蕃者，故亦无海寇之扰。正德初始渐有之。宋素卿，宗设之犯鄞，围城劫库，放火杀人，非无人而至前也。吾广玩愒防备失策，漳舶遏巢而巡哨私通，是以螳螂逞威，肆其暴窃，一闻风鹤，惧啄宵奔，岂非浙固剥床灾近者耶！

〔嘉靖《广东通志》，卷六十六《外志三·海寇》；（明）严从简：《殊域周咨录》，卷三《东夷·日本国》〕

备倭分三路。中路在广州府东莞县南头、屯门等澳，大战船八艘，乌艚二十艘，广海卫望峒澳战船四艘。嘉靖二十二年，海寇何亚八焚其大半。东路在潮州府柘林澳，战船二艘，乌艚十五艘。碣石靖海、甲子门等澳艚船十艘，哨船各二只。西路在高州府石城、吴川湾澳，各哨船二艘。廉州府海面战船一艘。琼雷二府海港乌艚各六艘。雷州海港战船六艘。

（嘉靖《广东通志》，卷三十一《政事志四·兵防一》）

东路。广东列郡者十，分为三路。东路为惠潮二郡，与福建连壤，漳舶通番之所必经。议者谓潮为岭东之巨镇。柘林、南澳俱系要区，枕吭抚背之防不可一日缓。而靖海、海门、蓬州、大城诸所又皆跬步海涛，所赖以近保三阳，远卫东岭者也。惠州、海丰东南滨海，其捷胜、平海、甲子门，皆瞬息生变。惠潮守备札于卫治，诚有以严其防矣，然未知柘林为尤要也。柘林乃南澳海道门户，据三路之上游，番舶自福趋广，悉由此入。旧例，风汛之期各澳皆设战舰，秋尽而掣，回泊水寨。此在他澳犹可，柘林去水寨一日之远，警报未易达，倘贼视我无备，批吭捣虚，不亦危乎！无柘林是无水寨也，无水寨是无惠潮也。为今之计，东路官军每秋掣班，必以柘林为堡，慎固要津，附近大城所戍卒互为声援，不得规避空所，纵贼驰骤。若遇飓雾尘霾，尤宜加之意焉。其外碣石、靖海、甲子门海澳，虽视柘林稍次，而舟师防御各有信地之责者，又可少懈乎！

中路。岭南滨海诸郡，左为惠潮，右为高雷廉，而广州中处，故于此置省，其责亦重矣。环郡大洋，风涛千里，皆盗贼渊薮。帆樯上下，乌合突来，楼船屯哨，可容缓乎！尝考之，三四月东南风迅，日本诸岛入寇多自闽趋广。柘林为东路第一关锁，使先会兵守此，则可以遏其冲而不得泊矣。其势必越于中路之屯门、鸡栖、佛堂门、冷水角、老万山、虎头门等澳，而南头为尤甚。或泊以寄潮，或据为巢穴，乃其所必由者。附海有东莞、大鹏戍守之兵，使添置往来，预为巡哨，遇警辄敌，则必不敢以泊此矣。其势必历峡门、望门、大小横瑟山、零丁洋、仙女澳、九窜山、九星洋等处而西，而浪白澳为尤甚，乃番拍等候接济之所也。附海有香山所戍守之兵，使添置往来，预为巡哨，遇警辄敌，则亦不敢以泊此矣。其势必历厓门、寨门海、万解山、硇洲等处而西，而望桐澳为尤甚，乃番舶停留避风之门户也。附海有广海卫新宁、海朗所戍守之兵，使添置往来，预为巡哨，遇警辄敌，则又不敢以泊此矣。夫其来不得停泊，去不得接济，则虽滨海居民且安枕而卧矣，况会城乎！按今设御之法，浪白、望桐二所，各置战舰，慎固封守，而南头宜特设海道驻扎，居中调度，似有以扼岭南之咽喉矣。应援联哨，其中路今日之急务乎！

西路。议者曰：广东三路虽并称险厄，今日倭寇冲突莫甚于东路，亦莫便于东路，而中路次之，西路高雷廉又次之，西路防守之责可缓也。是对日本倭岛则然耳。三郡逼近占城、暹罗、满剌诸番，岛屿森列，游心注盼，防守少懈，则变生肘腋，滋蔓难图矣，可弗讲乎！故高州东连肇、广，南凭溟渤，神电所辖一带海澳，若连头港、汾州山、两家滩、广州湾，为本府之南翰，兵符重寄，不当托之匪人，以贻保障之羞也。雷州突出海中，三面受敌。其遂溪、湛川、涸州、乐民等四十余隘，固为合卫三道门户。而海安、海康、黑石、清道，并徐闻、锦囊诸隘，所以合防海澳，以操纵反侧，俾不敢梗化焉者，尤可龌龊玩愒已哉。若廉州，则尤为全广重轻。海北扼塞，两有攸寄，故兵符特扎于灵山、达堡,增屯于卫北。海寇峒獠外裔之忧,视三岭独劳焉。西南雄郡,如琼为廉之外户,五指腹心,尽为黎据,郡邑封疆,无不滨海。备倭之制,若白沙、石琼、馆头、文昌、海安、海康对峙倭岛,飘风突来,防御甚艰。近虽驻参将于厓州,责有攸寄,而守御营戍旧额岁久寖驰。凡此皆西路,今日所当汲汲经画焉者。深念预防,俾幕南稽颡,重译来庭,非长民若兵者之责乎?

[(明)郑若曾:《筹海图编》,卷三《广东事宜》]

广东郡县　霍韬

……若东莞,若香山,若顺德,沿海之民多为海寇,或一夜劫掠数十家,或聚众千数飘据洋海,官军不能追捕,皆守巡官不能防之于微故也。须严督守巡官府县有司,申明保伍之制,每乡立一乡老,自相管摄;十家为甲,百家为乡,出入互相周济,行检互相觉察,寇盗互相守御。则沿海之民自不能挺身潜踪,独为寇盗。不幸有聚众飘洋、拒敌官兵者,又须严督府州县巡捕官,严督沿海卫所官,据险以守。凡贼由海入劫,俱有海港,扼海港控制焉,则入劫无路,久自困矣。复严防内地奸民,乘时沽利,与贼交通,餽之米肉,餽之衣服酒食,餽之利器械,则无内交,久自困矣。复严督守巡等官,严兵控扼沿海之山,凡沿海之山多出山泉,流为溪涧,其水清,其味淡,可以烹食。贼人飘据洋中,洋水蓰,食之则泻,洗手面则皮肉溃,如官军控制山涧之泉,使贼汲路绝焉,久自困矣。

(《苍梧总督军门志》,卷二十九《集议》)

以要害之分守者言之,在广东则有东中西三路。东路扼全粤之上游,则于柘林设把总,哨至猪头礁,与碣石会。碣石设把总,哨至大星洋,与南头会。而惠潮则有参将之设,南澳又有漳潮副总兵之设。中路防省会之大洋,则于虎头门设把总,哨至三角洲,与广海会。广海设守备,哨至黄麖门,与北津会。而广州则又有海防参将之设。西路遏番贼之突入,则于阳电设参将,哨至赤水洋,与白鸽会。白鸽门设把总,哨至海安港,与涠洲会。而涠洲则有游击。雷廉则又有副总兵之设。琼川白沙寨则有把总,崖川则又有参将之。所以备粤寇如此。

[(明)冯应京:《皇明经世实用编》,卷八《海防》]

旗军一百名,分上下班出海巡哨,上班五月至九月,下班十月至来年四月。

(嘉靖《钦州志》,卷六《兵防·备倭》)

碣石卫，辖千户所九，每所辖百户所十，通旗军一万一百余人，内五所逃，故四千三百八十有四，实在一千二百一十有六，番上梧州征调四哨凡八百九十三，备南沙、鱼尾、大德、湖东四澳二百二十六人，战船四座，其余直听即充窑匠养马而已。海丰所旗军绝，故六百五十，实在四百七十有奇。嘉靖七年，奉部移，俱免征调，备长沙海澳，战船二座，哨船四只。捷胜所绝故旗军五百四十有二，实在五百六十有九，番上梧川征调二哨，凡三百九十有八人，备长沙海澳一百一十有二人，战船二座。甲子所旗军绝故八百七十一，实在三百二十有九，番上梧州二百三十有九人，备长沙海澳九十人，战船二座。平海（所）绝故旗军六百七十有二，实在四百七十有二，番上梧州三百七十有五人，备海澳九十有七人，战船二座。

（嘉靖《海丰县志》，上卷《舆地志·戍守》）

且夫洪武开基之初，首重海防，迁海岛之居民，以绝其招引之衅；绝番夷之贡献，以塞其往来之途。永乐以后，罢海运而开会通之河。宣德年间，弃南交而杜雷、廉之道。至如高丽通贡，不许泛海于登、莱，琉球来王，示必严兵于福海。此皆我圣祖列圣用意之深而于今可以三思者也。又今防海人员，咸苦哨捕之役，百计谋脱，常思逃去，今见交通之法既立。疏怠之心渐生，武备不修，坐安岁月，而穷山绝岛之夷，闻风远来，致生他变，不可阻遏。废先朝世守之规，恐其一坏而难复；生后人无穷之衅，恐其既开而难塞。

（《明经世文编》，卷二百八十，冯璋《通番舶议》）

海氛骤起，会城东南临德诸要害皆筑台，贮火炮以御舶盗，而虎门又创建城堞，公家采石之役四出。

（崇祯《东莞县志》，卷七《艺文志·石冈士民颂李公德政碑》）

自王直倡乱，被祸莫甚于浙江，次而福建，次则广东。三镇大臣自当协心同力，肘臂相应。

［（明）严从简：《殊域周咨录》，卷三《东夷·日本国》］

凡贼由海入劫，俱有海港，扼海港控制焉，则入劫无路，久自困矣。

［（明）霍韬：《渭厓文集》，卷十《两广事宜》］

附贼之来也，虽飘风忽雨，然入有门路，止有湾澳。

［（明）陈吾德：《谢山存稿》，卷一《条陈东粤疏》］

嘉靖中，倭寇闽浙滋蔓亦及于广东。议者谓："广东海防当分三路。三路者，左为惠潮，右为高雷廉而广州为中，广郡隶县十有四，而濒海者南海、番禺、顺德、东莞、新甯、香山、新会、新安也，曰屯门、曰鸡踏、曰鸡啼、曰冷水角、曰老万山、曰三门、曰东洲、曰南亭、曰广海、曰沙湾、曰黄埔、曰急水、曰沿柏，皆广郡冲险，而虎头门、澳门、南头厓门为要。"

（光绪《广州府志》，卷七十四《经政略五·海防》）

滕伯轮……为番禺知县。时海寇方炽，伯轮稽保甲，备楼橹，教技击，筑外城以御之，邑赖以安。……盗寇馀艎骤至，率诸将，驾楼橹，击斩无算。

（同治《番禺县志》，卷三十二《列传一》）

请设沿海水寨疏　吴桂芳

照得广东一省十府，惟南雄、韶州居枕山谷，其惠、潮、广、肇、高、雷、廉、琼八府地方皆滨临大海，自东徂西相距数千余里，内通闽境，外接诸番，倭夷海寇窃发靡常，出没非一，然向因牵于山寇，素无海捕官兵。近自甲子秋始，该臣会议题请，添设海防参将一员，领兵三千，住札南头，以固省城东路之防。近又会请，添设守备一员，领兵一千二百名，住札潮州、柘林以严东界门屏之守，其于海邦防御之计少有赖矣。但南头迤西，由广省极抵琼、崖、交、南，茫洋二三千里之间，备御向疏，兵防失讲，以故海上行劫偷珠巨盗往往呼朋引类，向彼潜屯久住，肆无忌惮，至于东路海贼每遇官兵追剿，亦即扬帆西向，以为遁逃之所。如近日海贼吴平之奔越，是可鉴也。尝窃考之，广中素无水寨之兵，遇有警急，方才召募兵船，委官截捕，夫贼起然后募兵，则卒非素练，安可必其决胜；贼灭而兵即散，则不旋踵而贼复入矣。即今平贼虽报败没，然传闻不一，未敢信凭，而其残徒曾三老辈又复回潮州，劫掠我村落，烧毁闽兵船。又该臣等再督新任参将邵应魁留任，副总兵汤克宽前去剿荡，然臣窃以为目下二将之出，足为一时应变之权，然必须早定水寨之筹，始可以永弭海洋之警。何者？沿海皆兵楼船相望，一寨报警，诸寨趋之，虽有十曾三老辈，不足虑也。况今海上曾三老之外，惟林道乾一二辈仅存乎。若沿海无备，所在空虚，特恃今出二将之威，以为数千里海防之重，则今虽尽殄曾三老、林道乾辈，而海上之为曾三老、林道乾者兵罢而复起矣。夫七年之病而求三年之艾，似属为迂，然及今蓄之，尚为未晚。事若缓而实急，功似迟而实大，今日海防要计似不出此。除将一切责成、分布、会哨、会操事宜，臣等所可自专者，听各道会同参将官径行议拟呈报举行，合用兵夫工食于近议改抽民壮号兵银内支给，修船、造船银两于沿海卫所军三民七船料银内追征外，仅将应合请旨事件定立条款，开坐上请，如蒙敕下该部再加酌议，早赐俯允，题覆施行，臣等幸甚，海邦幸甚。

一、定水寨。照得广东八府滨海，而省城适居东、西洋之中，其在东洋称最扼塞者，极东曰柘林，与福建玄钟接壤，正广东迤东门户，稍西曰碣石，额设卫治存焉；近省曰南头，即额设东莞所治，先年设置备倭都司于此。此三者，广省迤东海洋之要区也。西洋之称扼塞者，极西南曰琼州，四面皆海，奸宄易于出没，府治之白沙港后所地方可以设寨；极西南曰琼州，四面皆海，奸宄易于出没，府治之白沙港后所地方可以设寨；极西曰钦、廉，接址交南，珠池在焉，惟海康所乌兔地方，最为扼塞；其中路遂溪、吴川之间曰白鸽门者，则海艘咽喉之地。此三者，广省迤西海洋之要区也。以上六处皆应立寨，内南头已经近设参将一员，督兵三千，足称巨镇。柘林近亦请设守备，兵船之数尚应议增，而已有专官皆可勿论矣。今惟东路之碣石一处，西路之白鸽门、琼州并海康三处各应设立一寨，碣石、海康每寨各兵一千二百名，大、小、中船共六十只，与南头、柘林通为六寨，其柘林寨兵船仍合增如琼州、白鸽门之数，董以将官，定与信地，无事会哨巡缉，有警递相追捕，小贼则一寨任之，大贼则分东、分西三寨合任之，再大则通东西六寨共任之。皆以击贼于外洋为上功，近港次之。若贼起，此寨不击而别寨击之，贼所起寨重治；如见贼不击，或致令登岸掳掠者，查照信地，以失律论罪。伏乞圣裁。

一、设将领。照得六寨分设，统领兵船最贵得人，遴之不精不可也，待之不重不可也。合无亦照闽、浙之例，每寨除南头、柘林已有专官外，其今新设四寨请乞添设钦依把总各一员，以都指挥体统行事。该道仍于附近卫所官负才力者，每哨选委各一员、二员，分领哨事、各寨所认信地。沿海卫所悉听把总调度，各信地内沿海卫所城池，亦把总之责。但六寨地方既有把总、守备官分领之，仍须参将总辖之，缘海洋辽阔，一海防参将实难兼制。查得琼、雷地方旧有右参将一员，职务颇简，迤西海洋本其责任，合无将广省东、西二洋分属二参将统辖。以广海卫为中界，自广海卫以东，直抵闽界，皆今海防参将邵应魁主之；自广海卫以西，直抵交南，皆今雷、琼参将戴冲霄主之。亦自照依所辖三寨信地以明功罪，一应海上兵船皆听二参将调度，各分巡海兵道不得十羊九牧，搀能混管，致令掣肘，违者听臣等参究。其琼雷参将仍乞改注文凭，令其监管西路海防。伏乞圣裁。

一、置监军。照得水寨分建，大小将领固有人矣，然无文职以监督之，则上下或至比周，独任不无生弊，故监军不可不设焉。监之于上，海道兵备其责也；监之于下，各府同知其官也，皆必不可无者也。合无将六水寨照依信地，分属海兵道官，如柘林、碣石二寨，则属海防佥事；南头、白鸽门二寨，则属海道副使；其琼州寨则属海南兵备，海康乌兔寨则属海北兵备。各司监督，凡稽察奸弊、催督钱粮、分别勤惰、明章功罪，皆其责任；遇有大伙贼徒，仍要同参将官亲督各寨兵船出海剿捕；官兵临敌退缩，许令以军法从事。其每寨乞将附近府同知，令之专理海防，监督军务，仍乞敕下吏部，另换清军并专理海防文凭，与各同知官收领，照依各道责任，常川在寨，与把总等官协同行事，有功与把总等官同其升赏，失事则与把总等官同其参治，不许营求别项差委，妨废海上正务。遇有升迁，必须候新同知至日交代，方许离任。如此，则监统皆有其人，文武各举其职，综理周密，而海防振举矣。伏乞圣裁。

（《苍梧总督军门志》，卷二十五《奏议三》；《明经世文编》，卷三百四十二）

请设惠潮陆路参将南头把总疏　李迁

据广东布政司呈奉，臣案验准，兵部咨该南京兵科给事中李崧条陈广东地方贼情事宜，内开合于惠州龙川、长乐、兴宁、程乡等地平时寇渊薮之所设立参将一员，与彼处兵备协力筹划，随贼剪灭等因，案仰本司会议呈详。又奉批据监军副使江一麟呈称，广东沿海先年东设南头、柘林、碣石三寨，西设白鸽门、白沙、乌兔三寨，东西各设参将一员以统领之，内柘林等五寨分设守备把总管领，惟南头则参将兼理。续又议设总兵官一员，驻扎惠、潮，总统水陆官兵防御。为照水寨已有将官分管，惟陆兵未有分统官员，方今惠、潮之间山寇警报日闻，时有顾此失彼之患，似应添设参将一员协理。及访南头寨参将陈濠，海事颇非所宜，陆战实其素谙；高肇参将罗继祖惯历风涛，熟谙海战，似宜更调。合无将陈濠调往惠潮统领陆兵，剿捕山贼；罗继祖调往南头，管督该寨，仍添设把总一员，管领兵船缘由，奉批仰布政司再议详夺等因，依奉查得先因潮州倭奴、山贼猖獗，议设参将一员管领陆兵；继又于沿海设立六水寨，内南头一寨系省城门户，议用参将一员统领船兵，仍兼制碣石、柘林寨务；寻以水陆各将备御未周，又设总兵一员，驻扎惠、潮地方，总统防剿，后因会剿曾酋，缺乏偏将，议将惠潮陆路参将改为惠潮把总，顷者贼平，而参将官员尚未议复。今复前因，该本司掌印左布政司使方弘静会同按察司掌印副使施□臣、监军副使江一麟议照，用兵之道固以大将为急，然分猷共济尤以偏裨为要，故大小具职，然后可以相使；水陆必集，然后可以收功。今科议谓宜于惠、潮、龙川等处贼薮之所设立参将，□□□议要设立惠、潮陆路参将及于南头水寨添设把总一员，盖以防御贵密，责成贵专，言虽不同，事本无异。职等参诸舆论，酌以时势，惠、潮虽设总兵及改用把总，然一则有总统之寄，一则权力未降；其于分哨统督之官委果乏人，且惠、潮额有参将，原非创设；南头水寨外控诸番，内护省会，参将一人亦难料理，所据议设各官俱属相应。及照监军道呈，要将海防参将陈濠调领惠、潮陆兵，高肇参将罗继祖调管南头水寨，合候详夺等因到臣，臣会同巡按广东监察御史赵焞议照：广东寇盗，实水陆之交冲，而主将偏裨，如臂指之相使。今惠、潮行兵，使总兵分哨而无陆路之参将，似失总统之权。南头重地，惟参将一人而无领哨之把总，亦失总统之权。南头重地，惟参将一人而无领哨之把总，亦失分理之责。所据惠、潮添设参将与南头添设把总，既该言官建白，又经司道会议，佥同揆之，事体委属相应；又见任南头参将陈濠长于陆战而海上未宜，高肇参将罗继祖惯涉风涛而陆地未习，似应互相更调，如蒙乞敕兵部，再加查议，合无于惠潮陆路添设参将一员，令其于二府所属龙川、长乐、程乡等县地方驻扎，所部之兵即于总兵标下及二兵备团操兵内酌量分拨，又于南头水寨添设以都指挥体统行事把总一员，听海防参将督令统领，原额兵船往来海上巡缉，合用廪粮，行守巡道查支；其南头参将陈濠、高肇参将罗继祖互相更调，换给敕书，令其到任管事，庶大小之体统相维，水陆之防御有赖，地方幸甚，臣等幸甚。该兵部覆奉圣旨："是。钦此。"

（《苍梧总督军门志》，卷二十五《奏议三》）

然惠皆良民耶？猺獞涽焉，渔蛋伏焉，逋逃集焉，盗所由出也，惠可免乎？挺殳揭竿之暴可得而诛矣。道舍村墅持农器、装商服者，或伺变改面，岛屿湾澳，倭舶洋樯，飞凌风涛，扣弦而歌欤，乃者可保其不为盗乎，防乎？其防尚有赖矣。

（嘉靖《惠州府志》，卷十下《兵防志下》）

龙川江防截颇疎，寇艇来去飘忽，多东莞无赖，急则亡入海，官兵借口诿责，敌哨逻之舟分布要害，不可谓张皇也。倭艚番舶之虞，近日潮、深、澳事可见矣，彼岂尽通货贿哉，万一奔突则惠先受其祸。督盗通判守备并驻碣石，严船禁、绝接济、练水军、扼津险，令此往彼来咸失利，变将自销。然潮惠地切唇齿，必相为犄角，乃有济，是在委任责成而已。

（嘉靖《惠州府志》，卷十下《兵防志下》）

柘林澳：内漳、潮海寇，外暹罗诸番，倭常泊舟于澳，为内地方患。

（嘉靖《广东通志稿》，卷三十四《营堡》）

南澳山，在海中有三澳，曰深澳、曰青澳、曰长沙尾澳。……幅员三百余里，旧番舶为患。

柘林澳：暹罗诸倭及海寇常泊巨舟为患，今调拨潮、碣二卫军士更番哨守，益以募夫，以指挥一员领之。

水寨：九舟之过秋溪及樟水港者必由之。洪武初，置石城，造战舰以拒番舶。今官军往来防御以夏秋为期。

赤沙澳，在县南四十里，沙堤可蔽海涛，漳艚时泊于此剽掠。

烽火山，在井州堡。昔人于此设烽火以候海寇。

（嘉靖《潮州府志》，卷一《地理志》）

惠之郡在百粤，居岭海之间，东接漳潮，西连汀赣，即上世以来，率乘其休恩事甚。至狃，以土沃民疾、荒远可安而不知迩有大可隐忧者伏焉，未察也。其在汀赣则流聚猺、峯，有溪崗箐谷之阻出无时；其在漳潮则倭夷闻风蹢蹂，窥我寇我日棘。惠两邻附之，背胁腹心所系，甚不可谓无虑者。

（嘉靖《惠州府志》，卷十六，曾佩《重修惠州城垣》）

广东省会郡属错居海上，东起福建，西尽日南，沿洄六、七千里，中间负海之众，无事则资海为生，有事则藉之为暴。自嘉靖末年倭夷窃发，连动闽浙，而潮惠奸民乘时构衅，外勾岛孽，内结山巢，恣其凶虐，屠城铲邑，沿海郡县殆人人机上矣。各该卫士水军鱼鳞杂遝，曾不能一矢相加，而材官世胄皆奉头幸免，虽有郡县额籍壮丁，而反为贼用，故节该历任军门吴桂芳等议设六水寨，各统以参总，募土客兵，给与船器，专备追击。续该福建军门刘尧诲以南澳为闽广之交，议设副总兵，以总两省舟师，协柘林、铜山二寨而守之，计亦周矣。

（《苍梧总督军门志》，卷五《舆图三》）

（隆庆三年二月壬辰）兵部覆南京、湖广道御史尹校等条陈广东用兵事宜："一、言将士玩寇，乞责实效以期剿灭。一、请令广东巡抚坐镇惠、潮，两广总督驻广省。原设神威兵备专驻潮州，兼管漳、泉，官军便于调遣、夹击……一、言广东方造舡于闽，日久未成，成则取道贼所，虑有不测，宜谨伺之……"得旨："如议行。"

（《穆宗实录》卷二十九）

隆庆三年六月癸酉朔，总督两广、福建都御史刘焘条上广东贼势及兵食至计，言广贼有五种，其首恶曾一本及碣石残倭流毒最甚，亟宜殄灭。其次，贼沿海通贼居民，若一概诛剿，贼既绝其可生之路，而益坚其从贼之心，请揭榜晓谕，许其自新；不悛，乃重寘之法。其次，山贼黎汝诚等抚之，因无所顾忌，剿之亦不可胜诛，宜抚剿并行，殄其首恶，则余党自可传檄而定。其次抚贼林道乾叛服不常，固有养虎贻害之忧，然业已听抚，又立功海上，宜察其果无异志，即当推心置腹，勿使自疑。此三种者皆可以计定，而不可以兵劫者也。其目前平寇之计有二：厚赏格，以励士气，查得原议赏格。凡斩贼首一颗，赏银二两。斩获曾一本，升职一级，军中咸以为轻，乞仿征蛮事例，一人自擒斩三名颗、四名颗、五名颗者升实授一级，不赏。六名颗以上者，亦升一级，余功扣赏。领军、领饷等官部下擒斩一百名颗，升署一级，三百名颗，升实授一级，俱不赏。四百名颗以上，亦升一级，余功扣赏。例应赏者仍量贼大小，成功难易，分为下、中、上、奇四等给散，有斩获曾一本者，若平民即升授指挥佥事，指挥即加升都指挥使，俱准世袭。仍照前议给赏。一积粮饷以裕兵食。前者兵户二部已发银十万两，今调兵数多，馈饷犹恐不给，乞令户部移文督责各省，原代广中军饷银两，速行补还，并南京户部再发公帑五万两给取。兵部覆奏，得旨，如议。发真定府榷本税银三千七百两有奇，给选盔甲，从巡抚都御史朱大器之请也。

（《穆宗实录》卷三十三）

（隆庆三年十月辛酉）工科给事中陈吾德条陈广中善从事宜：一、明赏罚。言往岁总兵官汤克宽纵贼贾祸，纳贿安民。宜速正典刑，不当留狱。守备李茂才力战死事难恤其子，而本官未加褒录，请赠祭如例。一、复兵防。言广东滨海者，十郡而七，住设兵三路，岁编发船防守法甚善，顷者令民船纳税，而改设六水寨，专守南头，撒藩埔，而独顾门户，以致贼横行海上，宜移船及兵，仍布之三路，各以守备统之，用防边海。一、处船户。言东莞、新会、顺德三县有乌艚、横江船千余艘，有警刷取，兵壮气精，听向成功，自浙直征倭，调至三四百艘，南渡之败，船户且尽，乃议官造，夫以乌合之众，掺所不弃习之舡，何救缓急，宜兴复民，免其刷掳纳税，以往时轮差之法行之，则可以收勇力、待功守。一、禁私番。言满伽剌等国番商素号犷悍，往因饵其微利，遂开濠境，诸澳以处之，致趋者如市，民夷杂居，祸起不测。今即不能尽绝，莫若禁民毋私通，而又严饬保甲之法以稽之，遇抽税时，第令交于澳上，毋令得至省城，违者坐以法。一、补协借。言广东岁额兵饷不满十万，而近复增六水寨之兵，益苦不支。往年浙、直、闽、蜀有事，则令广东协济，今广东告匮。宜令四省还补旧额，无重困方。一、禁虚冒。言将官虚募兵士，冒支廪饷者甚众，宜尽厘革。一、议抚剿，言岭表抚剿失策，曾酋余党既未尽殪，而抚民林道乾犹据下沧，宜令当事者悉心图之，务绝祸本。一、恤忠勤，言巡抚熊桴承命入境，正山海纵横之日，兵食两乏，重以叛卒通倭，人心岌岌，而桴奋身督兵，犯瘴疠，屡成奇捷，竟以身殉，宜大加褒恤，毋泥常格，事下户、兵二部覆议，可行。上皆从之。乃赠茂才都指挥同知，以桴及克宽功罪，下所司议处。

（《穆宗实录》卷三十八；王士骐：《皇明驭倭录》卷九）

（隆庆三年）窃以为灭贼固难，善后尤难。……为今之计，似宜乘战胜之余威，藉兵饷之稍裕，急将海防事宜严加整饬。如林道乾辈，既为良民，便当遵吾约束，涣其群党，厘其宿弊。如怀疑贰，即可名之为贼，因而除之。仍当于沿海一带，分区设寨，修饬兵船，严申海禁。又广中原题设六水寨。今宜选黠习舟师，分任责成。至于山寇，乃坐守虏耳。胜兵往加，势如破竹，亦宜歼其渠魁，后乃可议招抚。

［（明）张居正：《张居正集》，第二册《书牍·答两广总督熊近湖论广寇》］

（隆庆四年二月庚辰）巡按广东监察御史杨标言，今广东之事，黎岐瑶壮依山出劫，日本诸酋航海内侵，此四肢病也。十府之中，惟南雄稍号无事，自余各府之民，转相煽乱。大者数千，小者数百；又少则夜聚晓散，又巧则阴叛阳招。惠潮之间，其势尤炽，甚至一城之外，即为贼巢，数十里内，人烟断绝，此腹心痛也。人情以贼为荣，莫如知愧耻。官府以贼为讳，莫敢究诘。以兵力，则卑弱难侍；以帑藏，则空乏不支，此元气病也。夫病在元气，已非旦夕可疗。而今且茫然妄投药饵，无能之官，食无用之卒，行无益之事，臣窃惑之。夫该省六十三卫所，指挥以下官至五百五十余员，而执以都司。又如添设奏带跟随总兵参将、游击、都司、守备、把总及各色把总、哨官之类，多不可纪，率皆纡紫拖朱，侵粮冒赏，无有一能见敌者，此所谓养无能之官也。六十三卫所有旗军，七十七州县，有民壮见籍十余万人，而水陆各将官所统各道府，所圉其众又且数万，乃皆置之无用。每议剿，则请调闽浙狼兵，使人逞无厌之，求岁糜不赀之费，所养非所用，所用非所养，此所谓食无用之卒也。防守之说，本为御戎，至于门庭之寇，法当诛矣。今不合兵以剿，而曰分兵以防，夫兵愈分则备愈寡，遂为将官巧避之地，贼所向如无人，虽千数之兵，过十数之贼，亦得其来去而莫制，此所谓行无益之事也。今不早治，臣不知病所终已。臣又见近日司府诸臣，即尽瘁有功者，所获不过一赏，而其间悠悠推避之徒，往往叙迁，夫任事者不免任怨，避事者且得避祸，苟无以甄别之，孰肯舍其所便，而顾冒其难哉！臣请敕下督抚，责成兵备等官，其有军功者不次会荐增秩，否则虽他功不叙，更严不称之罚，知府虽非为兵设，而功罪殊□者，亦得与兵备官同其举刺，其他冗兵一切汰省，山海之寇，务在剿灭，为期不得，仍前假托防守虚费钱粮，则元气日强，而地方无事矣。章下吏兵、二部覆议。俱从之。

（《穆宗实录》卷四十三）

阳电营在电白县东，隆庆六年，倭寇陷城。
莲头营在电白县南，隆庆六年，平倭后建。

（万历《高州府志》，卷二《戎备》）

（隆庆六年闰二月己卯）提督两广军务右侍郎殷正茂条议四事：一、分信地。言巡守兵备各官移徙不常，故董治靡及百务废驰，宜令广东巡视海道，驻东莞南头城。分守岭南道，驻省地。分守岭东道，驻惠州府城，往来海丰。分守岭西道，驻高州府城。分守海北道，驻雷州府城。广州兵备兼分巡道驻新会县城。岭西兵备兼分巡道，驻肇庆府城，往来德庆、泷水。南韶兵备分巡道驻韶州府城。惠州兵备分巡道，驻长乐县城。海防兵备分巡潮州道，驻州府城。海南兵备分巡道，驻琼州府城。海北兵备分巡道，驻廉州府城。监军道，随军调度，自后推补各道员缺，即于文凭内明驻各分驻地方，使便行事；一、议召募，言土兵利水战，浙兵利陆战，而广人多言练土著，将领多言募浙兵，臣以为兵在训练，何异彼此，愿训练之效其于他日，而寇盗之患急在目前，请召募浙兵六千人合土兵万二千人，分三十营以备征剿；一、议民壮，言各府县编佥民壮，动以抽解济边为辞耳，不知抽解之议起于往时隐占于没，故取其赢余，以济边今既设官操练，编成队伍，皆为民兵，与曩时异。而岭海之急甚于九边，安得复泥前说，宜暂停抽解，候事宁别处。章下部议，皆以为可。上乃允行之。

（《穆宗实录》卷六十七）

（隆庆六年闰二月癸亥）兵科都给事中章甫端等以广寇充斥，条陈要务四事；一、禁交通，以绝祸本。言广东地远法疏，奸豪嗜利之徒往往交通番夷，潜相贸易，酿成大患，宜严体访，必寘之法。一、严选斌，以济时艰。言盗贼烽起，地方鼎沸，必赖才职卓荦精忠任事之臣，宜量材授仕，惟奖取大节，毋惑浮言，毋搜细故。一、严法令，以肃战守。言今之将帅，平居则凌削军士，法令不行，临敌则仓皇震怖，观望被靡，士无退避之戮，将无失律之诛，是以多败。自今一以军法从事，不得仍前姑息，有功者超格升赏，一、严核催，以裕军需。言岭南富庶，本无乏财，而濒海之利，悉为势家所夺，加以积弊多逋民既日用，而有司不敢诘，馈饷不足，实由于此。宜令抚按官严核催征，无避嫌怨，兵部请以其议下督抚举行。从之。

（《穆宗实录》卷六十七）

（隆庆六年六月）乙亥，提督两广军务、兵部右郎段正茂奏，岭海之间，道路辽远，虽设有营兵陆将，然惠、潮往返必经月余，雷、廉之于琼崖渡海远涉，恩平、阳江相隔数百里，既无县治，又无将领，皆有难于兼治水路，虽设陆寨，然自潮至琼东西相距延袤五、六千里，各寨所管信地，远者千余里，其间海洋浩荡，港澳多门，使各寨兵船合宗巡哨，则顾此失彼，势既难周；分港防守，则船少势孤，力又不足，是以各贼乘虚登岸，防截为难。议欲东西设立游兵参将二员及雷、廉、潮、惠等地方各添设参将守备，把总等官，庶分布既密，剿捕无难，山海之间，盗贼自息，因荐参将晏秋元等堪任。

（《神宗实录》卷二）

（隆庆）六年冬，海贼郑大汉、许俊美久作乱，提督兵部侍郎殷正茂讨平之。先是，郑大汉者纠众操舟，流毒海滨。春间，乘倭警与杨老仔等纵横于琼崖地方，为祸益烈。入夏，倭患告平，大汉使开洋东上，避兵吴川、阳江一带，所至大遭荼毒。督府下令海道副使刘稳授计征倭海兵把总吴天赏、原任都指挥金丹，督率抚兵追至楼肚澳，连战数合，贼船有冲沉焚毁者，溺死不计，贼势穷蹙，弃船奔山，督兵围搜，擒斩凡一百三赶不上余名颗。许俊美者，原系林容漏刃之党，多年在海狷獮，高、雷两府之地，蚕食殆遍，时出没于阳、电之间，并督天赏等兵追之，夏末，为飓风坏船，俊美率众遁上吴川一带劫房。复檄刘稳整兵付参将白翰纪往援，行次广海，又为飓风坏船，本贼突入马头嘴等处肆劫，内地讧然，督府震怒，属刘稳暨监军副使吴一介将章程新修三寨船只，募兵二千，委参将晏继芳领之出剿，令刘稳登舟调度，仍促白翰纪、吴天赏等舟师东上夹攻，一时新兵候集，士气奋扬。白翰纪初战于竹洲、老万山，晏继芳再战于三灶洋，吴天赏等两捷于三洲洋、荔枝澳，俘斩三百名颗，焚烧、溺死者倍之，许俊美为伙党相戕，止存尸躯，余党无遗。郑大汉为吴天赏生缚解军门，身长八尺，磔于市。

（万历《粤大记》，卷三《事纪类·海岛澄波》；《苍梧总督军门志》，卷二十一《讨罪五》）

（万历元年五月）癸巳，令提督两广侍郎殷正茂督兵剿海贼。林道乾闻山寇荡平，叛招出海，驾言奔投外国，又林凤、朱良宝等济恶猖獗，正茂计大集水陆之众，期一鼓就擒，其或广海茫洋，不能穷追，一面扑灭凤、宝诸贼，剪其羽翼；一面捣其巢穴，移大将提兵一枝据其倚山跨海之险，以待其来，即使勾倭内犯，亦已有备无患。兵科都给事中张书遂请申饬正茂刻期征剿，务在必诛。兵部两覆之，仍乞行福建镇、巡严兵协剿。

（《神宗实录》卷十三）

（万历元年八月壬申）诏行两广军门及闽、浙各巡抚协剿通贼林道乾等，不得推诿观望，贻害地方。

（《神宗实录》卷十六）

濠镜澳关在县东南濠镜山北三里，明万历二年，建设闸官守之，以防澳夷。
（道光《广东通志》，卷一百二十《关隘略一》）

（万历三年九月辛丑）兵部覆两广提督、广东巡按、福建巡按会题："南澳设镇事宜，在广则裁东路参将，而以柘林水寨船四十五只属之，在闽以铜山游船四十只属之，共兵三千五百一名。"更条为供亿、事权、信地、应援、月粮、屯田、官兵数，议上之。奉旨："南澳据漳、泉要害，依拟设官建镇，以便防守。但创建之初，事须审虑，其中应议事宜，着两广总督、福建巡抚一一计处当，务令经久可行。"

（《神宗实录》卷四十二）

（万历三年十月丙寅）吏部覆题："广东宜以副使一员巡视海道，驻劄东莞南头城，平时则操练稽察，有事督兵出海剿捕，即以本省副使刘经纬调补。"从之。

（《神宗实录》卷四十三）

（万历四年正月己未）福建巡按御史孙鋕言：广贼林凤奉命夹剿，闽师出海已击其半，而潮州道参政金淛专主招抚，阻回闽师，恐他日终为二省患。时淛已揭报省按院主捕凤矣。闽有此言，上亦不罪淛，但申饬旧议，责令成功而已。巡抚都御史刘尧海亦言，贼凤回潮，全赖闽兵追击，犁沉大半，擒斩多功，淛不胜嫌忌，及称妄庹，计阻闽师，乞赐堪以昭激劝。至于吕宋，虽非贡国，而能慕义来王所献方物，应为代进，下兵部覆，如闽抚议。上曰："人臣若肯同心为国，嫌忌自无。"兵科给事中萧彦又言："林凤为闽兵所击，区区余烬，不即就歼，而坚欲示弱，可虞一；或抚或否，可虞二；置之腹心之地，可虞三；彼无意听招，而我招之，可虞四；有云凤死，有云凤生，揭报支吾，踪迹诡秘，可虞五。总之，惠、潮重地，非涮轻率寡谋、拂众自用者所能胜任。乞量移别地。"吏部覆，涮宜留任。上命供职如旧。

（《神宗实录》卷四十六）

酌时宜定职掌以便责成以重海防疏　凌云翼

（万历四年）据广东布、按二司呈奉，臣案验，该臣覆看得：广东沿海东西延袤几千余里，较与浙、闽形势迥不相侔。先年地方承平，将领不比多设，自海患日炽，设官日增，始以左、右二参将，迨后则水、陆参将，且设至八人焉，亦势有不得不然也。但历年建置前后不一，循名责实，职掌混淆，每遇警急，互相推调，亦有先年增置而今应裁省者，有旧议未及而今应增置者，通须裁定归一，庶可责成。所据布、按二司各道与总兵官会议前来，内沿海六水寨，除柘林一寨与闽为邻，近添设漳潮副总兵，分割管辖，无容别议。其惠州之碣石寨、琼州之白沙寨、雷州之白鸽门寨，三府各有陆路参将一员，即以各水寨就近分属兼理，舆论罔不称便。其南头一寨，为省城门户，听广州海防参将专一督理，以固内防。惟阳电一带为倭夷海寇出没之冲，先年属白鸽门寨信地，缘兵寡地阔，管顾不周，近年双鱼、神电连致失陷，虽经前督臣以抚民设寨把守，乃一时权宜之计，未为万全。如将西路巡海参将改为海防，于此增设一水寨，名曰北津寨，亦照南头寨参将事例，兵船则大小共六十号，官兵则二千三百零二员名，计岁支饷银二万三千一百七十四两四钱。查得乌兔一寨，僻在海角，虽近珠池，自有官军防守，如听雷廉参将委协总一员，带领兵船十只，移札海康所更番驻守，自无他虑。将乌兔寨裁革，计得官兵一千五十四名，就移为阳电参将之用，合用兵船，除西路巡海项下见有船三十二只，再将乌兔寨兵船归并，不足之数另行造给，惟止欠兵一千二百四十八名，岁该饷银一万三千二百五十二两八钱，容臣通融节缩，或将每年扣存逃故兵银拨补，亦不必额外增饷，其潮州、高肇陆路参将俱听仍旧。至于柘林寨，虽分割漳潮副总兵统辖，然柘林为潮海上游，如将兵船尽掣，南澳则门户空虚，诚有如司道所虑者，仍行副总兵酌量分布，务在彼此兼顾，唇齿相依。如此，则沿海将领职掌分明，信地画一，既可免推诿之习，亦可无阙疏之虞，其于海防诚为有益。伏乞敕下兵部，再加查议，将各官职守通行申明拟议上请，将惠州参将兼管碣石寨，琼崖参将兼管白沙寨，雷廉参将兼管白鸽门寨。以上参将三员，俱以陆路兼管海防为衔，内琼州参将除去"西路海防"字样。其南头参将止督理广州海防，专管南头一寨，东自大鹏所小星洋起，西至广海卫交界止，除去"督理惠潮"字样。阳江地方增设北津水寨，就将西路巡海参将改为阳电等处海防，责之统领，该寨凡一应兵船、粮饷照前议处，给其信地，东自海朗所界起，西至吴川、遂溪分界止，仍照南头参将事例，亦不必添设把总，以滋冗滥。其乌兔寨裁革，原设钦依把总一员推补别用。各参将原领敕书，乞赐换给，以便钦遵行事。其阳电新改海防参将就以原领符验、旗牌，准与收用，无烦重给。自此分定信地，以后各将官再有推奸偾事者，容臣从重参究施行。臣不胜祈恳之至。

（《苍梧总督军门志》，卷二十六《奏议四》）

（万历七年五月戊辰）刑部题广东珠池之盗，有司因无律例，概以强盗坐之，似属过重。今议

提获盗珠贼犯，俱比常人盗官物并赃论罪，免刺，仍分为三等：持杖拒捕者为一等；不论人之多寡、珠之轻重、不分初犯、再犯，首从俱远戍。若杀伤人为首者斩。虽不曾拒捕，但聚至二十人以上，珠值银二十两以上者为二等；不分初犯、再犯，为首者远戍，为从者枷号三月照罪发落，人及数，而珠未及数者，亦坐此例。若其人与珠俱不及数，或珠虽及数，而人未及数为三等。首者初犯，枷三月照罪发落，若假以盗珠为由，在海劫客商船只或登岸劫人财物者，各依强盗论，依拟者为令。

（《神宗实录》卷八十七）

各寨遇警每以风力不便，借口偃寨，然贼可往，我兵可追，前寨船迎敌，合击自可成功。今后将领务要恪守原颁军令，一有贼警，即哨报南北邻寨，合艅策应，无限疆界。风南，而贼自南来也，责在南寨，即贼过南寨之信地也，亦必分兵尾贼之后，而北会于邻寨以并击之。风北，而贼自北来也，责在北寨，即贼过北寨之信地也，亦必分兵尾贼之后，而南会于邻寨以并击之。有功，则受贼之寨与追贼之寨同叙；失事，则追贼之寨与受贼之寨同罚。如贼势重大，沿海各寨仍俱听总兵官调遣，各该参备不得以信地为辞，阻兵自固。如违，听总兵官参究。

（《苍梧总督军门志》，卷二十二《水寨事例》）

（万历八年六月乙巳）免广东借用解部银一十三万六百一十三两。先是，总督凌云翼疏奏："海贼曾一本猖獗，所留前银不敷。今者寇乱虽平，生理未复。

况前银在查盘之数，又是地方一二百年余积，义非额派额征之比，覆请除豁，止将见贮该司并新宁县库共银一千七十五两三钱六分起解赴。"部覆，得旨。

(《神宗实录》卷七十六)

（万历八年）惟查阳电海防专管北津水寨参将一员，系万历四年间添设，比照南头寨事体，该寨兵船大小六十只，就以裁革廉州乌兔寨兵船、岁饷并裁革西路巡海参将兵船，归并凑用，即以西海参将改为阳电参将，专管北津一寨。今查该寨近已议允移兵船二十只，发守海北乌兔、龙门等处去矣，船额既少，险易不同，且参将员下并杂流等项岁费供亿银一千二百四十余两，本员参将诚为冗费。……阳电海防既议以裁革，相应添设钦依把总一员，专领北津寨务，统领遗下兵船，防守信地。

(《苍梧总督军门志》，卷二十七《奏议五·议革广东武职官员疏》)

（万历十四年三月）己亥，兵部提覆：总督两广都御史吴文华题称，惠潮属邑先年建设兵备海防佥事、山防副使各一员，始以海摄理分巡事务。其后复裁伸威兵备，统属海防兼管，弹压不及，顾虑难周，以致程乡一邑，迩年犯城二次，要将分守岭东道，兼衔伸威兵备，移驻长乐，适中控制，整饬山防。以惠州之归善、博罗、河源、龙川、长乐、兴宁、和平、长宁、永安及潮州之程乡、平远一带北路诸邑属之。海防惠潮道，照旧兼管兵巡，驻札潮州，以潮州之海阳、潮阳、揭阳、饶平、澄海、惠来、大埔、普宁及惠州之海丰一带南路诸邑与碣石卫属之。及分屯营兵，听其两通，会同各该将领操练、调遣，巡历行事。之从。

(《神宗实录》卷一百七十二)

虎头门寨，万历戊子建置，原有兵船三十只，官兵八百二十余名，以钦依守备一员统之，今守备不设，见存兵船录后，前部把总一员，哨官二员，后部把总一员，哨官二员，右部把总一员，哨官二员，左部总哨拨作武山营及守铳台，大小兵船二十五只，官兵七百八十余名，粮食广州府支给。

(崇祯《东莞县志》，卷三《兵防》)

（万历十九年九月癸亥）给事中胡汝宁题称："倭夷与浙直闽广相对，乘风扬帆数日即至。宜选求名将，多增战船，广募水兵及梭枪、椰笔、火器等项制造演习。"部覆，从之。

(《神宗实录》卷二百四十)

（万历十九年十一月壬午）总督两广侍郎刘继文备陈防倭条议："其议险要，当以沿海要害处多设疑点；其议师旅，当于水寨专练主兵截之外洋。一、戎器为长技，合用喷筒等烧帆焚橹，复用绵甲遮避箭炮。一、将领宜惯海如陈磷、武应隆，宣令大立战功，保荐叙用。民兵当练，而借调商船渔船，以备缓急。奸徒当禁，尽追没私贩财产，以重赏责。惠潮、海南二兵巡道准给军门原领旗牌一面，假以便宜……至澳夷内集，恐虞不测，合于澳门外建抽盘厂于香山、大埔、雍陌地方。汛至，以同知驻扎新安，通判驻扎雍陌。汛毕方回。仍将倭奴人犯情节晓谕澳夷，令其擒斩自入献，重加赏赉。尤销患安邦之一策也。"着如议行。

（《神宗实录》卷二百四十二）

（万历二十五年九月戊申）上以兵部不推防海御倭总兵官，传谕内阁，令速推，部以见领广兵副总兵陈璘……上请，皆南将也。

（《神宗实录》卷三百十四）

莲头寨，在电白县南，隆庆六年平倭后建，原设分总一员，哨官二名，队兵五百名。万历二十九年，调守限门哨兵二百五十一名，后议设官兵二百五十一名，补足原额，今实在官兵四百八十七名。

限门寨，在吴川县南五里，海航必由之区，本郡必据之险也。东连肇庆，西抵雷阳，上下几五百里而遥，向拨莲头寨官兵二百五十一名看守。万历二十九年，缘倭警而设寨，置分总一员，哨官二名，队兵二百五十名，并原拨官兵五百一名。今撤北津右司，并力莲头、限门二寨，距赤水而中分之，俾各守其信地，司兵者春冬二汛时共简阅防守，视昔有加焉。

（万历《高州府志》，卷二《戎备》）

万历三十年十二月戊子朔，仍附奏备倭水将官兵。兵部题："倭奴狡诈异常，情形叵测。则自内及外先事设防，皆今日所当亟请者。况闽广浙直沿海地方，无处不可通倭，则随处皆当戒严……"

（《神宗实录》卷三百七十九）

（万历）三十五年十二月，安南贼犯钦州。交趾贼翁富乘小船百余艘，贼众数千，由龙门入。钦州城陷，百户吕朝炯走，吏目裴挺然被获，学正李嘉谕骂贼，死。贼杀人放火大掠而去。（《廉州府志》）

三十六年，命总督两广御史戴耀督安南都统使黎维新讨翁富，平之。交贼复寇钦州，守备祝国泰、百户孔榕御于龙门港大战，死之。哨官朱子连战于南屯之朱家港，亦死之。贼围州城，同知曾遇指挥党宏谟射退之。（《廉州府志》）

　　九月，总督戴耀遣总兵孔宪乡驻钦州，副将杨应春率雷廉兵由河洲进，游击田丰率广肇兵由海道进，参将张国威、游击张继科率东西二山兵水陆并进，海南道蔡梦说监军，推官李懋功随军纪功，海北道林梓守钦州，总理军需。十月，进花封，直捣贼巢，俘斩甚众，生擒贼首斐文用，贼首翁富逃匿，获其妻妾斩之，乃班师。（《廉州府志》）

　　　　　　　（道光《广东通志》，卷一八八《前事略·明二》）

　　蔡善继，万历三十六年以进士知香山。甫履任，即条上制澳十议。未几，澳弁以法绳番目致叫嚣叵测，善继单车驰澳，数言解散，缚至堂下笞之。故事，番人无受笞者，独善继廉介素为番人所服，又临事控驭有方，故遂弭耳。受笞而去。（《郝志》）

　　　　　　　（道光《广东通志》，卷二四七《宦绩录十七·明六》）

　　（万历三十八年六月）庚子，兵部覆总督两广兵部尚书、今革职为民戴耀征黎善后四议：一、议增兵以固防御钦州。钦州添设陆兵六百名，牙山添设三百名，龙门水口添设四十名，共是水兵八百名。及查广之东山、西山各参将中路守备，统领官兵共四千五百员名。且今地方宁平，议于内抽减二营共兵九百名，移往钦州内，五百名札守州城，百名哨守防城。其三百名改为水兵，发守牙山，哨巡鳌头等处。又查有涠州游击原设水兵一千四百名，专为防守珠池，今珠已聚尽，盗亦解散，议于内抽取五百名分札龙口水口等处。且系珠池西界有警，亦是应援，足饷不加派而兵已足用矣。至廉州府城滨临巨海，东连日本，西接交南，原设仅陆兵三百名，委未足用，议增兵二百名就于该府，廉州卫旗军精壮余丁内抽出五十名，合浦县抽出精壮民兵五十名，又召募新兵一百名，与同旧兵合营训练防守遇警援。所有新兵月粮于该司贮库、各府州县旷饷银内酌量衰益，通融支给。一、议设将官以重弹压。钦州地方边海，宣德初年设有守备坐镇，后因承平撤兵，止存一守御千户所，旗军不满二百。遇有警息，驰报雷廉涠州，俱离辽远，虽星驰赴援不能及事。今议将罗定守备调移钦州，其禀粮杂役工食等项即以罗二营额定饷银移支，凡系水兵仍属涠州游击节制，该游移驻白龙厂，就近防守。陆兵仍属雷廉参将节制，该参将照旧驻扎，往来调度。一、议复峒官自相钤制。钦州四峒僻居西境，接壤十万大山，习染夷风，汉法难施。先朝设立土司，给以印牌世守。至国初，易以峒长。宣德年间，叛入交夷。嘉靖二十一年，始复版图，岁纳丁银，屡年逋欠，而峒中奸民往往勾夷为患，皆由峒长名位卑微，不能钤束。今议每峒设一土司，就将峒长行广东布政司给与名色把总空衔，札付如长官体统，使之约束峒民，不得世袭，但札付给与，该司予夺，一经题请，彼将扶以为重。是该省无故而添二十四土司把总，久之跋扈相仍。据为世袭，谁能禁之。且中国奸民因而营充峒官，设财后贫。启衅生事，有不容以不顾虑者。一、禁互市以绝祸萌。钦州防城夷汉互市，岁收额税银二百两，第近年防商货物屡被劫夺，商人遂移货城内。夷寇垂涎，纠众劫城，实因贸易以为祸胎。今议防城互市即时停罢，仍严禁各处隘口不许私通往来。但岭南夷汉互市其来已久，今一旦遏绝，彼既不得贸易之利，将益逞其不肖之心。固宜多方以禁缉，尤必设法而戒严，以上后二议，合行督臣及广西巡抚衙门覆议，是否妥便，俱奏定夺。"从之。

（《神宗实录》卷四百七十二）

（万历三十九年十一月丁未）戊申，浙江抚按高举、郑继芳报："温处道擒获夷犯，一次裴福宁等七十三名，安南国升华府河东县人，奉差祭祀黄葛灵神，为风飘深入；二次陈阳科等二十五名，亦河东县人；第三次何王榜等四十二名，升华府潍川县人；俱为飓风引至内地，殊无犯顺掳掠情形。杀之不武，养之不便，在往例递至两广总督军门，发还本国安插处置，以示天朝柔远之化。"章下所司。

（《神宗实录》卷四百八十九）

（万历四十年六月癸酉）兵部覆："两广总督张鸣冈奏，交夷航海飘入内地，参原任广海守备夏士昌宜革任回卫，并请严旨切责安南都统使黎维新，饬禁诸夷，毋得仍前飘入汛地。"有旨责问黎维新如何纵夷屡侵内地，以后着严行约束，不得违犯。

（《神宗实录》卷四百九十六）

（万历四十年九月戊戌）兵部覆两广总督张鸣冈条防海五议：一、虎头倭寇出没，居水陆卫，钦总不足捍御，致有先年倭犯，应移总兵扎镇。一、澳夷狡猾叵测，宜将虎头钦总改札鹰儿浦，仍于塘基湾等处垒石为关，守以甲士四百人，余兵棋布缉援。一、旧营雍陌、香山、濠镜间各五十里，议制都司、海道兵足以四百，选将肄武，更班守汛，与钦总所辖各兵营用以成。一、严防住牧内地佛、良诸夷，仍申市禁，否则绝之。一、添广州东、西、中三总哨，里海把总俾有统属责成，而任以谋勇武科。俱依议行。

（《神宗实录》卷四百九十九）

（万历四十一年六月庚戌）总督两广兵部右侍郎张鸣冈言："粤与闽、浙同一防倭也，而浙未尝与夷市，闽市有往无来。彼瞭海上双凫龙飞，皆湾弧向之，无敢闯入。乃粤则与诸夷互市而谢绝之难，市则夹带，倭夷杂处，而辨别之难。澳夷盘据内地，近且匿养倭奴以为牙爪，则驱逐之难。闽、广奸人窜入澳中，搬唆教诱，则堤防之难。至近日白艚盛行，在闽者，以贩米为名，拒之则病邻，而不拒则交通百出。在粤者以贸货为名，禁之则阻绝生理，而不禁则通澳通倭，弊不胜究，法不胜设。然为地方弭隐忧，则必严禁曲防，毋姑息养乱之为得也。"章下所司覆议，从之。

（《神宗实录》卷五百九）

题为倭情窥伺叵测，粤海隄防倍难，敬陈一得以备绸缪，以销隐祸。事臣惟海外诸夷，倭最狡悍，年来残我属国，窥我疆圉，封豕长蛇，端倪已露。仰□明旨，申严海防，诚未雨之至计也。臣驰驱拾粤，蒿目海氛久矣，请言粤之情形，而借□筹之可乎。先年浙与闽皆尝中倭，其祸不减于粤，惟东粤隄防，较之浙闽，倍难为力，何也？浙未尝与倭市，闽则听我沿海之民纳饷给照往市于各岛诸夷，故其来可拒，其去可诘也。若东粤则不然，国初，占城诸国来修职贡，因而互市，设市舶提举以主之。然稇载而来，市毕而去，从未有盘据于澳门者。有之，自嘉靖三十二年始。濠镜澳夷来自佛朗机诸国，从未有狡倭杂处其间者。有之，自万历二十年后始。初借口防番，买倭以为爪牙；今且贪倭之利，潜与之通，又阴为之向导矣。粤东十郡，环海而列者居其八，不惟闽粤比邻，藉海相通，即由惠而潮，由高、梁【琼】而雷、廉，虽有陆路一带，多峻岭绝涧，鸟道崎岖，一切货物，势必望洋，向若往来灌输，而孤悬之琼南无论已。沿海之奸民乘此出洋，近通澳，远通倭，莫可禁遏，有日异而岁不同者。盖嗜利如饴，走死地如鹜，习俗固然，以夷之贪与倭之狡，兼以闽粤诸奸从中构煽，祸机之伏可为寒心。为粤计者，将拒倭之内窥，而不能拒夷舶之闯而入也；将禁我奸民之外泄，而不能禁渔且贾者之衔尾而出也。此粤所为难也。

于是有移镇虎门以固门户之议，于是有移虎门把总建垒香山以防肘腋之议。臣随督臣后合词以请，奉有命旨，一切简练军实，禁绝奸宄，如部议申饬事宜，督臣皆先事戒，严彻桑土，惟谨顾镇帅移矣。而识者有根本之虑，外虽实而内自虚，非计也；虎门之盘诘严矣，而议者以骚扰为虏奸未戢而民先扰，非计也，然此犹其易者也。大将职司运筹何妨，往东调度，遇汛则剖，虎门以资控御，汛果，仍还省会，以固腹心，是两便之策也。虎门为鱼盐必由之路，岂容以海厉民，逐假虎之狐，易以文职，解绝流之网，苏此□遗，是今两安之策也。此臣所为易也。惟是澳门与省会一水相望，聚居多夷，目前可偷而将来之害自伏，吞舟巨奸，百计杆纲，良民宜安而奸宄之祸安底？

粤中海船必报县印烙，及置货出洋，必报道盘验给照，然而船之如式与否？货之违禁与否？未必尽覈。即覈矣，而影射增添，巧诈百出。倘有疏纵，自各巡海等道而下殿最随之，如闽抚所议，谁取不加意综覈，故责成峻而后法可行也。广城三面边海，通夷射利，寔繁有徒，然亦千百之十一，其间为渔为贾者尚多也。即就接济中越洋通倭，又百之一二，其间乘便通澳者尚多也。澳夷仰我濡沫，一应酒米食物，官与之市，乃怀柔中之驾驭，岂容奸民私济，干我戎索，然以罦罗之雉，而与聚羶之蚁同，法可悯也。宜画定海面分界，越入界内，方是济夷。又宜注定货物，除律例所载军器等物外，他如冷饭头之类，方是济倭，必罪无赦。其余当听民自便，故画一定而后民可守也。市夷非我族类，寔逼处此，岂以柔远，不过为二万税金耳？迩年夷情渐狡，私济渐多，税且有时而缩，如三十九年仅得九千余两，而我添兵设垒，岁费万金有余，业已得不偿失，矧夷性虎狼，饥饱何餍，酿成尾大，渐且不掉。倭处东洋即狡焉，思逞势不能连舟而来，独计澳中收买倭奴、番鬼不止五六千人，而且甘为倭之居庭，脱有不逞夷必折而入于倭，又乘对马岛之便，蹂躏朝鲜，前车可鉴。粤地滨海斥卤，土产绝少，省下因有诸夷市舶商贾，凑集市井，不至萧条，其不能闭关谢市者，势也。即欲逐去澳夷，仍复正德以前岁一来市之例，而首事为难，久务姑息，国家方绝倭贡市，而澳门诸夷无故勾之使来，是明奸我祖宗之宪也。

中国岂少此二万金？而长骄伏崒，何啻养疽？宜严饬澳夷，俾恪遵明例，抽市如法，一应役使倭奴，悉罢遣之，毋生戒心，犹可相安无事。不然，悉我楼船将卒，问诸水滨，曲突徙薪，究竟当是长策，故庙谟定而后操纵可决也。粤民轻悍，不务本业，而以推理攻剽为故常豪，有力之奸，不出洋通夷，则坚壁为逋盗主。尝查万历二十九年，广属珠船欲归，不餍其欲，相聚刦商于双鱼海，闽船二十三只连帮而出，仅两船得脱，其余顷刻立尽，葬鱼腹者不止千人，哨守官兵束手翔视而不敢救，此其凶恶，当不在倭夷下。十余年来，民苦榷税，皮骨几穿，白昼通津，剽吏杀人，殆无虚日。倘断其通夷一路，而不讲于拊绥之术，以消其邪心，则转而之盗，内讧外勾，势所必至，故必蠲税轻徭，与民休息，而后奸宄可制驭也。以上诸款，如接济之禁业已次第举行，惟示之画一，严以责成，便可守而弗失。至若驾驭澳夷，消弭奸民，此则封疆之臣所不敢任与所不得而专者，在圣明自为疆场计耳，抑臣因是而并有请焉。

万历四十一年三月初二日。

[（明）王以宁：《东粤疏草》，卷五《条陈海防疏》]

（万历四十二年十二月）乙未，总督两广军务、巡抚广东地方兵部右侍郎兼右佥都御史张鸣冈疏言："粤东之有澳夷，犹疽之在背也。澳之有倭奴，犹虎之传翼也。万历三十三年私筑墙垣，官兵诘问，辄被倭抗杀，意莫谁何。今此倭不下百余名，兼之畜养年深，业有妻子庐舍，一旦挖逐，倘有反戈相向，岂无他虞？乃今不亡一矢，逐是取船押送出境，数十年澳中之患，不崇朝而祛除，皆我国家灵长之福、皇上赫濯之威，坐而致之耳。惟倭奴去矣，而澳夷尚留。议者有谓必尽驱逐，须大兵临之以弭外忧；有谓濠境内地，不容盘据，照旧移出浪白外洋，就船贸易，以消内患。据称，濠境地在香山，官兵环海而守，彼日食所需，咸仰给于我，一怀异志，我即断其咽喉，无事血刃可制其死命。若临以大兵，衅不易开，即使移出浪白，而瀚海茫茫，渺无涯涘，船无定处，番船往来何从盘诘，奸徒接济何从堵截，勾倭酿衅莫能问矣！何如加意申伤，节明禁内，不许一奸阑出外，不许一倭阑入，毋生事，毋驰防，亦可保无他虞。若以为非我族类，终为祸阶，不贵夷入，不挺而去之，无使滋蔓，此在庙廊之上，断而行之。"是时土琅拥众猖狂，新定州县戒严，并奏相机擒剿。旨："俱下部议……"

（《神宗实录》卷五百二十七）

（万历四十五年正月乙亥）两广总督周嘉谟条议海防事宜："一、并事权以便调度。自兵巡并于驿传，海道专以汛防，事权既分，表里不能策应。今议陆路官兵仍属巡道管辖，其里海宜并归海道，一切船器兵饷与海上功罪悉属之，汛期则巡视外海，汛毕则巡视里海，贼突外洋则内兵策济。贼侵内港，则外兵应援。一精船器以裨实用。各路船式惟闽最善，以后粤海兵船宜依式改造。买料之捕官督工责之。将领稽核钱粮，责之海防，违式冒破，一体参究。一简将卒以壮成武。凡武弁中，水将尤为难得。宜于水者应久任超迁，以鼓励之。及各察防倭水兵月粮，出汛仍给八钱，收汛原减至二钱者，酌给七钱，并责成海防官兼该路将领勤加训练。一定汛规以便责成。故事，春冬二汛，各道皆躬为巡关，承平日久，多有愆期而往、先期而还，甚且高坐郡城以虚文应者。以后汛期，各道先宜亲临，广州海道于新安，岭东道于海丰，潮惠道于潮阳，岭西守道于吴川，西巡道于阳江，海北守道于徐闻，总兵官移驻虎头门。内地海防官，无论汛期，广州则驻香山，惠州则驻海丰，潮州则驻潮阳，肇庆驻阳江，高州驻吴川，雷州驻徐闻，濠州驻永安，着为令。其二，酌众论以定机宜，预绸缪以弭衅隙。"

（《神宗实录》卷五百五十三）

（万历四十五年五月辛巳）兵部覆广东巡按田生金，会同总督周嘉谟条陈六款：一、并事权以便调度。谓海道、巡道事权最宜合一，内海、外海呼吸贵其相通，议除南、番等县十二属及陆路军兵仍属巡道管辖，其里海官兵及船器兵饷等项，仍并属海道管辖，泛期巡视外海，一遇夷氛，可调内兵以策济，泛毕则巡视内海，或有盗警，可调外兵以擒获，实为长便。一、精船器以补实用。战船则仿闽中体式，酌用松杉，章以毛竹，务使坚厚便捷，修造责之捕队，督工责之将令，稽核责之防海道官，而船有实用矣。火器则自鸟铳佛郎机外，凡百子铳，神机枪、一窝蜂、火球喷筒等物，酌增料价，加意制造，及时晒晾，而火器有实用矣。仍将督造及工匠姓名，刊刻于战船火器之上，如遇锭裂炸损，即将工匠及督造之人从重究治；更申饬将领勤加操演，务使人器相习，斯于缓急有补。一、简将卒以壮威武。议将习海将官久任加衔，俟有成绩，不次超迁，其水寨总道捕盗查果惯习风涛无愤事者，俱当久留，不得拘三年更替旧例。若夫水兵收泛月饩，酌定七钱，杜买闲杂伍之弊，申训练作率之实，将人不苦于枵腹，而饱歌超距，有余勇矣。一、定泛规以便责成。谓海防春冬二泛，原有定期会酌，每遇泛期，各道先于十日前于附海县分驻劄，其总兵官移住虎门，俱俟泛期毕方回。海防官常川于分派地方住劄，每遇泛期，不得别委管署，致妨泛务，即督臣亦于泛期移镇会省，为道镇先，则泛规肃而凡百皆可振举。一、酌众论以定机宜。澳夷去故土数万里，居境澳六十年，驱之未必脱屣，歼之恐干天和，且地仅弹丸黑子，无险可恃，所通只香山一路，有关可绝，仅同孤雏腐鼠，似可相安无事。第狼子野心，经属叵测，凡所以防患未然，随宜禁缉，在该督按加之意耳。一、预绸缪以弭衅隙。谓倭奴入犯，皆由奸人为之响导，近闽粤多贩海奸徒，而境澳亦畜奸薮泽，议将广州海防同知出镇雍防，会同钦总官严加查察，不许违禁狭带。陆路则谨塘基坏一线之关，夷商入广，验明给带，方许停泊。海道巡历濠境一次，宣示恩威，申明禁约。更吴越闽广，声势相朕，以唇齿之谊，效犄角之谋，并力同心，何贼不殄。其浙直避税奸商，夭泽越贩，动为盗国，应移文各抚按，申严海禁，预遏乱萌。至于海道一官，综理稽核，责任最巨，必择才品威望夙著者铨补，庶制驭有人，而衅孽可潜消矣。

（《神宗实录》卷五百五十七）

（万历四十六年六月壬戌）两广总督许弘纲，巡按王命璿参劾涠州游击王熙革任听勘，以交夷入犯也。

（《神宗实录》卷五百七十一）

（万历四十六年十一月壬寅）广东巡视海道副使罗之鼎言："香山壕镜澳，为粤东第一要害，以一把总统兵六百防守，无裨弹压。可移罗定东西一将，抽兵六百，协守澳门。"而罗定道言："罗旁万山联络，瑶僮杂居，万历初年讨平，布兵防守。迩来拨减过半，移将或有通融，抽兵未敢轻议。"布按二司谓："以澳视罗定则罗定为稍缓，以西山较东山则东山又稍缓。宜以东山改设守备，隶西山参将提调，移其兵四百于鹰儿浦，合原兵为一千；而以香山寨改为参将，增置营仓，大建旗鼓以折乱萌。"于是总督许弘纲、巡按御史王命璿奏："澳夷佛郎机一种，先年市舶于澳，供税二万以充兵饷。近且移之岛中，列尾筑台，增置火器，种落已至万余，积谷可交战守，而更蓄倭奴为牙爪，收亡命为腹心。该澳去会城咫尺，依山环海，独开一面为岛门。脱有奸雄窜入，其中一呼四应，诚为可虑。……"从之。

（《神宗实录》卷五百七十六）

敕曰：广闽交界海洋添设协守副总兵一员，该部议复相应，今特命尔充副总兵，专驻漳潮交界海中南澳地方，统领潮之柘林水寨，大小兵船四十五只，官兵一千七百一十六员名，漳州铜山游兵船四十只，官兵一千八百三十五员名，共三千五百五十一员名，于内抽取四百名限季轮班守城，柘林守备、福建游兵把总与大城、柘林、铜山、玄钟及潮漳二府沿海卫所并听统辖节制。如有重大事情，俱要呈详广闽二省军门裁夺，仍呈报各镇总兵知会，如各总兵分别有长策，听其具呈军门酌处，尔亦要遵行。贼若登岸，当水陆夹攻，广东潮州、福建南路参将悉听调度，附近浯屿、碣石各游兵大警亦听调援，二府海防同知照旧责成稽督，潮漳守巡兵备监军各道凡有应行事宜，俱协和谋议而行。倘广贼越此入闽，闽贼越此入广，二省别□追逐至此，务要从中要击，共图剿灭，未尽亦要随贼向往。入广入闽，听各军门调度，毋但以漳潮无犯，辄已如信地。有事军门别有调发，亦要据实呈复。该官二府并有警急，则以各军门文移在先者遵行，仍要量轻重，或先从其重者，或均缓而分兵应之。尔平时仍要差敏捷水兵驾使轻舸远行哨探，如有小警，作速相机剿捕。或贼势重大，即便通行驰报军门，调发别枝兵船相互策应，并力夹击，共保万全。如差人哨探误事，许尔斩首徇众。尔受兹委任，须操练官兵，修理战船，加意防守，保障地方，务使海洋肃清，斯称委任。如或贪黩事，国典具存，法不轻贷，尔其勉之慎之，故谕。

郭子章曰：南澳设镇最为得策。今议者不谙，猥云海外斥卤何须重兵。而将士苦涉风涛、乐于撤戍，又从而和之。此寒俭小人之议，未谙守国之大计也。以子章权之，为利者四：澳昔称饶野，田千亩。自贼穴其地，悬粮潮籍，以桥盐利，岁时代纳。今兵环其外，农耕其野，即不能尽补虚税，而岁入稍稍共济兵饷，使会计得人，可收充国、孔明屯田之利，一也。澳面海背山，往吴平、许朝光据之。缓则入山，出寇郡县；急则下海，要结倭奴。今变为兵营，贼失其巢，二也。往海寇之来也，腹困咸水，其力不劲。舟乏火器，厥焰不扬。潜泊湾下，以俟内贼接济，给以米粮，假之硝磺，复整挪戈楯，入寇我疆。今重兵守之，外贼欲泊以窃淡水，则惮兵不敢登岸。内贼欲出为接济，则惮兵不敢放舟。故自设镇以来，海不扬波，三也。澳跨闽粤之交，往分疆而屯，分将而营，彼此推诿，今总以一将，闽粤一家，手足相持，四也。嗟呼！守金陵者不守淮泗，则长江失险；守雷廉者不守琼崖，则门庭受寇。夫南澳亦潮之淮泗、琼崖也，恶可弃也。

[（明）郭子章：《潮中杂纪》，卷二《万历南澳敕》]

东粤滨海之国也，其中为里海，萑苻啸集。虎门、厓门以外，即为水洋，乌合突来，捍御不易。兼之濠镜丑类，生聚日繁，滋蔓难图，靡不鳃鳃虑之。乃其东为惠潮，西为高廉雷，西南为琼州，要皆茫茫大海，帆樯上下，随处可通。西控番，南御交，而内地奸民，日以侵池为事，回汀枉渚，随处伏戎，其所防不独一倭。……

澳夷处我内地，非我族类，其心必异。况复有左道奸徒潜踪诡秘，不可方物致烦。廷议厪宸衷者乎！此诚今日所当计议者，顷督臣以防汛移驻省城，已会同臣具榜开列禁款，仰该县掌印官赍赴晓谕，取有夷目遵依结状前来。臣等复再三与诸司商酌，并质正于诸乡绅，大概言：大难之端，未可轻发。而言驱逐、言歼灭者十无一二也。且言小民机利，皆赖灌输，而夷饷二万，无从抵补。臣等从而折衷之，似亦有定画焉。夫以我堂堂全粤，视此么么，何啻孤雏腐鼠；视此锱铢饷利，何啻九牛一毛。独计此丑去故土几数万里，居镜澳已六十年。生长于斯，庐墓于斯，各有妻孥，各有贷畜，家藏殷厚，轮奂完美。将欲驱之，能必其脱屣而去乎？能保其不顾恋而复来乎？将欲歼之，则一草一木，皆上天生命，无故而屠戮数千余命，适干天地之和。长平坑卒，岂圣世所宜有乎？况以事势论之，澳内仅弹丸黑子地；无田可耕，无险可恃，日用饮食全仰给于我，非若五胡之雄据要地可蜂起云扰也。其上通香山，只有一路如臂，名曰塘基环，原设有关一所，一闭便绝非别有径路可狼奔豕突而至也。且此辈已有并州故乡之念，亦欲百年长久之计。岂肯自离巢穴，甘蹈灭亡。万一不轨为谋，上干天讨，则国家之于夷狄自有挞伐之威，诘戎振旅，直发蒙振落已耳。

有谓其蓄积粮糗，内甚险固，须用大师始克者，似亦未必然之虑也。臣等身任封疆，固不敢曲为之解，亦不敢必其百年无变。但揆之今日，事势不过如此，若夫履霜坚冰之渐，未雨桑土之计，则臣等一日不敢释然于怀也。虽然天子有道，守在四夷。本原之地，不在边境，而在朝廷。如庞迪我等，甚教不能行于粤，而独能惑两都之士，庶毋亦习见者不惊，创闻者可贵耳。倘圣明慨从南北礼臣之请，严行驱逐，续有来京者，递解来广，诘问越订根因，重治官故纵之罪。彼其妄念既沮，异教自灭，且无所托足而置喙，又安所酿乱而蓄奸何？区区澳夷之足患乎？……

窃照倭奴乘风入犯，惟春冬二时，然非内地奸人潜为响导，彼必不敢深入。如嘉靖年间，倭患最惨，其贼首徐海、张琏等无非汉人，此往事之明验也。近来闽粤奸徒，以贩海为业，违禁通倭，亦踪迹不可究诘。近臣等缉得通倭真犯，有饱载而归真赃可据者，有满贮倭货尚未下洋者，利之所在，此辈走死地如鹜。而肘腋之间，濠镜澳亦奸薮也。夫澳非以处倭也，第奸人附澳，以行挑激之谋，而借澳以为蓄倭之地，是可不为防哉！

查得广州府海防同知设于万历元年，原驻雍陌，后因税监以市舶事体相临，辞回省城，今议仍以本官专驻其地，会同钦总官训练军兵，严加讥察。水路则覈酒米之载运，稽番舶之往来，不许夹带一倭，陆路则谨塘基环一线之关，每月只许开放二次，而夷商入广，限以人数，皆须香山验明给票，方许泊五羊河下。其提调司，务择武弁之能者居之，期于杜绝勾引，潜消窥伺，此亦内夏外夷之大防也。至于海道巡历最为吃紧，前海道喻安性亲履其地，宣布朝廷之恩威，晓谕目前之祸福，此辈博心揖志，且惧且怀。命之散倭归国，令之执送闽奸史玉台，无不唯唯听命。今诚得安性其人者，威望足以慑岛夷之心，清白足以将吏之表。每岁巡历濠镜一次，使彼恬然顾化，奸人安所播弄哉！若夫老万山为夷人出入门户，节经具题，加谨防备，容臣等径行酌议，或增兵设官以为万全计，似亦可贻海圉磐石之安乎！

[（明）田生金：《按粤疏稿》，卷三《条陈海防疏》]

次则中路亦要。盖广州大洋千里，盗贼渊薮。如东路柘林有备，贼必入于屯门、鸡楼、佛堂门、冷水甬、老万山、虎头门等澳，或泊以寄潮，或据为巢穴，而南头为甚，惟附东莞大鹏，各成兵守之有方，则贼必不敢以泊此。势又必历峡门、望门、大小横琴山、零丁洋、仙女澳、九□山、九星洋而西，而浪白澳为甚，乃番舶等候接济之所也，惟香山戍守之，兵能严为处哨，贼亦不敢泊此。势又必历崖门、寨门海，万斛山、硇州而西，而望峒澳为甚，乃番舶停留避风之门户也，惟广海、新宁、海朗戍守之兵能严为巡哨，贼又不敢以泊此。大都广东省会，襟江带海，其东出海必由虎头门，而虎头门之东则南头也，其西出海必由崖门，而崖门之西划庚海也。今既设南头参将、广海守备，控制于外虎虎头门，把总防守于内，又总镇标下添设中权二部水军，以备内外策应。万一有变，岂遂至于束手哉？然广人终以濠镜澳焉为忧，目为腹心之疾，或欲毁其巢庐，或欲徙之南澳，或欲移之浪白、三洲，或欲设官以治之，以其为番舶所聚也。邓钟曰：广省之有番舶，譬人身之有痰火，苟元气完固，精神充足，则火与痰皆为血脉之资；如其元神内耗营卫不周，而区区以去病为务，未有不日削而月耗者。此为探本之论。至（万历）二十一年癸巳，两广提督陈都御史蕖题以海防官专镇雍陌，陈同知鸿渐寔首任之。鸿渐居官有清掺惠政，两台所重，是竟从设官之议也。

[（明）谢杰：《虔台倭纂》，下卷《倭议一》]

阳江、海朗、双鱼三所备倭官各一人，本所千百户。

（万历《肇庆府志》，卷十五《兵防志一》）

广东：镇守总兵官一员。正统末，因黄萧养乱，设副总兵。贼平裁革后，以广东介在江闽，多警，议于南赣、汀漳、惠潮地方复设总兵，驻札程乡兴宁。至嘉靖四十三年，督抚侍郎吴桂芳奏移潮州驻札。四十五年，又该福建巡抚具题，三省牵制不便，部议广东复设总兵，仍驻札潮州，是年裁革勋臣，专设总兵，镇守广东。

携守潮漳副总兵一员。万历三年，提督尚书殷正茂奉部咨，据福建巡抚刘尧海题议，会同开设，驻札南澳。其信地止于潮、漳二府沿海卫所，广东柘林水寨船兵、福建铜山水寨游兵专属统调，以为联守两省门户。建立城池及副总兵衙门，各兵营屋俱备，澳中水田五千余亩，开垦三年后升科，以供募兵之费。

南头海防参将一员。嘉靖四十五年设，驻札南头，兼理惠、潮。万历四年，总督侍郎凌云翼题议，惠、潮既有总参等官，今止防守广州，其信地东自鹿角洲起，西至三洲山止。

分守惠州兼海防参将一员。隆庆六年，提督侍郎殷正茂题设，驻札海丰，其信地止于海丰、归善、博罗、惠来、河源、长宁六县。万历四年，总督侍郎凌云翼议题，兼管碣石一寨海防。

东山参将一员。即韶广参将。万历五年，总督侍郎凌云翼善后罗旁议题改设，驻札东山南乡地方。

西山参将一员。万历五年，总督侍郎凌云翼善后罗旁题设，驻札西山罗镜冈地方。

分守雷廉兼海防参将一员。成化八年，雷、廉、高、肇共设左参将一员。嘉靖三十二年，议将左参将兼管韶、广，以琼州右参将兼管雷、廉。隆庆六年，提督侍郎殷正茂议题，专设雷、廉参将，驻札雷州，所管信地止雷、廉二府属。万历四年，总督侍郎凌云翼复议题兼理白鸽门一寨海防。

分守琼崖兼海防参将一员。嘉靖十九年，总督侍郎蔡经剿平崖陵黎贼，题设参将一员，控制崖州。至二十八年，改兼琼州。三十五年，改兼雷、廉。后因参将专驻雷、廉，不驻琼、崖，隆庆二年提督侍郎李迁题革。万历元年，提督尚书殷正茂议题，专设琼崖陆路参将；三年，又题兼海防。四年，总督侍郎凌云翼题议，本参并领白沙水寨，防守琼属信地，每年夏秋驻崖州，春冬驻琼州。

练兵游击一员。嘉靖四十三年，都御史吴桂芳题设，驻札肇庆。

守备广海指挥一员。隆庆六年，提督都御史李迁题设，驻札广海卫，以都指挥体统行事。

守备南韶指挥一员。嘉靖四十二年，提督侍郎张臬题设，驻札连州，往来韶州、清远等处，以都指挥体统行事。

守备潮州指挥一员。隆庆六年，提督侍郎殷正茂题设潮惠守备一员，驻札长乐县。万历八年，总督侍郎刘尧诲奉部咨议，题议革潮州参将，乃改本官，专备潮州府属，移驻潮城。

守备柘林水寨指挥一员。嘉靖四十五年，提督侍郎吴桂芳题设，领船大小五十三只，官兵一千七百一十四员名。

守备恩平指挥一员。隆庆六年，提督侍郎殷正茂题设。万历八年，总督侍郎刘尧诲奉部咨议题，裁革北津参将，以恩平守备兼管阳、电等处地方，移驻阳江。

罗定中路守备一员。即德庆守备。万历五年，总督侍郎凌云翼善后罗旁议题改设，驻札罗定州。

守备碣石水寨指挥一员。嘉靖四十五年，提督侍郎吴桂芳题设，驻札碣石寨，以都指挥体统行事，领海船大小三十八只，官兵一千一百五十四员名。

白鸽门水寨钦依把总一员。嘉靖四十五年议设，领船大小共五十一只，军兵一千五百二十六名。

白沙水寨钦依把总一员。嘉靖四十五年议设，领船大小共五十四只，官军民壮一千五百二十四员名。

北津水寨钦依把总一员。初，总督都御史凌云翼题设参将一员，兼管水陆。万历八年，总督侍郎刘尧诲奉部咨议题裁革，改设水寨，把总领船大小共七十四只，官兵二千二百七十七员名。

（《苍梧总督军门志》，卷六《兵防一》）

广东：巡视海道副使一员。原议革，至嘉靖十五年，督抚侍郎钱如京议题复设。万历八年，总督侍郎刘尧诲奉部咨议题，兼管广东兵巡，驻札省城。

监军道副使一员。隆庆二年，巡按御史王同道题设。万历八年，总督侍郎刘尧诲奉旨议题裁革。

广州兵备兼分巡佥事一员。广州道原设分巡佥事一员，驻札省城，专理刑名。又设岭南兵备佥事一员，驻札清远。嘉靖十四年，巡按御史戴璟议，以岭南兵备兼分巡，专辖南、韶二府及广属连阳等州、县、卫所，而以分巡岭南兼兵备专辖广州、番南、东莞、三水等县卫所，驻札于东莞、新会地方。后既议复海道副使，又以岭南兵备分巡各分为二，至嘉靖三十五年，督抚都御史谈恺议题仍旧。万历八年，总督侍郎刘尧诲奉部咨议题，以巡海副使兼管。

南韶兵备兼分巡佥事一员。弘治十八年，巡按御史聂贤等题设岭南兵备一员，驻札清远。嘉靖十四年，巡按御史戴璟议题，以兵备兼分巡，专辖南、韶二府及广州府属连州、阳山、连山等州县卫所，驻札韶州府城。

惠潮兵备兼分巡副使一员。弘治十八年，巡按御史王士昭因惠、潮多盗，题以分巡官兼理兵备。嘉靖四十一年，南赣都御史陆稳题请增设伸威道副使一员，驻札惠州。同年，提督侍郎张臬题，分惠、潮二府地方，各令守巡专管。四十二年，张臬复议题，分守止理钱粮，以原管地方属于伸威道分巡。四十三年，提督侍郎吴桂芳又题，添设海防兵备一员，后因一道三官，桂芳复将分巡议裁，题并海防兼管。万历五年，总督侍郎凌云翼随议题，将伸威道裁革，惠、潮二府分巡俱海防兵备兼之，驻札潮州。

岭西兵备兼分巡副使一员。成化四年，巡抚都御史揭稽题设兵备副使一员，整饬高、肇，二十一年议裁。弘治九年，复兼雷、廉，共设一员。十六年，巡按御史华琏议题分设，部议以官多冗妨，乃以高肇兵备佥事兼分巡岭西道。万历五年，总督侍郎凌云翼善后罗旁议题，改岭西兵巡佥事为罗定兵备，而以旧伸威道副使改为岭西兵巡，驻札肇庆。

罗定兵备佥事一员。即高肇兵巡。万历五年，总督侍郎凌云翼善后罗旁议题改设，驻札罗定州。

海北兵备兼分巡佥事一员。成化四年，巡抚都御史揭稽题设兵备副使一员，整饬雷、廉，二十一年议裁。弘治九年，复兼高、肇，共设一员。十六年，巡按御史华琏题四府分设，部议以添设未免与分巡抵牾，题以雷、廉兵备于海北佥事兼之，驻札廉州府。

海南兵备兼分巡提学副使一员。成化八年，设副使一员，兼理兵备，后裁。弘治元年，给事中李孟旸题设，兼理分巡，驻札琼州府。万历七年，奉部议，兼督学校。

（《苍梧总督军门志》，卷六《兵防二》）

沿海信地

柘林寨：自福建玄钟港起，至惠来神泉港止，为本寨信地。此寨原设于内港，嗣改于牛田洋，续增设副总兵，又改于南澳。近议副总兵处另设船兵，专札南澳，其柘林兵船仍于柘林澳住泊，分哨长沙尾、马耳、河渡、海门等处。

碣石寨：自神泉港起，至巽寮村海面北。此地原多礁石，不堪泊船，改札甲子港。分哨神泉、大星、巽寮等处。

南头寨：自大鹏鹿角洲起，至广海三洲山止，为本寨信地。分哨鹅公澳、东山、下官、富柳渡等处。

北津寨：自三洲山起，至吴川赤水港止，为本寨信地。分哨上下川、海陵、莲头、放鸡等处。

白鸽寨：自赤水港起，至雷州海安所止，为本寨信地。分哨广州澳、硇州等处。

自海安所起，至钦州龙门港止，旧有乌兔寨，续已裁革，于白鸽寨委哨官一员领兵船十只，驻札海康港防守。此哨仍旧，近该军门看得，自此以至龙门港海洋辽远，防守阔疏，北津寨船数多，议移十只，设协总一员统领，泊龙门港；又一哨官领船十只，泊冠头岭乾体港，交互哨逻乌兔等处。

白沙寨：琼州府属周围地方海洋，俱为本寨信地。分哨乌泥、博敖、石礧、英潮、三亚等处。

六寨会哨法

广东各水寨分定正、游二兵，分番哨捕，更为出入，以均劳逸。每月守、把官率领兵船会于界上险要，取具该地方卫所巡司结报。

柘林寨：该寨兵船住札本寨，东与福建玄钟兵船会哨，取玄钟所结报。仍分二官哨，一住札马耳哨至河渡门，一住河渡门哨至海门。西至神泉，与碣石兵船会哨，取神泉巡司结报。

碣石寨：该寨兵船住札甲子港，东至神泉与柘林兵船会哨，取神泉巡司结报。仍分一官哨，冬春泊田尾洋，夏秋泊白沙湖。哨逻长沙一带，西至大星山，与南头兵船会哨，取大鹏所结报。

南头寨：该寨兵船住札屯门，分二官哨，一出佛堂门，东至大鹏，停泊大星，与碣石兵船会哨，取平海所结报；一出浪白、横琴、三灶，西至大金，与北津兵船会哨，取广海卫结报。

北津寨：该寨兵船住札海陵戙船澳，分二官哨，一至三洲上下川，哨逻大金、铜鼓，东与南头兵船会哨，取广海卫结报；一至放鸡、连头，西与白鸽门兵船会哨，取吴川所结报。

白鸽门寨：该寨兵船住扎沙头洋，分二官哨，一至赤水西，与北津兵船会哨，取吴川所结报；一至海康，哨逻围洲一带，与新移泊守龙门乾体港兵船会哨，取凌禄巡司结报即回，不许在彼住泊。

白沙寨：该寨兵船正兵二官哨，住泊白沙港，一自东而下，哨逻文昌、清澜、会同，至乐会县博敖港，与三亚兵船会哨，取乐会县结报；一自西而下，哨逻澄迈、临高、儋州，至昌化英潮港，与三亚兵船会哨，取昌化县结报。又游兵二官哨，住泊三亚港，一自东而上，哨逻陵水、万州，至乐会县博敖港，与白沙兵船会哨，取乐会县结报；一自西而上，哨逻感恩县鱼鳞州、昌化县英潮港，与白沙兵船会哨，取昌化县结报。

（《苍梧总督军门志》，卷五《舆图三》）

南头寨自大鹏鹿角洲起，至广海三洲山止，为本寨信地。分哨鹅公澳、东山下、官富、柳渡等处。该寨兵船驻扎屯门。分二官哨：一出佛堂门，东至大鹏，停泊大星，与碣石兵船会哨，取平海所结报；一出浪白、横琴、三灶，西至大金，与北津兵船会哨，取广海卫结报。

（万历《粤大记》，卷二十八《政事类·沿海信地》）

欲知倭寇消息，但令人往南澳，饰为商人与之交易，即廉得其来与不来，与来数多寡，而一年之内事情无不知矣。

［（明）茅元仪：《武备志》，卷二百一十三］

琼郡州县俱附海滨，周回数千里，时有倭寇番船之警，今设东西二路，左右前司分哨防守策应，而统领于白沙寨。兵家所谓星布碁置之势。

（万历《琼州府志》，卷七《兵防志》）

国朝《会典》：天下镇守凡二十一处，广东曰备倭巡视海道副使、备倭都指挥，各一员。

洪武二十七年，命安陆侯吴杰专沿海训练卫所官军，以备倭寇。设海南卫备倭指挥一员，专辖内外十一所。每所官各一员，督管军船，于所部海面巡视，有警申报剿除，分别功罪。

海南卫隶有左右前后中五千户所。国初一千名，正统以后渐减去五百名。

儋、万、崖、清澜、南山、昌化六千户所旗军，原一千二百名，宣德以后渐裁六百名。

原设备倭船二十三只（内五所各一只，外六所各三只）。

嘉靖辛亥年，船被贼掳，军亦罢设。

隆庆元年，始设白沙水寨兵船六十只，官兵一千八百二十二名，该钦依把总一员，有警合海北白鸽寨会兵巡剿，以本府同知兼管。

钦降海防关防

万历九年，副使唐可封议复备倭官军，分哨防海，以备不虞。

万历二十一年，北例水寨增设兵船一十六只。

万历四十二年，裁革卫所备倭船。据《大明会典》及洪武年间御制《劳海南卫备倭指挥》敕曰："曩自勘定以来，人皆臣服。然当此之际，必居安虑危，方称保民之道。前者，命尔戡兵灾地，固守疆圉。朕恐尔恃沧海之险旷、城隍之高深，忘备肆逸，特遣人往谕。且沧海之旷也，人将以为险，朕谓非险也。其海滨迤西及南诸番蛮貊，国无大小，环而王者不知其数矣。海之旷，吾与共之，设有扬帆浮游，奚知善恶者耶？必加严备，乃无警于民，策之善者，汝其慎之！"

按：此则备倭之设，自洪武以来，遵守二百余年矣。至是始轻议废，虽曰沿海恃有水寨防守，第防守之具宁增毋减，宁详毋略，况官军名粮原仰给于仓米、屯田，而造船工值又度支于旷兵之饷，不致加赋以病民，亦何必已其不可已者哉！且琼海一带为西南夷便道，窥雷、廉而振珠浦者，不时扬帆上下，倘或多警如隆庆年间，东征西捕，左击右防，将何恃为金汤之卫乎？守土者，念民命之关于滨海，观圣制之炳若日星，亟宜居安虑危，遵守旧制，如兵宪唐可封之复备倭，始有备无患焉。

（万历《琼州府志》，卷七《兵防志》）

万历四十五年，白沙水寨并前左右司，实在兵船共六十三只，额设官兵一千六百七十二员名，出汛月支银一千二百三十三两九钱，收汛月支银一千一百三十三两八钱，岁共支银一万四千一百九十六两二钱正。

总寨兵战船三十七只，额官兵九百三十八员名。四号艚船三只。五号艚船七只。六号艚船二只。七号艚船五只。八号艟艚船五只。八号长哨桨船十五只。钦总一员。哨官四员。捕盗十七名。囗囗囗囗九名。斗缭碇手四十一名。兵八百零四名。

白沙港兵船二十四只，额官兵六百零四员名，岁共支银五千四百一十七两四钱。

铺前港兵船五只，官兵一百四十一员名，岁共支银一千一百八十三两四钱。

清澜港兵船六只，官兵一百三十三员名，岁共支银一千一百九十四两六钱。　石磜港兵船二只，官兵六十员名，岁共支银五百~十一两八钱。

前司崖州三亚、保平、感恩港兵船十一只，官兵三百员名，岁支银二千五百五十两六钱。分总一员。哨官二员。捕舵兵二百九十七名。

左司万陵、乐会、桐栖、博敖港兵船八只，官兵二百一十四员名，岁共支银一千七百六十五两二钱。分总一员。哨官一员。捕舵兵二百一十二名。

右司儋临、昌化、博顿、新英、英潮港兵船七只，官兵一百七十九员名，岁共支银一千五百七十三两四钱。分总一员。哨官二员。捕舵目兵一百七十六名。

按：各港水哨，每岁于正月谈□□□□□抵白沙港，查点官兵船只名数，及□□□□报道。至立夏前五日，本道修出戎府县临□祀海，发汛随即拨船，分哨出海，于各港同备倭船防守。及霜降方收汛回寨，永为定例。……

沿海冲要。郡城北十里，曰白沙港，宋设水军，赵汝珞拒元兵于此。国朝隆庆初，始设白沙寨，兵船防守，与海口唇齿相通，凡大舟商船皆住泊焉，是琼泊之咽喉也。东六十里，曰铺前港。深广可容商船，凡倭寇贼船常从此入，即李茂澳党住泊为患处，势与白沙相倚，是琼治之胸项也。铺前东去二十里，至文昌白峙澳；四十里，至木兰澳；五十里，至急水门；八十里，至抱虎湾；一百里至抱陵港；不数里，至铜鼓角一带。以来常有贼舟湾泊，登岸取水，乘间暴掠。至于清澜一港，海门宽阔，水道委蜒，内达文昌县治，外通大海七洲洋，贼船倭寇顺风南抵，此其先据，盖琼之肘腋，最宜加关防者也。清澜南去六十里，至冯家湾；四十里，至会同哆南；八十里，至乐会博敖。屡被寇害，其为要地，更当备守。八十里，至万州那鹿港。那鹿出外洋，有南北二澳，贼船常此取水。四十里，至大塘湾；六十里，至旧陵水；三十里，至牛头岭，突出海口；六十里，至桐栖盐水港；六十里，至黎庵港，四十里，至琅玡澳，六十里，至榆林港，常有贼船寄泊，遇警便于各处防之。惟三亚一港，东至万州，西达昌化；东南风发时，有大泥诸番沿海登岸，抢夺滨民，最宜防守。三亚一百二十里，至崖州大蛋、保平二港，上一百二十里，有黄流、抱驾二港；六十里，至莺哥嘴；数十里，至吉家激；八十里，至感恩深田湾。又八十里，至北黎港；三十里，至鱼鳞洲，皆属三亚信地，距昌化英潮有百里焉。六十里，至榆林港，常有贼船寄泊，遇警便于各处防之。惟三亚一港，东至万州，西达昌化，东南风发时，有大泥诸番沿海登岸，抢夺滨民，最宜防守。三亚一百二十里，至崖州大蛋、保平二港，上一百二十里，有黄流、抱驾二港；六十里，至莺哥嘴；数十里，至吉家激；八十里，至感恩深田湾。又八十里，至北黎港；三十里，至鱼鳞洲，皆属三亚信地，距昌化英潮有百里焉。

郡城西去七十里，曰澄迈石磋，深广可泊船；约五十里，至马枭；三十里，至石牌；又百余里，至临高县博顿港，有兵船防于此；百余里，至儋州洋浦、三牌石海口，入新英港，港口有二沙线，不识水道则坏舟，泊船虽稳便，但闻警出船不及，故海上多故，须轮哨船时出海口瞭守，亦琼郡之腰络，不可疏备者也。南去约八十里，至海头港，内岸石壁难以进舟；一百里，至乌坭港，近昌化城，又三十里至英潮湾，俱贼船出没处。按：琼郡州县俱附海滨，周回数千里，时有倭寇番船之警。今设东西二路、左右前司分哨防守策应，而统领于白沙寨，兵家所谓星布棋置之势。况加以天堑之险，第夷情叵测，风波靡常，尤当于冲要处整饬兵船，精选器械，查诘墩堠，巡察海道，始可保孤屿之金汤也。故特详之于篇，以备防海者采焉。

（万历《琼州府志》，卷八《海黎志》）

外夷惟内附者书之，如番舶、黎峒、獞獠、狪狑，种类殊而贻患一也，近则濠镜久借，吕宋突至，夷情叵测，不可不备，特详外志。

（万历《广东通志》，凡例）

黠酋据我海澳，红夷又从交讧，伊川辛有之叹，不得不动君子深长之思也。

（万历《广东通志》，郭棐序）

窃照广东滨海之地，十郡而七。向者设兵三路，分布防守。土人目为游击之兵，深为得策。东路则柘林西至甲子所等处，地尽潮惠之境。中路则南头西至望峒澳等处，地尽广州之境。西路则吴川湾澳西至琼、雷海港等处，境尽高、雷、廉、琼之境，每岁于东莞、新会、顺德三县编差乌艚、横江民船六七十艘，分投把守，各以一守备统之，彼此联络，首尾相应，有常守之兵，无不备也。澳制至善也。如东路则柘林为闽广之关钥，中路则南头为会省之门户，而浪白、望峒等澳则夷舶出没之区，皆重地焉。西路比二路若少缓，然盗珠之贼常渊薮其中。况贼由二路而西，则此为之壑矣。近如贼林容横行肆虐，其祸固亦可□，分布守御均之不容缓者。顷者因柘林叛卒之变，当事者惩噎废食，尽令民船免差纳税，而船户遂困，乃改设六水寨，置兵万人。大意专守南头，遂驰边海之备。此如撤去藩埔而独顾门户，贼之纵横海上，固其所也。夫贼之来也，虽飘风忽雨，然入有门路，止有湾澳，非如江河之滨，随在可泊者也。往年船户用力，守备得人，盗贼一发，随即成擒，夫其来不得泊，去则必追贼。虽时有，岂其如今日之肆志哉。此皆往事之得也。然欲复旧规，而船户消乏已尽，无复可用。臣愚以为剧寇荡灭，见造官船一百余只，即以六水寨之兵照旧分布三路，设以总兵居中调度，往来有机互相犄角，俟船户兴复之后，照依旧规更番迭守，遇有寇发，责令各守备随即相机剿捕，庶湣湣易遏，不至养成滔天之势矣。

（陈吾德：《谢山存稿》，卷一《条陈东粤疏》）

佛陶巡简司，在时罗都，永乐十四年建，宣德五年废，其地为交趾所据，今废。如昔巡简司，在如昔都，宣德间废，交趾□政司州民，黄金广等以其地□安南，遂废其地，属万安州，今复。……

防城在州界，联交趾，贸易咸集，多受夷害。三十四年，本道伍袁萃从知府涂巍议，建城、添兵、设舰，以北图防夷，周围计三百余丈。

（崇祯《廉州府志》，卷三《地理志》）

论曰：甚矣哉，海寇之于琼也！在真正倭夷之出没策防之有道，御之有方，亦可戢其鲸鲵之势。唯窥探廉池，出洋通番，籍名为商，乘间为盗者，环海窃发，不时报警。盖因逋逃亡命，甘心附寇，指引要津，以鼓其锋，而流恶豪商又为假引登岸，补食以养其锐。至于遣兵追捕，间有与寇同乡，督哨之官不肯进敌，以纵其党。如隆庆二年，逃寇庄酋引倭为患，游击晏秋元按兵不进。又如万历初年，澳贼李茂起于乡间小民，聚众出海，利在珠池，始终肆虐，可慨可鉴也。若夫东南西夷递年贡献，道经于琼，挂席扬涛，真伪难辨，沿海管摄既远，又无舶司讥察，往往借称遇风寄泊，缓则诱略子女，急则犯禁杀人，此亦郡之大可虞者也。兵法曰："无恃其不来，恃吾有以待之。"惟在民间核保甲，时严通接买米之禁，海滨饬烽堠，时严备倭水寨之守，始可荡海波于不扬乎！

（万历《琼州府志》，卷八《海黎志》）

雷州府是为海北道，又南六十里处海上曰琼州府，是为海南道，诸材官亦分水陆守望鳞次，惟岛夷杳在海外，舟飘候忽可至，则水□之卒三路树防。

（万历《广东通志》，卷一《舆图》）

钦州之隘曰那苏（在如昔都，接交夷界），曰稔均（在那苏南，相去七里，隘外即交趾大海），曰那隆（在那苏东，相去十余里，隘外即交趾大海，有小径，奸民通夷由此路）。

钦州之墩曰金竹（去州三十里，在金竹村，有水可通交趾），曰大鹿（在州西南大海，西近交趾界）。

（万历《广东通志》，卷五十三《兵防》）

（天启元年六月丙子）广东巡抚王尊德以拆毁香山澳夷，新筑青州岛具状上闻，且叙道将冯从龙、孙昌祚等同心任事之功，乞与记录，部覆从之。按：澳夷所据地名壕镜，在广东香山县之南虎跳门外海滩一隅也。先是，暹罗、东西洋、佛郎机诸国入贡者附省会而进，与土著贸迁，设市舶提举司税其货。正德间移泊高州电白县。至嘉靖十四年，指挥黄琼纳贿，请于上官许夷人侨寓壕镜澳，岁输二万金，从此雕楹飞甍，栉比相望，番舶往来，有习于泅海者谓之黑鬼，刺船护送。万历三十四年，于海筑青州山寺，高可六七丈，闳敞奇秘非中国梵刹比，县令张大猷请毁其垣，不果。万历四十二年，始设参将府于中路雍陌营，调千人守之。至是，稍夷其居，然终不能尽云。

（《熹宗实录》卷十一）

自明嘉靖年间，佛郎机人以海船触风涛，借此地暴水渍货物，遂入居之，来者日众。万历二年，建闸于莲花茎，设官守之。天启元年，始立寨前山以为控制。

（光绪《广州府志》，卷七十四《经政略五·海防》）

天启元年，改设参将于前山寨，陆兵七百名，把总二员，哨官四员；水兵一千二百余名，把总三员，哨官四员，哨船大小五十号。分戍百龟潭、秋风角、茅湾口、挂椗角、横洲、深井、九洲洋、老万山、狐狸洲、金星门。防制渐密，终明之世无他虞。

（《澳门纪略》，卷上《官守篇》）

（天启二年三月丙午）先是两广总督陈邦瞻疏称："闽广之间，海寇林辛老等啸聚万计，屯据东番之地，占候风汛，扬帆入犯，沿海数千里无不受害。我兵积弱，但能连（舟宗）自固，以商舶为饵，听其饱所欲而去。近虽增兵置戍，未足破敌。宜于惠、潮加募五百，以资战守……"疏下部议。至是掌兵部大学士孙承宗具覆，皆如议行。

（《熹宗实录》卷二十）

计开：请敕官一员，量升署都指挥佥事以都司佥书职衔管分守广东广州海防参将事李相，查得本官责任专管广州，驻扎东莞南头地方，统领水兵三千名，教习水战。有警督兵出海，剿捕海倭贼盗，仍往来省城、波罗东洲、官窑上下，缉捕里水行劫贼船，及弹压香山、濠境等处夷船，并巡缉接济私通船只，副镇南澳；别有重大声息，尤要一体应援。凡事会同海道副使、海防佥事计议而行，仍听总督、抚镇等官节制。其广海守备，听本官节制。尤须持廉秉公，正己恤下，以副委任。如或贪黩偾事，法不轻贷。

一咨两广总督胡（应台），合咨前去，烦照本部题奉钦依内事理行令本官依限到任，不许延迟。仍将到任日期同原奉本部札付并履历缘由，呈报总督衙门，缴部查考。如过限不到，及不缴部札，定照近题事例参究施行。

一咨都察院，合咨贵院，烦为转行广东巡按御史，照依本部题奉钦依内事理，行令本官依限到任，不许延迟。如或过违，照例参究施行。

一札付李相。见任广东碣石寨把总，今量升署都指挥佥事以都司佥书职衔管分守广东广州海防参将事，合用符验旗牌，照例就彼交代，具由回奏。

天启四年正月初七日。

郎中王继谟、廖起巘。

［《明清时期澳门问题档案文献汇编》（一），《兵部尚书赵彦等为推补广州海防参将弹压香山濠镜等处夷船事题行稿》］

（天启四年八月十八日）巡视海道带管市舶广东布政使司右参政兼按察司佥事史树德。查得本官责任，驻扎东莞南头城，遇汛驻扎新安、新宁等城，整搠船器，操演水战，监督南头、广海、虎门、香山等寨，及驭澳防倭诸务，汛毕回省。平时则训练兵夫，简阅强弱，稽查奸弊。如值沿海有警，督率官兵相机剿捕。倘声势猖獗，听征调各守巡所辖寨哨策应。如东西寨哨驰报重大警息，亦督所属将领船兵互相应援，以靖地方。凡一应备御事机，悉听从宜区处，沿海府县卫所文武官员，俱听节制，考核殿最，敢有怠忽及私役军兵、科敛财物、与奸徒私通、济夷倭等项，轻则量情惩治，重则参奏拿问。本官尤须持廉秉公，正己律下，以副重任。

［《明清时期澳门问题档案文献汇编》（一），《兵部为广东巡视海道责任为监督香山等寨及驭澳防倭行稿》］

仍以游击将军职衔管分守福建南路地方参将事署都指挥佥事刘应宠，拟得本官责任，驻扎泉州中左所，每遇汛期，移驻彭湖，汛毕撤回。兼管水陆军兵，无事则操练军马，修理城池，弹压地方，交相会哨；有警则亲督军兵随处截杀，防御寇盗。若邻境贼势重大，亦要互相策应，仍往来铜山、黄冈、柘林、大城、南澳、辟望诸处。凡应设墩台、应修城堡，会行漳泉及该管岭西地方兵备道，呈详闽广督抚衙门议处。不许恋居内地，养寇遗患。守把各官悉听节制。本官仍听闽广督抚、巡按、总兵官节制调遣。自祥芝巡检司起，至大城所水陆官兵，并听调度。本官尤须持廉秉公，正己率下，如或贪残偾事，国典具存，法不轻贷。

　　游击将军职衔管分守广东阳电等处海防兼管陆路地方参将事署都指挥佥事乐应祥，拟得本官责任，常在阳江、电白二县往来驻扎，统领北津水寨兵船，无事简练士卒，操演队伍，遇汛出海防倭，遇警督兵邀杀。恩阳守备与高州、恩阳陆兵及卫所官军，俱听节制。所管信地，东自广海界起，西至白鸽界止。间有重务，与岭西守巡二道计议停当而行，仍听抚按、总兵官节制凋度。尤须持廉秉公，正己率下，如或贪残偾事，国典具存，法不轻贷。

　　[《明清时期澳门问题档案文献汇编》（一），《兵部尚书赵彦等为推补广东香山等地方参将事题行稿》]

　　（天启五年四月癸卯）总督两广何士晋疏报："濠镜澳夷迩来盘据，披猖一时，文武各官决策防御。今内奸绝济，外夷畏服，愿自毁其城，止留滨海一面以御红夷。"章下兵部。

（《熹宗实录》卷五十八）

　　崇祯元年六月壬子（二十三日）初，海寇郑芝龙先从海贼颜枢泉，枢泉死，遂有其众。天启末，乘闽饥，益招致多人，攻广东海丰嵌头村，既得而复弃之，仍入闽中左所。然而不杀不焚，颇有悔罪之意，与泉道邓良知因遣其乡人李瑞、陈凝、陈瑶往抚之。又命芝龙母舅黄梦龙剖析利害。芝龙遂于正月十八日就中左所受抚，余众渐行解散。

（《崇祯长编》卷十）

　　（崇祯十三年）冬春二汛，海宪之出镇，海防之稽查在焉。一切供亿，无编派，无关会，则答应之难。原系因所为城，城门尽是军丁，仰给于县，一有愆期，则脱巾见告。加以寨兵棋布，往往鱼肉小民，乘机鼓噪，有司稍加绳束，动辄恃众挟制，则驾驭之难。

（康熙《新安县志》，卷十二《艺文志》，周希燿《地方诸难》）

　　北津即今海朗寨港也。先年海贼许恩受抚，因令插住港口海岸，且耕且渔，复给其子许应举以协总名色，责以统驭抚民，协守北津。原议递年将自造料船兵渔船共十只、目兵二百名往守戙船澳海面，口粮以出汛日起支，收汛日止。此澳孤悬大海中，系双鱼寨信地，贼船每抛剳其中，故以习惯之抚民守之。迩来抚民官亦久不到汛，海贼有无之情形亦无一字具报，浸寻成故事矣。但抚民一枝善鸟铳，出入蛟宫蜃宅若平地。今宜申严责成，令之备船练兵，出洋守汛，不时侦报，一遵受抚之初议，不则治以驰防梗令之罪，无少贷，野心狼子，庶不至以万顷为三窟矣。

[（清）顾炎武：《天下郡国利病书·广东备录中》；冒起宗：《北津抚民协总图说》]

县境海道之备，有南头、屯门、鸡栖、佛堂门、十字门、冷水角、老万山、伶仃洋等澳，皆有哨兵戍守。

[（明）顾祖禹：《读史方舆纪要》，卷一百一《广东一》]

夫广东海澳弥漫，寇盗叵测。或乘机啸聚，或顺风倏至。若澳无兵船则纵横劫掠，接济私投，不旬日而聚党跳梁，强不可制。伺兵船复集，势已无及。惟澳有兵船，则蜂屯蝟集，棋布星列，非独外寇不敢犯，即内地有蓄异谋者，亦将顾忌兵或而不敢动，势使然耳。

（崇祯《东莞县志》，卷六《艺文志·尹瑾〈敷陈海防要务疏〉》）

广州海势浩渺，盗寇靡常。前明所患日本诸岛，多□□趋广，柘林为东路第一镇钥，使先会兵守此，则可以遏其冲而不得泊矣。其势必越于中路之屯门、鸡楼、佛堂门、冷水角、老万山、虎头门等澳，而南头为尤甚。或泊以避潮，或据为巢穴，使添置重兵预为巡哨，则必不敢泊，既不敢泊，则其势必□峡门、望门、大小横琴山、零丁洋、仙女澳、九龙山、九星洋等处，而预为严哨，则亦不敢泊。

（光绪《广州府志》，卷七十四《经政略五·海防》）

陈璘，字朝爵，广东翁源人，嘉靖末为指挥佥事……二十年，朝鲜用兵，以璘熟倭情，命添注神机七营参将，至则改神枢右副将，无何，擢署都督佥事，充副总兵官，协守蓟镇。明年正月，诏以本官统蓟、辽、保定、山东军，御倭防海。会有封贡之议，暂休兵，改璘协守漳、潮。坐贿石星，为所奏，复罢归。二十五年，封事败，起璘故官，统广东兵五千援朝鲜。明年二月，擢御倭总兵官，与麻贵、刘𬘩并将。部卒次山海关鼓噪，璘被责。寻令提督水军，与贵、𬘩及董一元分道进，副将陈蚕、邓子龙，游击马文焕、季金、张良相等皆属焉，兵万三千余人，战舰数百，分布忠清、全罗、庆尚诸海口。初，贼泛海出没，官军乏舟，故得志。及见璘舟师，惧不敢往来海中。会平秀吉死，贼将遁，璘急遣子龙偕朝鲜将李舜臣邀之。子龙战没，蚕、金等军至，邀击之，倭无斗志，官军焚其舟。贼大败，脱登岸者又为陆兵所歼，焚溺死者万计。时埏方攻行长,驱入顺天大城。璘以舟师夹击,复焚其舟百余。石曼子西援行长,磷邀之半洋,击杀之,歼其徒三百余。贼退保锦山,官军挑之不出。已,渡匿乙山。崖深道险,将士不敢进。璘夜潜入,围其岩洞。比明,炮发,倭大惊,奔后山,凭高以拒。将士殊死攻,贼遁走。璘分道追击,贼无脱者。论功,璘为首,埏次之,贵又次之。进璘都督同知,世荫指挥佥事。

（《明史》列传第一百三十五；同治《韶州府志》,卷三十四《列传》）

澳夷筑室青州,奸民与通,时侵内地,邦瞻燔其巢。

（道光《广东通志》,卷二四二《宦绩志十二·明三》）

丁以忠,字崇义,新建人。戊戌进士,历官广东按察使。……时佛郎机夷违禁潜往南澳,海道副使汪柏怂恿之。以忠力争曰:"此必为东粤他日忧,盖慎思之。"柏竟不从,今则深根固蒂矣。寻擢右布政使。时征何亚八、郑宗兴诸贼,运筹理饷,克咸厥功,赐白金、文绮。采珠中贵,事竣欲横索以充私囊,公引大义喻止之,粤氓得免荼毒,公之力也。

（万历《粤大记》,卷之九《宦绩类》）

邹济,礼部郎中。安南拒命,诏大将军帅师征之,择朝臣有文学者往司奏记。济承命以行,军事多所帮助。安南平,余党复二,王师再出,济亦继往,还。（《献征录》）

（道光《广东通志》,卷二四四《宦绩志十四·明三》）

袁爌,字景晖,慈溪人,辛丑联捷进士……擢知广州……广城控引诸番,际大海,虽物货阜繁而中有隐忧,爌为缮治城郭,操练兵卒,时戒不虞,众或迂之。其后,有佛郎机之变,人始服其先识。

（道光《广东通志》,卷二四六《宦绩志十六·明五》）

黄应甲,万历五年以总兵官镇广东龙川……未几,梁本豪乱。本豪,故曾一本党亦罾户也。一本诛,窜海中,习水战,远通西洋,且结倭兵为助。杀千户,掠通判以去。十年六月总督陈瑞与应甲谋,分水军二,南驻老万山备倭,东驻虎门备蛋,别以两军备外海,两军扼要害,水军沉蛋舟二十,生禽本豪,诸军竞进,大破之,石茅洲贼复奔潭洲沙湾,聚舟二百及倭舟十,相犄角,诸将合追,先后俘斩千六百有奇,沉其舟二百余,抚降者二千五百,帝为告郊庙,大行叙赏,应甲等进秩有差,他倭寇琼崖,应甲斩首二百余,夺其舟,再赐金，旋入佥左军府，罢归，卒。

（道光《广东通志》，卷二五四《宦绩志二十四·明十三》）

子壮亦以八月起兵九江村，兵多疍户番鬼。

（道光《广东通志》，卷二八四《列传十七》）

昔元末苗帅杨完之流毒于嘉禾，迩岁闽广之兵屡叛而从寇，益可监矣。

［（明）严从简：《殊域周咨录》，卷三《东夷·日本国》］

邑自明万历二十九年设营寨以后，天启五年，海寇犯港十余日而去。崇祯二年，海寇李魁奇连年入寇，巨船一百七十余艘，俱为官兵杀败。七年刘香老如限，又彼追剿远遁，而城池赖以无恙，虽主兵者之剿御有方，未始非置营立寨之功也。

（康熙《吴川县志》，卷三《武备志·营寨》）

柘林波连南澳，跨闽粤之交。海寇恒窥伺于此，往来突犯。盖他寨或山或礁或港，皆有险可恃。柘林寨南面平洋，海寇扬帆直指，瞬息可至，且四面孤悬，无附近卫所可以缓急应援。迩者海寇李之奇、刘香皆突陷柘林，遂入潮阳、揭阳。刘香且直趋会城，后又突入虎头门等澳。既而闽帅郑芝龙破香于柘林寨，患始息。故柘林之备为最切。

［（明）顾祖禹：《读史方舆纪要》，卷一百三《广东四》］

澳门旧有提调、备倭、巡缉行署三。

（康熙《香山县志》，卷十《澳彝》）

香山之有澳门，人皆谓厝火积薪，将有燎原之虑，侯（指香山知县涂斗阳）独以为岛夷卉服，夏书有贡，顾内治何如尔；乃简戎卒，杜接济，补屯田，阅军实，屹然峙长城于沧海，番夷窃窥，知有备，帖不敢动，此其保障广服，岂一邑之功哉。

［（明）霍与瑕：《霍勉斋集》，卷十一《贺香山涂父母太夫人荣封序》］

（《户律》"逃避差役条例"）沿边、沿海地方军民人等，躲避差役，逃入土夷寨洞、海岛潜住，究问情实，俱发边卫分永远充军。本管里长、总小旗及两邻知而不首肯，各治以罪。有能擒拿送官者，不问汉土军民，量加给赏。

（《大明律》附编，《问刑条例》）

如昔砦，亦名如昔镇，在钦州如钦都，国朝改为巡简司，后没交趾，今复之。……

那苏营，在钦州如昔都，与交趾万宁州接界，如昔崗长黄凤阳居此，知州林希元为有事安南，于此建营，召雷州卫军二百名守之。十七年，安南事息，挚回。

（崇祯《廉州府志》，卷六《经武志》）

本卫旗军除备倭一哨外，其余分为四哨，改立队伍，上下两班，更番赴梧州听调，与国初军伍之制更张不同。

（崇祯《惠州府志》卷十三《兵防上》）

双鱼寨设有寨城一座，内置发汛公署及寨署、哨捕、兵房，守险之制，亦云密矣。兵船一十二只，官兵四百四十四员名，左哨派守双鱼港内，通双鱼所城，港门两山对峙，铳台三座，复有东山官兵据险而守，贼未敢卒犯也。去寨八里，则有双鱼所城，离阳江县一百七十里，离电白县九十余里，声援辽旷，实为边海孤城，外洋势难遥控，觉察责在瞭军。每岁春汛，除督发双鱼一哨官兵外，又例调东西两山各营兵协宁所城并一带海岸。若冬汛，则止双鱼一哨，虚应故事矣。右哨派守丰头港，与海朗寨接界，港内通织篝墟，五里余则至太平驿，防奸缉盗，未可刻疏。况龙高山夙号盗薮，山势延绵，路通双鱼信海，奸宄窥伺疏防，常驾客船藏盗出入相应。严饬海朗会哨分防，毋以一港为秦越可也。

［（明）冒起宗：《拙存堂逸稿》，卷六《文滕图说·海朗寨所图说》］

二、倭夷海寇

（洪武四年八月）高州府海寇作乱，通判王名善死之。初，海寇何均善聚众数百人，尝为濒海诸州患，官军已捕戮之，其余党罗子仁等遁去。至是子仁等复劫夺府印，逼名善从己，名善不屈，执至霞洞新营，遂遇害。雷州卫遣千户黄青领兵擒子仁等斩之，余党悉平。

（《太祖实录》卷六十七）

本朝洪武四年五月，海寇钟福全、李夫人等寇海晏、下川等地。广州左卫佥事杨景追捕至阳江，平之。福全伪称总兵，与李夫人、徐仙姑等叛于海晏、下川、大儋、文持等地。景即同指挥范怀率舟师剿捕，至阳江海陵山，并上川惊惶门遇贼船二百艘，击败之。

（嘉靖《广东通志》，卷六十六《外志·海寇》）

（洪武）四年，倭寇海晏、下川。指挥杨景讨平之。时海寇钟福全、李夫人等自称总兵，挟倭船二百艘寇海晏、下川等地。广州左卫指挥佥事杨景追捕至阳江，平之。

（万历《粤大记》，卷三十二《政事类·海防》）

（洪武五年九月乙巳）南海盗黑鬼为乱，诏广东卫兵讨之，败其众于马鞍山，又败之于浪淘嘴，生擒黑鬼及伪都督元帅等三百七十余人斩之。

（《太祖实录》卷七十六）

洪武五年，海贼罗已终寇雷琼，署都指挥佥事杨璟【景】督军追捕，千户汪满、周旺、王清等至钦州乌雷门，获栓黄三舍、苏称高等五百八十七人，已终为兵所杀，余党悉溃。二十年，贼登海口，指挥花茂奏设城防守。

（万历《琼州府志》，卷八《海黎志·海寇》）

洪武六年冬十二月。广阳指挥杨景讨平海北诸盗。

初，壬子五月，海贼李夫人、钟万户、徐仙姑数于海晏、下川、大儋、文特等地劫掠，景即同指挥范怀率舟师剿捕。至阳江海陵并上川惊惶门，遇贼船二百艘，击败之，斩伪总兵钟福全、李夫人、贼众一百七十人，焚其船。雷州东海硐沙头洋有海陵、海晏贼船劫掠于通明浦，徐闻县贼船出没行劫。景随率舟师至断头山，遇贼船出洋，督官军追至速头港，与战，至那泥港，杀溺甚众，擒伪总兵陈贵等二十八人，斩于军前。又令雷州卫千户王清等追捕通贼罗已终于潘浦，杀二百余人；于吴川县东硇洲获贼首潭南受等三百八十五人；于翁家港擒贼首梁许进。又会海南官军追已终于乌雷门，略无踪迹。头目梅思等四十七人请降，遂给榜文安抚居民而还。或报已终迭往交趾，杨景即命王清同海南千户周旺、汪满等捕之，获贼徒黄三舍等五百八十三人，又获廉州府石头、昆城、大廉贼沱三秀等四人。随据头目李福等获已终同伙叛首伪千户苏称高等四人。及雷州卫佥事朱宣武捕获已终，贼众溃散，并安南国云屯海镇经略使关报相同，景乃率师还。

（万历《粤大记》，卷三《事纪类·海岛澄波》）

洪武六年十二月，广州卫指挥佥事杨景追海北逋贼罗已终于钦州，得安南报，已终被杀，乃还。

（崇祯《廉州府志》，卷一《图经志》）

（洪武七年春正月甲戌）诏以靖海侯吴祯为总兵官、都督佥事于显为副总兵……出海巡捕海寇……潮州沿海诸卫官军悉听节制。

（《太祖实录》卷八十七）

洪武七年四月，交趾万宁贼寇钦州，巡海都指挥李珪讨平之。八年冬十二月，倭贼陷廉州，府学教授王翰死之。

（崇祯《廉州府志》，卷一《图经志》）

（洪武七年夏四月癸卯）广东雷州民王子英阴构海贼邓戍等为乱，雷州卫指挥佥事朱永率兵击斩之，余党遁入海中，永复率舟师追捕之，擒从贼邓奴等二百三十一人，悉枭其首于海滨。

（《太祖实录》卷八十八）

（洪武十三年秋七月壬寅）倭夷寇劫广州府东莞等县。

（《太祖实录》卷一百三十二）

（洪武十三年八月丙戌）倭夷寇广东海丰县，杀掠吏民，诏广东都指挥使司率兵讨捕之。

（《太祖实录》卷一百三十三）

（洪武十四年十一月庚戌）广州海寇曹真自称万户，苏文卿自称元帅，合山贼单志道、李子文、李平天、于湛莱、大步、小亨、鹿步、石滩、铁场、清远大罗山等处据险立寨，攻掠东莞、南海及肇庆、翁源诸县。南雄侯赵庸率步骑、舟师一万五千余人分道击之，进至鹿步，卒与贼遇，山深道阻，官军与战，多陷没者，贼亦伤死甚众。已而，贼构大步车、茭塘诸蛮，急趋南雄侯舡，南雄侯以精锐与战，贼势少却。会广东参政阎钝、千户张惠率军民来援，遂并力击败之，贼乃弃资装器械水中，驾虚舟而遁。我军乘快舸追之，擒一千七百余人，获舡六百余艘。复遣指挥徐质等帅师攻鹿步、蓼涌、石滩、清远雷乡诸寨，破之，转攻湛莱、小亨、泷水，又破之，擒贼二万余，贼属八千有奇，斩首五千余，获兵器一万九千，舡一千二百，马牛九百。遂招降番禺等县民三千三百余户复业。

（《太祖实录》卷一百四十）

（洪武二十四年九月）是月，倭夷寇雷州遂溪县，雷州卫百户李玉、镇抚陶鼎等御之，贼势猖獗，而官军寡弱不敌，玉等皆战死……

（《太祖实录》卷二百十二）

洪武二十四年夏五月，指挥同知花茂收集民兵。广州地方□东莞、香山等县，逋逃疍户，附居海岛，遇官军则称捕鱼，遇番贼则同为寇，不时出没，掠夺人民，殊难管辖，请徙其人为兵，庶革前患……皆从之。

（万历《广东通志》，卷六《藩省志六·事纪五》）

四澳旧有居民，国初属海阳，与黄隆、海山俱为信宁都地。洪武二十四年，以居民顽梗，尽发充海门千户所军。因误粮饷，仍发回四澳渔耕。永乐间，倭夷越海劫掠，难于防御，将吴宗理等九十五户徙入苏湾、下外二都安插。原田地五十三顷令抛荒，不许人耕，以绝祸根。原粮一百九十五石派洒二都赔贩，后乃均分海、揭、潮共纳。

[（明）陈天资：《东里志》卷一]

（洪武二十五年十二月甲子）广东都指挥使花茂奏："东莞、香山等县大溪山、横琴山逋逃蜑户、崒人凡一千余户，附居海岛，不习耕稼，止以操舟为业，会官军则称捕鱼，遇番贼则同为寇盗，隔绝海洋，殊难管辖，其守御官军山岚海瘴，多疾疫而死。请徙其人为兵，庶革前患。"从之。

（《太祖实录》卷二百二十三）

（洪武二十六年十一月）己未，东莞叛寇何迪伏诛。迪，东莞伯真之弟也，真次子宏以罪诛，迪自疑祸及，遂聚众作乱。南海卫以兵捕之，迪伏众狙杀官军三百余人。遁入海岛，广东都指挥使司发兵追击，败之。械迪送京师诛之。

（《太祖实录》卷二百三十）

备倭者，始自洪武二十七年八月，命安陆侯吴杰、永定侯张铨往广东训练沿海卫所官军，以备倭寇。

（嘉靖《香山县志》，卷三《兵防》）

皇明洪武二十七年七月，命安陆侯吴杰、永定侯张铨等率致仕武官往广东，训练沿海卫所官军以备倭寇。是时方有备倭之名。天下镇守凡二十一处。广东曰备倭巡视海道副使一员、都指挥一员、卫指挥一员专管巡海。听广东巡视海道副使、备传都指挥节制。

（崇祯《廉州府志》，卷六《经武志·备倭》）

（洪武二十八年正月辛丑）命广东都指挥同知花茂讨捕海寇。时广东都指挥使司言："潮州吉头澳有贼船九艘泊岸，约五百余人，劫掠南栅等村"，上以广东濒海州县常被寇害，由守御官军巡逻不严所致，于是诏都司以兵操海舟五十艘，往来巡捕，令茂总之。

（《太祖实录》卷二百三十六）

（洪武二十九年七月）己未，广东惠州卫指挥丁振、王□、潮州卫千户□德兴、镇海卫千户昌仁下海巡寇，遇贼懦怯，不即进兵剿捕，致贼杀伤官军，事闻，皆命诛之。

（《太祖实录》卷二百四十六）

洪武三十一年，倭夷寇东里。大城所原设以备倭也，至是倭掠东里，百姓皆趋避城内。东门百户顾实开门纳之，民免于难。其西、南、北三门，百户韩、马、谢皆闭门不纳，遇害甚众。事闻，命械至京师。太祖曰："是闭门百户来也，皆斩于市。"仍传首本所枭示，子孙革袭，永不调补。至今大城所止七百户，其三所皆缺，谓之缺所。

[（明）陈天资：《东里志》，卷二《境事志》]

花茂，巢县人。元季起兵从陈世光，岁丙申三月归附。癸卯援安丰，败张士诚兵。又于鄱阳湖战灭陈友谅。甲辰平武昌，授威武卫百户，累以功多。洪武八年十月升神策卫指挥佥事。十三年调广州左卫，剿平阳春等县叛贼。十四年捕清远、英德、翁源、博罗诸县山寨。十五年讨海南叛蛮，出海捕倭。十九年东莞、龙川、兴宁、南海、香山、翁源民作乱，统兵讨平之。二十年正月，升广东都司指挥同知，夷电白等贼，二十一年破归善等县贼寨，二十二年四月，升本司都指挥佥事，五月升都指挥同知，赐诰子孙世袭广州左卫指挥使。是年击南海、香山、黄连等寨。二十四年七月，剿连州、广西、湖广等处猺贼三万余，语在事纪。二十六年正月致仕。上命其子东胜右卫指挥佥事，茂仍莅事，四月统军荡灭东莞、笋冈等处。二十七年，茂上言请徙广东沿海地方东莞、香山等县道逃蛋户兵,又奏添设沿海依山□海碣石、神电等卫所二十四处,筑城睿池,集海岛隐科无藉等军,仍于要害山口海汉立堡,拨军屯守。诏皆从之。二十八年闰九月,征捕海南等处山峒黎贼。明年二月入觐。上慰奖之,且曰:"尔回,令次子英来朝,朕将用之。"六月茂回,会番禺后山等寨贼叛,命英同肇庆卫指挥夏忠领军捕之,获其首从邓佛荫等七十五人,即遣英赴京,十一月茂在任,奉制升本司都指挥使。三十年正月,上命英广东都指挥佥事,与张春共殄贼首黄黑面等,地方靖宁。四月二十日,茂卒,赐葬牛首山安德门外。广人祠之于粤秀山,英武毅有父风,自以军功升本司都指挥使,永乐中累建大勋,后致仕。

[(明)焦竑:《国朝献征录》,卷一百一十《都司·都指挥使花公茂传》]

初,方国珍、张士诚分据温、台、宁、绍诸郡并濒海。及已降灭,而余党遁海上,辄纠岛倭入寇。以故洪武中,濒海州郡数中倭。高皇帝业增置戍守,又命南雄侯赵庸招集蛋户、渔丁之徒,自淮、浙暨闽、广几万人,悉籍为兵。于是海上群恶少皆仰给县官,而方、张余党亦以次老死,濒海因得息肩。

[(明)茅瑞征:《皇明象胥录》,卷二《日本》]

(广东人陈祖义)充为头目,甚是豪横。凡有经过客人船只,辄便劫夺财物。

[(明)马欢:《瀛涯胜览》之《旧港国》]

国多广东、福建漳、泉人。……

洪武初,广东人陈祖义等挈家逃窜于此,后祖义充头目横甚,往往劫夺客舡财物。有施进卿者亦广东人。永乐五年奉朝命往西洋,宝舡过此。施进卿来执擒祖义等送京斩之。朝廷命进卿为大头目,以主其地。进卿死,位不传子,其女二姐为主,赏罚黜陟,悉听裁制。

[(明)巩珍:《西洋番国志》之《诸番国名·旧港国》]

论曰:广人陈祖义,国初窜旧港为酋长,以寇钞为业,舶人苦之。郑和至,有施进卿者白和,乃执祖义归,之京师诛焉,而章绂进卿于其土云。然则和岂贸易珍宝之使哉!除异域之患,为天子光,和亦贤矣。

[(明)黄省曾:《西洋朝贡典录》,卷上《三佛齐国》]

洪武、永乐年间,倭夷入犯,广东屡被抄扰。

(光绪《广州府志》,卷七十四《经政略五·海防》)

钟镒，山东掖县人，洪武初河源县丞，集流逋、定版籍、建学校，建坛祠，几邑之政罔不修举。后署海丰县事，海寇□至，城陷，死之。

（嘉靖《惠州府志》，卷十一《名宦》）

（永乐六年）庚子，命都指挥姜清、张真充总兵官，指挥李圭、杨衍充副总兵，往广东、福建，各统海舟五十艘、壮士五千人，缘海堤备倭寇。如与丰城侯，仍听丰城侯调遣。敕广东都指挥使司令缘海卫所严兵提备，仍选海舟五十艘，旗军五千人，备军器、火器，以能战将校领之，听总兵官姜清等节制。在海成<舟宗>往来巡视，遇寇则剿捕，务在协力成功，以副委任。

（《太宗实录》卷八十六）

（永乐七年春正月）辛未，敕……广东……发兵……从英国公征剿交阯叛寇。

（《太宗实录》卷八十七）

（永乐七年三月）丙午，广东都指挥花英、杨场以罪免。初，英等从征交阯，畏避不进，赂清远伯王友，迁道由钦州径还。至是事觉，当诛，上念其旧劳，特宥死，仍发交阯从征，立功赎罪。

（《太宗实录》卷八十九）

（永乐七年夏四月壬午）海贼阮瑶等寇钦州，劫长墩、林墟二巡检司。巡检任宣等率兵拒之，为所败，焚廨舍、毁寨栅而去。巡海副总兵官指挥李珪遣雷州卫指挥陶英等追击之，贼败，斩及溺死者无算，获贼船二十七艘，生擒贼属男女一百六十人。

（《太宗实录》卷九十）

（永乐）八年，国王源道义死，命太监雷春、鸿胪少卿潘赐往行吊祭礼。（即前行人。）后又寇广东廉州府，破其城，杀教授王翰。

[（明）严从简：《殊域周咨录》，卷二《东夷·日本国》]

永乐九年，倭攻陷昌化，指挥徐茂领军戍守，千户王伟战没，百户王升等追至潮州酉头湾获之。四月，贼登陵水、崖州，百户王英战没。十一年二月，百户尹敬等追贼，至独洲洋陷没。十九年，贼登昌化提，百户王（王巳）、陈通、朱祯等立功。二十一年，蒙恩宥放回。

（万历《琼州府志》，卷八《海黎志·海寇》）

（永乐十九年二月）辛丑，命都督佥事胡原充总兵官，都督佥事梁铭、都指挥使薛山为副，率原调广东都司所属官军五千人巡捕倭寇。

（《太宗实录》卷二百三十四）

（国初）西广、漳州等郡不逞之徒逃海为生者万计。

[（明）张萱：《西园闻见录》，卷五十六《兵部·防倭》]

洪武、永乐间，倭夷入犯广东，屡为所扰。嘉靖中，倭寇闽、浙，滋蔓亦及于广东。

[（明）顾祖禹：《读史方舆纪要》，卷一百《广东一》]

明宣宗章皇帝宣德元年，倭夷犯上里，耆名陈彝率众击走之。

通事刘秀勾引倭舟入泊于湾港，威召各村各里之保长赴舟领货，名曰"放苏"，邻村皆靡然从之，遂以肆掠，即大城所危如垒卵。至上里乡耆民陈彝力拒之。于是倭夷率众来攻。乡人皆携家避于莲花、鲤鱼二山寨。彝曰："此贼若纵其横，吾乡危矣。"乃相机率众下山驱之，捶杀其酋。倭败走。众奋勇追逐，杀伤者无数。倭舟即日遁入海，地方以守。

[（明）陈天资：《东里志》，卷二《境事志》]

宣德八年，倭犯儋州、昌化，指挥高升督官军金觊等守备。九年，据清澜。千户陈忠、刘□等坐死。

（万历《琼州府志》，卷八《海黎志·海寇》）

（正统八年九月）陈濂……正统乙丑进士……为广东按察副使、巡视海道。……海故多大盗，倚风涛出没，复阻山，其势炽甚。公身冒矢石，出奇兵与战。

（《四明谈助》，卷二十一《南城诸迹四上·仓基陈氏》）

正统十四年，南海贼黄萧养反，杀其都指挥使王清，以都督同知董兴、兵部侍郎孟鉴讨之，萧养伏诛。

初萧养为盗下狱，越狱聚众为寇，清出讨之为所杀，遂僭称东阳王，据五羊驿为行宫。事闻上，遣兴总兵与鉴讨之，后以右佥都御史杨信民，旧为广东参议有惠政，特命巡抚广东。信民将至，民争归之，贼众日散，信民既卒，侍郎孟鉴等益加招徕，至是萧养中流矢被擒斩之，余寇悉平，遂以鉴巡抚。

（《苍梧总督军门志》，卷十七《讨罪一》）

（正统十四年五月戊子）广东按察司佥事张忠奏："福建汀州等处流贼漫入潮州府海阳等县，劫掠乡民，而海贼陈万宁等亦诱致漳、潮居民入海驾船，累次登岸，杀伤县官，劫掠官库，乞遣文武大臣前来，调广东、福建官军捕杀。"上命兵部驰文与巡按御史，同布政使揭稽亟往潮州，凡纵民从贼官员俱执问如律，倭官责死状令捕罪赎罪，仍谕沿海军民有能计获陈万宁行照军功例升赏。

（《英宗实录》卷一百七十八）

（景泰元年四月丙子）监察御史李璇奏："广东都指挥李升、王忠、何贵等率官军民壮，分哨海贼，贼佯败，奔小港，升、贵深入追之。适潮退，军舡胶浅，忠潜回，升、贵遂为贼所杀，官军、民壮死者无算。乞治忠罪。"章下，兵部清令佥都御史杨信民责忠死罪状，令当先杀贼以赎前罪，公同推选属卫指挥领兵听调。从之。

（《英宗实录》卷一百九十一）

（景泰元年六月己卯）征进广东左副总兵、都督同知董兴等奏："反贼黄萧养既诛，其族党犹屯聚三山及大良堡等处拒守。四月十五日，臣等率官军进攻三山，贼船六百余艘来迎。臣等分兵五哨，傍两哨为左右翼进抄其后，中三哨首冲贼船，生擒八人，杀溺死者甚众，焚船百余艘，吕公车七辆。十六日，至五斗口及北水堡。十八日，抵潘村，冲鹤金斗。前后遇贼拒敌，生擒二十余人，斩首三百余级，焚船三百余艘。鹤金斗实贼巢所在，悉焚其庐寨，发其坟墓，贼剿遂空。复遣人哨探，惟大良贼徒始与萧养倡逆，其地倚山濒海，未易攻下，乃分兵三哨。一自南海水口攻其前，一自东海水口遏其后，一自西海小水滘截其去路。二十三日，我军乘顺风直捣大良。贼众约万余徒，船八百余艘，拘亘海岸，立栅拒守。两山俱置烟燉了望，树旗帜，鸣鼓角，用大将军飞枪、神铳等器拒敌，矢石乱下如雨。臣等督率官军，水陆并进，火器弓弩齐发。先令奇兵登岸拔寨，次破水栅，力战数十合，贼不能支。官军乘胜追击，生擒八人，斩溺无算。胁从者抚令复业，所获有伪太王黄大纲者，萧养父；伪太子贰仔者，萧养侄。其余十一人皆伪公、侯、伯、太傅、都督、尚书、都御史等官，臣等已审实，俱械送京师。"

（《英宗实录》卷一百九十三）

天顺二年，海贼严启盛寇香山、东莞等处，巡抚右佥都御史叶盛讨平之。先是启盛坐死，囚漳州府，越狱，聚徒下海为患，敌杀军官，拘留都指挥王雄；至广东，复杀总督备倭都指挥杜信。至是，招引番船，驾至香山沙尾外洋。盛廉其实，会同镇守广东左少监阮能，巡抚御史吕益，命官军驾大船冲之，遂生擒启盛。余党悉尽，海患始平。

（万历《粤大记》，卷三《事纪类·海岛澄波》；《苍梧总督军门志》，卷十七《讨罪一》）

天顺四年，海寇魏崇辉作乱，佥事毛吉等讨平之。魏崇辉、许万七，天顺四年窃据海阳下岭等村，与程乡山寇罗刘宁、黄阿山声势相倚，民罹其害。佥事毛吉、知县陈爵奉命封平。

（万历《粤大记》，卷三《事纪类·海岛澄波》）

题为照例请敕事。照得广东都司都指挥同知张通，见今总督备倭。本官廉洁谋勇，人所共知。近该兵部奏，奉钦依内事理，公同按察司佥事谢献、管事各官同心协力，卓有成绩。但备倭地方，东西八千余里，所统官军二万有余，实为重任。先年备倭杜信原系奉敕官员，所据张通等亦合照例请给，庶得便于行事。

[（明）叶盛：《两广奏草》，卷三《请给备倭将官敕谕疏》]

成化二年，寇登澄迈石礌海岸，备倭百户项钦战败。

（万历《琼州府志》，卷八《海黎志·海寇》）

（成化五年九月己亥）广东顺德等县民姚铭等七人，渡海劫掠交阯永安州，毁其民居，巡抚等官鞫得其情以闻，请斩之，枭首钦州境上。报可。

（《宪宗实录》卷七十一）

（成化二十年十二月辛未）有通番巨舟三十七艘泊广东潮州府界，备倭都指挥佥事姚英、巡视海道按察副使赵弘、分巡佥事翁晏领官军捕之，生擒三十余人，斩首级八十五级。巡按御史徐珪以功藉来上，兵部议行升赏，诏可。

（《宪宗实录》卷二百五十九）

弘治四年，东路指挥崔毕等巡海，获贼坤喇谢提等男妇百余。六年八月，寇掠陵水南峒，杀人，副使翟俊逮系，指挥千百户石英等降级有差。十二年，贼登儋州，指挥周远擒获吴球等十八人，并船只器械。十六年，琉球蔡伯鸟等出没东路地方，督备指挥李序捕获。十八年春，百户阎清巡海，追贼至石礌港战没。指挥徐爵领军生擒一十七人,申报给赏。

（万历《琼州府志》,卷八《海黎志·海寇》）

明弘治六年,番彝入寇东莞所,千户袁光捕剿于岑子澳,死之。

（康熙《新安县志》,卷十三《防省志》）

弘治中,海寇苏孟凯作乱,潮州知府叶元玉讨平之。苏孟凯,饶平人。弘治间,聚众山林,至有千余名,因而劫掠海阳村落,民罹其害者数年。知府叶元玉讨平。

（万历《粤大记》,卷三《事纪类·海岛澄波》）

正德二年,海寇朱秉英作乱,官军灭之。丁卯年,潮州上漳溪贼首朱秉英、林傅聚众劫掠大埔县乡村,烧毁神泉市。奏闻。总督府檄胡金事、黄指挥、张知府等官征剿殄灭。地方稍宁。

正德五年,海寇陈玉良等作乱,安远侯柳文讨平之。贼首陈玉良、梁世昌、张仕锦等啸聚山林,程乡县义化、石窟等都,扰害乡邑。总兵官安远侯柳文讨平。

正德六年,海寇李四仔等乱,都御史林廷选讨平之。贼首李四仔、黄镛、张时旺啸聚石窟、义化、松源等都,寇乱汀、漳、惠、潮。正德七年,总督右都御史林廷选、安远侯柳文、总镇太监潘忠等督兵讨平。

（万历《粤大记》,卷三《事纪类·海岛澄波》）

正德八年六月,贼劫海洋,副使詹玺遣指挥徐爵督千百户杜俨等,追至澄迈东水,遇风舟覆,百户王隆溺死。十二年,倭掠澄迈、临高,指挥徐爵督军,追至白浦洋大战,贼败溺死无算。十四年,大圯番船泊榆林港,知州陈尧思、指挥谷春等督军斩获罗朝田等二十八人。

（万历《琼州府志》,卷七《兵防志》）

正德八年八月,交趾寇钦州,百户谢惠拒战死之。（《郭志》）

（道光《广东通志》,卷一八七《前事略七·明一》）

正德十一年十月,交趾掠廉州,指挥范铠击败之。（《黄志》）

（道光《广东通志》,卷一八七《前事略七·明一》）

正德十一年，番彝佛郎机入寇，占据屯门海澳。海道汪鋐讨之。

（康熙《新安县志》，卷十三《防省志》）

正德十二年，四海夷人佛郎机亦称朝贡突入东莞县，大铳迅烈震骇远迩，残掠甚至炙食小儿。海道奉命诛逐，乃出境。

（《粤海关志》，卷四《前代事实三》）

正德十四年冬十一月，逐佛郎机夷人出境。

（万历《广东通志》，卷六《事纪》）

世宗嘉靖元年，新会盗起，引倭寇黄梁都，沿海民多遭杀掠，十年始平之。

（光绪《广州府志》，卷七十八《前事略四·明》）

嘉靖二年癸未春二月，佛郎机夷人别都庐寇广东，守臣捕获之。（别都庐就擒，巡抚张嵿、巡按徐敬以闻，上命就所在诛之。）

（万历《广东通志》，卷六《事纪》）

（嘉靖）二年二月，佛郎机国人别都卢寇广东，守臣捕获之，巡抚张嵿、巡按徐敬以闻，上命就所在诛之。谨案香山海防志，嘉靖二年，佛郎机寇新会之草湾，指挥柯荣、百户王应恩败之，与此当同一事。

（道光《广东通志》，卷一八七《前事略七·明一》）

兵科右给事中夏言疏曰：……又倭夷入贡，往往为边方州郡之害，我圣祖灼见其情，故痛绝之。于山东、淮、浙、闽、广沿海去处，多设卫所，以为备御。后复委都指挥一员统其属卫，摘拨官军，以备倭为名，操习战船，时出海道，严加提防。近年又增设海道兵备副使一员专督，可谓防范周且密矣。是以数十年来，彼知我有备，不复犯边。奈何迩来事久而弊，法玩而驰，前项备倭衙门官员徒拥虚名，略无实效。

［（明）严从简：《殊域周咨录》，卷二《东夷·日本国》］

嘉靖十年春，海贼黄秀山等乱，提督兵部右侍郎兼右佥都御史林富讨平之。秀山与黎国玺皆东莞县民，乘船出海，勾集潮、惠、雷、廉、闽、浙亡命，屯据海洋，妄自称号。东西二路沿海乡村居民、商船屡被其害。至是，富等严督海道副使江良材、岭南守巡左参议王积、副使杨濂、岭东分守右参议翁磐、守备都指挥王兰、分守雷廉高肇左参将程鉴、总督备倭都指挥陆桓调集兵船，分道把截夹攻，俘斩首徒二百余名颗，秀山等戮于市。

十一年，海贼许折桂等乱，提督兵部左侍郎兼左佥都御史陶谐讨平之。折桂与陈邦瑞、曾本亮、周广等皆东莞等县民。先是，从黄秀山等出海为盗，秀山伏诛，折桂等遁交趾，执曾本亮等杀之。而折桂等复回聚党，沿海剽掠，拒敌官兵，为患日炽。至是，谐等督责海道副使杨濂、兵备佥事莫相统领官兵，俘斩首徒五十九名颗，生擒周广等戮于市，而折桂乞降，首送违禁器物船只入官，归还胁从被虏一千七百余众。

（万历《粤大记》，卷三《事纪类·海岛澄波》）

（嘉靖十一年十一月壬子）广东海寇陈邦瑞、许折桂等突入波罗庙，欲犯会城，为指挥李鳌等兵船所蹙，邦瑞投水死，俘斩贼徒甚众。于时雇闽兵船只，及新遣大船既集，折桂等惧，送回所执指挥柯荣、焦钰，乞就招抚。于是，三司等官议从其请，以胁虏男妇千余人给银，遣散宁家；折桂等安插东莞县，编充总甲，约束其党五百人为新民，听海道督凋。防捕都御史陶谐以闻，并上文武诸臣功罪，兵部覆言："折桂既称倾心向化，惟应待以不死；今编充总甲统率原众，若彼乘隙作孽，未免贻患地方。据奏，广海事情未可遽为无事，宜行镇巡官再加审处，务解散丑类，消弭祸萌，不可亟近功，遂志远虑。俟议处既定，保无后艰，然后分别功级颁行赏典。"诏："如议行。"

（《世宗实录》卷一百四十四）

嘉靖十二年，海寇许折桂、温宗善入寇东莞（所）。千户顾晟追捕于春花洋，战死。后海道江良材平之。

（康熙《新安县志》，卷十三《防省志》）

（嘉靖）二十四年夏，海贼万廷桂啸聚砚洲，分守道盛万年遣将抚之。

（万历《高州府志》，卷七《纪事》）

先嘉靖乙巳，贼据老万山为害，备倭指挥孙敖以海道林懋举命征之，遁去。复聚，劫掠船只。海防同治周希尹遣兵讨之，破其穴而还。

（光绪《广州府志》，卷七十八《前事略四·明》）

嘉靖三十年，海寇何亚八率彝人入寇东莞所。千户万里守南山烟墩，遇贼战死。后指挥李茂材率官兵剿之。

（康熙《新安县志》，卷十三《防省志》）

先是，嘉靖壬子（三十一年），倭寇初犯漳泉，仅二百人，真倭十之一，余皆闽浙通番之徒。……至是犯潮州，大船一十三艘，其徒八百余人，大都皆漳、泉、温、绍产也，突入揭阳大家井村劫财杀人，房屋尽毁。至蓬州千户所，从崩城拥入城中，杀死百户李日芳等。报至，海道副使林懋举先往潮州，提督都御史王钫调集汉达狼兵，兵募广州、新会、顺德打手，未至，知府春芳豫集乡夫御之。

（嘉靖《广东通志》，卷六十六《外志三·海寇》）

嘉靖壬子，海寇猖獗，惠潮守备梁希孔请于海道召募打手二百五十人，乌槽五艘，每艘水手三十人，分戍湖东、鱼尾、石桥、南沙、大德、长沙诸港，居民赖以少安。甲寅，本道尽撤打手、乌艚，并其工食，更募三哨游击兵船，原立之意，以为防守于内港，不若巡缉于外洋，其论亦奇矣。但游击之船，往来无常，而滨海之地，俱已驰备，贼每乘虚而入，如蹈无人之境，民甚病之。丁巳，守备张岳复请于分巡道，知县张济时力赞其决，乃复募打手二百五十人，以百人戍石桥、湖东、鱼尾三港，五十人戍南沙、大德二港，百人戍长沙，民间复有倚庇，免于屠戮，甚盛惠也。但各夫工食俱扣碣石卫逃军粮，每季于本府领给，恐其不继，或有更张，则将来之祸有不可胜言者矣。

（嘉靖《海丰县志》，上卷《舆地志·戍守》）

（嘉靖）三十二年正月，海寇许栋犯潮阳。（许栋，饶平人，为盗数十年，流毒沿海。养子朝光本姓谢，栋杀其父掳其母，遂以朝光为子。三十七年春，栋往日本将纠合倭奴谋大举，及还，朝光伏兵舟中杀之，尽有其众，号为澳长，势益炽，计舟榷税商船来往皆给票抽，分名曰"买水"。后为部下陈沧海所杀。《潮州志》）

（道光《广东通志》，卷一八八《前事略·明二》）

嘉靖三十三年甲寅春二月，以兵部侍郎鲍象贤提督两广军务。海寇何亚八、徐铨等作乱，提督侍郎象贤讨平之。（何亚八、郑宗兴等潜入佛大泥国，纠合番舶驻广外洋，沿海乡村大被剽掠，复往福建集叛亡人数千，与王直、徐铨、方武等合流，劫浙江诸郡，寻回广东聚众。）

（万历《广东通志》，卷六《事纪》）

嘉靖三十三年，海寇何亚八等引倭作乱，提督侍郎象贤、总兵定西侯蒋傅讨平之。先是，亚八与郑宗兴等潜从佛大泥国，引番舶于沿海劫杀。

（万历《粤大记》，卷三十二《政事类·海防》）

嘉靖三十三年，题准：近海豪民交通倭寇，今后巡盐御史兼管巡海，以便禁戢。

（《大明会典》，卷一百三十二《兵部·镇戍》）

嘉靖三十三年，提督两广兵部侍郎鲍象贤、总兵官征蛮将军定西侯蒋传讨平广东海贼。先是贼首何亚八、郑宗兴等潜从佛大坭国，纠同番船前来广东外洋，及沿海乡村肆行劫掠，杀虏人财，拒伤官兵，脱往福建等处，收纳叛亡数千，凑同陈老、沈老、王明、王五峰即王直、徐碧溪即徐铨及方武等分宗流劫，浙江嘉、杭、宁、绍、台、温一带均受其害。亚八等仍又遁回广东地方打劫，军门督行巡海副使汪柏委指挥王沛黑、孟阳等统领兵船，分东西哨随往剿捕。王沛黑擒获何亚八等于广海三洲环，共一百一十九名，斩级二十六颗，溺水、烧死不计，余党驾船脱走，四散劫掠。新会贼首陈文伯等乘机崛起，啸聚千余，随即扑潮，又为孟阳所破，斩徐铨于海，其各道守巡兵备等官督并官兵陆续于潮州、柘林、冈洲、乌猪洋、新会、雷琼等海面擒斩贼党共计一千二百余名颗，俘获贼属夺回被虏人口各有差，何亚八、郑宗兴、方武、陈时杰等俱解军门磔于市，海岛平。

（《苍梧总督军门志》，卷二十一《讨罪五》）

（嘉靖）三十三年，海寇何亚八、郑宗兴等，潜入佛大坭国，纠合番舶，驻广外洋，沿海乡村，大被剽掠。提督鲍象贤命巡海副使汪柏，督指挥王沛、黑孟阳等往捕，获亚八等于广海，俘斩一百四十六人，溺水烧死甚众，余党散走。

（同治《番禺县志》，卷二十一《前事二》）

（嘉靖）三十三年七月，倭夷寇广东潮州。先是都御史谈恺闻两浙、直隶诸郡倭寇猖獗，恐其延及惠、潮也，遂移檄巡视海盗，议战守事宜，以靖海防。时广东巡视海道副使汪柏议将防守潮州柘林、长沙等处海澳兵船并为柘林一哨，顾募东莞乌艚二十只，潮州白艚船十只，共拨兵一千二百名，委指挥黑孟阳为中军统领，指挥李爵、李鉴，千户王诏、虞钦、尚昂、戴应先等部领往来巡哨。议上督府，恺允之。既而守备玄钟澳指挥同知候熙亦请禁接济倭夷，遂以其议行巡视海道，转行备倭守备及沿海府县卫所掌印巡捕等官，严督各哨官兵，如遇倭船乘风泊岸，星火飞报各处官司，督兵协力追捕。适备倭千户于瑛报有贼首徐碧溪、洪老等撑驾大夹板弯尾船从福建海洋乘风突来深澳，凑合贼首林寄老等。督抚令于瑛加谨防捕，及督指挥黑孟阳等部领兵船协同各哨备倭官兵相机设法擒捕，至七月初二日，果有贼船三只，哨马船五只，从福建汀州外洋泊潮州柘林。时我兵既以预先警备，贼至，不敢近岸。黑孟阳等即统各哨兵船兼程前进。初三日至柘林，初四日官兵奋勇与战对敌，兵威大振，攻贼，败船三只，贼首徐碧溪等被伤，贼众落水淹死者不计其数。浪涌不能取攻，生擒番海贼寇方四溪等共一百八十名，皆系时攻陷浙江等台温及苏松诸郡县巨寇，今又凑合暹罗东阳诸国番徒，经年在海劫掠，流毒滋甚，幸而筹策先定，防守唯严，数千逋寇，一旦削除，各省冤一麾可雪矣。

[（明）严从简：《殊域周咨录》，卷二《东夷·日本国》]

戊寅，海贼犯广东潮州之柘林，指挥黑孟阳引舟师歼之，生擒贼首方四溪、夷目咤过罗等一百三十五名，斩首三十九级，其贼首徐碧溪等悉沉海死。事闻，诏赏巡操南赣汀漳等处都御史谈恺银三十两、贮丝二表里，广东副使汪柏及孟阳等各银有差。

（《嘉靖倭乱备抄》）

（嘉靖三十三年七月庚子）广东番贼纠倭寇千余剽掠海上，官军击败之，擒贼首之四溪等，余党遁去。

（《世宗实录》卷四百十二）

查得广东按察司副使额设巡视海道副使一员，奉敕专理海防事务。但以地方广远，巡历不周，或以本司缺官，兼理他务，以致备倭、守备等漫无约束。或卖放巡海旗军，或克减打手工食。贼至，则以退缩为能；贼去，则曰众寡不敌。相传已久，习以成风。查得东莞千户所原有海道衙门，于东西海道实为适中，而地方有警易于策应。先年，海道副使于夏秋之间统领官军、打手、达官、舍人等驻扎该所。贼不敢犯，民赖以安。合无行令海道副查照旧规，每于初夏即至东莞千户所驻扎，遇有警急，调遣策应，不许专住省城兼管他务，直至秋尽回省。庶乎官军有所节制，而天威远振，盗贼知所退避而地方可安矣。

[（明）谈恺：《虔台续志》，卷五《纪事四》]

（嘉靖三十四年四月）甲申……先是广东贼徐铨、方武、陈文伯、李明贵与海酋王五峰纠结倭夷，纵横海上。督臣檄海道副使汪柏，岭南兵备杜璁及参将张裕、指挥黑孟阳等督战。铨等就戮，前后斩首千二百余级，江应奎招下余党三百五十余人……

（《世宗实录》卷四百二十一）

嘉靖三十四年冬十二月，提督两广兵部侍郎谈恺平大步屯。

先是贼首刘伯洪等聚众三百余，驾船分伙于南冈、头韦涌等处行劫，近复纵肆劫房罗冈、坑子、破塘、莫屋、垦平等村，杀戮奸淫，惨不可言。屯老高文积等具告，乃行海道副使毕竟容密捕之，生擒刘伯洪等五十七名，斩获贼首周应文等十六名颗，余党以次就擒，行按察司核实照格给赏。

（《苍梧总督军门志》，卷二十一《讨罪五》）

（嘉靖三十七年正月庚申）倭犯广东潮州之驼浦，攻蓬州千户所，破之。

（《世宗实录》卷四百五）

（嘉靖三十七年二月）乙酉，广东佥事万仲分部水陆兵为东西哨攻倭。临敌，而哨兵皆溃，领哨千户魏岳、高洪死之。

（《世宗实录》卷四百五十六）

（嘉靖三十八年正月己丑）广东原屯黄冈倭，流劫海阳、饶平、潮阳、惠来等县。

（《世宗实录》卷四百六十八）

（嘉靖三十八年二月）庚申，广东倭流突福建诏安，官兵御之，贼引众犯漳浦。

（《世宗实录》卷四百六十九）

（嘉靖）三十八年二月，倭寇犯饶平，流入漳州等处，督阃范钦遣都指挥孙敖会两广兵进剿，亲率狼兵及千户张春等斩级七十七颗，生擒九名，夺回被房官民人口一百八十余名，牛马二百二十余头匹，陆续官兵又获真倭贼，一名林居凤，奸细余超、张大、陈元爱，接贼犯人杨二及贼马、吴丝、紬绢等件。百户赵孟李、镇抚杨德于石牌地方斩获倭贼首级十颗，典史万邦邑夺回被房一人，番衣一件。四十二年，复破兴化府城都，御史谭纶与参将戚继光率师救援。贼走，败之，溃入广东界。

[（明）严从简：《殊域周咨录》，卷三《东夷·日本国》]

（嘉靖三十八年四月乙巳）先是，倭寇二千余突犯饶平，海丰，攻破黄冈城。巡抚南赣都御史范钦等诸责成两广军门移驻惠、潮，近地调兵剿御。事宁议撤，仍留谋勇将官一人，领兵戍守。兵部言："两广苗情反侧，又兼山寇出没,均宜周防。请命提督两广侍郎王钫、总兵曹松遴委才将,精练士兵三千,驰赴剿贼;并戍守要害,倘倭势重大,径自移镇惠、潮。"从之。

(《世宗实录》卷四百七十一)

备倭府,领救总督备倭,指挥一员,以都指挥体统行事,驻扎南头城,即东莞守御千户所城。

(嘉靖《广东通志》,卷三十一《政事志四·兵防一》)

倭寇始入寇也,实起福建而炽于江南。类多徽浙闽广下海之徒,勾引一二真倭为酋首,而自髡以从贼。方其破苏湖,据舟山,徜徉于漳泉之野也,概目中已无全潮矣。一旦突至揭阳,遂陷大井,蓬川等处,于是各乡戒严。吾邑始议城守。及是年十月(嘉靖三十八年),果有倭奴三百余人从海口烧船登岸,且薄城下,为乡兵所击,不敢近,因散掠凤山、钱冈诸村里而去。越一月,又有千余人从招宁司河渡门以入,与海贼许朝光同攻海门,官兵奋勇,敌退,追至石碑而遁。其明年正月复来攻凤山,不下,移屯贵屿,流劫古埕,又有窥城之志。会山贼夜袭入城,大创去,倭始骇散。

(隆庆《潮阳县志》,卷二《县事纪》)

(嘉靖三十九年二月己未)倭寇六十余人流劫潮州等处,守臣告急,兵部言:"闽广二省俱邻南海,倭奴侵轶,广中皆以闽人为向道。今其势张甚,在两广固当克期撤诛剿,在福建抚臣亦难辞纵贼贻患之责,令巡按御史通劾功罪以闻。"报可。

(《世宗实录》卷四百八十一)

(嘉靖四十年十一月丁亥朔)巡按福建御史李廷龙类奏,七月至九月,广东之程乡贼、饶平贼、塘下南安之倭贼及各路之流贼,出没诸郡无日。不报警。

(《世宗实录》卷五百三)

四十一年,潮州饶埔贼张琏作乱,提督兵部右侍郎兼右佥都御史张臬讨平之。

琏本饶平库役,因拒追逋,聚众为乱。知县林丛槐亲往抚之,为其拘留。势日张大,阴与程乡剧贼林朝曦等交相结约,有僭拟之号,流毒广、闽、江西三省。臬奏调土、汉官兵七万六千有奇,会同江、闽二省官兵,分五大哨,以副总兵王宠、参将钟坤秀、祝明、门崇文、张四维分统之,参议冯皋谟、佥事皇甫涣、贺泾、张冕监之。斩级六千六百余颗，招降安插男妇一万五千一百余名口。生擒琏，磔于市，饶埔悉平。㚍又用计顺剿海阳贼王伯宣、程乡贼林朝曦等，各生磔之。

（万历《粤大记》，卷三《事纪类·海岛澄波》）

（嘉靖四十二年正月）癸巳，广东倭贼犯潮、惠二府黄冈大澳等处。

（《世宗实录》卷五百十七）

（嘉靖四十二年四月己亥）巡按广东御史陈道基以正月间潮、惠二府倭患闻，乞速命督抚诸臣调兵分剿。诏："总督都御史生张㚍严督备官，调集汉达官军，协力剿来以靖地方，毋怠。"

（《世宗实录》卷五百二十）

嘉靖四十三年，佛郎机驾船二只泊铺前港，海贼施和率众攻之，番船桅拆促入内避和，遂深入苻离等都肆掠，指挥高卓召番众及土舍王绍麟黎兵与战，贼佯北，番不追，黎兵追之，□伏矢尽，被杀者二人，卓乃单骑破重围、救数人，贼靡遁去。

（万历《琼州府志》，卷七《兵防志》）

（嘉靖四十三年六月）辛卯，广东官军大破倭寇于惠州海丰县。倭初自福建流入广东，会两广、南赣各军门征调汉土兵大集，乘其初至急击之，贼惧，悉奔崎沙甲子等澳，夺渔舟入海，遇暴风，舟皆覆溺，得脱者仅二千余人，留屯海丰金锡都。总兵俞大猷帅官军四面围之，相守且二月，贼食尽，欲走报效，副总兵汤克宽伏兵大埔察窖口以待之，贼至伏发，贼乃大惊扰，克宽斩其枭帅三人，参将王诏等兵继进。贼遂大溃，擒斩千二百余人，各哨军前后所得零贼又一千余人，于是余倭无几，不复能军，散遁入山薮，各兵乃分道搜之。

（《世宗实录》卷五百三十五）

嘉靖四十三年，倭寇大犯潮州，提督兵部右侍郎兼都察院右佥都御史吴桂芳，总兵恭候吴继爵讨平之。

自嘉靖壬子以来，倭奴为中国无赖勾引，内犯浙直诸郡，以次及闽及广潮海之间，岁被其患，然尚倏至倏去。至嘉靖癸亥，则屯住潮揭海滨，不复开洋，众号一万。甲子春，新倭万余继至，与旧合伙屠戮，焚掠之惨远近震骇。桂芳新简来镇，莅苍梧，甫二旬即躬董师东向，前后调狼土劲兵四万五千、福兵一万五千，以伸魏威营总兵官俞大猷帅之，副总兵汤克宽、参将王绍、门崇文副之、佥事徐甫宰监之，相持两月，贼被围困不得野掠，乃复分伙思遁，我兵乘势击之，一战于浈神山沟，俘斩一千一百二十七名颗；再战于海丰大德港，俘斩一千三百一十三名颗，贼奔溃下海，又陆继擒斩六百六十二名颗，余贼掠船开洋者，遇飓风三日，覆溺俱尽。

（《苍梧总督军门志》，卷二十一《讨罪五》）

（嘉靖）四十三年潮州柘林海兵叛，提督侍郎兼右佥御史吴桂芳再讨平之。

时倭寇久驻潮阳，府藏不继，柘林防守海兵谭允传等以缺饷称乱，扬帆直抵广城，初犹以告粮为名，省中以军门方有事，倭寇在远，径议发兵剿之，大为所败。于是各叛兵横肆钞掠，省会戒严。桂芳闻变，阳布令招之，随调东莞、南头、九铺水兵自外入洋，因躬督总兵汤克宽、参将门崇水兵自惠阳、趣东洲里海而出合击之，贼腹背受兵，骇奔无措，生擒六百一十二人，斩首不计，已而余党复据大舰不解，桂芳与总兵俞大猷用计破之，复生擒三百九十三人，斩级四十一颗，首贼谭允传、卢君兆等先后磔于市，其船入官，遗孽无存，远近称快。

（万历《粤大记》，卷三《事纪类·海岛澄波》；《苍梧总督军门志》，卷二十一《讨罪五》）

是年冬（嘉靖四十三年），潮、揭林樟贼郭明等作乱，总督都御史刘焘讨平之。时潮、揭贼巢百数，而林樟为诸巢领袖，郭明为诸贼渠魁，依海贼陈一义属外藩，盘根固蒂殆二十年。攻围破寨，劫虏焚杀，不啻千百，夺占田地，民庶哀籲已极。乃行潮州兵备佥事杨芷、监军副使江一麟、总兵郭成，分兵追剿。贼首郭明领众以拒，官兵阵击郭明，斩之，及其从贼一百余颗。余党匿入深山，闭围拒敌。兵焚其巢，仍移师北山洋、马湖二寨，首恶胡一化、陈一义拼命抵敌。官兵奋战。擒斩贼二总李自新等首从共五百四十余名颗，牛马五百余只，俘夺贼属、被虏男女一千二百余名口。士民欢呼，同举手加额曰："继世剧贼，一旦荡平，自此得安枕矣。"

（万历《粤大记》，卷三《事纪类·海岛澄波》

洗劫广州后，他们自称是暴动的海盗。从此之后，他们再加武器、大炮和军火，力量更为强大，无人敢冒犯。为求安全，他们选择东莞修筑城堡炮台，以便在海上活动后有地方休整娱乐。东莞距广州仅一天路程，故每当他们洗劫广州，便先在东莞集结，如入无人之境。当地居民胆小怕事，为了活命，连家产都不顾。广州官吏便将东莞居民迁往内地居住，这更使海盗胆大妄为。……

中国官员首先表示："本官代表中国各省兵部总兵大人来此，向葡萄牙国王的使者和澳门军事首领求援，相信不会遭到拒绝，因为剿灭海盗乃正义和必需之举。海盗侵扰广州，阻碍通商，更何况驰援一事是使者阁下首先提出的，这是总兵大人派本官来此求援的主要原因。总兵已知，海盗眼下在东莞湾一带活动，他们相信总兵大人对其无可奈何，故现在围剿海盗更有把握。为了不使作战计划久议败露，本官此次直接率作战必需的船队来此，也请你们参战的士兵即刻登船。"

（澳门《文化杂志》编：《十六和十七世纪伊比利亚文学视野里的中国景观》之《热尔·哥依斯使团纪实》）

（嘉靖四十四年八月）丁丑……广东巨寇吴平等驾船四百余艘出入南澳、浯屿间，谋犯福建，把总朱玑、协总王豪引兵击之海中。贼奄至，围官军数里，玑、豪惧陷没。事闻，诏："闽、广抚镇官严督兵将，协心夹剿，以靖地方，不许误事，其各官功罪俟勘议处。"

（《世宗实录》卷五百四十九）

嘉靖四十五年，官军围海贼吴平于南澳。

（《世宗实录》卷五百五十四）

（嘉靖四十五年四月壬戌）闽、广官兵追击海寇吴平于安南万桥山澳，大破之。初，平自阳江乌猪洋战败，奔安南，提督侍郎吴桂芳檄安南万宁宣抚司发兵征剿，遣参将汤克宽、都司傅应嘉等以舟师会之，夹击平于万桥山下。会暮大风，我军火攻，焚平所乘舟。平军大败赴水，死者无算，官兵生擒贼众及斩首共三百九十八人。

（《世宗实录》卷五百五十七）

本院咨会两广军门吴（桂芳）发兵协剿，随准回称"宁照封疆为守，喊在广则广自任之，过闽然后闽任之"等因。又准广东总兵官汤克宽手本开称"曾一本面缚军前请降，散党安插。但虑闽中兵船越潮哨捕，惊疑反侧之心，以坏招抚成功，烦行各将领知会"等因。本院以此为信，谕令官兵各照封疆自守。是以贼虽迫近邻境，亦不敢轻发一兵，越境行事，以伐其陵渐之谋。一则惟恐悖两广军门画疆之议，以取贪功之讥。一则惟恐坏汤总兵抚贼之策，以为日后借口之资。

（《明经世文编》卷三百五十五，塗泽民《塗中丞军务集录三·行广东抚镇》）

嘉靖四十五年，流贼黄西乔等屠劫乡村。总兵俞大猷讨之。

（康熙《新安县志》，卷十三《防省志》）

广东一省，分为三路。中路东莞南头等处海澳，水贼倭寇出没无常。东路惠潮一带亦濒海滨，寇贼窃发。西路高雷廉等海面颇为僻静，地方口冲，时有平乱。势有缓急，事有轻易。故分兵设备，亦应随之损增多寡。此达权通变之术，不可执泥一定也。

（嘉靖《广东通志初稿》，卷三十五《增减夫船新议》）

东莞，古宝安，自汉唐历宋，代相沿革，设南海卫，始筑新城，包钵盂、道家二山于内，甃以石，日久雨淋潦啮，旧基倾塌，渐非昔日，顷岁惠贼流劫，直抵城外十里，而倭奴、海寇，乘机窃发，且入内地，焚掠民居甚獗。

（崇祯《东莞县志》，卷七《艺文志·重修城坡记》）

尉佗山阁枕飞屏，石碣依然似鲁灵。夕照例随松桧落，晚田遥带稻粱馨。三城鸡犬填阛阓，万里牙樯接海溟。淳朴旧怜吾土胜，未堪群盗日纵横。

（《粤东诗海》，卷二十三，孙勋《登越秀山》）

罗浮缥缈接云霞，遥忆倭奴寇上沙。科第廿年仍作郡，乡山万里尚无家。登临便觉玄关透，悔悟方知世路赊。愿得羽书传捷报，不妨漂泊在天涯。

（嘉靖《惠州府志》，卷十六，姚良弼《登罗浮闻海寇掠松浙有感》）

吴桂芳，字子实，新建人。嘉靖初举进士。历分守岭南，以作养人才为己任，筑崧台书院以诲多士。又克诘戎兵，罗旁无敢啸聚者。四十二年以兵部侍郎、右佥都御史提督两广军务。时兴宁贼叶丹楼、花腰蜂勾倭为地方害，公命总兵俞大猷、监军佥事徐甫宰帅师讨之。始战于泷水神山，馘其渠魁。再战于海丰大德港，擒丹楼、腰蜂等磔于市。先后俘斩二千四百四十名颗。绩奏，上大悦，赍以金绮。继而柘林海兵直犯广城，随调东莞南头兵自外洋入，参、游各兵趣东州而出合击，大败之。生擒六百二十一名颗，斩获无算。功晋兵部侍郎。公以省城西南一带护卫单薄，增筑外城墙，自南门至西城角门，延袤崇埤，屹壮金汤。后海寇如曾一本突犯，咸倚备御严固而退。粤人颂保障之功，立生祠以祀之。

（万历《粤大记》，卷九《宦绩类》）

岁夏四月，南风至，倭船易于北来，谓之风迅。官军以是出海防守，毋得先期而扰，亦毋得后期而缓。

（嘉靖《香山县志》，卷三《政事志·兵防》）

其备倭皆以四月风迅时上班，九月霜降后休息，每所备倭千户一员领之，国初之定制如此。

（嘉靖《海丰县志》，上卷《舆地志·戍守》）

隆庆元年，海贼曾一本入寇，官军追剿至雷州港，守备李茂才死之。

（康熙《新安县志》，卷十三《防省志》）

（隆庆二年三月乙丑）初，广东贼曾一本突至雷州，参将魏宗瀚、王如澄、缪印率舟师与战败绩，贼执印及把总俞尚志以去，官兵死者八百余人。已而归，尚志乞招抚。寻犯我师，战数日。守备李茂材中炮死，我兵又败。事闻，兵部覆言："新任总兵郭成未至，而广西总兵俞大猷素负威名，请令暂往视师。前总兵汤克宽等罪不止革任，宜令戴罪立功。副使姚世熙等并宜议罚，宗瀚等宜充为事官，以图后效。"上然之，命暂调大猷用，事宁回镇，克宽立功赎罪，世熙等夺俸一月，促总督张瀚等速处兵粮，严督将领，克期灭贼，以靖地方。

（《穆宗实录》卷十八）

隆庆二年十月乙卯（五日），广贼曾一本等突至南澳。

（《穆宗实录》卷二十五）

隆庆二年，海寇曾一本犯广州，总兵俞大猷、郭成御之，败绩。……大猷能言，著兵书画策，多可观听，而遇事失措，竟无功。欲致一本以自解。因令人招一本，许之高职，命郭成统楼船驻兵波罗，上下冀得相机擒之。一本亦欲致大猷，阳许焉。约至大鹏所降，大猷以为信。然先至以待时，所将兵少，一本驾大艚六十艘直掩，大鹏有侦事把总知之，豫以报。大猷怒把总妄语，把总以死邀之，大猷始心动，趋归。越夕而一本至大鹏矣。遂乘风直进，郭成御之。贼投火，兵船尽焚。大猷与成敛兵入城。一本乘潮上下，饮于海珠寺，题诗诮大猷。大猷丧魄，不能以一矢相加，遣其杀掠，视柘林叛兵尤憯。驻城下旬余，竟无一援兵至。及退，福兵横恣，大猷尚曰："我当时不诛首恶二人，此曹亦叛矣"。闻者哂之。

（万历《广东通志》，卷七十《外志·倭夷·海寇附》）

虎头门为省会为东莞之咽喉，两山昂峙如虎，东隘如门，堪舆家所谓兽星居海口是也。山水险要，奸宄出没，嘉靖四十三年叛兵突至莞城；隆庆二年，海寇曾一本径犯省下，皆系无重兵，故贼得扬帆直入，后抚按具题建寨，钦依设守备，领总哨官兵八百余名镇之。

（崇祯《东莞县志》，卷三《兵防》）

隆庆三年正月内，叛逆把总周云翔杀将，投倭作乱。总督侍郎张瀚、行巡抚广东都御史熊桴督兵讨平之。先因倭奴突犯海丰、平山之间，巡抚亲临惠州调度，分委参将王诏、雷琼参将耿宗元各统兵一营克期进战。至则倭奴拥众拒战，宗元部将周云翔先退，致贼逐北伤兵，宗元憾其无功，欲斩以徇。云翔惧诛，是夜鼓众二千余人焚营称叛，袭杀宗元，并执留监催通判潘槐，直逼惠城攻劫。抚院发兵与战，擒获一百三十余功，周云翔乃奔乌柏塘投倭。时通判潘槐在房中，乃用间倭巢，执首恶廖凤以献，又戮叛党四百余人，余皆逃散，惟留周云翔、曾德久数人，而倭患尤未已。军门乃借调南赣参将蔡汝兰等官兵三千五百员名前来，协同总兵郭成标兵，一战于平山，再战于盐路礁，三战于东洲坑，俱大捷，通判潘槐亦得生还。周云翔与其党曾德久、黄迁皆生致，桀于市。是役通计擒斩倭王丘古所并倭奴、从倭共一千三百七十五名颗。

（《苍梧总督军门志》，卷二十一《讨罪五》）

（隆庆三年三月戊辰二十四日），海贼曾一本勾引倭寇犯广东，破碣石、甲子诸卫所。

（《穆宗实录》卷三十）

（隆庆三年七月）甲午，广东巡按史杨标言："海贼曾一本，虽已会师夹剿，而他寇尚多，如林道乾最号黠狡，及林容、程老、王老等皆四出掳掠，宜乘胜荡平，勿贻将来之患。"兵部覆如标言，上然之。

（《穆宗实录》卷三十五）

隆庆三年六月，海贼曾一本伏诛。

曾一本乃福建诏安人，招亡纳叛聚党数万，出入闽广，大肆猖獗，攻城略地，杀虏参将缪印等官兵数多，几年不能平，致廑圣怀。廷议，推兵部左侍郎刘焘升右都御史，总督福建两广军务，以兵部员外王倧随军赞画议于南北两京，帑银内解发十万两以资兵食，四月二十一入境，督催广东巡抚熊桴、福建巡抚涂泽民、总兵俞大猷、郭成、参将王诏等近战，行令诸将"量地里以定先后,审风潮以分奇正,禁接济以杀贼势,严哨捕以防冲突,据要害以防逃遁,戒妄杀以全胁从,申军令以明节制"。分布既定,五月十二日一战于铜山,胜之;六月十二日再战于玄钟澳,又胜之;二十六日再战于莲澳,又胜之。生擒贼首曾一本,擒斩党伙数千,悉除。

(《苍梧总督军门志》,卷二十一《讨罪五》)

（隆庆三年）潮、揭、林、樟贼首郭明等依凭海贼作乱,总督两广左都御史刘焘讨平之。时潮、揭贼巢百数,而林、樟为诸巢领袖,郭明为诸贼渠魁,依海贼陈一义为外藩,盘根固蒂,殆二十年,攻围破寨,劫掳焚杀,不啻千百,夺占田地,民庶哀吁已极。乃行潮州兵备佥事杨芷、监军副使江一麟、总兵郭成分兵进剿,贼首郭明领众以拒,官兵阵斩郭明及其书总首从一百余颗,余党匿入深山,闭围拒敌,兵焚其巢,仍移师北山洋、马湖二寨,首恶胡一化、陈一义拼命抵敌,官兵奋战,擒斩贼二总李自新等首从共五百四十余名颗,牛马五百余只,俘夺贼属被掳男女一千三百余名口。士民欢呼,咸举首加额曰:"继世剧贼,一旦荡平,自此得安枕矣。"

(《苍梧总督军门志》,卷二十一《讨罪五》)

澄海林道乾,嘉靖中为盗,降。既而以兄子茂入彭亨国为都夷使,招道乾。道乾诣军门明白辞去,封还前所给一十七札,竟行。广督殷正茂檄暹罗、安南共讨之。暹罗乃使使握坤哪喇请曰:"道乾更名林浯梁,在臣海澳中,欲会大泥国入寇,今已统兵向头关矣。"正茂与福督刘尧海遣香山吴章、佛郎机沉马喽哒及船主喇呜冲吱哌呶同击道乾。道乾乃奔佛丑海屿去。同时,诸良宝、林凤、李茂随道乾入寇,皆灭尽,独道乾不知所终。

〔(清)毛奇龄:《后鉴录》,卷四〕

嘉隆间,广贼曾一本、林道乾连舟各数百,拥众数万,屯潮海上,肆行劫掠,村堡人烟一空。余丁卯岁奉命备兵兴泉,闻警报日如雪片。戊辰后,林贼就招,而曾贼猖狂流劫,扬帆抵广省,驻五羊驿前三日,掠民居、焚兵船罄尽。……沿海直走雷琼数千里,金帛子女掳尽而复反。且倡言乘风走浙直,窥留都。而沿江一带往往增兵戒严,庙廊深以为忧。顾潮与漳接壤,兵船日夜守,久且困,而广力不支。无何两省上夹剿疏,上可之。……乃二十一日,忽报海上遥望有船影。影来似顷刻到。……予乃夜发草百石。会俞总戎设火船于港口以待。沿海夜巡至漏下三鼓方入城。及旦,乃报潮总戎郭宝山驾广船来也。余心喜,即催李、俞二总戎发兵行会郭总戎进剿。至二十六日,兵奋勇乘风，举火烧毁贼船一十一只。曾一本驾巨舰，持木发煩来接战，被火焚，跳水，兵就水生擒，并擒其妻妾郑氏、邓氏，及贼叔曾尾叔数人，共俘斩五百一十一名颗，而坠落水者无算。督府乃陈曾贼尸于市，令潮人共识之。其余党遂浪奔鼠逃，弃船潜登岸走，余发督府免死票，散令发农，而贼党遂空，海上荡然靖矣。

　　　　　　　　　［（明）苏愚：《三省备边图记》，页八百九十四］

　　隆庆四年，倭寇流劫乡村，百户吴纶率乡兵战死。后，总兵郭□讨灭之。
　　　　　　　　　（康熙《新安县志》，卷十三《防省志》）

　　隆庆五年冬十一月，倭贼攻电白县，城陷之。知县蒋晓、指挥范震、李日乔、千户王朝皆弃城走，指挥张韬死之。倭贼二百余自双鱼登岸，直抵电白之庄峒。蒋晓称病不出。范震等皆不为备。至城陷，晓及震等各逃，张韬力战而死，军民死者三千八百有奇。
　　　　　　　　　（万历《高州府志》，卷七《纪事》）

　　（隆庆五年）冬，倭寇大犯高、雷地方，提督兵部右侍郎殷正茂讨平之。广东倭患往年多于惠、潮地方作耗，潮、惠之民因遭残破，自卫稍严，而官府于该路设备较常颇密，故此倭一入径向而之西海，自广海以至阳、电一带沿海乡村尽遭荼毒，神电、锦囊二处城池相继被陷，化州、石城几亦不免，声势日张，远近骇动。正茂新奉命至，于苍梧受代甫浃旬，闻报即董师东奔。时羽书旁午，议者谓倭奴凶狡，伙党尤众，非如往年例大调狼土官兵，未易歼殄。正茂曰："势已然眉，远需何济？况兵贵先声，必须大将亲行。今宜移缓就急，重申赏罚，破之无难。"遂檄总兵张元勋量移从化征兵，亲董赴援；檄佥事李材、许孚远，参政江一麟，副使陈奎、吴一介，参议周鸣埙各分道督集所在官兵，以参将陈濠、晏秋元等将之，合哨仍属佥事李材随军监督。张元勋等各斩数十百级，贼势披靡，零星奔潜，或遁入林菁【箐】，或出海抢船为偷生计。官兵穷其所往，有擒斩者，有饥馁而死于林壑者，无一生还。凡俘斩一千零七十五名颗，倭患平。
　　　　　　　　　（《苍梧总督军门志》，卷二十一《讨罪五》）

　　时倭奴二百余自双鱼所登岸，焚舟攻双鱼，不克，遂□□直抵电之庄峒，时十二月二日也。隐伏不动，城中疑之。知县蒋晓称疾不出。掌印指挥范震亦不为备。明日有报，倭缚长梯将登城者，卫县皆不信。是夜，城大陷，贼由东北及西北入，杀人于城，人始知之。时指挥范震、李日乔、张大成、千户王朝相各弃城逃，指挥张韬抗敌死之。十三日，又有倭三百人自太平而至电，与之合居城中者，二十三日大肆屠戮。先是，四街居民俱奔城避寇，至是被杀军民死者三千八百有奇，室庐焚毁殆尽，妇女被执不为所污，投井缢树者不可胜计。日久尸腐，皆莫辨其姓名焉。时土人参将黑孟阳统兵刳船白蕉港，坐视倭寇陷城，按兵不举，且乘倭去，率兵掳掠。故太守吴公国纶揭之抚按云籍曰，水兵不堪陆战，然则倭寇自山来与？孟阳按罪遣戍，后嗣亦绝。

（康熙《电白县志》，卷六《邑纪》）

自隆庆五年冬海倭犯神电、锦囊，剿灭之后，岁于汛期加谨，二、三年间海无异航，说者谓其或有创惩，弗敢复窥矣。至是，先得广海、香山报警，檄总兵该道发兵趣应之，至则南遁矣，双鱼为临海孤城，援寡兵孱，守者见倭骤薄城下，惶乱自经、人心失恃，遂为倭所据。督府震怒，将总兵等官通令戴罪徂征，时总兵张元勋，监军副使赵可怀自新会发，领西守巡参政刘志伊、佥事石盘自肇庆发，参将梁守愚先发阳江，官兵四集，重悬赏格，将士咸思奋请斗，乃三道及文武将吏日夜筹算。谓：欲捣贼巢，先防奔逸，庶不流毒支邑，且计各贼海上无船掠渡，势必悉力奔陆，须设伏儒峒以待，乃可收功。已而，贼果弃城逸出，为西奔儒峒计，官兵遵方略，敌至伏起，遮道夹击，一战于蓝水，再战于施村，所向无前，大收克捷，共计擒斩首级八百一十二颗，及死煨中不堪献级者三、四十具，夺回被俘男妇六十一名口，器仗、马匹无算。其漏刃残徒窜匿林菁者，复令官兵分道爬梳渐灭，无遗类。嗣是又有倭夷百余来自外洋，由白额港登岸，屯聚望夫、坪石等山，官军日夜攻围，势难急下，又该三道谍知敌将溃围而出，夺舟下海，乃遂以舟为饵，各贼果伺隙奔出麻桥，乘舟顺流东下，官兵用大炮邀击之，舟沉倭溺，计生擒及斩级共二十六名颗，余党遁入阳江、康洲、鹅步岭者，悉荡平之。

（万历《粤大记》，卷三十二《政事类》）

隆庆五年，倭贼攻大鹏所。舍人康寿柏御之。时所城被围四十余日，贼具云梯泊城，柏呼众坚守，有登陴者，手刃之，即碎其梯，围乃解。当道以扁旌之。

（康熙《新安县志》，卷十三《防省志》）

徐铿，江西丰城人，隆庆六年为石城典史令，适迁去，而倭寇攻城。

（万历《高州府志》卷六《明宦》）

隆庆六年二月，漳寇庄酉引倭三百余，自□州抵澄迈界。

（万历《琼州府志》，卷七《兵防志》）

（隆庆六年二月丙申）倭寇分道犯广东化州石城县，攻破锦囊所，杀千户黄隆，又陷神电卫县城，一时吴川、阳江、高州、海丰等并遭焚劫，而山寇黄朝太等复起，势甚猖獗，官兵不能御。提督军务侍郎殷正茂以闻，并自劾待罪。兵部以正茂初至任，宜赦勿问。上曰："广东旧贼未平，新倭复炽，至陷城池，皆守臣向来怠废玩愒，守备无策所致，罪不可宥，通候事宁核治。殷正茂素有才略，兹初任事，其督率将领、司道等官，悉力驱剿，务期荡灭，其地方机宜悉听破格整理，敢有梗桡者，奏闻重治。"

（《穆宗实录》卷六十六）

（隆庆六年闰二月己亥）广东倭寇入犯新宁、高、雷等处，官兵与战于外村乌吞，皆捷，俘斩二百余人，焚溺死者甚众。事闻，诏下御史核功具奏。

（《穆宗实录》卷六十七）

（隆庆六年四月）甲子，提督两广侍郎殷正茂言："广东山海之寇日益充斥，民疲于奔命，死徒过半……"

（《穆宗实录》卷六十九）

（隆庆六年八月丁卯）两广总督殷正茂奏报："番贼入感恩县，杀虏人民开洋而出；复有海贼郭于富等驾船在海为害，招复海贼李茂余党。"兵部覆，行巡按御史查奏。

（《神宗实录》卷四）

（隆庆六年九月庚戌）两广提督殷正茂奏报："乌船兵陈禄等作乱，以官将隐匿月粮也。"

（《神宗实录》卷五）

（隆庆六年）海贼首郑大汉、许俊美久作乱，提督兵部右侍郎殷正茂讨平之。先是，郑大汉者纠众操舟，流毒海滨，春间乘倭警与杨老仔等纵横于琼、崖地方，为祸益烈；入夏，倭寇患告平，大汉始开洋东上，避兵吴川、阳江一带，所至大遭荼毒。督府下令海道副使刘稳授计征倭海兵把总吴天赏、原任都指挥金丹督率抚兵追至楼肚澳，连战数合，贼船有冲沉焚毁者，溺死不计，贼势穷蹙，弃船奔山，督兵围搜，斩凡一百三十余名颗。许俊美者，原系林容漏刃之党，多年在海猖獗，高、雷两府之地蚕食殆遍，时出没于阳、电之间。并督天赏等兵追之，夏末为飓风坏船，俊美率众遁入吴川一带劫掳。复檄刘稳整兵付参将白翰纪、吴天赏等舟师东上夹攻，一时新兵倏集，士气奋扬。白翰纪初战于竹洲老万山，晏继芳再战于三灶洋，吴天赏等两捷于三洲洋、荔枝澳，俘斩三百名颗，焚烧溺死者倍之，许俊美为伙党相戕，止存尸躯，余党无遗。郑大汉为吴天赏生缚解军门，身长八尺，磔于市。

（《苍梧总督军门志》，卷二十一《讨罪五》）

逾年，新倭大至，屡寇浙东三郡。……明年四月遂围福州，经月不解。福清、永福诸城皆被攻毁，蔓延于兴化，奔突于漳州。其患尽移于福建，而潮、广间亦纷纷以倭警闻矣。……其后，广东巨寇曾一本、黄朝太等，无不引倭为助。隆庆时，破碣石、甲子诸卫所。已，犯化州石城县，陷锦囊所、神电卫。吴川、阳江、茂名、海丰、新宁、惠来诸县，悉遭焚掠。转入雷、谦、琼三郡境，亦被其患。万历二年犯浙东宁、绍、台、温四郡，又陷广东铜鼓石双鱼所。三年犯电白。四年犯定海。八年犯浙江韭山及福建彭湖、东涌。十年犯温州，又犯广东。十六年犯浙江。然时疆吏惩嘉靖之祸，海防颇饬，贼来辄失利。其犯广东者，为蛋贼梁本豪勾引，势尤猖獗。总督陈瑞集众军击之，斩首千六百余级，沉其船百余艘，本豪亦授首。帝为告谢郊庙，宣捷受贺云。

（《明史》，列传第二百十《外国三·日本》）

备倭者，本以御倭寇也。近年倭鲜至，而闽粤人与其温绍人亡命者率窜入海，遂肆猖撅，为滨海诸郡患。往者议发饷金，募海夫，比旧设军士已数倍，又不足。益以东莞乌船号子弟兵又数百，然而不能遏其卫以宁息者，岂尽谓官兵怯弱耶？其故有三。一曰窝藏，谓滨海势要之家为其渊蔽，事觉辄多方蔽护，以计脱免；一曰接济，谓黠民窥其乡道，载鱼米互相贸易，以赡彼日用；一曰通番，谓闽粤滨海诸郡人驾双桅，挟私货，百十成群，往来东西洋，售诸番奇货因而不靖，肆劫掠。闽粤大略相等，为今不合并两省之力以夹攻。不除此三患，即兵船岁增月益，势不可息，昔人谓以守为战，在执事者图之。

（嘉靖《广东通志》，卷六十六《外志三·海寇》；嘉靖《潮州府志》，卷一《地理志》）

或曰海寇固未易绝也。彼其延蔓既久，枝干日繁，一邑九乡，半为贼薮，是沿海之乡无一而非海寇之人也。党与既众，分布日广，自州郡以至监司，一有举动，必先知之，是州郡监司之左右胥役无一而非海寇之人也。舟楫往来，皆经给票，商旅货物尽为抽分，是沿海之舟楫商旅无一而非海寇之人也。夺人之粮，剽吏之金，辄以贩给贫民，贫民莫不乐而争赴之，是沿海贫民无一而非海寇之人也。又集四方亡命，征无赖生儒稍习文义以治其部伍，修其辞约，而彼乃深居大舶，行王者之事，公然出入城郭，列羽卫以要陪官之宴，此其目中已无岭南久矣。

[（明）林大春：《井丹诗文集》，卷八《状·论海寇必诛状》]

万历元年夏……二月，倭寇攻双鱼千户……是年，石城县珠贼杀□安所千户。

（万历《高州府志》，卷七《纪事》）

万历元年十一月，倭自海北夺船，夜泊新浦港，兵宪陈复升发陆兵，同李茂由海夹攻，尽擒解道。

（万历《琼州府志》，卷七《兵防志》）

万历二年春，潮州叛贼朱良宝久作乱，提督右都御史殷正茂讨平之。

潮地自嘉靖壬子以来，倭奴、海贼纵横，残破为甚。良宝与逃夷林道乾及改行魏朝义、莫应敷各先后纠党出海，其为祸最惨者，则林、朱也。官府苦于地方多事，兵力不暇，准其告招，招之后，朱据南洋寨、林据华美寨、魏住大家井、莫住东湖寨，林、朱则报水杀人如故，民甚苦之，然不敢声其冤，盖惧二酋闻声，则丧身灭门之祸不旋踵至者。

正茂初莅镇，即谋造战船，待时大举，以伸人神之愤。万历元年春，山寇荡平，议乘胜捣之。林、朱侦伺，遂奔归南洋，深沟高垒，固垒死守。水陆官兵环而攻者近万，谓涸辙之鲋，旬日当下矣。不数日，副总兵李诚立被贼冲营失事。报至，时督府愤之，趣总兵张元勋往焉。张请益浙兵、增置器甲及凡军需，皆如议。督府诣长乐视师，重申赏罚，三军闻命，莫不感愤，誓死直前。遂斩伐树木，周围列栅，环匝贼巢；造战车、敌楼，取柴草实其沟堑，以便进兵。百尔具备，于三月初十日八面进攻，一鼓破巢。凡俘斩一千二百五十名颗，良宝死刃下，男妇不计。此举也，众议虑其巢坚难下，兵临之日，大书榜文："有投降者免死"，半月之间，无一应者，皆髡发以徇，至死犹斗。议者谓田横之客不是过也。故千二百人骈首就戮，无一遗漏者。军威益振，魏朝义、莫应敷因之皆相率毁巢散党，投官请命。二院会议释之。

（万历《粤大记》，卷之三《事纪类·海岛澄波》；《苍梧总督军门志》，卷二十一《讨罪五》）

万历二年冬，倭犯双鱼所，提督两广右都御史殷正茂讨平之。自隆庆五年冬，海倭犯神电、锦囊剿灭之后，岁于汛期加谨，二三年间海无异航，说者谓其或有创惩而弗敢复窥矣。至是，先得广、海、香山报警，檄总兵该道发兵趣应之，至则南遁矣。双鱼为临海孤城，援寡兵孱，守者见倭骤薄城下惶乱自经，人心失恃，遂为倭所据。督府震怒，将总兵等官通令戴罪徂征。时总兵张元勋、监军副使赵可怀自新会发，岭西守巡参政刘志伊、佥事石磐自肇庆发，参将梁守愚先发阳江，官兵四集，重悬赏格，将士咸思奋请斗，乃三道及文武将吏日夜筹算，谓欲捣贼巢，先防奔逸，庶不流毒支邑，且计各贼海上无船掠渡，势必悉力奔陆，须设伏儒峒以待，乃可收功。已而，贼果弃城逸出为西奔儒峒计，官兵遵方略，敌至伏起，遮道夹击，一战于蓝水，再战于施村，所向无前，大收克捷，共计擒斩首级八百一十二名颗，及死煨烬中不堪献级者三四十具，夺回被俘男妇六十一名口，器仗马匹无算。其漏刃残徒窜匿林菁【箐】者，复令官兵分道爬梳，澌灭无遗类。嗣是又有倭夷百余来自外洋，由白额港登岸，屯聚望夫、坪石等山。官军日夜攻围，势难急下，又该三道谍知敌将溃围而出，夺舟下海，乃遂以舟为饵，各贼果伺隙奔出麻桥，乘舟顺流东下。官兵用大炮邀击之，舟沉倭溺，计生擒及斩级共二十六名颗，余党遁入阳江康洲鹅步岭者，无不取次荡平。

（《苍梧总督军门志》，卷二十一《讨罪五》）

（万历三年三月己未）提督两广殷正茂以追剿双鱼残倭及犯电白新倭，擒斩一千七十名以闻，兵部覆勘奉旨是。

（《神宗实录》卷三十六）

（万历初）林凤夜遁，明年秋，把总王望以吕宋番兵讨平之。

（道光《广东通志》，卷二四二）

万历三年，广州岭西、岭北、南韶诸寇流劫，灭之。时盗贼乘间窃发，总督凌云翼至，檄诸道随时相机扑灭。至是，岭西兵备石磐、督参将陈璘等各于大石塘、尾江道、阳江海面及罗坑铺等处擒斩流劫首从贼级共三百三十八颗，俘获贼属五十一名口，牛马、船器不计。广州兵备徐汝阳、督指挥赵升于朱村擒获首从贼四十三名，南韶兵备姜忻、督守备张鸾于英德东山巢擒斩首从贼二百八名颗，海北兵备道督指挥刘炳、同知侯应爵于廉州冠头岭海面擒斩流劫海洋首从贼一百五十名颗，夺获贼船十五只，诸路悉清。

（《苍梧总督军门志》，卷二十一《讨罪五》）

万历三年三月丁丑（二十四）惠、潮参将魏宗瀚、王如澄及碣石把总朱相俱论死。先是，贼曾一本犯潮州，瀚等拥官兵行，至二十日始至。贼从碣石卫莺洲夜遁去，复犯雷州，与瀚相遇，为以众降。瀚等堕计，焚戮舡兵殆尽，朱相自碣石来，与贼卫战，沉其舡，再战再胜之。

（《神宗实录》卷三十八）

（万历三年十一月）丙辰，海寇林凤劫柘林、靖海、碣石等处，广东按臣马应梦以闻。

（《神宗实录》卷四十四）

（万历三年十一月）辛酉，海寇林凤复犯闽不利，更入广，而留船于魍港为窟宅。兵部议："在广，猺獞之役所宜暂停，而并力于凤。在闽，亦宜搜剿窟宅，以绝祸本。议行闽广督抚镇巡等官严督所在水兵同心戮力，务使片帆不遗，方许收兵。无更言招抚，以蹈覆辙。"奉旨是。

（《神宗实录》卷四十四）

（万历三年十二月己卯）提督两广凌云翼奏称："海贼林凤流广福，总兵胡守仁追至淡水洋，冲沉贼船二千余只。逃往西番。"

（《神宗实录》卷四十五）

照得海寇林凤开遁外洋，不知向往，追之则势不可穷，纵之则势将复返，聚众以拒之，则师老而财匮，且各贼乘而入，避实而去，以此劳蔽，两省有足虑者。窃思漳潮之间以海为限，其海洋之南澳，地险而沃，百谷所生，百货所聚，惟以地非分土，事在两邻，故往往为贼逋逃薮。……今欲为两省久安计，必先治南澳，而兼领漳潮二府兵事。如贼从海外来，将复旧巢也，方其栖泊未定，我兵起而薄之，此所谓掩其不备，可以得志。

［（明）郭子章：《潮中杂纪》，卷五《请设南澳副总兵疏》］

（万历四年三月丁巳）惠潮参将魏宗瀚、王如澄及碣石把总朱相俱论死。先是，贼曾一本犯潮州，瀚等拥官兵，行二十日始至。贼从碣石卫莺州夜遁去；复犯雷州，与瀚等遇，伪以众降。瀚等堕计，焚戮舡兵殆尽。朱相自碣石来与贼冲战，沉其舡。再战，再胜之。瀚等不为应，李茂才、李节、林清先溃，瀚等望火而奔，相亦退走，贼遂横行海澳中。于是，议造闽船、募闽兵，仍以瀚统之。比贼方抵省，而闽兵已相继投贼，并各舡悉为贼有矣。会城之败,其祸盖尤烈云。

(《神宗实录》卷四十八)

（万历四年三月癸丑）总督两广侍郎凌云翼以广贼林凤弃众投番,抚散余党二千报。下兵部议:"凤既远遁,宜听便宜计取,或修备以待之,而贼党尽散,地方宁谧,于例并得论功。"因论:"凤在吕宋,非闽中用间谕夷,岂有潜遁之日,及其党回潮,非广中相机谕抚,宁有底定之期?事在相左,实则相成,均宜查叙,为苦心任事者劝。"许之。

(《神宗实录》卷四十八)

（万历四年十二月乙亥）先是逋寇林凤率党回潮,先犯潮州之海门港、踏头埔,继犯惠之碣石、东海滘。时闽帅胡守仁统师追剿,而广兵之在海丰诸处者亦有擒捕,贼见两省舟师盛集,潮州道金浙又推诚谕抚,遂分艅散泊,束身待招。凤知众心已散,已罪不赦,掣舡夜遁。抚散过马志善、李成等一千七百十二名,收回被掳男妇六百八十八名,舡只、器械、火药称是,御史詹贞吉勘报以闻,兵部覆:一剿一抚,其功则一,闽功近已升赏,广功委不宜迟。其言修我武备以听凤酋,尽我扶绥以化余党,尤为善后确论。

(《神宗实录》卷五十七)

嘉靖末,广东大盗张琏作乱,官军已报克获。万历五年,商人诣旧港者,见琏列肆为蕃舶长,漳、泉人多附之,犹中国市舶官云。

(《明史》,列传第二百十二《外国五》)

万历五年,倭寇突外洋,灭之。日本萨子马国贼合党三百、舟二十余,至温州南兜外洋,风击舟坏,散奔,有倭舟俄帅四十余人夺白艚突犯大鹏外洋,带管海洋副使孙光祖奉督府方略,帅参将胡震督兵追剿至九洲洋,贼惧,弃舟,登黄杨山丛林中拒敌,各兵奋勇,生擒二十三人,斩级六颗,夺其舟械及被掳者八名。

(《苍梧总督军门志》,卷二十一《讨罪五》)

（万历八年闰四月壬子）海贼林道乾者窃据海岛中,出没为患,将士不能穷追,而大泥、暹罗为之窟穴,既而逼胁大泥,侵暴暹罗。有通事言,彼回愿往擒自效,总督两广刘尧海议重至赏格,期于必获。部覆为请,从之。

(《神宗实录》卷九十九)

万历八年，广海、琼、廉倭番入寇，总督侍郎刘尧诲讨平之。是岁闰四月，倭贼自浙、闽直犯广州南头福永海面。下令海道参政刘经纬督游击韩沛追击于翁厓、陶娘、乌猪海洋，灭之。既，番贼自大泥国纠结千众来犯琼厓，声势张甚。督府下令参将顾宗文、夏尚中领兵出海迎击之，毋令登陟。首破贼于感恩，追及于北黎鱼鳞洲，尽灭之。时副使舒大猷、参议王来贤、佥事薛梦雷俱移署海滨监督各将。凡斩获倭番海贼、夺回被掳共四百八十名颗口，其余焚荡及覆没者不计，海南北一无所犯。

（万历《粤大记》，卷之三十二《政事类·海防》；《苍梧总督军门志》，卷二十一《讨罪五》）

李茂者，海南抚民也。初酋长林凤之乱，茂常为爪牙，有状。无何，凤遂逃入于海，朋党益衰。隆庆末，茂以八十艘，大入乐会，会学傅邓万行县事，遣尉蒋志逊击之不克，茂遂破县及文昌。于是给谏梁问孟劾奏，万免官。顷茂自面缚，请归降，令得居邮前，视犹编户氓也。茂部兵得归桑梓者几二百三十五人，入县版图者凡一百五十七人。……其后戊寅（万历六年），茂等竟聚党千余人，盗取珠池，都御史凌云翼檄县官槛车傅茂及得乐等军门，因抚谕之，二酋复居海南如初。其后丁亥（万历十五年）冬，复大入珠池，拒杀我海上楼船卒。

［（明）瞿九思：《万历武功录》，卷三《广东李茂列传》］

苏观升、周才雄，石城二疍户也。其先皆安南夷。常叹石城塞涕泣曰："徼人长愿臣仆。"由此得充疍户。阻乌兔、多浪为险矣。两酋皆世擅珠池利，往往交骠大贾，得因而称贷。乃招致四方亡命，日夜殷殷便兵弩，饰斗具，侵犯我禁池。我禁池兵卫甚设。于是诸疍户乃自度，吾以白挺一日，欲横行海岛，非多集枭勇莫可者。益务为富厚以自雄，有如生殖，稍不可意，势且应接豪贾不暇。诸疍户廪廪于子钱日益增，恐嗣岁必无所得于豪贾。于是聚党数千人，数出劫，雷、廉之间，萧然苦兵矣。

［（明）瞿九思：《万历武功录》，卷三《广东蛋贼苏观升周才雄梁本豪列传》］

万历八年，老万山贼肆掠。海防同知周希尹遣兵讨平之。先，嘉靖乙巳，贼踞老万山为害，备倭指挥孙敖以海道林懋举命征之，遁去。

（康熙《新安县志》，卷十三《防省志》）

（万历十年十一月丁巳）先是，广东数苦倭，而蛋贼梁本豪聚众挟倭，焚剽郡邑，流毒已久。总督尚书陈瑞击破之，斩本豪，后先擒斩倭贼一千六百有奇，犁沉倭船蛋艇二百余只，奸余孽殆尽……上喜，命同日宣捷。

(《神宗实录》卷一百三十）

万历十三、四年，新、顺、东莞等县奸徒聚至三四百艘，倚涠洲一岛，屹恃中流为窟，几成变故，驱逐乃散。

（万历《雷州府志》，卷十三《兵防志二·武镇》）

涠洲者，古之小蓬莱也。孤悬溟渤中，四望无际。斜阳岭屹峙于南。六珠池环互于北面东西，雷、廉、琼、崖、交趾如碁错而不可睥睨。神宗十八年，始设游击将军驻扎于此，因改今名。是时游击为漳南陈公起元。其奉敕莅止也，披荆棘辟草莱，建城堡创衙宇，已乃招兵抚民，而涠洲遂成重镇焉。……战船六十只，官兵一千八百员名。雄视海天，鲸鲵灭迹。故朝廷无后顾之忧焉。后因涠洲峻石巉岩，泊舟匪便，二十七年适有开采之役，移驻涠洲游击于永安所。

（民国《合浦县志》，卷六《杂志》）

（万历十五年）第所海朗、双鱼，相去二百里，寨则南头、白鸽门，相去一千三百四十里，而北津居其中，入县厘三十里近矣。故岁调东莞戈船，发神电、阳江、双鱼、海明尺籍戍胹船澳，为北津外藩。嘉靖三十五年撤戍，自此盗贼如履堂皇，一陷海朗，再陷双鱼，三寇阳江，入其郛，北津、海陵民无噍类。当是时，海寇郑大汉、林道乾、朱良宝最鳌。万历元年，许恩杀郑大汉以降，居北津保界。

（崇祯《肇庆府志》，卷二十九《艺文四·叶春及〈北津水寨筑城记〉》）

（万历）十七年春正月，雷廉游击陈居仁与把总童龙卖池通盗，广寇陈镜等连艘百余出没池中。总督刘继文令总兵李栋率舟师往剿，所部游击沈茂欲凭兵威挟索澳赇，乃令珠贼梁舆等供报陈德乐盗池状，参将杨友桂亦利得赇，遂诱德乐、李茂入擒之，搜捕余众。

（万历《琼州府志》，卷八《海黎志·海寇》）

（万历十七年四月戊寅）广东琼州贼李茂、陈德乐等与林凤各据海岛，肆行劫掠，林凤不知所往；茂等阳就招抚，尚拥众据往海南铺前，其党屡盗珠池。有司计散之，留者买田归农。茂自投，督府宥罪，久之为盗如故。所司收其船器，拆毁庐舍，移居府城，终弗悛也，因捕治之。参将陈居仁、扬友桂各利其资，纵去贼党，扬帆入海，袭破清澜城，又犯万州陵水，毁民居及兵船商舶。总督刘继文先后以闻。兵科都给事中张希皋□友桂可罪者四，贼势可虑者四，俱下兵部。

（《神宗实录》卷二百一十）

广东倭患，往年多于惠潮地方，潮惠之民因遭残破，自卫稍严，而官府于此路设备颇密，故此倭一入，径向而之西，自广海以至阳电一带，村落尽遭荼毒，神电、锦囊相继被陷，化州、石城几亦不免，远近骇动。

[（明）邓钟：《筹海重编》，卷三《广东倭变纪》]

（万历二十二年九月辛丑）广东海贼万廷贵等先以盗珠遣戍，复逃匿啸聚，纵掠海上。至是，官兵合剿，悉诛之。

（《神宗实录》卷二百七十七）

（万历二十五年八月）丁丑，倭破朝鲜、闲山、南原等处……于是督臣请抽调南京、浙、直、闽、广水兵，防倭内犯。部覆命速行。

（《神宗实录》卷三百十三）

万历二十九年四月丙申（二十日）新会县民啸聚千余诸贼，横行海上。

（《神宗实录》卷三百五十八）

万历辛丑四月，忽报倭人入寇吴川。吴川滨海之地，水有限门，素凭天险。缘彼时有闽中白糟船籴粟奸徒，遂勾引倭人，即藏白糟船，闯入限门，遂放火焚贾舶七十余。其前锋执日本大军之旗，攻剽城下，洒血国门，伤残最惨。余得报，即图剪灭，而高州营兵甚少，甲杖一空，乃檄行府县悬金购募义勇乡民，果俘贼三十余人，锢之狱，贼益悉力攻围，潜有奸细入城，夜间以鸽鸰为号，欲图里应外合。余择其最晓者八人，请详两台，先行枭示，更招狼兵策应。于是贼之内应已绝，我之外援日增，我遂宵遁，而出限门，吴川之患解矣。不一月，倭再讧于雷，居民被杀者千人，且盘踞锦囊所为巢穴。

[（明）盛力年：《岭两水陆兵纪·拙政编》]

红毛鬼，不知何国。万历二十九年冬，二、三大舶顿至濠镜之口。其人衣红，眉发连须皆赤，足踵及趾，长尺二寸，形壮大倍常，似悍澳夷。数诘问，辄译言不敢为寇，欲通贡而已。两台司道皆讶其无表，谓不宜开端。时李权使召其酋入见，游处会城将一月始遣还。诸夷在澳者，寻共守之，不许登陆，始去。继闻满剌加伺其舟回，遮杀殆尽。

（万历《广东通志》，卷六十九《外志·番夷》）

辛丑（万历二十九年）九月间，有二夷舟至香山澳，通事者亦不知何国人，人呼之为红毛鬼。其人须发皆赤，目睛圆，长丈许。其舟甚巨，外以铜叶裹之，入水二丈。香山澳夷虑其以互市争澳，以兵逐之。其舟移入大洋后，为飓风漂去，不知所适。

［（明）王临亨：《粤剑编》，卷三《志外夷》］

大中丞戴公，再宴余于衙舍。尔时有号红毛鬼者二百余，挟二巨舰，猝至香山澳，道路传戴公且发兵捕之矣。酒半，余问戴公："近闻海上报警，有之乎？"公曰："然"。"闻明公发兵往剿，有之乎？"曰："此参佐意也。吾令舟师伏二十里外，以观其变。"

［（明）王临亨：《粤剑篇》，卷四《志游览·九月十四日夜话》］

（万历三十三年）粤易动而难安之国也。傜僮错处，粤夷盘据，倭奴窥伺，盗贼窃发，即镇静犹惧不测。而李凤又复勾引外夷，镇拓主以挑其衅而速之，以穷困不堪之民，积不可解之怨，而又乘以外夷之衅，不变何待？

［（明）吴亮辑：《万历疏抄》，卷二十《阉宦类·林秉汉〈乞处粤珰疏〉》］

夫矿之害军民，税之害商旅，矿税中官之肆害，无上下大小远迩之遗。诸臣耳闻目击，形之奏章者，言人人殊，不啻烛照。数计皇上亦既洞悉，未曾闻有放肆无忌，无君无法，勾夷酿乱如广东矿使李凤，又甚于陈奉者。臣等待罪南台，得之风闻，意不其然，乃详质之官于广，商于广，及广之官吏、商贾南来者，莫不缩颈吐舌，惧广人祸将不测。或曰李凤公署扁字，擅改圣旨之赐，朱其户壁，僭拟王者之居，而堂题"华夷贡赋"，侈然若九重尊严矣。或曰李凤藐视诏旨，高坐不出趋迎，任委官市井之辈，峨冠高舆，轻侮诏使，即万寿诸贺大礼，皆公然不行矣。或曰听信奸棍诱说，挖宝掘地，得大铁猫一个，重数百斤，乃昔大盗黄萧养等叛乱事败而埋藏者。李凤辄示人，以为天赐兴王之兆，迎至杀牲吉服行祭。民间喧传无群之人，得反贼之物，大为骇怖矣。

或曰香山濠镜澳，有三巴和尚者巨富，李凤亲往需索，激变黑夷，干戈相向，不得志而归。日增兵增船，又打死罗通事，香山军民，澳门汉夷，恐大兵勦洗，非署印汤同知出示安抚，人心惊惶，几成大乱。上年八月，突有海船三只，其船与人之高大，皆异常，而人又红发红须，名曰红毛夷。将至澳行劫，澳夷有备，执杀红夷二十余人而去。皆谓李凤深恨澳夷，曾遣人哒之以利，勾来灭澳，此实澳门前所未有。李凤仍遣船追送不及。澳夷且日惧红夷，必怀报复，再拥众至矣。或又曰李凤时时有人往来暹罗、日本等国，示以澳门殷富，饵其来澳，一雪三巴和尚不遂索骗之耻。

至于珍宝奇货，堆如山积。美妇艾女，聚如市门。弁髦文武百官，草芥汉夷众命。冠带之滥给，等于天官部。刑罚之惨施，酷于镇抚司。整敛之横暴，甚于劫杀盗。所任用左右，非逋寇亡命之辈，则积蠹漏网之徒，真虎而翼飞而食人，故珠使李敬，以同类且甚恶而痛绝之。盖罄南山之竹，莫写其赃罪者。

臣等访询既真，质证甚确，忧切于衷，义形于色。窃谓凤之无君无法，辱官虐民，恶既贯盈，皇上赫怒，徐罪典刑，自是伏幸。惟是红夷、暹罗、日本之勾引，万一诸夷轻信，倚凤为内应，凤之意虽在灭澳夷，逞在雄心，中知澳夷骚动，全广渐无宁日；全广骚动，天下渐无宁日。在在实苦矿税，人人易与为乱，其时缚凤与斩以谢天下，晚矣！

臣等切思，欲杜乱萌，矿税必不可不罢，中使必不可不撤，逆恶酿乱如李凤又不可不亟逮正法，以安澳夷，宁全广，杜红夷群丑之窥伺也。且闻李凤所进正税及孝顺土仪诸物，不过数十万；其所私藏宝玩金银珠币，不下数百万。皇上试行该省抚按官查而籍之，于大工之助非小，何故任其剜人胸肉，填凤谿壑，为国家祸本耶？李凤脏私狼戾，臣等远已知其槩，抚按官近必知其详，伏乞敕下锦衣卫，杻验李凤入京正罪，着落抚按官籍其所有造册，差官验进，拨置羽翼恶党，一一提问，追脏究拟。庶中夏更生，外夷慑服，惧声遍海隅，祝圣天子万寿无疆，而亿万年治安之庆端在是矣。臣等无任恳切，待命之至。

[（明）朱吾弼：《皇明留台奏议》，卷十四《参粤珰勾夷疏》]

（万历三十五年）冬十二月二十七日，交趾贼突陷落钦州城，廉州指挥当弘谟将兵御之，雷廉副总兵杨应春兵及钦州而还，润洲游击张继科自永安发兵，次葛麻山不进。

（崇祯《廉州府志》，卷一《图经志》）

（万历四十二年十二月乙未）粤东之有澳夷，犹疽之在背也……惟倭奴去矣，而澳夷尚留。议者有谓必尽驱逐，须大兵临之，以弭外忧。有谓濠镜内地，不容盘踞，照旧例移出浪白外洋，就船贸易，以消内患。据称濠镜地在香山，官兵环海而守，彼日食所需，咸仰给于我，一怀异志，我即断其咽喉，无事血刃，自可制其死命。若临以大兵，衅不易开，即使移出浪白，而瀚海茫茫，渺无涯涘。船无定处，番船往来，何从盘诘？奸徒接济，何从堵截？勾倭酿衅，莫能问矣。何如加意申饬明禁，内不许一奸阑出，外不许一倭阑入，毋生事，毋驰防，亦可保无他虞。

（《神宗实录》卷五百二十七）

（万历四十五年五月）辛巳，澳夷去故土数万里，居镜澳六十年，驱之未必脱屣歼之，恐干天和，且地仅弹丸黑子，无险可恃，所通止香山一路，有关可绝，仅同孤雏腐鼠，似可相安无事。第狼子野心，终属叵测，凡所以防范未然，随机禁戢，在该督按加之意耳。

（《神宗实录》卷五百五十七）

万历四十八年四月辛未（二十四日）粤海逋寇许彬老、钟大番、余三老等是袁进余党，出没海岛，啸聚剽掠，跳梁于白沙、虎门、广海、金头之间，商民受其荼毒。

（《神宗实录》卷五百九十三）

夷人居澳者数百年，来时有纵恣，地方官所以制之者，常绝其口食，遂挊首受驭。互市既不可废，当以张鸣冈之意为至计。

（道光《香山县志》，卷四《海防》）

闽广倭奴真者不多，大率皆兴、泉、漳、潮不逞之徒假充内讧。而沿海居民见久习惯，亦往往阴通消息，接济粮糗，觊其久屯劫财而因以为利。故闽人驱之则入广，广人驱之则入闽，往来自由，并无去志，而一时封疆诸臣亦各自保境内，苟幸一日之安，以少延残息。

（天启《虔台志》，卷八《事纪五》）

天启三年，红毛彝阑入大船二只，帆樯蔽空，由佛堂门，入泊庵下。知县陶学修亲率乡兵，持兵器，往溪西等处防守，乃去。

（康熙《新安县志》，卷十三《防省志》）

（天启四年）游击将军职衔管分守广东香山等处地方备倭参将事署都指挥

佥事高应岳，查得本官责任，驻扎鹰儿埔营防守信地，陆则雍陌、塘基湾、澳门、前山等处，水则十字门、九洲洋、石龟潭、虎跳等处，澳内备倭官兵，俱听约束。一应堤防，须加严谨，关门启闭以时。如有内地奸徒搬运货物、夹带人口、潜入接济，澳中夷人阑出牧马游猎、扬帆驾桨、偷盗劫掠等项，并听本官擒拿解究。每遇夷商入澳，须诘问明白，方许报抽，歹舡立刻屏逐，毋容停泊。每岁同巡海道临澳查阅一次，倘或取纳倭夷窝藏奸恶，勒令尽数驱除，毋容恋住内地。如别有重大声息，尤当一体应援。凡事会同海道计议而行，仍听督抚镇巡等官节制。本官须持廉奉公，恩威驭下，安静驯夷，期于内外肃清，地方永赖，方称任使。如或生事扰害，致启衅端，国典具存，法不轻贷。

[《明清时期澳门问题档案文献汇编》（一），《兵部尚书赵彦等为推补广东香山等地方参将事题行稿》]

（天启七年二月二十一日）请敕官一员，游击将军职衔管分守广东广州海防参将事署都指挥佥事高应毓。查得本官责任，专管广州，驻扎东莞南头地方，统领水兵三千名，教习水战。有警督兵出海，剿捕海倭贼盗，仍往来省城、波罗东洲、官窑上下，缉捕里水行劫贼船及弹压香山、濠境等处夷船，并巡缉接济私通船只，副镇南澳。别有重大声息，尤要一体应援。凡事会同海道副使、海防佥事计议而行，仍听总督抚镇等官节制。其广海守备，听本官节制。尤须持廉秉公，正已恤下，以副委任。如或贪黩偾事，法不轻贷。

[《明清时期澳门问题档案文献汇编》（一），《兵部尚书冯嘉会为推补广州海防参将高应毓弹压香山濠镜等处夷船事题行稿》]

（天启七年七月丁亥）总督两广商周祚奏："海贼一口老等驾船百余只，突入福建铜山寨，烧毁兵船，称欲侵犯柘林寨。未几，潮漳副总兵沈志亮又有贼势重大，孤城难支，乞督发中权船，会同福建兵船夹剿之，详臣牌行巡视海道总兵官，挑选中权中部左部兵船五十余只，仍令该道镇亲带省城标兵一千名调度策应。兵未及到而贼已突入柘林，焚毁兵船。登岸沿烧居民房屋，直入揭阳城下矣。幸知县冯元飙督率船兵出城拒斗，仍分兵绝其云路四次，交阵伤贼数十人……"

（《熹宗实录》卷八十六）

（天启七年八月初二日）兵部署部事、都察院右都御史管右侍郎事臣霍（维华）等谨题，为海贼乘风流突地方，贻害可虞，谨据实查参失事官员，以肃军纪事。

职方清吏司案呈,奉本部送兵科抄出两广总督商(周祚)题前事内称,窃照粤东负山阻海,夙为盗薮。……广东总兵坐营祝世爵,悃愊无谋,贪婪罔忌,以科剥为职业,借盘诘作生涯。……天启四年八月内,奉委带管香山寨事,拿获私澳奸徒许佩玉等,剪绒䌷缎六箱,隐匿不解,奉前督臣提究后,乘出境仓卒冒呈,戴罪立功,回营管事。……此一官者,中权久据帷幄,无借箸能,外府多藏,军兵有吸髓之怨,既已大干物议,岂容再玷戎行,所应革任回卫者也。

[《明清时期澳门问题档案文献汇编》(一),《兵部尚书霍维华为广东总兵带管香山寨事祝世爵拿获私澳奸徒隐匿不解应予革任事题稿》]

(崇祯元年六月壬子)初,海寇郑芝龙先从海贼颜枢泉,枢泉死,遂有其众。天启末,乘闽饥,益招致多人,攻广东海丰嵌头村,既得而复弃之,仍入闽围所,然而不杀不焚,颇有悔罪之意。兴泉道郑良知因遣其乡人李瑞、陈凝、陈瑶往抚之,又命芝龙母舅黄梦龙剖析利害,芝龙遂于正月十八日就中左所受抚,余众渐行解散。至是,御复苏琰条议三事:"一、请列之汛地,以便令立功。一、议处补沿海兵饷,并请核先年剿杀红夷糜费十八万之饷。一、议处水陆寨游分哨合援,无拘积套。"章下所司。

(《崇祯长编》卷十)

(崇祯三年庚午二月丙子)两广总督王尊德疏报:"闽贼李魁奇扬言就抚,而聚兵造船,肆毒无已,由闽及粤,其祸蔓延。福建抚彝守备郑芝龙亲督标兵并新抚船只在中左港合攻,魁奇就擒,其党斩溺无算,海氛肃清。"

(《崇祯长编》卷三十一)

崇祯三年,艚贼李魁奇入寇,参将陈拱死之。艚寇百余只阑入,拱督寨兵御于佛堂门外,擒七艘,馘之。贼忿,直至南头海。拱以兵少不能御,入城。贼因登岸,设云梯攻城。守陴者烧大铳,毙贼首,折其梯,贼乃解去。南头地方尽被焚劫,巡抚乃发金八百,给官兵及民之被杀者。时贼势益炽,移泊电白莲头港。巡抚令拱统乌艚及寨船百余艘出剿。拱忌同事者分功,督大船自为前锋,一鼓而败,拱因死焉。

(康熙《新安县志》,卷十三《防省志》)

(崇祯)六年,艚贼刘香入寇,闽抚将郑芝龙败之。刘香乘风突入,是年二月,直泊虎头门,杀死守铳台兵,遂抵省河下。芝龙帅师出剿,战于赤岗,破之，贼乃遁去。

七年，刘香复入寇。五月二十日，贼二百余艘泊南头。时总镇邓督兵御之，生擒数贼。贼遂扬帆，劫新会之江门。七月初三日，复入南头。会飓风大作，我兵乘风击之，贼败而去。

八年，刘香复入寇。闽抚将郑芝龙平之。刘香挟康、洪二道官，在船要抚。春三月，入泊城下，持道檄，索取城中炭、铁、米、肉。知县乌文明与士民坚守不应，每夜燃炬传筹，相持月余。香乃纵火城外。知县因誓师，出城救火。守备余子高以牛酒犒师。我师奋击，乃少却。五月会郑兵，遇贼于田尾，剿灭之。兵死于战者，制府熊文灿为文，命县令祭于南头海滨。

十四年十一月，银瓶嘴山贼入寇。贼鼓乐竖帜，直入龙跃头村，居民震恐。报至，知县周希曜密授方略，发兵趋剿，擒贼首绵花王等三十余人，斩首三百余级，乃解。复命两营、乡兵追击之。贼困山中，罕有脱者。大府题请议叙。

（康熙《新安县志》，卷十三《防省志》）

（崇祯九年）属夷目潘富涯劫杀贩夷商人，把总陈仁擒之。

（崇祯《廉州府志》，卷一《图经志》）

肇庆府惟阳江一县南滨大洋。倭寇乘风出没，不知所在，故防海无时。国初，阳江、海朗、双鱼三所各设备倭官一员，每年汛期，各带本所旗军三百名，驾船汛海，刳泊海陵、青洲、戙船澳等处，自清明前三日起至大暑前一日止，谓之春汛。复自霜降前一日起至小寒前一日止，谓之冬汛。又每年调东莞乌船十只赴戙船澳乘驾，雷州、神电、宁川、锦囊等卫所官军协守。

（崇祯《肇庆府志》，卷十六《兵防志一·海防》）

三、奖惩荫恤

（洪武十三年八月）辛酉，遣使敕谕广东都指挥使司及南海卫指挥使司官曰："……前者海寇出没，为患不一，东莞尤甚，尔等坐视，生民涂炭，朕将致罪而复容之者，待尔俘囚来献，以功盖愆也，今久不捷报，事果何如？故敕尔等宜讨寇必克，擒缚以来，若仍前怠事，则并问东莞之罪。为将者不任，律有弃市之条，尔其听之。"

（《太祖实录》卷一百三十三）

（永乐九年二月丁巳）广东都指挥使司奏："比倭贼攻陷昌化千户所，千户王伟等战败被杀，军士死亡甚众，城中人口食粮军器皆被劫掠，而副总兵都指挥李珪及海南卫所遣领兵指挥、千百户徐茂等，初不严兵备，贼至又不救援，贼去亦不追剿，罪当死。"上曰："此不可宥，姑令捕寇赎罪，如寇不获，皆斩。"

（《太宗实录》卷一百十三；嘉靖《广东通志》，卷六十六《外志》）

（宣德五年八月辛巳）广东海阳县碧洲村倭贼登岸劫掠居民，潮州卫巡捕指挥同知郑複等与黄冈巡检不能御贼，都司、布政司请治複等罪。上命姑记其过。如再有失，必罪不贷，仍令被劫之民徙居城廓。

（《宣宗实录》卷六十九）

（宣德八年七月癸酉）广东都司言："碣石卫旧有战船十二艘……近因调用，无一艘存着，请治卫官之罪。"上曰："猝有番寇侵掠何以御之？此其怠肆甚矣。"遂敕广东三司同巡按监察御史执卫官吏鞫闻明白，奏来处治。

（《宣宗实录》卷一百三）

（正统十三年四月）戊辰，广东都指挥佥事姚麟奏："强贼攻劫泷水县，备倭指挥黑爽，百户李顺不肯领军策应。"事下法司，请治其罪。且言："麟先停俸，擒贼久无验，亦宜鞫之。"上曰："麟姑贷之，令急擒贼，爽等令把总都指挥陈德各杖五十，仍旧守备，再犯处死不宥。"

（《英宗实录》卷一百六十五）

（景泰三年四月戊寅）巡抚广东左侍郎揭稽奏："海贼犯潮州柘林镇，杀掠人财，其卫所官坐视不援，乞究治之。"章下，兵部少保兼尚书于谦因奏："参政谢佑、都指挥杜信亦宜究治。"命巡按御史逮卫所官鞫问，如事涉佑等，奏闻处置。

（《英宗实录》卷二百十五）

（景泰三年八月戊辰）镇守广东左监丞阮能奏："备倭指挥佥事王俊将原获贼番货三百余担私运回家，纵贼逍遁，不行追捕，以致杀死备倭都指挥佥事杜信。"事下兵部言："宜以都指挥干羽代信，令提督军务左都御史王翱执俊，究问明白，就彼枭示。"从之。

（《英宗实录》卷二百十九）

（景泰四年元月己卯）广东按察司副使项忠等奏："都指挥同知姚麟以带俸官员营求掌印，都指挥干羽不严备倭，数私归，又以小忿互相斗殴，俱宜鞫问。"诏巡按御史廉其实以闻。

（《英宗实录》卷二百三十三）

（天顺二年二月己未）巡按广东监察御史吕益奏："副总兵、都督同知翁信、总督备倭都指挥张通等，不严督各卫所守哨，致贼攻劫宁川守御千户所，杀虏人才。其哨守地方都指挥佥事林清不行策应，俱宜究治。"上曰："翁信等，姑识其罪，都察院录收以示，俾急擒贼。林清，令益执鞫之。"

（《英宗实录》卷二百八十七）

（天顺二年三月癸卯）广东副总兵、都督同知翁信奏："海贼四百余徒犯香山千户所，烧毁备边大船，其都指挥张通总督不严，是致失机，乞正其罪。"

（《英宗实录》卷二百八十九）

（天顺二年十二月丁丑）升广东备倭都指挥同知张通、按察司佥事谢璿及官军十人俱一级，赏有差，一百二十五人赏有差，以斩获海贼故也。

（《英宗实录》卷二百九十八）

（天顺三年六月戊午）广东按察司佥事谢璿、总督备倭都指挥同知张通等，督令官军民壮人等，于东岸村等处海洋杀贼，获功。诏："指挥各钞八百贯，彩段二表里；指挥各钞六百贯，彩段一表里，千户等官各钞六百贯，绢三匹；百户等官各钞五百贯，绢二匹；旗军人等各钞三百贯，绢一匹，布一匹，俱于布政司该库照数放支，遗人给散。"

（《英宗实录》卷三百四）

（成化三年二月甲子）镇守广东太监陈瑄等奏："去年十月海寇入临高县港掠民财，县丞陈瑛仓卒众御之，为所杀。"上命兵部行令瑄等速追捕之，并巡按御史查勘失机将士，奏闻究治。

（《宪宗实录》卷三十九）

（成化十六年三月壬辰）提督广东市舶内官韦眷奏总督两广军务都御史朱英专权自恣，玩忽贼情等事。命给事中会巡按御史审勘劾。莅官虽勤处事，或错眷沐恩罔察虚实，遽尔陈奏，皆当究问。奏上，有旨："二人既无重情，姑宥之。"仍命兵部移文，务令协和，无贻边患。

（《宪宗实录》卷二百一）

（成化十八年七月丙子）总督两广军务右都御史朱英等奏："去年十一月以来，海贼出没饶平县境，杀黄冈巡检。既而，知府吴绎思督兵缉捕，俘斩五十八人，今海徼颇安，而贼徒有未殄者，仍督属捕之。"事下兵部，请移文英等悉心防御，因劾总督备倭都指挥陈景玩寇之罪，宜移文巡按御史复案，兼议死事者典恤，勘功者各籍以闻。报可。

（《宪宗实录》卷二百二十九）

（正德十一年一月癸未）初，广东海洋贼数百人屡入广海卫城劫掠，无敢捕之者。间捕得送官，指挥赵莹、朱椿辄纵之。至是，巡按者置莹等于法，且劾守巡参政张恩，副使汪鋐、兵备佥事程文隐匿贼情，及都指挥欧儒、布政使方良节、按察使汪获麟不能举察，俱当究治。诏宥之，仍停俸有差，获麟以迁任免。

（《武宗实录》卷一百四十三）

（嘉靖十一年六月癸卯）先是，广东海贼许折桂等聚众流劫，有旨责令地方官戴罪剿贼。已，贼势益炽，佯求抚以缓我师，大肆卤掠。指挥刘瀚督戴罪指挥焦钰、柯荣入海抚谕。贼钰荣以龙虎头门遂薄省城，所残伤不可胜数。巡按御史吴麟以闻。上以镇巡等官玩寇，令兵部覆状奏。乃罢巡抚林富与原任分守参议王洙，俱为民；海道副使江良材、分巡佥事龚大稔、都指挥欧儒、王兰俱褫职闲住；总兵官仇鸾及两广巡抚陶谐俱戴罪，刻期杀贼自效；其余文武官有地方责者停俸。以吴麟不从实参奏，令自陈状，麟上疏引罪，命夺俸半年。

（《世宗实录》卷一百三十九）

（嘉靖十三年十二月）戊申，先是广东海贼许折桂等为乱，提督侍郎陶谐等降之，以捷闻，兵部言："折桂即降，恐不能无后虞，宜令诸臣审处开谕，离其党与，消弭祸端，然后具奏。"诏可。至是，谐等言："折桂今听抚二年所矣，真诚向化，党与既散，耕种为业，保无他虞。"兵部请如例行赏，上以谐等安辑地方是其职业，行赏报罢。

（《世宗实录》卷一百七十）

（嘉靖三十一年三月）甲辰，广东海寇琼州，杀指挥陈忠言、胡松、百户郁英。诏夺失事备倭指挥王克振等俸，立功自赎……

（《世宗实录》卷三百八十三）

（嘉靖三十三年八月乙未）以广东擒剿海寇功，升副使汪柏俸一级，都指挥蔡祯等准赎，指挥王沛赏银十两。初，东莞剧贼何亚八等纠聚番徒沿海劫掠，祯及知县何炬以计抚其党，伺贼众少懈，遣沛督兵捕之，凡斩首一百余级，俘获四人，驱还所□一百五十人。事闻，论功，因有是命。

（《世宗实录》卷四百十三）

（嘉靖三十三年十月戊寅）海贼犯广东潮州之柘林，指挥黑孟阳引舟师歼之，生擒贼首方四溪、夷目吒过啰等一百三十五名，斩首三十九级，其贼首徐碧溪等悉沉海死。事闻，诏赏巡抚……等处都御史谈恺银三十两、纻丝二表里，广东海道副使汪柏及孟阳等各银有差。

（《世宗实录》卷四百十五）

（嘉靖三十五年）近阅报见广东以倭寇残破惠州府地方，止参通判一员，此实诬以塞责者也。巡抚提督兵将亲临惠州，不能靖寇，时则分巡兵备道、海道、参将等官俱在委任，岂所用者止通判一人耶？今皆互相容隐，委罪卑官，刑赏如此，何以使下，此须驳勘。要见倭寇所残地方，委系何人，守御通判当时领兵多少，驻扎何处；兵备领兵多少，驻扎何处；参将等官领兵多少，驻扎何处。地方有事，各官如何不见保障。通判失事，挂冠如何不见救应。若各官领兵坐视，通判不救，则各官何心者也？若各官束手尽付，合省之兵与一通判，则各官何为者也。且通判小官也，如不堪用，当先时处治，如有误事，当临时处决，此有不待参奏者，今止参通判而各官无事，又何为者也？合将分巡、兵备、参将等官重革职，轻者驻俸，各戴罪杀贼，以勉后功，庶几法有必行之信，怀严惮之心，革苟且之谋，事有慎图之望，同心一力，寇可弭，而民可保也。

[（明）霍与瑕：《霍勉斋集》，卷十二《书·平东广倭寇议》]

（嘉靖三十八年十月戊午）提督两广侍郎王钫言："倭贼水陆登犯，攻围城邑，官兵与战，前后斩首一百七十三名颗，夺回被虏男、妇称是，余党悉遁。一时获功、失事诸臣，请分别赏罚。"兵部覆议，得旨：赏钫及丰润伯曹松各银三十两、纻丝二表里，知县林丛槐十两，海道副使林懋举等准赎，右参议田杨夺俸两月，知县李奇俊等免究，署都指挥孙敖等付按臣逮问。

（《世宗实录》卷四百七十七）

（嘉靖四十年闰五月）庚戌，巡按广东御史潘季驯勘上三十七年倭寇广东诸臣功罪言："倭自正月中犯潮州府蓬州、驼浦等处，所至将官不能御，或败或走，独千户魏岳、百户蒋期明、镇抚陈浚等战甚力，斩首八十余级，生擒九十余人，贼始逃去，我兵夫亡者亦二百人，岳等死之。"时总督侍郎王钫已致仕，季驯在追杀，钫运筹督战之劳，请与抚镇官及阵亡将吏分别条录而论失事者之罪。兵部议覆，上命赏钫及巡抚周满、总兵官靖远伯王瑾各银币有差，下失事指挥等官冯良佐等二十二人及前为事指挥孙敩、知县蔡明复等于按臣论罪，岳等各升袭如例。

（《世宗实录》卷四百九十七）

（嘉靖四十年七月癸巳）以倭贼侵陷广东潮州府大城所，诏夺惠潮参将张四维俸三月，分守参议冯皋谟、海道副使郑维诚、分巡佥事齐遇俸各二月，下本卫所掌印捕盗等官董越等九人于按臣论罪，知府何镗等准赎。先是潮州败倭自福建还入诏安，大城海夫刘伍等及上底东界客兵，因挟之为乱。去年十二月乘除夜城中无备，伍等先袭入城，群倭继之，守城诸将各弃印遁走。至是年二月，知府何镗等督兵追捕，伍等始就擒，斩首三百余级。事闻，因有是命。

（《世宗实录》卷四百九十九）

（嘉靖四十一年十月丁巳）论平广贼张琏功，升提督两广侍郎张皋右都御史，荫一子国子生，加总兵；平江伯陈王谟太子太保，荫一子锦衣卫百户，俱仍提督镇守……

（《世宗实录》卷五百十四）

（嘉靖四十三年三月）甲寅，广东东莞水兵徐永泰等四百人守柏林澳，五月无粮，皆怨望思乱。会领军指挥韩朝阳传俞大猷檄，调戍潮阳海港，诸军益怒，遂鼓譟执韩朝阳，数入外洋，与东莞盐徒及海南栅诸寇合，进逼省城。抚按官遣人责问乱故，以潮州知府何宠不发军粮对，朝阳亦归罪千户于英。事闻，诏下朝阳、宠、英于御史问，夺海道副使方逢时、佥事徐甫宰俸，戴罪杀贼。

（《世宗实录》卷五百三十二）

（嘉靖四十三年三月己未）广东官军击潮州倭寇，破之。初，归善县盗伍端、温七既破……温七兵败被擒，端自缚军门求杀贼自效，端即所谓花腰蜂也。总兵吴继爵、俞大猷受其降，都御史吴桂芳至，因使为先驱当贼，官军继之，围倭于邹塘，四面举火，一日夜连克三巢，焚斩四百余人。上以广东倭寇连年征剿无功，桂芳、继爵新任即有此捷，其各赏银二十两，纻丝二表里，仍令会同吴百朋，俞大猷严督各路兵，乘胜荡平，以纾民患，其余功罪，候事宁之日勘处。

（《世宗实录》卷五百三十二）

（嘉靖四十三年九月丁未）提督两广侍郎吴桂芳等以海丰捷闻。上嘉桂芳及总兵俞大猷、吴继爵、巡抚吴百朋及参将王诏功，各赐银币，复劾副总兵汤克宽祖职。所上功次，仍令御史勘实具奏。

（《世宗实录》卷五百三十八）

（隆庆元年八月戊子）巡抚广东都御史李佑奏："嘉靖四十五年六月以来，海寇林道乾、梁有川等聚众三千余人，驾巨舰出入雷、琼诸处，总兵汤克宽等前后与战，计斩三百余人，俘获称是，功宜褒录。参将戴冲霄怯懦，宜罢。"得旨，佑及宽等各责赉银币有差，冲霄革任。

（《穆宗实录》卷十一）

（隆庆元年十一月）丁巳，命革广东镇守总兵官汤克宽任，听勘。巡抚都御史李佑戴罪供职，惠潮海防佥事蹇夹誉调用，仍切责总督侍郎张瀚督率镇巡兵备等官亟行剿贼，以靖地方。先是，海贼吴平既遁，而余党曾一本突入海惠间为患。克宽介议抚之，贼既就抚，乃从克宽乞潮阳下会地以居，仍令其党一千五百人窜籍军伍中，入则禀食于官，出则肆掠海上，又令盐艘商货报收纳税，居民苦之。于是大家井民陈世业、余乾仁等因率众叛，攻围揭阳县城。克宽乃调曾贼等兵剿，屠之，抚按李佑、王同道各以疏闻，而曾贼所以激变大家井之民，惟同道疏及之，佑谓不然，且叙克宽功。越七月，曾贼亦叛，执澄海县知县张濬，焚杀潮郡居民数千人。抚按复疏请兵，已有旨令克宽等各戴罪杀贼。至是，分守岭东道参议陈纪以给由入京，具言曾贼必不可招。而兵科郎给事中欧阳一敬劾奏克宽，既不当招必叛之贼以激变居民，及居民乱又不当驱贼兵剿之，是克宽纵寇酿祸，其罪大而蹇来誉同事阿比李佑匿不以闻，亦当并论。兵部覆，从其言，故有是命。

（《穆宗实录》卷十四）

（隆庆元年十一月丁丑）广东巡抚都御史李佑奏："七月中，滴水村居民林肆等获漂流海贼张老者数人，闻于碣石卫掌印指挥李守京、巡捕指挥沈儞。守京、儞素贪，执之索赂。未几，林道乾余党二百余人乘夜入卫城，夺老等去。请置守京等于法，而海康塞把总王正中等督兵追剿残寇不能尽力，以致贻患，亦当并论。"得旨："正中等戴罪杀贼，守京等下巡按御史按问。"

（《穆宗实录》卷十四）

（隆庆二年正月戊寅）巡按广东御史王同道以广东群盗纷起，海盗曾一本、林道乾等尤肆猖獗，乃劾奏参将魏宗瀚、王如澄等逗兵玩寇，请治其罪。仍饬督抚诸臣勉策后勋。上命夺宗瀚等职，令戴罪剿贼，仍命抚臣李佑等严督诸将亟为擒获，以靖地方。

（《穆宗实录》卷十六）

（隆庆二年九月）壬申，广东巡按御史王同道核上海寇曾一本犯省城，守臣失事状，总督张翰亦具疏自劾，上以翰任浅，姑令策励自效，夺守巡佥事周舜岳、参将谢鹏举及领哨指挥白翰纪等俸三月，都指挥黄应甲、来熙布政使熊汝达等夺俸二月，指挥赵升等下巡按史逮问。

（《穆宗实录》卷二十四）

（隆庆三年三月）戊辰，海贼曾一本勾引倭寇犯广东，破碣石、甲子，诸卫所，官军御之无功。雷琼参将耿宗元御下素严，及是声言欲斩败将，周云翔、廖凤、曾德久，廖廷相，云翔等大惧，乃谋作乱。会宗元阅兵于教场，云翔等忽鼓譟，跃起手刃宗元，执通判潘槐以叛，遂与贼合。已而潘槐自贼中诱擒廖凤，献之巡抚都御史熊桴具已闻，给事中张卤因劾："桴解纷无略，抵饰虚词；原任总督张翰候代未行，坐视不省，及总兵郭成逗遛潮阳。按察司副使张子弘监督无状，乞并议罚。"得旨："瀚降一级听用，桴等俱住俸，戴罪剿贼。"

（《穆宗实录》卷三十）

（隆庆三年五月辛亥）初，广东叛将之杀耿宗元亡入贼巢也。贼屯兵平安山、大峒等处，入掠海丰县，从鹿境渡河，会总兵郭成等方率兵进剿，而南赣巡抚张翀亦遣参将蔡汝兰等兵至。于是，共趋大浦白云屯，以入平山夹攻之，凡月余，各部共擒斩一千三百七十五人，内生擒真倭酋丘古所一人、从倭一百余人，夺归被虏通判潘槐而下六百余人，叛将周云翔溃围出走，成部卒擒之。捷闻，上命先赏蔡汝兰而下，兵部议功。至是，部言："郭成、蔡汝兰执讯获丑，张瀚、熊桴运筹制胜，张翀救灾恤邻，其均功宜先叙。而藩臬有司官张子弘等、坐营守备事峨等二十四员并其余获功官兵，乞行纪功。御史勘奏，丘古所及周云翔等即令枭示，以正国法。"得旨："张瀚复原职听用，熊桴等俱开俸，桴仍与郭成、张翀各赏三十两、纻丝二表里，余悉如议。"

（《穆宗实录》卷三十二）

（隆庆三年八月癸丑）录平闽广巨寇曾一本功，升总督两广福建军务右都御史刘焘为左都御史，巡抚福建右佥都御史涂泽民、巡抚广东右佥都御史熊桴俱右副都御史，荫一子入监读书，督抚如故……广东总兵都佥事郭成俱署都督同知……

（《穆宗实录》卷三十六）

（隆庆三年九月）丙戌，巡抚广东都察院右副都御使熊桴以病乞归，许之。桴寻卒，赐葬祭如例。

（《穆宗实录》卷三十七）

（隆庆三年十月甲子）纪功御史王宗载绩勘上广东擒剿海寇曾一本功，命赠故巡抚部御史熊桴……祭葬……

（《穆宗实录》卷三十八）

（隆庆四年正月戊寅）总督两广福建部御史刘焘奏讨平海寇林容等功，命赏兵备张士纯等银两有差……

（《穆宗实录》卷四十一）

（隆庆四年二月庚辰）以平海寇功，荫前总督两广右都御史刘焘次子维垣为国子生。

（《穆宗实录》卷四十三）

（隆庆四年五月己卯）先是正月中，倭奴纠寨贼四百余人破广海卫城，总兵郭成奉旨戴罪，海防同知常若愚改调矣。未几，总督刘焘以捷上，称同知郭文通等督兵与贼战于海晏场，俘斩二十余人，贼遁去，又未几，类报先后俘斩山海等寇一千余人，而巡按御史杨标及广民何友益等言："地方被贼杀掳者以万计，与焘所奏颇异。"于是兵科都给事中温纯劾焘欺阙，且言："前贼屯据广海时已逾三旬，始自携所掠男女回海晏索赎。又逾旬，始下舟归巢，是贼盖自为去来，安谓我兵与贼交战有功乎？"兵部覆奏："焘已承提督京营之命，宜姑令趋任候勘，其余将官乞行新任点督李迁严加策励，克期荡夭，以靖地方。"得旨："郭成革职，充为事官，戴罪杀贼。余俱如拟。"

（《穆宗实录》卷四十五）

（隆庆六年二月辰戌）先是，广东惠州海贼六百余人破甲子门，所杀千户董宗懦及军民二百余人，掠二百余人以上，抚寇朱良宝等遂及名色把总韩国、李时魁领兵御之。贼夜袭破国等于程洋冈寨，杀二十余人，虏六百余人。至是，巡按御史赵焞勘上其事，请治百户吴一道等、千户田于潘等，指挥李臣、经历郭标及国等失事罪，并罚治碣石寨把总白玉及海防佥事金柱等，且言："甲子门所城，十年三陷，几为丘墟，而程洋冈等寨切近寇巢，民不安枕，况海倭无岁不来，而抚寇桀骜日甚，乞责指督抚官亟图善后之策。"兵部覆奏，上是焞言，命停王等俸三月，柱等二月，下一道御史问。

(《穆宗实录》卷六十六)

（隆庆六年五月辛亥）广东倭海贼突寇广海、新宁、惠来，遂陷神电、锦囊诸城，转入高、雷、廉、琼界，所过焚劫杀无算，官兵先后拒战，获功一千余级。提督两广军务兵部左侍郎殷正茂疏叙总兵张元勋、参政江一麟、参议周鸣埙、副使陈奎、吴一介、佥事李材、许孚远等功，及锦囊千户侯安邦、电白知县蒋晓弃城，高州府领兵同知郭之通、原任参将黑孟阳诈冒罪状。兵部覆："正茂军功，通候倭贼荡平叙录，各官久在地方酿成祸变，小胜大衄，尚难掩罪，何可言功？其侯安邦等相应转行巡按御史勘问，并前项功次、阵亡人员逐一画核，分别俱奏。"从之。

(《神宗实录》卷一)

（隆庆六年十月癸亥）广东按臣杨一桂奏琼州兵乱罪由，言："该省设立水寨，本以制御海寇。何迩来雷、琼之境鲸波屡作，羽檄不停？如李茂、许俊美，用之有事，殊无斩首之功，少有忤意，即成脱巾之祸，操戈一呼，群舰响应，焚劫边海，虔戕生灵，何其怯于为兵，勇于为盗也？"参白沙寨把总石子方提问，琼州府知府王可大，海防同知陈梦雷罚治。章下兵部。

(《神宗实录》卷六)

（万历元年正月庚戌）兵部覆："两广提督殷正茂奏报，擒剿贼首黄高飞等一十一名，并贼徒一千一百九十三名颗，叙副使刘稳、参将白翰纪等功次，行勘叙录。"

(《神宗实录》卷九)

（万历元年四月庚戌朔）兵部覆提督殷正茂疏言："广东沿海地方，十余年来倭患接踵，民不聊生。盖由防守不严，以致乘虚肆毒，虽间有擒斩，实无补伤残。令殷正茂定立章程，率作将士水陆之备，既周赏罚之令，又肃汛期既毕。警报绝无，虽无擒斩之功，实多保障之绩。总兵元勋、副使刘稳等捋忠效劳、宜纪录优叙。正茂方督师，荡平惠州山寇，待捷书至日，一并查核，特请优叙。"从之。

（《神宗实录》卷十二）

（万历元年十二月）己亥，兵部奏："广东海贼猖獗，多损官兵。请革潮州副总兵李诚立职，行巡按御史提问。降潮州道按察使陈奎职二级，改用。"仍乞敕提督殷正茂严督各官克期诛剿，以靖地方……

（《神宗实录》卷二十）

（万历二年二月丁巳）兵部覆兵科都给事中蔡汝贤等，巡按广东御史张守约题："海贼林凤复扰潮惠，泊舟钱澳，挟求招抚。合咨两广提督殷正茂、福建巡抚刘尧诲，严督官兵会剿，不许狃信把之说，袭招抚之套。其失事将官胡震等，姑令戴罪杀贼，事平定夺。"从之。

（《神宗实录》卷二十二）

（万历二年十二月乙卯）倭贼陷广东铜鼓双鱼城，督抚殷正茂率总兵官张元勋追剿。正茂荫子入监读书，元勋实授都督同知……

（《神宗实录》卷三十二）

（万历三年二月癸巳）广东总兵张元勋大破倭于儒峒，擒斩八百余级。提督军务右都御史殷正茂以功状闻，上喜，赏正茂银三十两，纻丝二表里，荫一子入监，实授张元勋都督同知，赏银二十两，纻丝二表里，文武吏士兵备佥事石磐等各升赏有差……

（《神宗实录》卷三十五）

（万历三年八月庚寅）论隆庆六年琼州地方倭贼陷乐会、文昌二县失事罪，署印教谕邓万革职，千百户张孔教等提问。

（《神宗实录》卷四十一）

（万历三年十月戊寅）论万历二年贼入惠潮清澜所失事罪，千户丁其运监候处决。

（《神宗实录》卷四十三）

（万历四年九月）辛亥，叙平广东海寇林凤功，升福建巡抚佥都御史刘尧海为右副都御史、总兵胡守仁、参议乔懋敬、参政陶幼学等，各赏责差。

（《神宗实录》卷五十四）

（万历四年十一月庚辰）叙广东惠州田尾海洋等处擒斩海贼功，沈英奋等三名员，各升授有差。

（《神宗实录》卷五十六）

（万历四年十二月乙亥）先是，逋寇林凤率党回潮，先犯潮州之海门港、踏头埔，继犯惠之碣石东海滨。时闽帅胡守仁统帅追剿，而广兵之在海丰诸处者亦有擒捕。贼见两省舟师盛集，潮州道金浙又推诚谕抚，遂分揭散泊，束身待招。凤知众心已散，已罪不赦，掌船夜遁。抚散过马志善、李成等一千七百十二名，收回被虏男、妇六百八十八名，船只、器械、火药称是。御史詹贞吉勘报以闻，兵部覆："一剿一抚，其功则一，闽功近已升赏，广功委不宜迟。其言修我武备，以原凤首，尽我抚绥，以化余党，尤为善后确论。侍郎凌云翼除盗安民，厥功懋矣。金浙抚敬多贼，心力亦殚，虽经升任，仍应与总副道府等官张元勋、赵可怀、吴继芳、何子明、刘经纬、夏道南、侯继高、孙光祖、徐汝阳、萧遍、李畿嗣、杨寅秋等同论。其失事偏将蒋栢清，当重示惩。"上赐云翼银三十两，纻丝二袭里，浙等以下各二十两，子明等以下各十五两，遍等以下各十两，蒋栢清夺俸半年。

（《神宗实录》卷五十七）

（万历九年正月辛卯）兵部覆："总督两广侍郎刘尧诲具题二疏：其一，谓东山等处已招，摇浪各贼出没剽掠，夺印杀吏。戴罪副总兵陈璘领兵，官兵深入搜剿，擒斩俘获三百六十六名。请复璘俸，免令戴罪。其一，谓倭番二寇并犯，镇守广东总兵黄应甲领官兵追剿，斩获倭首二十五级，番贼一百八十六级，夺回被掳男、女二百六十九名，船二十余只，请赐优叙。其余文武效劳有功诸臣，及军丁甲长阵殁中伤人等，俱宜量行奖赏。"上以尧诲节次获功，命录一子入监读书，余俱如拟……

（《神宗实录》卷一百八）

（万历十一年四月戊寅）广东巡按御史罗应鹤言："查勘过官兵征剿东、西二海、翁崖、潭州、凤凰山等处倭、蛋二贼功次，与原报首功互异。总兵官都督金事黄应甲、兵备副使朱秉光、广州推官陈绍功，功固可录，罪亦难辞。合将前项功次免行再叙，念其功绩，姑与免究。"部覆从之。

（《神宗实录》卷一百三十六）

（万历十四年二月乙酉）录广东南头、碣石二寨擒斩海洋倭贼功，赏总督吴交华等银币有差。

（《神宗实录》卷一百七十一）

（万历十七年七月甲戌）两广总督、兵部右侍郎刘继文言："雷、廉东洋海面，有乌料双桅广船联艅一百余只，每犯杨梅断望一带珠池，偷盗珠螺，各寨哨官兵生擒贼犯一千一百二十一名，斩级六十六颗，请优叙功劳官员，蒙赏赉有差。

（《神宗实录》卷二百十三）

（万历十九年十一月戊子）总督两广侍郎刘继文奏称："三江庐包水口地方，强贼劫掠，商船并失。敕命其失事官员马标、脱梦龙、邹达、晏传合应提究，祝惟敬量罚，文似韩、李得阳、郑时章景免究，仍严辑贼犯。"从之。

（《神宗实录》卷二百四十二）

（万历二十九年七月壬子）……以广东岛夷失防，夺道府诸臣俸，命拓林守备马如电等革任提问，戴罪杀贼，有差按臣李时华参论高州府通判顾元绍，拥兵自卫，先后擒面生人三十余人，不分真伪，俱砍臂断指，械死者数人，贼退后擅杀谢超等八人，悬首古门外，八人之中有六人者皆当厚称良民者也。临刑之时，天日黪黑，万口称冤，请究问如律。

（《神宗实录》卷三百十六）

（万历三十三年六月戊申）论广东锦囊、南澳、钦州等处擒斩倭奴功次，升总督尚书戴耀、总后官都督佥事孟宗文各俸一级，赏银有差。按察使盛万年，参政朱东光，参将郭西科、黄钟、庄渭杨，知府叶修、同知涂巍，原任参将刘宗汉，原任守备武应隆，及经历指挥百户等官汪九州等，各分别升赏。倭贼慢小等九名行督臣处决枭示。

（《神宗实录》卷四百一十）

（万历三十五年九月癸巳）总督两广戴耀以交南入贡并叛首来献事，乞禄总兵王鸣鹤、布政曲迁乔及诸将佐功状。初，韦达礼之乱，督臣尝檄交南，擒贼自效，既而达礼悔罪，献诸奸细，朝议既许以不死，而督臣犹以往负持之。于是黎维新刺杀达礼，函首来献，事久不叙。督臣言："叛首远函于万里，三贡并献于一时，不费一旅之师，坐收重译之盛。宜有以激劝将士，策励边疆诸臣，应升赏者分别诸裁。"事下兵部。

（《神宗实录》卷四百三十八）

（万历四十六年五月）甲辰，录荫原任征倭总兵陈璘男陈九相为广东南乡所指挥，世袭。

(《神宗实录》卷五百七十)

（万历四十八年四月辛未）巡按广东王命璿奏："粤海逋寇许彬老、钟大番、余三老等系袁进余党，出没海岛，啸聚剽掠，跳梁于白沙、虎门、广海、莲头之间，商民受其荼毒。业经督臣申饬，兵将侦捕于海之东西。其擒贼有功，及碣石失利官员，应叙赉罚治有差。"疏下兵部。

(《神宗实录》卷五百九十三)

（万历四十八年八月辛亥）两广总督许弘纲奏："乌猪外洋有倭船四只寄泊，官兵斩获贼首五员，生擒四十名，夺获器甲，余贼落海无数。"题叙有功员役，下部。

(《光宗实录》卷四)

第四章
港口航线

水寨城,在县南苏湾都白塔寺之右,洪武三年指挥俞良辅创筑。周围三百一十三丈八尺,立四门,凿池于内,置水关于西北隅,内通海港,自南而西转入水关,潴于池,以泊战船。

(嘉靖《广东通志》,卷十五《舆地三·城池·潮州府》)

水寨,凡舟之过秋溪及樟林港者必由之。洪武初置石城,造战舰,以据番舶。今官军往来防御,以夏秋为期。

(嘉靖《潮州府志》,卷一《地理志》)

永乐初元,遍谕海外诸蕃告即位,遣御史尹绶往其国。绶受命自广州发舶,由海道抵占城,又由占城过淡水湖菩提萨州,历鲁般寺而至真腊。……绶归,凡海道所经,岛屿繁回,山川险恶,地境连接,国都所见,悉绘为图以献,上大悦。

[(明)严从简:《殊域周咨录》,卷八《真腊》]

(永乐十三年十月庚戌),总兵官英国公张辅言:"自广东钦州天涯驿,经猫尾港,至涌沦、佛淘,从万宁县抵交阯,多由水道,陆行止二百九十一里,比丘温故路近七驿,宜设水马驿传,以便往来。"从之。于是设广东钦州之防城、佛淘二水驿,宁越、涌沦二递运所,佛淘巡检司,灵山县之龙门、安迁二马驿,安河、格木递运所,交阯靖安州之同安水驿、同安递运所,万宁县之万宁水驿、万宁递运所,新安县之新安、安和县之安和、东潮州之东潮三水驿,至灵山县之平滩水驿递运所,慈山县之慈山水驿,改交阯嘉林县嘉林马驿、交阯府泸江马驿、广东钦州天涯马驿俱为水马驿,设新安守御千户所。

(《苍梧总督军门志》,卷三十二《纪略·安南三》)

（永乐十四年五月）庚戌，交址总兵官英国公张辅言："自广东钦州天涯驿，经苗尾港，至涌沦、佛淘，从万宁县抵交址，多由水道，陆行止二百九十一里，比丘温故路近七驿，宜设水马驿传以便往来。"从之。于是设广东钦州之防城、佛淘二水驿，宁越、涌沦二递运所，佛淘巡检司，灵山县之龙门、安迁二马驿，安河、格木二递运所，交址靖安州之同安水驿、同安递运所，万宁县之万宁水马驿，至灵县之平滩水驿、平滩递运所，慈山县之慈山水驿；改交址嘉林县嘉林马驿，交州府泸江马驿、广东钦州天涯马驿俱为水马驿，广西横州州门水驿隶南宁府；设交址新安守御千户所。

（《太宗实录》卷一百七十六）

昆仑山，其山节然瀛海之中，与占城及东、西竺鼎峙相望，山高而方，根盘广远。海，人名曰"昆仑洋"。凡往西洋商贩之舶，必待顺风七昼夜可过。俗云："上怕七洲，下怕昆仑，针迷舵失，人船莫存。"

（《星槎胜览校注》页八）

九星洲山，九峰分峙，多石岩、石屋、灵草，石上溜水甘美，为番舶往来所汲，曰天塘水。……

三灶山，三石形似名，与横琴相对，皆抵南番大洋。本宋黄字上下二围。元海寇刘进据之，国初寇平，复入黄梁都，有田三百余顷，皆极膏腴，编民粮差。后居民吴进深通番为乱，洪武二十六年都指挥花茂奏歼渠魁，悉迁余党，其田永不许耕。

（嘉靖《广州府志》，卷一《风土第一》）

香山环山以为城，带海以为池，外接百蛮，中藏万井，居然一小蓬莱。

（嘉靖《广东通志初稿》，卷四《形胜》）

正统六年，给事中舒□、行人吴惠，于十二月二十三日，发东莞县，廿四日过乌猪洋。廿五日过七洲洋。瞭见铜鼓山，廿六日至独猪山。瞭见大周山，廿七日至交趾界。有巨洲，横截海中，怪石廉利，风横，舟触即靡碎。舟人甚恐，须臾风急，过之。廿八日至占城外罗洋。

［（明）慎懋赏：《四夷广记·海国广记》"占城国"］

吴惠。惠，洞庭人。正统六年七月，以行人奉命，使占城，立嗣王。十二月，发东莞，次日，过乌猪洋。又次日，过七洲洋。瞭见铜鼓【山】，次日，

（过）独猪洋。见大同（周）山，次（日），至交趾洋。山有巨洲，名海中，怪石廉利，风横舟迅，凝之即伤。舟人不胜恐惧，须臾风急过之。次日，至占城外罗洋……五月六日回洋，舟至七洲洋，大风，几覆舟……五月十五日遥见广海南门，以通广东……

　　[（明）高鸣凤：《今献汇言》六，《守溪长语》；嘉靖《广东通志》，卷六十六《外志三·夷情上》]

　　正统六年，国王卒，嗣子摩诃贵由请袭爵。上次勅诏，遣事中舒某（失其名）为正使，及副使行人吴惠往封之。是冬十二月廿三日，发东莞。次日过乌猪洋。又次日过七州洋，瞭见铜鼓山。次日至独猪山，瞭见大周山。次日至交趾界。有巨州横绝海中，怪石廉利，风横，舟触之即糜碎，舟人甚恐。须臾风急过之。次日至占城外罗洋校杯墅中。廿九日，王遣头目迎诏，宝船象驾，鼓吹填咽，旌旄腌霭，毡衣椎髻，前后奔驰，至行宫设宴。王乘象迓于国门，戴金花冠，缠璎珞，环帐列戈戟，以群象为卫。既宣诏，王稽首受命。

　　[（明）严以简：《殊域周咨录》，卷七《占城》]

　　万里石塘，在乌潴、独潴二洋之东，阴风晦景，不类人世。其产多瑃瑰，其鸟多鬼车，九首者，四、三首者，漫散海际，悲号之音，聒聒闻数里，虽愚夫悍卒，靡不惨颜沾襟者，舵师脱小失势，误落石汊，数百躯皆鬼录矣。

　　[（明）黄衷：《海语》，卷下《畏途·万里石塘》]

　　万里长沙在万里石塘东南，即西南夷之流沙河也。弱水出其南，风沙猎猎，晴日望之，如盛雪，舶误冲其际，即胶不可脱，必幸东南风劲乃免陷溺。

　　[（明）黄衷：《海语》，卷下《畏途·万里石塘》]

　　暹罗国在南海中，自东莞之南亭门放洋，南至乌潴、独潴、七洲，星盘坤未针。至外罗，坤申针。四十五程，至占城旧港。

　　[（明）黄衷：《海语》，卷上《风俗·暹罗》]

　　香山县，有山对峙如台，曰南北台，其外大海是环，接于㟁㟁，曰石岐海。……新宁县南为塞门之海，是多鱼盐之利，番舶往来之冲也。

　　（嘉靖《广东通志》，卷一《图经·上》）

　　香山县……又南三百里曰三灶山，乌沙海在其东……洪武中，居民通番，奏革其田税，永不许耕。成化中，番舶自乌沙海侵扰，岁令官军守之。……南入千群样舸大海，是为南海。大洋中山最多，皆岛夷所居。台山岐海惟香山。

（嘉靖《广东通志》，卷十三《舆地志·一》）

望门山，在县东南一百一十里，起自北岭，延袤二十里，如旗至海门，突起群岫，隔九星大洋，内包乡都，外泊艘舰，渔樵蝟集，陶然古风，亦胜景也。

（嘉靖《广州府志》，卷一《风土第一》）

金刚髻山，在县东五十里，尖峰秀拔。渔舟出海归宿，视此为准。

（嘉靖《潮州府志》，卷一《地理志》）

神泉渡、赤洲渡，俱在县南一十里，通海。

（嘉靖《潮州府志》，卷一《地理志》）

县东二里为龙山……二百二十里为旗峰，山状如旗半枕，海上东南夷入贡，望此为表识。

（嘉靖《惠州府志》，卷五《地理志》）

（上川岛）左曰大金门海，右曰小金门海，诸夷入贡，遇逆风则从此进。其西南曰寨门海，西番舶往来之冲。

（万历《广东通志》，卷十四《郡县志》）

龙津水……东南五十里为新水，沃野一望四百余丈，旧水道不通，疍民有东西溪之别，宋师至，舟不得渡，遂凿而通之。今闽广商船多聚此。

（嘉靖《惠州府志》，卷五《地理志》）

南头，海道咽喉也。昔年南头设有海道驻扎衙门。

（嘉靖《广东通志初稿》，卷三十五《海寇》）

广东省会，襟江带海，其东出海，由虎头门，而虎头门之东为南头，省会之门户也。其西出海，则为崖门，崖门之西为广海卫，而香山澳在省会西南，夷人住泊于此。……然议者以濠镜澳终为腹心之疾。

[（明）陈仁锡：《皇明世法录》，卷七十五《各省海记·岭海》]

布政司案查得递年暹罗国并该国管下甘蒲沰、六坤州与满剌加、顺塔、占城各国夷船，或湾泊新宁广海、望峒，或新会奇潭，或香山浪白、蚝镜、十字门，或东莞鸡栖、屯门、虎头门等处海澳，湾泊不一。

（嘉靖《广东通志》，卷六十六《外志·番夷》）

国在山中，贾舶仅经过其水澜，而未尝泊船。彼民出诣饶洞，与华人贸易。华人所泊者饶洞也。……吉力石主爪哇而臣饶洞、苏鲁瓦诸国，他国货萃下港者，彼中亦时相通。我舟到时，诸属国鳞次饶洞，以与华人贸易。虽在复邈，亦蕃盛之乡也。向就水中为市，比来贩者渐伙，乃渐筑铺舍。

[（明）张燮：《东西洋考》，卷四《西洋列国考·思吉港》]

千里石塘，在崖州海面之七百里外。相传此石比海水特下八、九尺，海舶必远避而行，一堕即不能出矣。万里长堤出其南，波流甚急，舟入迴溜中，未有能脱者，番舶久惯，自能避，虽风汛亦无虞……

[（明）顾玠：《海槎余录》，纪录汇编本，卷一六一；嘉靖《广东通志》，卷七十《杂事下·琼州府》]

望峒海，在锉峒都，去县南五十里，与锉峒海同源，番船皆泊于此。……大金门海，在海晏都，流接铜鼓海，在上川之左，诸夷入贡，经此。上川之右，又曰小金门海，诸夷入贡，遇逆风则从此入。……寨门海，在海晏都，去县西南二百五里，接源横江滘末流从放鸡江，大而且深，是为番舶往来之冲。

（嘉靖《新宁县志》，卷一《封域志》）

（龙门江）外群山错列，海中凡七十二水道，随山而转，彼此相通，亦七十二，故俗呼龙门七十二径，东经牙山鸟雷头而达合浦，西经涌沦周墩而达交趾永安州，此钦州志要害地也。

（嘉靖《钦州志》，卷一《山川》）

广东海道自廉州乌雷山发舟，北风顺利一二日可抵安南之海东府。……若沿海岸以行，则乌雷山一日至永安州自龙尾。白龙尾二日至玉山门。又一日至万宁州。万宁州一日至庙山。庙山一日至屯卒巡司。又二日至安南海东府。

[（明）顾祖禹：《读史方舆纪要》，卷一百一十二《广西七·外国附考》]

望峒澳为尤甚，乃番舶停留避风之门户也。

[（明）郑若曾：《筹海图编》，卷三《广东事宜》]

其诸岛今列于左，曰：小湖洲、马盾山、大磨山、小磨山、大罗洲、小罗洲、白椒俗谓海旁砍石为椒、芒洲、散州、白藤洲、鹧鹕洲、桑洲、赤洲、担竿洲、南亭山、竹洲、粉洲、大托、小托、大淋、小淋、文湾、连湾、二湾居民二氏同、三灶虚之三门、浪白、倒餾、宿聚、鬼叫、皋兰、鹿脛、潭州、鸡笼、王渔洲石岩有王鱼之神知州屿、丫洲、锡坑山高吉特多麋鹿、箔洲、挛洲、游鱼洲、大吉山、上东中水曰内十字门。小吉山、上西北中水曰乾门。九澳山上东南西对横琴，中水曰外十字门。其民皆岛夷也。

（嘉靖《香山县志》，卷一《风土志第一》）

欧罗巴之极西曰以西把尼亚……欧罗巴初通海道，周经利未亚，过大浪山，抵小西洋而至中国贸迁者，从此国始。

[（明）艾儒略：《职方外纪》，卷二《以西把尼亚》]

儒略辈从欧逻巴各国起程，远近不一，水陆各异。大都一年之内，皆聚于边海波尔杜瓦尔国里西波亚都城，候西商官舶，春发入大洋。从福岛之北过夏至线在赤道北二十三度半，踰赤道而南，此处北极已没，南极渐高。又过冬至线在赤道南二十三度半，越大浪山，见南极高三十余度，又逆转冬至线，过黑人国、老楞佐岛夹界中。又踰赤道至小西洋南印度卧亚城，在赤道北十六度。风有顺逆，大率亦一年之内可抵小西洋。至此则海中多岛，道险窄难行矣。乃换中舶，亦乘春月而行，抵则意兰，经榜葛剌海，从苏门答蜡与满剌加之中，又经新加步峡，迤北过占城、暹逻界。阅三年方抵中国岭南广州府。此从西达中国之路也。

若从东而来，自以西把尼亚地中海，过巴尔德峡，往西墨利加之界有二道：或从墨瓦蜡尼加峡去太平海；或从新以西把尼亚界泊舟，从陆路出孛露海，过马路古、吕宋等岛至大明海，以达广州。然某辈皆从西而来，不由东道。西来之路经九万里也。

[（明）艾儒略：《职方外纪》，卷五《海道》]

到目前为止，仅仅得知一条海舶可以进入广州的水路，即走东莞岛的南头岬角。它位于去广州路上的右手，从那里可以抵达顺德岛的东侧，由此可以进入广州港。阿隆索·桑切斯（Alonso Sanchez）神甫先生便是从这里返回东莞的。海道驻扎东莞，从此至广州港的距离为两西班牙里格，至东莞约有7或8里格。

（《中国诸岛简讯》，1582年）

《海道考》：广州海舶诸番出虎头门始入大洋，分东西二路，东洋差近，西洋差远……又东行四五日至诃陵国，又爪哇也，为南海中最大洲。又西出峡三日至葛葛僧祇国，郎佛逝西北之别岛国，人多钞暴，乘舶者多畏之，疑郎昔之婆利国，今佛郎机也。其北岸则阿罗国，一名阿罗陀，今满剌加也。

《海防考》：府南有濠镜澳，寇自虎头门入犯，往往驻泊于此，为腹心之疾云。

[（明）顾祖禹：《读史方舆纪要》，卷十]

深澳内宽外险，蜡屿、赤屿环处其外，一门通舟，中容千艘，番舶寇舟多泊焉。隆澳则轴轳往来门户也，中又有辞郎洲、宰猪澳、后泽澳，皆宽衍，海寇尝窃据于此。

[（明）顾祖禹：《读史方舆纪要》，卷一百三《广东潮州府·南澳山》]

澳门一岛，状如莲花，香山尽处，有路名关闸砂，直出抵澳，若莲茎焉。

（康熙《香山县志》，卷一《舆地志》）

濠镜澳之名，著于《明史》，其曰澳门，则以澳南有四山离立，海水纵横贯其中，成十字，曰十字门，故合称澳门。或曰澳有南台、北台，两山相对如门云。

（《澳门记略》，卷一《形势篇》）

由县南（阳江）双鱼城，历海陵山，过北津港，至海朗城，为县之门户。……府境海防惟阳江为最切也。

[（明）顾祖禹：《读史方舆纪要》，卷一百一《广东一》]

（县西南）八十里为戚虹澳，海陵山之西南，未立北津寨时，戈戚戍此。后撤戍，寇遂深入。一百里为那地澳，在双鱼所南。南三十里为北津港，在乔马都东南，会阳春、阳江二水，达于海，每潮起汹涌而入，遇风则其声砰击如雷，舟楫往来，重防险碛。盖东南大海港口皆口石，舟可行者仅丈余，必候大潮始进。故海寇不敢窥觊。其外即大海。西南自电白至双鱼所，又至海陵，过北津至海朗所。大澳东南即新宁县界地，有桥渡、三洲、大金门、上下川，皆倭夷泊处，戈戚常戍守之。

（万历《肇庆府志》，卷八《地理志二》）

肇庆为郡，北戾万山，南传于海。而阳江县则当大海之滨。北津其要害也。东接闽，西过高雷廉，通安南，越裳海上诸番之国，估客倭寇犹门庭上往来。……第所则海朗、双鱼，相去二百里，寨则南头、白鸽门，相去一千三百四十里。而北津居其中，入县仅三十里近矣。故岁调东莞戈船，发神电、阳江、双鱼、海朗尺籍丁戍舡船澳，为北津外藩，嘉靖三十五年撤戍，自此盗贼如履堂皇，一陷海朗，再陷双鱼，三寇阳江，入其郛。

（康熙《阳江县志》，卷四《艺文·叶春及〈新筑北津寨记〉》）

若莲头港、汾州山、两山滩、广州湾，为本府之南翰，兵符重寄，不当托之匪人，以贻保障之羞也。

[（明）郑若曾：《筹海图编》，卷三《广东事宜》]

莲头西角为莲头港，外大洋，岛屿千层，烟波极目，水天一色，令人神悚，上达省城，下通雷琼，南连福建，艚料倭夷，港外丝绸经历，是亦险要之门户也。

（康熙《电白县志》，卷一《舆地志》）

（限门港）纳三川之水入于海，水道曲狭，若潮满风急，舟楫不敢入。
（限门寨）海航必由之区，本郡必据之险。

（万历《高州府志》，卷一《形胜》、卷二《戎备》）

四寨……电白莲头为最冲，吴川限门次之，阳江海朗次之，双鱼又次之。信地中惟岛屿山湾贼船僭泊，如上自海朗，则有娘澳、大澳、海陵、戙船澳，若双鱼、莲头，则有青洲、大小黄埕、放鸡山，下至限门，则有新门、三合窝，硇洲，广州湾等处，皆可剉船。贼每寄椗其中，窥伺货艘往来，即为掩袭剽掠之事。"

[（明）顾炎武：《天下郡国利病书·广东备录中》之《冒起宗：海朗、双鱼、莲头、限门四寨图说》]

琼为都会，居岛之北陲，儋居西陲，崖居南陲，万居东陲，内包黎峒，万山峻拔，外匝大海，远接诸番。（《琼莞古志》云：外匝大海，接乌里、苏密、吉浪之州，南则占城，西则真腊、交趾，东则千里长沙、万里石塘，北至雷州、徐闻。）……自儋州西行二日，可达交趾万宁县，三日可抵断山云屯县，崖州南行二日，接占城外番。

（万历《琼州府志》，卷三《地理志》）

谢承《后汉书》曰：交趾七郡献贡，皆从涨海出入，则琼之所谓海者，其涨海乎！……

文昌县：

铺前港，县西北一百里，源自琼山官隆、符离二都，与三江水合流，会潮成港，为海商舟航泊处，即澳党李茂□□乐聚众出海之所，今设巡检司。

石栏港，一名北岭滩限头，县北一百二十里，北岭东山下乱石生出，海洋中阑障，水中开三门，商贾舟过最危险要，俗呼鬼叫门，今航海者过此，每加隄防。

……

大贼澳，县东一百里，青蓝都，铜皷之东，海贼倭番常泊舟于湾处。

（万历《琼州府志》，卷三《地理志》）

会同县……冯家港，县东北七十里，港门曲折，外多石澜，商舶至此须用土人为水手，方能驾岸，多冯姓所居。

昌化县……昌江……西南有吉家浐，不时湾泊海船。

（万历《琼州府志》，卷三《地理志》）

棋子湾，县北三十里，大陈山后滨有小石，圆肖棋子，上有淡泉眼，海船泊，汲之。

独洲岭……近产燕窝，海舟多泊南固，诸番修贡道视此为准，州治向之，亦名榜山。

港门港，即旧志小海港，州东二十里，港门二石峙起，南北二门虽通舟颇险，上有小庙，一石船三番神，商舟往来祷之灵应。嘉靖三年飓风起，石神忽不见。

……

前后澳，州东二十余里，可泊海舟。

独孤洋，州南五十里，海贼多覆舟于此。……

双女屿，县东五十里，港外大洋中两石对峙如人，上有深水井，商舟往来多汲之。……

桐栖港，县西南十五里，外有南山，商船番舶泊于此，其内港为备倭军船厂，近设白沙寨分总防守，即旧志咸水港，又名南山头港。……

大蛋港，州西南三里，客商泊船处。

望楼港，州西八十里，国贡船泊此。

罗马港，州西八十里，通船运载。

田尾港，州东一百二十里，通船运载。

异潭港，州东一百里，占城贡船泊此。

（万历《琼州府志》，卷三《地理志》）

国朝隆庆初，始设白沙寨，兵船防守，与海口唇齿相通，凡大舟商船皆住泊焉，是琼泊之咽喉也。东六十里曰铺前港，深广可容商船，凡倭寇船常从此入，即李茂澳党住泊为患处，势与白沙相倚，是琼治之胸项也。

铺前东……一百里至抱陵港，不数里，至铜皷角一带，以来常有贼舟湾泊，登岸取水，乘间暴掠。至于清澜一港，海门宽阔，水道委蜓，内达文昌县治，外通大海七洲洋，贼船倭寇顺风南抵，此其先据，盖琼郡之肘腋，最宜加关防者也。……

榆林港，常有贼船寄泊，遇警便于各处防之，惟三亚一港，东至万州，西达昌化，东南风发时，有大泥诸番沿海登岸，抢夺滨民，最宜防守。……

新英港，港口有二沙线，不识水道则坏舟，泊船虽稳便，但闻警，出船不及，故海上多故，须轮哨船时出海口瞭守，亦琼之腰络，不可疏备者也。

（万历《琼州府志》，卷七《兵防志》）

西洋国

安南都统使司：在琼海正西，东至海三百二十里，与儋、昌相值，南接占城界一千九百里，东南泛洋接，可一日程西至云南，北至广西。

占城国：在琼州西南，东至海百二十里，西际爪哇，南接真腊，北连安南，东西五百里，南北千里。

真腊国：在占城西南，顺风三昼夜可抵。其国东际海，西接蒲甘，南连加罗希，北抵占城。

爪哇国：在真腊南，海中洲土，东至海一日，泛海半月至昆仑国。南至海三日。泛海五月至苏门答剌。西至海四十五日，北至海四日，西北泛海十五日至渤泥国，又十五日至三佛齐国，又七日至暹罗，又十日至柴历亭。

三佛齐宣慰使司：在占城南，相距五日程，居真腊、爪哇间，管十五州。琼人被掳，多自其地逃回者。

暹罗国：古赤土也，在占城极南，本暹与罗斛二国，后合而为一。东接波罗剌，西波罗娑，南词罗旦，北距大海，地方数千里。

渤泥国：在西南大海中，爪哇属国也。南去爪哇十五日程，北至佛齐十四日程，至占城三十日程。琼人被掳，常鬻于此，多有盗船逃回者。

满剌加国：在占城南，自三佛齐顺风八昼夜可达。

苏门答剌国：在占城之西洋中，古大食国也。南接宾童国，东北接雪山葱岭，西北与大秦相连。自满剌加顺风九昼夜可达。

锡兰山国：在西洋，与柯枝国对峙。自苏门答剌国顺风十二昼夜。

……

溜山洋国：在别罗里南，顺风七昼夜可达。

大小葛兰国：在锡兰山国西，山连暹罗。木骨都束国在小葛兰国西，顺风二十昼夜可达。

古里国：在溜山洋国南，顺风二十日可达。

卜剌哇国：在古里国南，顺风二十一昼夜可达。

忽鲁谟斯国：在古里国西，顺风十昼夜可达。

剌撒国：在忽鲁谟斯国西，顺风二十日可达。

阿丹国：在剌撒西，二十二昼夜可至。

天方国：即西城，西洋尽处也。自忽鲁谟斯国西四十昼夜可达。

东洋国

流球国"西洋国"在东洋大海中，当福建泉州东，顺风舟行五日而至，有大小流球。

日本国：古倭奴也，后自耻其名而改之，在东海中，当朝鲜下流，与闽浙相值。其东有小日本国，于日出为近。

……

安南一路自骥州东二日，行至唐林州安远县，南行经古罗江，二日行至环王国之檀洞江，又四日至珠崖。

（万历《琼州府志》，卷八《海黎志》）

自乌雷正南二日至交趾，历大小鹿墩，思勒隘、茅头捍门入永安州，茅头少东则白龙尾、海东府界，正南大海外，抵交趾、占城二国界，泛海者每遇暴风则舟漂七、八昼夜至交趾青化府界,如舟不能挽,径南则入占城。

(崇祯《廉州府志》,卷六《经武志》)

[葡萄牙人托梅·皮雷斯(Tomé Pires)]从广州去马六甲三十里格出,靠近南头镇的陆地有一些岛屿,如伶仃岛,在那些岛屿有各国的港口。由于大量船只停泊在那里,南头镇的镇长将情况报告给广州。不久后商人们来此估价货物,征收关税。然后给他们带来货物,各自回家。……

我们的大船二十天就能达到中国。六月底从马六甲出发最好,借助季风航行十五天即能抵达。从中国再往婆罗洲据说也用十五天,这不过是十五年以来的事情。

(澳门《文化杂志》编:《十六和十七世纪伊比利亚文学视野里的中国景观》之《东方概要》)

明万历十四年,总督吴、御史汪会题:南头为全广门户,控制蛮倭,请以总兵移镇。盖番船固可直达澳门,而由澳门至省,则水浅不能行,必须由大屿山,经南头,直入虎头门,以抵于珠江。此南头所以为全广门户也。

(嘉庆《新安县志》,《海防志》)

白鸽寨东起北津,西接涠洲,西南与白沙相望,南临大海,上下八百余里,实海外巨防也。……其上游之险要者硇洲,突起中流,周遭四十余里,内有泉水,倭奴必由。次则揭沙,内颇宽平,先年海寇许恩据以为窟,此则倭奴聚泊之处。次则沙头洋、广州湾、白鸽门、淡水、厄头,为雷阳门户。次则通明港,可达雷州。次而遂溪之北艾头、旧县。次而锦囊所至北利门、眷头,次而海安所至东澳,皆不容不守。

(万历《雷州府志》引《粤东兵制》)

(限门)港门离县治仅三十里。每岁三、四月间,闽槽贩籴数百人如风雨之骤至。人非土著,奸伪易滋。司是港者,塞萌杜渐,视之如敌至可也。

[(明)冒起宗:《拙存堂逸稿》,卷六《文膳图说·限门海寨海港图说》]

南海之门最多。从广州而出者曰虎头门,最大。小者曰虎跳,曰鸡踏,曰鸡蹄,曰三门,曰东洲,此中路之海门也。从东莞而出者曰南亭,从新安而出者曰小三门,曰屯门,曰急水,曰中门,曰鲤鱼,曰双箸,曰南佛堂,曰北佛堂。从新宁而出者，曰大金，曰小金，曰寨门，曰官门。从惠来而出者曰甲子，从潮阳而出者曰河渡，从澄海而出者曰水吼，此东路之海门也。从新会而出者曰崖门，曰松柏，从顺德而出者曰黄杨，从香山而出者曰金星，曰上十字，曰下十字，曰骝，曰黄。从吴川而出者曰限门，从海康而出者曰白鸽，此西路之海门也。凡三路，东起潮州，西尽廉，南尽琼、崖，皆有水寨以守。水寨在潮者曰柘林，在惠曰碣石，在广曰南头，在高、肇庆曰恩阳，在雷曰白鸽，在琼曰白沙，凡六寨。六寨之信地，其港深者，在南头有屯门、佛堂，在柘林有东山、下河渡，在恩阳有神电、马骝，在白鸽有北隘头，可泊大船。余则港浅，洋中皆有暗沙，大船不利。在白沙有清澜，可泊大船。若白沙与万州，其港亦浅，鬼叫门亦有暗沙。在碣石有白沙湖，可泊大船。余港多外浅内深，难于出入。碣石卫则海石嵯岈，船易冲磕。甲子门其港亦浅。盖海防甚难，一遇飓风，船无湾泊之所。

[（清）屈大均：《广东新语》，卷二《地语·海门》]

凡番船停泊，必以海滨之湾环者为澳。澳者，舶口也。香山故有澳，名曰浪白，广百余里，诸番互市其中，嘉靖间，诸番以浪白辽远，重贿当事求蚝镜为澳。蚝镜在虎跳门外，去香山东南百二十里，有南北二湾，海水环之，番人于二湾中聚众筑城，自是新宁之广海、望峒、奇潭，香山之浪白、十字门，东莞之虎头门、屯门、鸡栖诸澳悉废，而蚝镜独为舶薮。自香山城南以往二十里，一岭如莲茎，逾岭而南，至澳门则为莲叶。岭甚危峻，稍不戒，颠坠崖下。既逾岭，遥见海天无际，岛屿浮青，有白屋数十百间在烟雾中，斯则澳夷所居矣。六十里至关，关外有番百余家，一寨在前，山巅有参将府，握其吭，与澳对峙。澳南而寨北，设此以御澳奸，亦所以防外寇也。

[（清）屈大均：《广东新语》卷二《地语·海门》]

莲花茎，即所谓一径可达者。前山、澳门对峙于海南北，茎以一沙堤亘其间，径十里，广五、六丈。茎尽处有山拔起，跗萼连蜷，曰莲花山，茎从山而名也。万历二年，茎半设闸，官司启闭。上为楼三间，岁久圮。

（《澳门纪略》，卷上《形势篇》）

沓磊风烟腊月秋，参天五指见琼州。旌旗直下三千尺，海气能高百尺楼。
雷蠢天飞海色青，一时风雨滞炎溟。石门望罢星河绝，犹记浮槎旧勒铭。

[（明）汤显祖：《奇怀徐闻陈公文彬旧游》]

上子港，门直通阳春县，下出港门通独石。按：东南大洋港门皆乱石，舟可行者仅丈余。海舟欲入，亦候大潮始能进。

（《大明一统志》，卷八十一《肇庆府》形胜）

顾水，在四会县北二百里，源出清远县，至顾水口入江。上流有美材巨木。商人从水口作巨栰而下，货于南海。

（《大明一统志》，卷八十一《肇庆府》形胜）

布政司查得递年暹罗国并该国管下甘蒲沰、六坤州与满剌加、顺塔、占城各国夷船，或湾泊新宁广海、望垌，或新会奇潭、香山浪白、蚝镜、十字门，或东莞鸡栖、屯门、虎头门等处海澳，湾泊不一。

（嘉靖《广东通志》，卷六十六《番夷》）

广东至安南水程：

海口入路凡数处（伏波以来行之）。广东海道，自廉州乌雷山发舟，北风顺利一二日可抵安南之海东府。

若沿海岸以行，则乌雷山一日至永安州白龙尾。白龙尾二日至玉山门。又一日至万宁州。万宁州一日至庙山。庙山一日至屯卒巡司。又二日至安南海东府。

自海东府，二日至经熟社，又石堤，陈氏所筑以御元兵者。又一日至白藤海口。过天寮巡司，南至安阳海口。又南至涂山海口。又南至多渔海口。各有支港以入交州。

自白藤而入，则经水棠、东潮二县，至海阳府。复经至灵县，过黄径、平滩等江。

自安阳海口而入，则经安阳县，至荆门府，亦至黄径等江，由南策上洪之北境以入。

自涂山而入，则取古斋，又取宜阳县，经安老县之北，至平河县，经南策上洪之南境以入。

自多渔海口而入，则由安老、新明二县，至四歧，溯洪江至快州，经咸子关以入。

多渔南为太平海口。其路由太平、新兴二府，亦经快州咸子关口，由富良江以入。此海道之大略也。

交州之东有海阳、荆门、南策、上洪、下洪、顺安、快府等府，去海颇远，各有支港穿达，迤逦数百里，大舰不能入。故交人多平底浅舟，以便入港云。

[（明）慎懋赏：《四夷广记·海国广记》]

自广东东莞县之南亭门放洋，南至乌潴洋、独潴洋、七洲洋，星盘坤未针至外罗。坤申针四十五程至占城旧港。经大佛灵山，其上烽墩，则交趾属也。又未针至崐屯（山屯）山。又坤未针至玳瑁洲、玳瑁额及于龟山。酉针至暹罗，由盈和门台海口入港。水中长洲隐隆如坝，海舶出入，如中国车坝然，亦国之一控扼也。少进，为一关，守以夷酋。又少进，为二关，即国都也。……

广东往暹罗针路：

南亭门开洋，用坤未针，五更船，平乌猪山，在马户边。用坤未针，十三更船，平七洲山。又坤未针七更，平独猪山。如见独猪山，可用丁未针，二十更，取外罗山。用丙午针七更，平校杯屿及新州港。用丙午针五更，船平大佛灵山。用单午针，三更船，平伽蓝儿【貌】山。用丁午针，平罗湾头。用坤未针，五更船，平赤坎山。船身开，恐犯玳瑁州。船身陇，恐犯玳瑁鸭、玳瑁礁。若船身近赤坎山，看不见玳瑁州，用丁未及单未针，十五更船，取大崑仑山，内过船，打水十五六托。用庚酉针，三更船，取小崑仑山。用庚酉针，十更船，取真屿山。山内过船，打水十四五托。用辛戌十更船，取大横山，内外可过船。用辛戌针，五更船，取小横山，内外可远山过船。用干戌针，二十五更船，取笔架山。用壬子针，十更船，取陈翁屿。用单壬针三更船，上浅，收进暹罗为妙也。

暹罗回广东针路：

离浅，用丙巳针，平陈翁屿。用丙午针，十更船，平笔架山。远放洋，用单丙针及丙巳针，二十五更船，取小横山，在帆铺边。用丙巳针，五更船，平大横山，帆铺户边。用单辰针，十更船，取真屿山，在帆铺边。用申卯针及单卯针，十三更船，取大崑仑山，在马户边。用单丑及丑癸针，十五更船，取赤坎山。若船身开，恐犯玳瑁洲。若船身陇，恐犯玳瑁鸭、玳瑁礁。用单丑针，五更船，取罗湾长。用单丑及丑癸针，五更船，取伽蓝儿【貌】。用单子针，三更船，平大佛灵山。用子癸针，五更船，平校杯屿及羊角屿，内是新州港口。用壬子针，七更船，取外罗山，东边过船。用丑癸针，二十更船，取独猪山。用丑艮针及单艮，五更船，平铜鼓山。用丑艮针，二更船，平七洲山。用丑艮针，十三更船，取乌猪山。用单艮针，五更船，收南亭门 姜山为妙也。

暹罗往跤【交】趾针路：

出港，离浅水了，用丁午针，十更船，取笔架山过洋。用单巳及丙巳针，三十更，小横山。用巽巳针，五更船，取大横山，船在帆铺边过。用单辰针及乙辰针，十更船，取真屿。用甲卯针，十更船，取大小崑仑山。用丑艮针五更船，用单丑十更船，取赤坎山。用单艮针，五更船，取罗湾头。用单癸针，五更船，取伽蓝儿【貌】。用子癸针，取灵山。用单子针，五更舡，取新州洋屿。用单子针及壬子针，五更船，取外罗山。用单亥针，五更船，取占毕罗山。用单亥针，五更船，取大琅瑚山。用壬子及单子针，十更船，取黎母山。用单亥及壬亥针，五更船，取海宝山，正路。用单亥及干亥针，五更船，取唱鸡门。

跤【交】趾回暹罗针路：

在唱鸡门出，辰巽针，五更船，取海宝山、黎母山。用辰巽针，十五更船，取海南山尾。用单巳及巽巳针，十二更船，取占毕罗山。用单辰巽针，五更船，取外罗山。用单午及午针，七更船，取新州洋屿。用单午针，五更船，取灵山。用单丁针，五更船，取伽蓝儿【貌】。用单丁及丁未针，五更船，取罗湾头。用坤未针，五更船，取赤坎过洋。用单未针，十五更船，取大小崑仑山，子【仔】细。用庚酉针，十更船，取真屿。用辛酉针，五更船，取假屿。用辛酉针，五更船，取大横山。用干戌针，五更船，取小横山。见山一个，都在马户边，不可近迩迖山。打水五六托，入到中心鼻头，有浅沙，出水近过，打水三四托，巡湾使【驶】，莫中路过，大屿有浅，横入坤申，湾尾有石牌出水，名叫婆刺昭昔利同。可近过，打水六托。使乙辰针，前见角陇，四个屿有三门，若入大门，有屿在外，四个屿在内，打水十一托。次门，三屿在内，打水六托。迩迖湾使【驶】，不可贪在外，有浅沙，打水三托。过了，用单辰针，远见白礁，有坤申相见屋（山屋）陇港口。东边有一个山屿在门边，打水八托，泥地，在外使【驶】。单辰针，前取【角】烈，又有角自忌在，有通公凉老在，近坤申及此屿边有石牌，角烈内外可过，打水十二托。又用卯针，取大小揽岘揽山二屿，在西边使【驶】，入门不可近坤申。山鼻长，有石牌沉水，半浮在边，使【驶】子【仔】细。大屿在马户边，近屿使【驶】，不可从中路使【驶】，都是沉石。又有三个屿，都在马户边。取角揽【岘】山，鼻长，打水十二三托，讨水柴藤，屿湾都有礁浅在，山长出，对屿来有沙湾，高平水有礁浅在头，不可近山，子【仔】细，打水三四托。看中路出门，门尾有一小屿，名叫角阿灵，在帆铺边，打水五托。近此屿出门了，用单辰针，三更船，取刺池塔州府。又长员【圆】大小屿在两边门，二屿在北边，有三个小屿在南边。有一小屿，名叫角托，落在鱼尾，有沉石牌出水，不可近使【驶】。前见都仑山，有三门都通过。若入山门，打水三十二托。若入第二门过洋，用单干针二十更船，用干亥针，取笔架山。用壬亥，三更船，取黎头山。连坤申，用单子针，三更船，取竹屿。用单子针，五更船，打水七八托，收港入门为妙也。

广州往爪哇针位：南亭门开洋，用坤位未针，五更船，平乌猪洋。用坤未针，十三更船，取七洲洋。用坤未针七更船及未针二十更船，取外罗山。用丙午针，七更船，取校杯屿及羊屿。用丙午针，五更船，取大佛山。用丙午针，十三更船，取东董山。用丙午针十五更船，用单五针三更船，取陀龙山。东南边大山是铜鼓山。入门打水平十五托，近看都是坤申。门中西边有小屿，名叫沙潮皮。东边过船正路。用单丁针，七更船，取大屿，一小屿生开在外，西边过船正路。用丁午针，四更船，取鸡笼屿。用午针，十更船，取美兰山。东边高大，北边看有一个小屿，是鸡笼屿样，西边抵长，北长抛尾。门中一小屿，东有泥浅，西边过船正路。用丙午针，十三更船，取吉里闷山。用单午针及丙午针，五行更船，取榴椒山。用丙巳及单巽针，十更船，取是爪哇。

爪哇回广东：那寐【森】开洋，用壬子针，十更船，取吉里闷山边，看使【驶】大船牵杉板样，近东长高大成一个大山，西边坤申尾有老古离山。若是东南风用壬子针，若是东风用壬子针，十更，打水十七八托硬地。用壬子针，十更船，取美兰山。用癸子针及单癸针，取溊【假】里马打山。用单壬针，十五更船，取吴哣唭屿。用单壬针，五更船，取搭林屿。用壬子针，五更船，取马鞭山。用壬子及壬癸针，四十五更船，取赤坎山。用单丑针，五更船，取罗湾。用癸丑针，四更船，取伽蓝貌山。用子癸针，三更船，取大佛灵山。用子针，五更船，取校杯屿及羊屿。用子癸针，七更船，取外罗山。用子癸针，二十更船，平独猪洋。用单癸针，七更船，平七州洋。用癸丑针，十三更船，平乌猪洋。用单癸针，七更船，取南亭门是也。

[（明）慎懋赏：《四夷广记·海国广记》]

广东至满剌加针路：自广东东莞县南亭门放洋，南至乌潴洋、独潴洋、七洲洋。星盘坤未针，至外罗。坤申针四十五程，至占城旧港。经大佛灵山，其上烽墩，则交趾属也。又未针，至崑屯屺山洋。直子午，收龙牙门港。西行二日程，至其国。又，满剌加陆行，可达暹罗国。

爪哇国至三佛齐路程：自爪哇起程，顺风八昼夜可至其国。自淡港入鼓【彭】家门里系船，岸多塔。用小船入港至其国。累甓为城，多广东、漳泉人流寓。地方不广，水多地少。头目之家，皆在岸上造屋居住。其余民庶于木筏上盖屋而居，覆以椰叶，用木桩拴拴系，水长则筏浮。或欲别居，起桩去之，不劳财力。港中朝暮二次，暗长潮水。今为爪哇所辖，有十五州。又有旁近属国，曰单马令、凌牙斯、蓬丰、登牙侬、细兰。凡往三佛齐，法当南行二日即转而东，否则值焦土，船必麋碎。……

永乐元年御史尹绶至真腊路程：永乐元年，尹绶自广州发舶，抵占城。又由占城过淡水湖、菩提萨洲【州】，历鲁般寺，至其国。

赤坎往占㖨针位：赤坎开船，用坤申针，四更船，平覆顶山，沿【山】使【驶】，打水七八托。用庚酉针，二更船，平一小员屿。用单庚针，三更船，沿【山】使【驶】，打水七八托，硬沙地，平小山嘴贴，上有一派石栏，不出水，行船仔细。用坤申针，一更船，远看单未上有一路水，色黄，打水四五托，沙地。过去贴补山嘴，用庚申针，一更船，取员山嘴，名叫佛山。此前头并坤申上，自无山屿看见，只见前面一平洲，在湾里洲内托上，正是真角港口。船从山嘴上，可收陇，打水三四路正路。收陇坤申边，打水四五托，泥地。沿坤申使【驶】至中平洲，将平洲放在船尾，船头向港，近马户沙坝些，莫要船帆铺进，离沙坝内无碍进去。三二湾有人家，马户边莫放心他为妙。

占㖨回赤坎山针路：在槟榔港出，用丙午针，五更船，见大崑仑山，在西南上看远用单丑……。

[（明）慎懋赏：《四夷广记·海国广记》]

（广州）东二百里为东莞，有海门焉曰虎门，曰三门天，之所以限外夷也。……

北二百六十里为新宁，有大小金门，海酋舶往来之冲也。……大抵西北负山，东南带海，水陆会同，通道于日南诸夷，其珠玑、玳瑁、果布之辏灌输上国，昔号繁富矣。

（万历《广东通志》，卷一《舆图》）

（新安）东南二百里海曰独鳌洋，左为佛堂门。（两山夹峙，番舶至此无患矣，故名。）……西北五十里曰茅山，西獗大海曰三门海，海中诸岛曰虎门山，曰龙穴洲（……上有三山，石穴流泉，番舶回者必汲之。）

（万历《广东通志》，卷一《舆图》）

九星洲，九峰分峙，多石岩，有水甘美，为番舶往来所汲，曰天塘水。濠镜澳山，在县东南一百二十里，突出海中。明初番舶往来，泊无定所，率择海中地之弯环者为澳。若新宁则有广海、望峒，东莞则有虎门头、屯门、鸡栖，香山则有浪白、濠镜、十字门，皆置守澳官。嘉靖初，诸澳尽废，唯濠镜为泊薮。万历初，因于澳口设关，关外割为诸番住所，今迁弃。东与东澳山相对，南有十字门，潮水环拱，西与横琴相对。

（道光《广东通志》，卷一百《山川略一·广州一》）

海在州南二百余里，自此涉海扬帆，一日至西南岸，即交州潮阳镇。永乐五年，尚书黄福议，交趾万宁县接云屯、海口，并连广东钦州，地方最为险要，宜于钦州所添军立卫是也。《图经》云：屯海镇在交趾新安府云屯县之云屯山石内海中，番贾舟船多聚于此。

（道光《广东通志》，卷一百二十四《海防略二》）

薛韫《澳门记》：自香山县凤栖岭，迤南凡一百二十里，至前山又二十里，为濠镜澳，不至澳六七里。山崒然断，亘沙堤如长桥，曰莲花茎，茎末山又特起，名莲花山。又伏又起，中曲拗长五六里，广半之，直坤艮是称澳焉。澳惟一茎系于陆，馈粮食，余尽海也，以故内洋舟达澳尤便捷。遵澳而南放洋十里许，右舵尾，左鸡颈，又十里许，右横琴，左九澳……纵横成十字，曰十字门，又称澳门云。其东南百里间，为老万山，孤岛具营垒。山东北注虎门，属番舶入中国道。此山外则天水混同，无复山矣。而澳夷出入洋，则不于虎门，于十字门，二门俱斜直老万山，十字门特近澳也。明天启元年始立寨。

（道光《广东通志》，卷一百二十五《建置略二》）

其里：东至东海，西云南，南真腊，北安南，东北广东，（顺风半月程，厓州七日程）达于京师。

[（明）严以简：《殊域周咨录》，卷七《占城》]

其里至占城之极南，其道由广东，占城七昼夜至其国。

[（明）严以简：《殊域周咨录》，卷八《暹罗》]

其里至阇婆（四十五日）、三佛齐（四十日）、占城（三十日）。其朝贡自广东达于京师。

[（明）严以简：《殊域周咨录》，卷八《浡泥》]

琐里国又曰西洋琐里国，古里国又曰西洋古里国，或为二国或为四国，《会典》诸书所载各异，皆西洋诸番之会，自广州，舶船往诸番，出虎门头，如入大洋，分东西三路。

[（明）严以简：《殊域周咨录》，卷八《琐里·古里》]

通事握文源言：其国（暹罗）东连大泥，南临东牛，西接兰场，北界大海，由广东香山县登舟，用北风，下指南针，向午行，出大海，名七州洋，十昼夜可抵安南。海次中有一山，名外罗，八昼夜可抵占城，海次十二昼夜可抵大昆仑山。又用东北风转舟，向未兼申三分，五昼夜可抵大真树港，五昼夜可抵暹罗港。入港二百里，即淡水，又五日抵暹罗城，顺风四十日可至。若遇东风飘舟西行，即舟坏，犹可登山。遇西风飘入东海中，有山名万里石塘，起自东海琉球国，直至海南龙牙山，潮至则没，潮退方见，舟飘至此，罕有存者。来贡必用五六月南风；还则用十一、二月北风，过此不敢行矣。

(《粤海关志》，卷二十一《贡舶一》)

其国（暹罗）由广东香山县登舟，顺风计约四十日可至。遇东风飘舟西行，即舟坏犹可登山。东有山，名万里石塘者，起自琉球国。潮至则没，潮退方见，若东风飘舟至此，十无一存者。故彼来贡，必用五六月南风；比去，利用十一、二月北风，过此则不敢行矣。

〔（明）罗曰褧：《咸宾录》，卷六《南夷·暹罗》〕

昔者上古先贤通行海道，全在地罗经上二十四位，变通使用。其正路，若七州洋中，上不离艮，下不离钟。

(明《海道针经》甲《顺风相送》，序)

七州洋，一百二十托水。往回三牲酒醴粥祭孤，贪东鸟多，贪西鱼多。

交趾洋，低西有草屿流水紧，有芦荻柴多。贪东有飞鱼，贪西有拜风鱼。打水四十五托。贪东七更船有万里石塘。

外罗山，远看成三个门，近看东高西低，北有椰子塘，西有老古石。行船近西过，四十五托水。往回可近西，东恐犯石栏。

(明《海道针经》甲《顺风相送》，各处州府山形水势深浅泥沙地礁石之图)

每月三十并初一、初二、初三、初四、初五、初六、初七日，水平。交十五日，水又醒。至十六、十七、十八、十九、二十日，水俱醒。廿一日，水又平，似前日。水醒，流紧其势，但凡船至七州洋及外罗等处，遇此数日水醒，看风斟酌。船身不可偏东，东则无水扯过西。自初八、初九、初十、十一、十二、十三、十四日止，水俱退东。船到七州洋及外罗等处，可算此数日流水紧慢，水涨水退，亦要审看风汛。东西南北，可以仔细斟酌，可算无悞【误】。船身不可偏西，则无水扯过东。船身若贪东，则海水黑青，并鸭头鸟多。船身若贪西，则海水澄清，有朽木漂流，多见拜风鱼。船行正路，见鸟尾带箭是正路。

　　船若近外罗,对开,贪东七更船,便是万里石塘,内有红石屿,不高。如是看见船身,便是低了。若见石头,可妨【防】。若船七州洋落去,贪东七更船,见万里石塘,似船帆样,近看似二、三个船帆样,可妨【防】。牵船,使【驶】一日,见外罗山,千万记心耳……

　　船若回唐,贪东,海水白色,赤见百样禽鸟,乃是万里长沙,可防可防。多芦荻柴多流界,船若贪西,则见海南山,不可近。行青廉头,生开恐犯难得出,船身低了使开至紧,若遇七州洋见流界七条,乃近南亭门。船若出唐,到交趾洋,贪西水色清白,拜风鱼多,船可行开。

　　　　　　（明《海道针经》甲《顺风相送》,定潮水清长时候）

　　乌猪山(……用单申针,十三更,取七州山)。七州山、七州洋。《琼州志》曰：在文昌东一百里,海中有山,连起七峰,内有泉,甘冽可食。元兵刘深追宋端宗,执其亲属俞廷珪之地也。俗传古是七州,沉而成海。舶过,用牲粥祭海厉,不则为祟,舟过此极险,稍贪东,便是万里石塘,即琼志所谓万州东之石塘海也。舟犯石塘杀脱者。七州洋,打水一百三十托。

　　　　　　[(明)张燮：《东西洋考》,卷九《舟师考·西洋针路》]

　　由广东香山县登舟,用北风下,指南针向午,出大海,名七洲洋,十昼夜可抵安南海次,中有一山名外罗山,八昼夜可抵占城海次……此皆以顺风针,约四十日可至其国(指暹罗)。若遇东风飘舟西行,即舟坏犹可登山。遇西风飘入东海中,有山名万里石塘,起自东海琉球国,直至南海龙牙山,潮至则没,潮退方现。飘舟至此,罕有存者。彼国来贡,必用五、六月南风；还,利用十一、二日【月】北风,过此不敢行矣。

　　[(明)章潢：《古今图书编》,卷五十九《古南海夷考略·暹罗国》)

　　占城居南海中,自琼州航海顺风一昼夜可至,自福州西南行十昼夜可至,即周越裳地。

　　　　　　(《明史》,列传第二百十二《外国五》)

　　南澳,在东里南三十里许大海中,周围百余里,翔诩于潮、揭、海、饶之境。……南澳地广衍,然在外海,登陆处皆涉滥。青澳自南澳东折,风波甚恶,是以二澳少有泊舟者。惟深澳内宽外险,有腊屿、青屿环抱于外,仅一门可入,而中可容千艘,番泊、海寇之舟,多泊于此,以肆劫掠。……

长沙尾,西跨南洋,近于莱芜澳,为船艘往来门户,海寇亦常泊焉。

[(明)陈天资:《东里志》,卷一《疆域·澳屿》]

庚岭,江西、广东之限也,南安、南雄二府在其下,盖江西之地尽于南安,而入广者则自南雄始焉。二郡之民皆不多,然皆在要地。凡朝廷达官显人有事于广东,及使海外诸国,广之任使者如京师,与夫诸夷之奉职贡效臣顺者,未有不由于此。其送往迎来,水浮陆走,居处饮食之劳费,皆取给于民。

[(明)王直:《抑菴文后集》,卷十五]

虎头山……潮汐出入,势甚洪激……山控重溟,为省城门石,欲以固藩篱也。

(崇祯《东莞县志》,卷一《地舆志》)

东西洋之所往来,以此为咽喉焉,出虎头咫尺,则万里天险,与诸番共之。

[(清)屈大均:《广东新语》,卷二《海语·虎头门》]

第五章
技术革新

一、船舶与航海技术

洪武庚午，差中所千户叶铭、后所百户林茂往广打造战船，驾回，同指挥翟兴出海备倭。成化辛卯，差百户林富往广打造战船，驾回备倭。据此，则打造战船以防海，祖制也。遣所官兼同分总领银往省打造，其来旧矣。但往省路远费多，人苦梯航，且琼州船价比之通省各寨犹少，而庸劣委官奸甫一领官银，辄入私囊，以致侵克工价，造不合式，板薄钉稀，不堪备用。万历丁巳，道府会同参将详议批允，以后年例打造战船，于白沙寨立厂，取材于本地方，或转运于附近吴川等地方，专以其责，监督于本府海防，而分理于贤能委官。至于价值又不必谬希节省，拘执成例，估计大小船号，通融增补，务在足敷材料工匠销费，期于造作坚厚，可垂兵家战守之利而已。盖监视在府则官无浮克，工无惰窳，打造于近，则人免跋涉，船免驾回，而查点之规、胶舟之虞，自不至于贻戾也。

(万历《琼州府志》，卷八《海黎志》)

本朝洪武三十一年正月十六，兵部官于奉天门早朝钦奉圣旨：先为军卫官旗作弊，将官用战船私下卖与客商，改作民船驾使【驶】，已出号令禁约，至今尚有犯者，恁兵部再出榜去申明，今后敢有将官船私丁卖者，正犯人俱各处以极刑，籍没其家，人口遣发边远，若同卖之人，有能自首，与免本罪，更赏银五百两，仍给犯人一口财产，若旁知者首告，赏银二百两，全给犯人财产。钦此。

(嘉靖《广东通志》，卷三十一《政事志四·战船》)

始则预行福建广浙，选取驾船民梢中有经惯下海者称为火长，用作船师。乃以针经图式与领执，专一料理，事大责重，岂容怠忽。

（《西洋番国志·自序》）

（正统四年二月庚戌）广东肇庆卫指挥佥事倪旻奏："本卫战船四十有余，常舣河下，河水湍悍，船辄破坏，卫城西南有小渠可浚之以舣船。"事下，广东都司核其所言果便，请俟农暇兴役，从之。

（《英宗实录》卷五十一）

（正统六年九月己未）广东阳江守御千户所奏："本所上、中、下三坊隘所在海屿中，猝有倭寇难于飞报，乞于肇庆府阳江县那贡、寿文二都设渡船，以备警急。"从之。

（《英宗实录》卷八十三）

（正统十四年）潮州等卫所备倭船，多被飓风击败，乞敕所司补造，用饬边备，从之。

（《英宗实录》卷一百七十四）

缘贼船膀身高达，所驾槽船扁小，攻敌架低，风浪勇急，火器烧尽，追至未时，到于〈革翁〉鞋北尖大海洋，风急，贼船望东行驶去讫。缘海洋广阔，船只扁小，风浪浩大，难以追敌，收军回，还石澜湾住劄。

［（明）于谦：《于谦集》，卷三《南征类·兵部为海贼等事》］

（天顺二年）近该贼人登岸，将造完在坞千料大船放火烧毁，该兵部俱奏，仍今张通会同按察司官，不妨备御海贼，设法采办钉板木料，照样打造千余料大船，不拘只数，造完给与出海官旗领驾备倭。奉圣旨：是。钦此。除照钦遵外，照得强贼座驾千料高头大船在海抛泊，勾引番贼。又驾双桅艚船，号为快马，张挂旗帜，摆列军火器械，将沿海乡村，过往客商行劫。本职除会同备倭张通严督广海、东莞等卫所、县官军、民壮人等，已将在海为恶快马贼船二只擒杀外，尚有高头千料大船，因惧官军追杀，开洋未知去向。目今正值汛期，贼船回洋时候，又况贼船楼橹高大，官军船只低小，势不相敌，欲设法成造千料大船，一时卒难成功，若不预为处置，岂不临期误事！……

钦差给事中等官前往占城国公干回还，见有座驾四桅大白船一只，空闲抛泊……拨与备倭官旗民快领驾杀贼。

［（明）叶盛：《两广奏草》，卷一《备倭急用疏》］

据此则成化以前，船皆广造，远则费多，且浮克难稽，今本处匠作能造，尤便矣。

（正德《琼台志》，卷二十一《海道·海防》）

臣先任广东按察司副使巡视海道，适有强番佛郎机驾船，在海为患。其船用夹板，长十丈，阔三丈。两旁驾橹四十余枝，周围置铳三十余管。船底尖而面平，不畏风浪。人立之处，用板捍蔽，不畏矢石。每船二百人撑驾，橹多而人众，虽无风可以疾走。各铳举发，弹落如雨，所向无敌，号曰"蜈蚣船"。其铳管用铜铸造，大者一千余斤，中者五百斤，小者一百五十斤，每铳一管，用提铳四把，大小量铳管以铁为之。铳弹内用铁，外用铅，大者八斤，其火药制法与中国异，其铳举放，远可去百余丈，木石犯之，皆碎。

［（明）黄训：《皇明名臣经济录》，卷四十三《兵部·汪鋐〈奏陈愚见以弭边患事〉》］

又嘉靖四年，为修武备以固畿甸事，南京内外守备衙门题准铸造佛郎机铜铳六副，打造蜈蚣船一只……是年，行取到广东船匠梁亚洪等三名，发提举司先行料造蜈蚣船一只，长七丈五尺，阔一丈六尺，及南京兵仗局铸佛郎机铳六副，给发新江口官军领驾操演。

［（明）李昭祥：《龙江船厂志》，卷一《训典志》］

蜈蚣船自嘉靖四年始，盖岛夷之制，用以驾佛郎机铳者也。广东按察使汪鋐图其制以献，上采其议，今南京造，以为江防之用。至十三年而复罢之。夫佛郎机铳之猛烈，有益于兵家，固已试之矣。乃若是船之制，不过两旁多橹，取其行之速耳。……考之壹百伍拾料战船，两旁置橹亦略似之。而捍以厢门，义尤为备，特其首尾之制微有不同。因是而增损之，则无蜈蚣之名，而有蜈蚣之用矣。何至堂堂天朝，取法小夷，烦其品式，巧其称谓，以为作者之眩哉！

［（明）李昭祥：《龙江船厂志》，卷二《舟楫志》］

（嘉靖二十五年）海寇多系通番亡命之徒，舟既峻大，器亦犀利。官军民壮软弱太甚，虽有千万，莫敢谁何。……惟有东莞乌船，素为此贼所畏。

［（明）萧端蒙：《萧御史同野集·条陈远方民瘼六事疏》；《潮州耆旧集》，卷十五］

东莞在澳大乌船数百只，各有佛郎机、铳、牌、镖等器械，合于不调用之船，官借与调用之船，领用事完之日给还。大兵船一只，要用佛郎机铳二十门；中哨船一只，要用十二门；小哨一只，要用八门。

[（明）俞大猷：《正气堂全集·正气堂集》，卷二]

（嘉靖二十七年）查得广东东莞有乌尾船者，其打造以铁梨木，其板厚七寸，其长十丈，其横阔三丈有奇，其硬如铁，触之无不碎，冲之无不破。远可支六、七十年，近亦可耐五十年。是佛郎机所望而畏焉者。……差官移咨广东军门，转行东莞县，将民间乌尾大船加价收买。

[（明）朱纨：《甓余杂集》，卷九《公移·阅视海防事》]

夫夷船浅小而长，不用风帆，又无铅子铳等器械，虽三十只不能敌东莞县乌船、新会县横江船之一，自今日以至于百千万年之后，遇有夷贼入寇，则呈请兵船以御之，不可一日而缓也。

[（明）俞大猷：《正气堂全集·正气堂集》，卷三《交黎图说·平交》]

（嘉靖二十九年《问刑条例》）打造违式海船，卖与夷人图利者，比将应禁军器下海，因而走泄事情者律。……

擅造违式大船，将带违禁货物，往番国买卖，潜通海贼，同谋结聚，及为向导，劫掠良民者，正犯极刑。

（《大明会典》，卷一百七十四《刑部·罪名二》）

东莞县南头、屯门、鸡栖、佛堂门、十字门、冷水角、老万山、伶仃洋等澳。募东莞县兵夫后生二百名。□追捕去远，仍每名月支行粮，人各三十，与该县民壮一百名驾大乌艚民船四只，每只布政司月支十万斤以上银一两二钱至一两五钱，十万斤以下月银一两，并该县大战船二只，委千户或指挥一员部领，自四月风迅起至九月终止，有事留守，仍与一体支给。

香山县浪白澳。募东莞县兵夫后生五百名，每名布政司月支银六钱，仍于所在仓月支行粮三斗，驾大乌艚民船八只，每只布政司月支十万斤以上者银一两二钱，至一两五钱，十万斤以下一两，并海道随捕快马船八只，委指挥一员部领，自四月风迅起至九月终止，有事留守，仍一体支给。

广海卫望峒澳。募新会县兵夫后生二百名，每名布政司月支工食银六钱，仍于所在仓支行粮三斗，驾横江大船四只，系民船，每只布政司支银十万斤以上者月银一两二钱至一两五钱，十万斤以下者一两，委千户或指挥一员部领，自四月风迅起至九月终止，有事留守，仍一体支给。

潮州柘林澳。系中州切界，兼外抵诸番，岁募鮀江兵夫三百名，驾潮州白艚大船十五只，委备倭官一员统领，东莞县兵夫后生六百名，驾大乌艚船十五只，委指挥一员统领，防捕大船，每只月给脚价银四两，兵夫后生每名月给工食银六钱，行粮三斗，俱于该府并附近官仓支给，自四月风迅起至九月终止，有事留守，仍一体支给。

碣石海澳。在惠州东二百里防守，东莞县海夫四百名，每名月支永丰仓粮三斗，该府盐利银六钱，雇艚船十只，每只脚价银四两。

惠来县靖海澳。在本县东，靖海所旗军一百名。甲子门澳。在本县西，甲子门所旗军一百名。

石城县两家滩海澳。在县治东南三十里，通大海，贼船多泊于此，石城、遂溪二县所遇警，轮拨军壮防守。

吴川县广洲澳。在南三都地方，东南滨海，离县四十里，宁川所旗军七十七名，民壮电白县四十名，吴川县六十名，驾哨船二只防海寇。

钦州龙门港。嘉靖二十八年，安南贼范子仪等驾船，突至钦州龙门港口，议雇东莞乌艚船六只，新会横江船四只，于布政司军饷银内，每只大船月给脚银五两，中银三两，后生兵夫五百名，每名月银六钱，俱廉州府于布政司发到军饷银支给，口粮三斗，永丰仓米支给，委廉州四卫指挥一员领往防守，嘉靖三十一年掣守琼雷各港，今无。

琼、雷二府白沙、石躩、官头、文昌各港。雇兵夫后生五百名，驾东莞乌艚船六只，新会横江船四只，俱布政司，每船一只月给银五两，后生兵夫月给银六钱，指挥一员统领，与备倭官军更番戍守，以防海寇，无事于海北珠池巡捕，旧守龙门港，嘉靖三十一年移此。

雷州海安、海康二所海港。造大船六只，并镖牌铳器等件，每只雇惯战水手捎夫十名，并备倭守哨旗军达官舍余四十名，听总委备倭官一员管理，专在二所驻守，有警听海北、海南分巡参将调遣截捕。嘉靖三十一年行。

（嘉靖《广东通志》，卷三十一《军志·海道江道哨兵》）

备倭分三路。中路，在广州府东莞县南头、屯门等澳，大战船八艘、乌艚二十艘；广海卫望峒澳，战船四艘。……东路，在潮州府柘林澳，战船二艘、乌艚十五艘；碣石靖海、甲子门等澳，艚船十只，哨船各二只。西路，在高州府石城、吴川湾澳，各哨船二艘；廉州府海面战船一艘；琼、雷二府海港，乌艚各六艘，雷州海港战船六艘。

（嘉靖《广东通志》，卷三十一《政事志四·战船》）

看得广东旧设备路备倭官及兵船防御，若足以御寇矣。而海寇窃发不止，何也？彼其平日将海上军快卖放逃回，至缓急方聚乌合，虚张声势。彼见风涛震荡，目眩气夺，而凡锋刃交接，有不信丧魄落者哉！以愚见言之，莫若仿南直隶操江事体，令各备倭官将各路兵船编号定甲，烦长兵短兵、弓射弩射，不时海上操练，凡使船水手教之以接潮迎风之法，而使之出没往来如神。海道官不时出巡，严加比练，以行赏罚，何患兵之不□乎！

（嘉靖《广东通志初稿》，卷三十五《议练兵船》）

东莞县贮候雇募南头、福永、西乡等处骁勇兵夫，与驾船后生共一千五百名。查取该县乌艚船每年三十只，分拨五百名，驾船十只，前去高、雷、廉等处紧关海澳，听各备倭官弁部领防守。

（嘉靖《广东通志初稿》，卷三十五《海寇》）

查得惠、潮等卫所原有战船，俱以料价不敷，失于修整，置造日久，朽坏不堪。一遇有警，即行有司雇募刷取。雇募者量给价值，刷取者径行取用。各该船户生理所系，一闻此风，每至大洋逃避。而有司差遣人役又多受财卖放。其报官者非敝坏之旧船，即贫乏下户也。士卒驱命，所关地方安危所系，而可轻视若此乎！合行令巡视海道通查惠潮等卫所船只，见在若干，堪修若干，应该添造若干。见在料银有无足用，如有不足，即查惠、潮等府县库贮军饷银两，做速打造，以备夏秋之用，不许稽迟延缓，有误海防，伏乞圣裁。

［（明）谈恺：《虔台续志》，卷五《事纪》］

请设海防参将疏　吴桂芳

照得广东省城迤东广、惠、潮三府地方滨临大海，倭寇海贼出没无常。先年议设南头、碣石、柘林三哨兵船，分地防守，立法虽善，但原无朝除将官专统，每哨止委指挥一员监督，官卑权轻，号令不肃，以致兵无忌惮，得恣猖獗，如近日柘林哨兵之变，可为永鉴。

兹当海波初定之余，正属军政维新之会，设居重之卫，树经久之谟，其在今日，可不汲汲哉！臣会同议照：东莞县南头地方，内为省城门屏之巨防，外为海舶襟喉之要隘，当此镇而设大将，屯重兵、甲士，连云楼船碍日，则内可以固省城之樊屏，外可以为诸郡之声援；近可以杜里海小艇劫夺之奸，远可以防澳中番夷跳梁之渐，诚计安之要求而善后之良图也。臣等欲并三哨之兵而稍减其数，别选精于水陆战阵兵夫，务足三千名，以今追出叛兵并白石贼大乌船二十只，增置哨马二十只，八桨船二十只，分拨三千人乘驾，选谋勇指挥二员分管，仍请乞特设参将一员总领，以威望素著、熟于水战者充之，名曰督理广州惠潮等处海防参将，照例请给敕书、旗牌，令其居常驻扎南头地方，教演水战；有警督兵出海，剿捕海倭、贼盗。仍专一往来省城波罗庙、东洲官窑，上下缉捕里水行劫贼船，及弹压香山濠镜澳等处夷船，并巡缉接济私通船只，俱会同海道副使、海防佥事计议而行。合用各兵钱粮，责成海道官查将东莞、番、南三县乌艚及新会、顺德、横江等船照依载斤数，不分纲纪、法度、字号，俱起税银，与惠、潮、广三府旧额三哨供兵饷银相兼，按月支给。遇有船只损坏，应合小修、大修及打造等项，亦于各船税银内支用，一切衙宇供应亦听海道官会同守巡官斟酌议呈举行。及查南头地方原设有总督备倭，以都指挥体统行事官一员，向与三哨官兵不相统摄，而事权不重，亦与沿海卫所初无维系，海上失事则彼实任其辜；而委任责成，彼实无寸兵在手也。今既议设参将，则备倭即为冗员，应合裁革。如蒙乞敕兵部再加查议，如果臣等所言不谬，早赐俯允，添设海防参将官一员，其原设总督备倭以都指挥体统行事官酌量裁革，见任备倭署指挥佥事董龙，容臣咨部别用，沿海生灵不胜至幸。

（《苍梧总督军门志》，卷二十四《奏议二》）

彬前在广州，患乌艚之为害，逐一编号，轮流上班。该班者藉其兵力出海捕贼；下班者听其揽载商货，前往海南等处贸易，彼有所利，自不为盗，而官府亦赖其用足，省兵粮。

（崇祯《海澄县志》，卷十九《艺文志》，谢彬《剿抚事宜议上邓司理》）

巡按御史戴璟禁约

曰别船只，访得增城，东莞茶滘、十字滘、番马三漕、波罗海，南海仰船岗、茅滘，顺德则黄涌头，香山、新会则白水、分水红等处，皆盗贼渊薮也。盗贼多驾高头小艇，藏集凶徒，肆行劫掠，甚至杀伤人命，莫可追究。故受害之多，不以闻于上。官民船只，莫此为困矣。为今之计，莫若通行各县，责令沿海居民，各于其乡编立船甲长、船甲副，长副不拘人数，惟其船之多寡，一依十门牌内循序，应当如船上二十只总统于船甲长，内以十只分统于船甲副，其各船仍于船尾舷外大书某县船，其甲下某人字，翻刻墨填以为记。其甲长甲副，各置簿一扇，备载乡中船数，并某样船只某项生理，一一直书。每岁具呈于县以凭查考。

（嘉靖《广东通志初稿》，卷三十五《海寇》）

军门欲用船只之际，可以按薄呼召，给价差用，而不致卖放之弊。

（嘉靖《广东通志初稿》，卷三十五《海寇·巡按御史戴璟禁约》）

近议春汛定以清明前五日出汛，大暑日收汛。……冬汛定以霜降前五日出汛，大雪日收汛。

（乾隆《南澳志》，卷八《海防》）

（东莞）县有乌艚船，号子弟兵者，东西二路防守，莫不用之。

（嘉靖《广东通志》，卷六十六《外志三·海寇》）

二省大举夹剿之师，一备一未备，实其所遇事势之不同。闽广之官，易地则皆然。若责广，谓怠慢；指闽，谓猛于从事，皆未考易地皆然之义也。何也？闽五水寨，各有兵船，福、兴、泉、漳沿海地方不过十日之程，督府总戎檄书驰取官民船只，旬日可集。广中无水寨兵船，又道里辽远，一公文来往，非四五十日不能到。而东莞民间乌船，时出海南各处买卖，官取数十之船，非月余不能集。船集而后募兵，兵集而后休整杠具，又非三二十日不能完美。抚按诸公非不严文督限，其势自不能速耳。此在人者不可必，岂敢故自怠慢乎？又二三月风色，与八九月同，船自广来潮，俱要唱风，不可以时日计。此在天者不可必，岂敢故自怠慢乎？

[（明）俞大猷：《正气堂全集·正气堂集》，卷十六《前会剿议》]

乌艚船子弟，昔自中路首擒何寇，子弟兵俗呼"莽仔"，其商贩颇类淮海盐徒，而无对阵相劫之恶。何亚八乱时，谒县报效，盖因寇阻其商贩之路也。知县何价不许，及海道用之，素熟地利，竟从指挥王沛擒亚八，成奇功。

（嘉靖《广东通志》，卷六十六《外志三·海寇》）

（乌尾船）打造以铁梨木，其板厚七寸，其长十丈，其横阔三丈有奇，其硬如铁，触之无不碎，冲之无不破。

[（明）朱纨：《甓余杂集》，卷九《公移·阅视海防事》]

照得二十载前，本镇叨任都司，见广之东莞县有乌尾船二百余只，新会县有横江船一百余只。其船各系富家主造，其驾船之人名曰"后生"，各系主者厚养壮夫，每船各四五十人。南至琼州，载白藤、槟榔等货，东至潮州载盐，皆得十倍之利。

[（明）俞大猷：《正气堂全集·洗海近事》，卷之上《呈总督军门张（隆庆二年七月初九日）》]

顷因柘林叛卒之变，当事者惩噎废食，尽令民船免差纳税，而船户遂困。
[（明）陈吾德：《谢山存稿》，卷一《条陈东粤疏》]

香山隩乃诸番旅泊之处，海岸去邑二百里，陆行而至，爪哇、渤泥、暹罗、真腊、三佛齐诸国俱有之。其初止舟居，以货久不脱，稍有一二登陆而拓架者，诸番遂渐效之，今则高居大厦，不减城市，聚落万头，虽其贸易无他心，然设有草泽之雄，睥睨其间，非我族类，未必非海上百年之隐忧也。番舶渡海，其制极大，大者横五丈，高称之，长二十余丈，内为三层，极下镇以石，次居货，次居人，上以备敌、占风。每一舶至，报海道，檄府卒验之，先截其桅与舵，而后入隩，若入番江，则舟尾可搁城垛上，而舟中人俯视城中。
[（明）王士性：《广志绎》，卷四《江南诸省》]

（隆庆二年正月十七日）为今日广东海洋之计，宜吊回参将魏宗瀚、王如澄，把总俞尚志、朱相牵连，差去福建打造福船。每一参将、一把总二十只，共四十只，每只该银三百三十两，其船用福建造船尺，宽二丈六尺，船外钉以竹板，并船上杠棍、器械完整，总在三百三十两数内。每船合用头目一名，听参将、把总自选。每船用兵七十五名，并头目七十六名，每头目合给银三两，每兵合给银一两五钱。造完，各船齐驾南下。以广之白艚船五十只，共用兵一千五百名，乌艚、横江船四十只，共用兵二千八百名，以总兵总统之，何患贼之不灭乎！
[（明）俞大猷：《正气堂全集·洗海近事》，卷上《呈总督军门张条陈三事》]

贼尽掳东莞乌艚万斛船，楼围城垛，尾架敌楼，悉以牛皮鱼网裹之，风帆上下，遇之即碎。其火器精利，猛若雷电风雨。而每藏贼于桅之望斗中。持火石犁头标，瞭望拒敌，坚劲未易破。
[（明）苏愚：《三省备边图记》，页九百四]

（隆庆三年）是年五月五日，观兵澄海，于九日发舟。不数日，诸将报被风，持修船册来。余知海上船固难，而犹心疑诸将冒饷，图逗留也。徐觇之，将有娶美妇觅姣童，终日歌舞乐舟中，而巨舰兵且卖放过半矣。

俄而俞总戎以揭投督府，谓："剿贼须东北风，今夏至，风不便。此时惟以保船为策，俟秋后方可进。"督府然之。余谓督府曰："兵以风逆不剿贼，贼不以风顺欲犯兵乎？况至后亦岂尽无东北风？惟日戒严，俟风顺则进，安得以秋后为辞。且蓬缆杠具过夏朽矣，奈之何？"无何，六月初四日，贼果驾舟七只，犯兵船于铜山港中，闽船被坏者近十只。晚，遇两火器不能发，方走，而闽船尾其后，数十里而返。彼俞总戎则藏穿港后宴如也。

初八日，报至，余怒，则辞督府往亲督焉，至初十日，由诏安达玄钟所。玄钟去贼柘林澳仅四十里。二总戎来会，余面斥二总戎。李总戎犹以尾贼为能，而俞总戎诿船在港后，不敢出一语。……

十七日，二总戎乘锐气进攻。余送二总戎行。二总戎驾小舟以便调度。时有巨舰出海，浅沙上，而船板顷刻漂尽，又有遇礁而逐之即沉者，海上之险乃尔。顾海战与陆战大不同，全在风利，张帆冲击，用火器攻之。是日天无风，摇橹与贼战，伤贼虽多，不能犁船得一级。及暮而兵船复还玄钟港。余验之，兵颇有被伤者。……

十九日，广督府熊公命揭阳蔡县尹来犒兵，致书币于余，辞大谦。蔡尹，漳人也。余谓蔡尹曰："闽船两战困矣，广船何不来？但得广船来，寇即成擒矣。"蔡尹答曰："广船尚用木栅栏在港中，恐贼焚，不敢出。"余上书广督府，速督发之。

[（明）苏愚：《三省备边图记》，不分卷，页八百九十六至九百]

（隆庆三年）广东实在兵船数几三百只，将兵、器械种种见在。……查得广东兵船总兵官俞（大猷），统领一百五十余只，水兵七千余人，皆闽中造募者。……参将王诏统领大小一百七十五只，水兵九千六百余人。兵皆土著，船皆利器，足当一面。……事毕，将船兵分布水寨，各守要害。

[（明）俞大猷：《正气堂全集·洗海近事》，卷下《手本行巡抚熊监军道江潮州道杨》]

凡民间由愿造船者，今始勿差，俟兴复众多，既复旧额，乃循旧规，编次轮差，至于刷掳、纳税，永与蠲除，有司侵渔者，许船户告发知罪。

[（明）陈吾德：《谢山存稿》，卷一《条陈东粤疏》]

（隆庆六年五月戊子）刑科给事中秦舜翰条陈广东内治六事：……一、言滨海商民旧造乌艚横江等船，足为海上藩离，而我自怀之民不敢复，宜与商约，自今皆驰税课，严保甲，不复役为战船，使复其业。若捕贼获功，照例给赏，惟大举，乃编立号次，更番调遣，行粮功级与兵一体，则商皆可以为兵；一、言沿海备倭卫所，旧有战舡四十五只，舡卒五百人，足为水寨，宜修复之便；……从之。

(《穆宗实录》卷七十)

（隆庆六年六月乙亥）提督两广军务、兵部右郎段正茂奏……又言广东先年有商人艚船器械锋利，兵夫强劲，如黄萧养、林乌铁等贼皆系艚船剿灭，后因浙直借御倭患，片板不归，夫尽客死，及吴平等各贼猖獗，官府勒行重造，商人丧家亡身，怨恨彻骨，宁受刑责，不肯造船。致海上备御无策，盗贼纵横，自如今已多方号召，复造如前。乞敕部议拟凡有船只，浙闽皆宜自造，毋得援例再借，则船自为战，商自为守，海寇倭寇不得肆其纵横。部覆，从之。

(《神宗实录》卷二)

（万历十年八月辛酉）先是两广总督陈瑞题，议将东莞、顺德、新会等县商民打造乌艚横江等船，给与军门印票，任从贩盐运货，税差尽行蠲除，船只破坏，查明开豁，盐法壅滞，随宜疏通。吏科都给事中尹瑾争之，谓：乌艚横江等船有便于民者五，有害于民者十。且广西运买官盐，获利于西粤者甚轻，贻害于三省者甚重。议罢官盐。其广西军饷仍令广东照数处补。户部言：举事当慎，始而保其终，兴利当略小而计其大。广西新复古田县设兵防守，因财用匮乏，议运广东之盐，以充军饷。自隆庆六年至今十有余年，虽盐运渐减，计每岁尚收银一万五千两，以充戍兵之食。今若唯广东新会等县造船贩盐，至广东会省，分贩湖广、广西、江西，则商贩之盐益多，官运之盐益阻，利于民商者小，而减于军饷者大，似不可不为预处也。律载通番下海有禁，广东造船，止于盐贩觅利，有何不可？但恐日久法驰，奸人驾船默抵倭岛，勾引为患。诘之则以商船为名，纵之则养衅不测，殆若可以暂行，终恐不免贻患，此不可为预虑也。合行两广会议，妥当以凭覆请。上是之。

(《神宗实录》卷一百二十八)

至（万历）二十五年，尚存大小船四十一只。是年革水寨钦总，船兵属阳电参将。岭西道建议以右哨原守电白地方船九只、兵二百四十八名，拨饷高州府，于是肇庆府海防所属止船三十二只，官兵八百九十一员名，海朗、双鱼把总各一人，哨官各二人，画海为守。

(崇祯《肇庆府志》，卷六《兵防志一·海防》)

惟白沙寨信地,原在大海之中,汛期……每年自四月初一日起,至九月终止,共六个月。番海之寇乘南风而来,例应防汛。自十月初一日起,至次年三月终止,共六个月。番海之寇乘北风而去时,应收汛。

(《苍梧总督军门志》,卷五《舆图三·春秋汛期》)

莲头、限门二寨信地,上自青洲港与双鱼所分界,下至硇洲与白鸽寨分界,沿海地方计六百九十里。其中青洲山、黄程山、莲头山、放鸡山、暗镜山、博茂湾、磊嘴门七处俱在外洋,乃贼船可泊之所。但恐风信不测,兵船难于久剳,至于青洲港、莲头港、赤水港、限门港、三合窝、新门港六处,可以泊船,即系防守要地。其青洲港在电白县城之东,距城八里,人烟稠集,甚为碇紧,应派七号船二只剳守,艟船一只专责巡哨港外青洲、黄程、前蓝海面。而莲头港系电白县咽喉,距城五里,应派左哨三号船二只,六号船一只,剳守左港,右哨六号船一只,七号船一只,剳守右港,艟船一只专责巡哨莲头外洋接前蓝海面止。赤水港系电白县之西港,内通各乡村,距城四十里,应派三号船一只,六号船二只剳守,八号船一只专责自莲头海面巡至放鸡山止,又艟船一只,专责自放鸡海面巡自暗镜止。限门港系吴川县门户,离城六里,缸内通梅箓、化州达高州府,应派六号船二只,七号船五只剳守,八号船一只,专责自暗镜海面巡至博茂止,又艟艚一只,专责自博茂海面巡至限门止。三合窝系贼船往来入犯之区,窝有小港,通限门内港,应派六号船一只,七号船二只剳守,东则策应限门,西可备御新门,八号船一只专责自限门海面巡至三合窝止。其新门港系石城县要地,离城八十里,应派七号船二只剳守,艟船一只自三合窝海面巡至新门止,又艟艚一只专责自新门海面巡至硇洲止,大船可恃攻击,艟艚以便侦探走报军情。

[(明)盛万年:《岭西水陆兵纪》,卷上《水寨条约》]

本寨兵船往年俱委官至省城打造,无从稽校,任其冒破,如三号一只,估价七百余金,乃尚板薄钉稀,一驾出海,遂有风涛不测之患,往事可鉴也。今查所属化州、电白、信宜、梅箓等处地方产木,虽不多,而本寨数船亦可先期采办,但向委州县佐领卫所武官督造,然船非此辈所用,唯利目前锚铢,苟且了事,积弊相沿,牢不可破,而捕盗则以船为家,通船性命所系,责之打造,利害切身,必能尽心竭力。今后春汛毕日,海防官选委廉干文官一员,酌量发银,就近采买停顿。侯冬汛毕日,将木料给发分总,转发哨官,督率各船捕盗应修应造,即日兴工,须坚固精致,可出大洋。如贼在远则先迎之,贼在近则须击之,贼退走则必追之,分拨震撼,进退无虞,斯有实用,若不能出洋,就系侵欺，使不致失事，捕盗止究追赔，倘临机有失，即系违误军情，捕盗以军法处斩。修造完日，海防官验过报道，亲临阅验，如有不如法，一体连坐。参将海防衙门设附二寨信地，出入最为近便，修造之际，在莲头则听参将，在限门则听海防官，时常临厂逐一亲验，物料不堪，即令另换。照本道近发稽料册式逐日填缴。若待船完验出，方行折改，则费力愈甚，必至因循苟且，监督者溺其职矣，咎将谁诿。

[（明）盛万年：《岭西水陆兵纪》，卷上《水寨条约·修船》]

查得原额战船四十三只，募兵一千四百零五名……万历四年裁船六只，捕兵三百名。十三年，议将不堪二号四号江船七只，捕兵贰佰伍拾贰名，改造艚船八只，用捕兵二百零八名。十七年，除烧去七号哨船二只，艚船二只，桨船二只，捕兵一百三十八名，将雷廉游帅艚船五只入寨充补。十八年，抽雷廉游帅艚船五只，捕兵一百八十名，白鸽寨七号哨船二只，捕兵五十一名。二项补广海游哨江船一只及涠洲兵船八只。

（万历《雷州府志》，卷十三《兵防志》）

海舶百种不止，约有三等。其小者仅容数十人，专用以传书信，不以载物。其舟腹空虚，可容自上达下，仅留一孔，四围点水漏，下镇以石，使舟底常就下。一遇风涛，不习水者，尽入舟腹中，密闭其孔，复涂以沥青，使水不进。其操舟者则绁缚其身于樯桅，行水飘荡。因其腹中空虚，永不沉溺，船底又有镇石，亦不翻覆。俟浪平，舟人自解缚，运舟万无一失，一日可行千里。中者可容数百人，自小西洋以达广东则用此舶。其大者上下八层，最下一层镇以沙石千余石，使舶不倾侧震荡，全藉此沙石。二三层载货与食用之物。海中最艰得水，须装淡水，千余大箪，以足千人一年之用，他物称是。其上近地平板一层则舶内中下人居之，或装细软切用等物。地平板之外则虚，其中百步以为扬帆习武游戏作剧之地。前后各建屋四层，以为尊贵者之居，中有甬道，可通头尾。尾复建水阁，以为纳凉之处，以俟贵者之游息。舶两旁列大铳数十门，以备不虞。其铁弹有三十余斤重者，上下前后有风帆十余道。桅之大者长十四丈，帆阔八丈，水手二三百人，将卒铳士三四百人，客商数百。有舶总管一人，是西国贵官，国王所命，以掌一舶之事，有赏罚生杀之权。又有舶师三人，历师二人，舶师专掌候风使帆，整理器用，吹掌号头，指使夫役，探试浅水礁石，以定趋避。历师专掌窥测天文，昼则测日，夜则测星，用海图量取度数，以识险易，以知道里。又有医官，主一舶之疾病。亦有市肆，贸易食物。大舶不畏风浪，独畏山礁浅沙。又畏火，舶上火禁极严，盖千人之命攸系。然其起程但候风色，未尝选择时日，亦未尝有大失也。

[（明）艾儒略：《职方外纪》，卷五《海舶》]

海忠介公之孙述祖，倜傥负奇气。适逢中原多故，遂不屑事举子业，慨焉有乘桴之想。斥其千金家产，治一大舶。其舶首尾长二十八丈，以象宿；房分六十四口，以象卦；篷张二十四叶，以象气；桅高二十五丈，日擎天柱，上为二斗，以象日月。治之三年乃成，自谓独出奇制，以此乘长风破万里浪，无难也。濒海贾客三十八人，赁其舟，载货互市海外诸国，以述祖主之。崇祯壬午二月，扬帆出洋。

[（明）张潮：《虞初新志》，卷十八《海天行记》）]

大抵倭舶之来，恒在清明之后，前乎此，风候不常，届期方有东北风，多日而不变也。过五月，风自南来，且六七八月风潮险恶，舟不可行。重阳后，风亦有东北者，复可渡海。过十月，风自东北来，亦非倭所利矣。故防倭者，以三四五月为大汛，九十月为小汛，今亦有停泊海盗乘间而至者，故四时当防。

[（明）慎懋赏：《四夷广记》，不分卷]

其备倭，皆以四月风迅时上班，九月霜降后休息。国初之定制如此。

（嘉靖《海丰县志》，上卷《舆地志》）

春汛四阅月，自三月初一日起至六月终止。冬汛二阅月，自十月初一日起至十一月终止。系防汛月日，捕兵等役粮食照例全支。其余收汛，每年以七月初一日起，至九月终止，又自十二月初一日起，至次年二月终止。各寨船兵等役俱免放班，查照章程规则，所得工食每名扣减三分之一。捕盗止支一两，舵工八钱，斗缭、碇手各六钱，兵夫并捕盗家丁俱支五钱三分三厘。其哨马与叭喇唬船兵各粮食不分防汛、收汛，一体全支，责令四时哨逻。倘或不系汛期，海上一时有警，不分倭夷、海贼，即便开洋追击，工食照日全支，不得少吝。惟白沙寨信地原在大海之中，汛期与南头等寨不同，每年自四月初一日起，至九月终止，共六个月。番海之寇乘南风而来，例应防汛。自十月初一日起，至次年三月终止，共六个月。番海之寇乘北风而去时，应收汛。及查该寨原未发有叭喇唬船，惟哨马船颇多，每遇冬春收汛之期，与横江等船相兼差拨哨巡，均应一体扣减，横江等船减三分之一，哨马船减四分之一，以为定例。

（《苍梧总督军门志》，卷五《舆图三·春秋汛期》）

定汛期。春汛四阅月，自三月初一日起至六月终止。冬汛二阅月，自十月初一日起至十一月终止。

（万历《惠州府志》，卷十三《兵防下》）

三四月，东南风盛，粤中奸民哨聚驾驶，从南澳入闽，纵横洋面，截劫商船，由外浯屿料罗乌纱而上，出烽火流江而入于浙。八九月西北风起，则卷帆顺溜剽掠而下，由南澳入粤，刼获金钱货物多者，各回家营运卒岁，谓之散斗。刼少无所利者，则泛舟顺流避风于高州、海南等处。来岁二三月土婆涌起，南方不能容，则仍驾驶北上由南澳入闽。

[（清）蓝鼎元：《蓝鼎元论潮文集》之《与荆璞家兄论镇守南澳事宜书》]

曰："广、福一类也，广船何以不设？"曰："此在闽、浙已不便矣，况苏松乎，故旧尝议设而复中止。"曰："何？"曰："广船大于福船，且用铁栗木制造，非若福船用松杉之柔脆也。于船在海若相冲击，福船即粉。倭人造船亦用松杉，不敢与广、福相冲。但广船难用，其故有七：盖广船非我军门所辖，不似福之易制御，一也。船若毁坏须用铁栗木修理，难乎其继，二也。造船大户请人驾使，任其敝而不惜，三也。造费浩烦，其敝甚易，移文修造，理势难行，四也。将欲重价以雇之，则此船在广，鱼盐之利自多，区区价微，不乐于雇，五也。欲许其带货，则广货之来，无资于海，盖福建收港，溪水甚逆，浙直道远，风涛可畏，不如一逾梅岭即浮长江，四通八达，故虽带货亦非其所愿，六也。向来通倭多漳、泉无生理之人，广船自以鱼盐取西南诸番之利，不必如福船当咯以取中国之利，七也。知乎此，则广、福船之当用与不当用，岂不相去径庭矣乎。"

[（明）郑若曾：《江南经略》，卷八上；《筹海图编》，卷十三《经略·兵船》]

闽广浙直船制各异。而不知其所以异者，由于海势之不同也。广东船制两旁设架，便于摇橹。福建船制其旁如垣，其篷用捲，便于使风。浙直船制平底布帆，便宜于荡桨。此船制之异也。所由然者。福建海水最深，各信地俱近外洋，一望无际，纵有海岛如浮枢之着水耳，故有风时多，无风时少，顺风则使风，逆风则戗风，此福船所由制也。广东自出五虎门，上及大鹏，下及北津以西，俱有海屿，或断或续，联络于外，商船往来，多从里海，且风气和柔，全使摇橹，此广船所由制也。浙直海水深处固多，浅处时有，近岸平沙或数十里，潮长水深处寻丈，潮退仅可尺许，故叭喇唬沙船志事荡桨，此浙直之船所由制也。若易地则风水不同，其制亦当少异。推此而山东以此危矶暗沙往往有之，船制又不可执此例彼矣。

[（明）邓钟：《筹海重编》，卷十二《经略四》]

（万历四十五年五月辛巳）兵部覆广东巡按田生金，会同总督周嘉谟条陈六款：……一、精船器以补实用。战船则仿闽中体式，酌用松杉，章以毛竹，务使坚厚便捷，修造责之捕队，督工责之将令，稽核责之防海道官，而船有实用矣。火器则自鸟铳佛郎机外，凡百子铳、神机枪、一窝蜂、火球喷筒等物，酌增料价，加意制造，及时晒晾，而火器有实用矣。仍将督造及工匠姓名，刊刻于战船火器之上，如遇锭裂炸损，即将工匠及督造之人从重究治；更申饬将领勤加操演，务使人器相习，斯于缓急有补。

（《神宗实录》卷五百五十七）

一、广东滨海诸邑，当禁船只，若增城、东莞则茶窖、十字滘，番禺则三漕、波罗海，南海则仰船冈、茅滘，顺德则黄涌头，香山、新会则白水、分水红等处，皆盗贼渊薮也，每藏集凶徒，肆行抢掠。珠禁弛则驾大船以盗珠，珠禁严则驾小艇以行劫，交通捕快，接济番舶，毒害最甚。为今之计，莫若通行各县，令沿海居民，各于其乡编立船甲长副，不拘人数，惟视船之多寡，依十家牌法，循字应当，如船二十只总统于船甲长，内以十只分统于甲副。仍于船尾外大书某县船、某甲下、某人十字，翻刻墨填为记。其甲长副各置簿一扇，备载乡中船数，并某样船只、某项生理，一一直书。每岁具呈于县，以凭查考。如遇劫贼，则被害者能识其船，速投首于甲长副，鸣锣追究，俾远近皆知。无字号者即系为非，许人人俱得拏送。

[（明）王鸣鹤：《登坛必究》，卷十《两直各省事宜·两广》]

（天启）三年，红毛夷踞澎湖岛，闽抚请勒之，廷议令粤会剿，奇观言："粤中琼黎甫勒，连瑶复叛，疮痍未起，加以援辽，死亡相继，十室九空。……况澳夷筑城澳门，以备红毛为言，夷情叵测，尤不可不虑。至于制御红毛，亦无待济师。红毛舟广三丈，其高倍之，上俱楼橹如雉堞。我舟高大不及彼五分之一，而欲与争胜于稽天巨浸中，必无幸矣。"

（光绪《广州府志》，卷一百二十《崔奇观传》）

广船两傍搭架摇橹，风蓬柁制俱与福船不同。

[（明）王鸣鹤：《登坛必究》，卷二十五《水战》]

助化庙，在府治北半里，为造海船建，成化十七年知府拆毁，今乡人复建。

（崇祯《廉州府志》，卷十四《外总志》）

洋舶之大者，曰独樯舶，能载一千婆兰，一婆兰三百斤，番语也。次牛头舶，于独樯得三之一。次三木舶，于牛头得三之二。次料河舶，于三木得三之一。底二重，皆以铁力木厚三四尺者为之。锢以沥青、石脑油、泥油，填以礌石。矴以独鹿木，扎以藤，缝以椰索。其碇以铁力、水杪，钉以桄榔、簜篙，淬钉以蛇皮内膏。盖海水咸，烂铁妨磁石，故皆不用铁物云。桅凡三，一桅常植。二桅以风而植。桅长者十四五丈或二三接，中皆横一杆，上有望斗，容四十余人。又以木为人，或升或降，遍置梯绳之间，前木照后柁，以黑鬼善没者司之。其舶小者，四围皆密，腹中仅留一孔，自上而下。飘洋时，梢公缚身桅下，余悉在舶腹之中。凡上舶容人千余，中者数百，皆有舵师、历师，然必以罗经指南。尸罗经者，为一舶司命，毫末分利害焉。每舶有罗经三，一置神楼，一舶尾，一在半桅之间，必三针相对不爽，乃敢行海。大鱼至，以铜铳击而退之。大鱼去而波浪为怪，以长剑斩之。其人为西南诸番将卒工商之属，一一凶狠，海寇皆莫敢近。故得输其珠贝奇物，以辐辏五羊。尝有贺兰国舶至闽，有客往观之，谓其舶崇如山岳，有楼橹百十重，上悬五色幡帜，环飞庐皆置木偶以疑远，内则含伏大佛朗机百位，外则包裹牛革数重，月以丹漆涂塈一周以为固，梯以藤结而上下。客登，则番人从雀室探其首，眼皆碧绿，发黄而面鬣，以手相援，见之惊犹魑魅。登未及半，则施放火器，黄雾蔽人，咫尺渺不相见，声如丛雷，轰阗足底。译人云："此吾国所以敬客，愿毋恐。"其人无事皆细绒大笠，着红厨长裈金纽，连绵至地，或持骨朵，或负手闲行，自晨至暮不息。帆绳交结如网罗，或皆在其上坐卧。帆以布，凡七张之，绳以棕细藤，窗牖以玻璃嵌之。舱以辟支缎铺之。凡十数重。酒以葡萄以香舂，器以宝玉碗，高倾以泻注成贯珠为礼。瓜蔬味皆酸脆碧色。笔管以木为之，如冠簪而细小。有一卷长二丈余，绘画山川，有番字识其下，考之皆五虎门内水深浅处，其心故不可测也。贺兰舶亦尝至广州，予得登焉。舶腹凡数重，缒之而下，有甜水井、菜畦。水柜水垢浊，以沙矾滤之复清。悬釜而炊。张锦绷白氍而卧，名曰奭床。人各以柔韦韬手，食则脱之。食皆以苏合油煎烙，曼头牛臑，皆度色如金黄乃食。其刀可屈，信如蛟蛇，左右盘拿，类古之鱼肠剑。然时鼓弄铜琴铜弦，拍手鞭肩，对舞以娱客，似有礼者。吾广承平时，西南诸番尝至者有十五国。其安南、占城、暹罗、真腊斛、锁里五国，岁一朝贡，余则或至或不至。所患者，吾奸民为彼舌人通事，时或椎发环耳，侏僥人群，为之乡导，诱之以妇女妖淫，告之以官司重轻，示之以地形虚实，为我腹心祸患。

正德间，佛郎机绐称入贡，自西海突犯莞城。大肆杀掠，此其明征矣。贺兰从古未至，而红毛鬼者，长身赤发，深目蓝睛，势尤狰狞可畏。比年数至广州，其头目号曰白丹，每多闽漳人伪为之，其骄恣多不可制。红毛鬼所居大岛在交趾南，盖倭奴之别种也。常入洋中为盗。其船有五桅者、九桅者，首尾皆有舵。以利回旋。舵工分班使风，昼夜兼行，惟视罗经所向，时登桅视千里镜，见远舟如豆子大，则不可及，若大如拇指许，即接长其桅而追之。桅有雌雄二窍，箍而楔之，益左右帆，数百里之遥，逾时可及。吾船亦有三五桅者，两舷作木城，摇橹于中，且行且战。若大炮多、风顺，亦可逸去。倘众寡不敌，为所擒，则尽屠矣。红毛鬼之为恶若此。嗟夫！吾粤三面阻海，而南澳为左蔽，涠洲为右翼，虎门为前屏，此皆险要。倭与红毛若乘汛举连天之舶而前，则南澳必先受敌。虎门犄角二隅，未多置兵，则内户不键也。诸舶既往来飘忽，而山寇阴行勾引，其为祸可胜道哉！

[（清）屈大均：《广东新语》，卷十八《舟语·洋舶》]

水寨战船：向来战舰俱造于省，多所不便。万历四十五年，兵巡副使戴熺允府厅议详造修于本地，一免风涛之危，一省委官之廪，一清冒破之弊，一便防汛之期，法之最良者，当勒为定制。

（万历《琼州府志》，卷七《兵防志》）

凡海舟，元朝与国初运米者曰"遮洋浅船"，次者曰"钻风船"（即海鳅）……与出使琉球、日本，暨商贾爪哇、笃泥等船，制度工费不及十分之一……凡外国海舶制度，大同小异。闽广（闽由海澄开洋，广由香山澳）洋船截行两破排栅树于两旁以抵浪。

[（明）宋应星：《天工开物》，卷上《乃服》]

溟海吞吐百粤，崩波鼓舞百十丈，状若雪山。尝有海神临海而射，故海浪高者既下，下者乃复高，不为民害。父老云：凡渡海至海安所，闻涛声哮吼，大地震动，则知三四日内有大风雨，不可渡。又每月十八日勿渡，渡则撄海神之怒。

[（清）屈大均：《广东新语》，卷六《神语·海神》]

清料船以靖海氛。看得盗艘横行，非假商渔，无能出海；非通经纪，无能作奸。西海之船，有名曰"高头料"者，破浪轻快，利于涉险，往往为盗。先年曾经禁阻，海上赖以无虞。迩来法久废弛，此船复出，倚藉宦家旗帖，执为护身之符；串谋不肖经纪，诈称腌鱼之客。哨兵难诘真伪，商渔罔知提防，屡罹其殃。且一劫扬帆，莫得踪迹。询之舆情，诚当禁者。然以诸民强半泛海为业，采捕为生；一方躯命攸关，又所不能禁也。卑县筹之，惟立法以清之耳。凡有料船腌鱼者，许经纪赴县，报名具结，船户某，商人某，驾船某某若干人，给印信、合同、串票，佥定出海日期，与该汛哨兵截票，各执一；遇盘诘照验，对合放行，哨兵不得生事。其船回于何日，亦注票内缴察。此船不过数十只，逐一出票，稽其出入，则人之奸良，自无所容。如无票照，即系歹船，该哨立时拿解，尽法究惩。兵役故纵，一体坐罪。海氛其可永靖。

（康熙《新安县志》，卷十二《艺文志·知县周希曜条议十四款》）

二、军器与火炮技术

国朝洪武初，广东各府俱设军器局大使一员，副使一员，其后革去，复令各卫所指挥千百户等带管造作军器，咸有定制，其出境及下海私卖与夷人者，治以重罪。

（万历《粤大记》，卷二十七《政事类》；万历《广东通志》，卷八《兵总》）

（洪武十五年十一月庚午）广州左卫奏请令有司于民间造兵器给兵士，以御倭寇，上谓工部臣曰："……毋令卫所造作劳民。"

（《太祖实录》卷一百五十）

（正统十二年正月）丁未，广东广州左等卫补造军器多不堪用，提督边务右参政钟禄劾奏都司并总督备倭都指挥同知李升等、及该卫官罪，上命巡按御吏究治，宥备倭官不问。

（《英宗实录》卷一百六十二）

（正统十三年五月）戊申，广东按察使等官黄翰等奏："总督备倭都指挥同知李升以不严提督，致军器多不堪用。"事下，法司言："今贼情紧怨之际，缺官调度，恐误事机，候宁息究治。"上曰："姑不问，命其效力擒贼，如有功则宥之。"

（《英宗实录》卷一百六十六）

嘉靖三年四月，造佛郎机于南京，南京守备徐鹏举等疏请广东所得佛郎机铳法及匠作。兵部议：佛郎机铳非蜈蚣船不能架，宜并行广东取匠，于南京造之。诏可。

[（明）王圻：《续文献通考》，卷一百三十四《兵考》一四《军器》]

嘉靖四年，令铸佛郎机铳炮七十四副，给各门及新江口操备。

（《明会典》，卷二百八《工部》二十八《虞衡清吏司》）

（嘉靖八年十二月庚寅）都御史汪鋐奏："先在广东，亲见佛朗机铳致远克敌，屡奏奇功，请如式制造。"兵部覆议，诏铸造三百，分发各边。

（《世宗实录》卷一百八）

（嘉靖九年二月）丙子，兵部复提督沿江巡捕总兵官崔文所奏六事：……一、造战船，仿广中之制造蜈蚣船，置佛朗机其上，以便动击。择民壮军人习水战之法。

（《世宗实录》卷一百一十）

嘉靖十年，奏准添造军器佛朗机及神机铳、螺师箭、钩刀、眉刀、短枪、强弩。广州左、右、前、后、清远、肇庆、惠州七卫，连州、从化、增城、龙川、河源、长乐、程乡、南雄、韶州、德庆、四会、泷水、新兴、阳春、钦州、灵山十六所，地方多近崖峒，山径崎岖，多是陆战。南海、广海、神电、雷州、廉州、碣石、潮州、海南八卫，清澜、万州、崖州、儋州、南山、昌化、大成、蓬州、海门、靖海、捷胜、甲子门、平海、海丰、来安、锦囊、海安、海康、乐民、石城、信宜、宁川、高州、双鱼、阳江、海朗、东莞、新会、大鹏、香山三十所，各处地方，皆系枕近海滨，多是水战。其水陆战具攻山伐崇，航海出澳，而长枪、长牌、籐牌、铁甲、铁盔及黑漆鞘斩马等刀，与夫圆牌、劲弩、钩刀、腰刀、眉刀、短枪、铁箭、竹盔、纸甲，皆可备捍敌御患之用。其佛朗机铳、神枪、药箭、铅弹等项器具物件，固为水战之长技，而路战或亦为可用。酌今之宜，顺时之便，相应将该省前项军器，应改造者为之改造，应添造者为之添造。其改造之数，俱查照广州左右前后四卫前项数目改造，添造之数，照卫所地方之大小为制器数目之多寡，每卫则添造佛朗机铳管二十把，每把连提铳子一筒。神机筑管二十把、每把连提铳子一个，神机螺螂箭各二百五十枝，钩刀十张，眉刀二十张，短枪五十根，弩五十把。每所则添造佛朗机铳管十把，每把连提铳子一个，神机螺蛳箭各一百枝，钩刀五张，眉刀十张，短枪二十根，弩二十把，以便军民披执，以便水陆登涉。……曰佛朗机铳。军器局凡铳一函，子铳四枚，状如黄瓜，方入乘，满装铅弹一颗，药用燄硝一斤，硫磺三两，沙木炭三两七钱，樟脑五钱，浓烧酒一盏，醋半盏，引药则硝一两，硫磺一分，沙木炭三钱，然犹未尽其妙也。云南宪副赵崇信尝询得佛朗机夷人云：秤定燄硝一斤，硫磺二两二钱，炭四两五钱，置舱角小便沃湿。遏二三日，带润入擂，至干燥飞扬，仍用小便漉。定擂极细，乃入碓每斤用去衣蒜头三枚，和浓烧酒舂如面脶，作豆腐片，置屋尾上晒极干，用闸刀闸碎如豆大。入铳一两三四钱，只可及一千五百步矣。海寇所铸大者九尺，其次三五尺不等，中藏铁管，横薄四五寸，厚一分，许铁铳心一条卷铁叶二三屯，圆直光滑，弹出无阻，接以铳函，函大于管，下当黄瓜铳口，上又有铁套以萃火气，故激弹可洞数里，穿木版而过，版不裂而留孔存焉。其迅可知，管在函，函得铁套套住，烧时乃不走动，而打转伤人可无虑也。极小者谓之手铳，亦可弹杀人畜禽虫。

（嘉靖《广东通志》，卷三十二《政事志·五》；万历《广东通志》，卷八《兵总》）

初佛郎机番船用挟板，长十丈，阔三尺，两旁架橹四十余枝，周围制铳三十四个，船底尖，两面平，不畏风浪。人立之处用板捍蔽，不畏矢石。每船二百人撑驾，橹多人众，虽无风可以疾走。各铳举发，弹落如雨，所向无敌，号蜈蚣船。其铳管用铜铸造，大者一千余斤，中者五百余斤，小者一百五十斤。每铳一管，用提铳四把，大小量铳管，以铁为之。铳弹内用铁，外用铅，大者八斤。其火药制法与中国异。其铳一举放远，可去百余丈，木石犯之皆碎。有东莞县白沙巡检何儒前因委抽分曾到佛郎机船，见有中国人杨三、戴明等年久住在彼国，备知造船铸铳及制火药之法。鋐令何儒密遣人到彼，以卖酒米为由，潜与杨三等通话，谕令向化，重加赏赉。彼遂乐从，约定其夜何儒密驾小船接引到岸。研审是实，遂令如式制造。鋐举兵驱逐，亦用此铳取捷，夺获伊铳大小二十余管。嘉靖二年，鋐后为冢宰，奏称："佛郎机凶狠无状，惟恃此铳与此船耳。铳之猛烈，自古兵器未有出其右者，用之御房守城，最为便利。请颁其式于各边，制造御房。"上从之。至今，边上颇赖其用。

［（明）严从简：《殊域周咨录》，卷九《佛郎机》］

嘉靖十二年九月丁卯，初，广东巡检何儒常招佛郎机国番人，因得其蜈蚣船、铳等法，以功升应天府上元县主簿，令于操江衙门监造，以备江防。至是，三年秩满，吏部并录其前功，诏升顺天府宛平县县丞。中国之有佛郎机诸火器，盖自儒始也。

(《世宗实录》卷一百五十四)

嘉靖初，广东巡简何儒尝招降佛郎机人，得其蜈蚣船并铳法，以功升上元簿。蜈蚣船底平面平，不畏风浪，用板杆蔽矢石，长十丈，阔三尺，旁架橹四十余，置铳三十四，约每舟撑驾三百人，橹多人众，虽无风可疾走。铳发，弹落如雨，所向无敌。其铳用铜铸，大者千余斤，因名曰佛郎机。然惟夷人精用之，中国不及也。

[（明）陈仁锡：《皇明世法录》，卷八十二《南蛮 佛郎机》]

嘉靖十五年，奏准添造军器佛朗机及神机铳。

(万历《粤大记》，卷二十七《政事类》)

备用军器，舟战惟火铳为利。况海舟入澳，必须乘潮，若先期于澳口多张佛郎机铳，伺便迎击，一中可覆。往有用之南头者，具见成效，请于军门查发数十把，差官解彼应用。

(《交黎剿平事略》，卷二)

（嘉靖二十九年《问刑条例》）将应禁军器卖与夷人图利者，比将军器出境，走泄事情者律。
私自贩卖硫黄、焰硝，卖与外夷者，不拘多少，比私将军器出境律。

(《大明会典》，卷一百七十四《刑部·罪名二》)

《月山丛谈》：佛朗机国在爪哇国之南，二国用铳形制同，但佛朗机铳大，爪哇铳小，国人用之甚精，小者可击雀。中国人用之，稍不戒则击去数指，或断一掌一臂。铳制须长，若短则去不远；穴须圆滑，若有歪邪滞碍则弹发不止。惟东莞人造之与番制同，余造者往往短而无用。

(嘉靖《广东通志》，卷六十六《外志三·蕃夷》)

先时有巨舰被贼坏于铜山，李总戎令把总魏国督修。修完，而国误驾，入贼船中，国率众浮水走，而舰被贼驾去。督府深以为忧，愿出千金募力士设计沉之，而舰中多火器，有木发烦云。

[（明）苏愚：《三省备边图记》，不分卷，页九百二]

鸟嘴铳，即佛郎机之手照。日本国制，稍短而后有关捩可开；佛郎机制，长而后闭。人持一支，如中国之带弓矢。……余亲见佛郎机人投一小瓶海中，波涛跳跃间，击之，无不应手而碎，恃此为长技，故诸番舶惟佛郎机敢舛鹜。

[（明）叶权：《贤博编》]

佛狼机，国名。非铳名。彼国以此铳威海上。正德间，得其制于广东，仿而造之，因以名。后颇增损其法，随呼发烦为大佛狼机，此为小佛狼机，皆攻坚夺险临大敌之用。小敌用之，则随珠弹雀也。余通用。

[（明）谢杰：《虔台倭纂》，上卷《倭防二》]

（万历三年正月庚申）工科左给事中李熙等上言："御虏长技，火器为先。而今营中给绝少。宜将浙江岁造军器内一半改造鸟铳，福建、广东一半改造熟铁佛郎机。百子铳造作不精，不如式者驳回，管造官参究。"工部覆，得旨："惟广东用兵之际，免改造。"

（《神宗实录》卷三十四）

炮有十一等：曰震天雷，曰大将军，曰二将军，曰三将军，曰□炮，曰鸟铳，曰爪哇铳，曰九龙信炮，曰神炮，曰蒺藜锡炮，曰霹子炮。

（万历《广东通志》，卷八《兵总》）

刑部尚书顾公应祥云：佛狼机，国名也，非铳名也。正德丁丑，余任广东佥事署海道事，蓦有大海船二只，直至广城怀远驿，称系佛狼机国进贡。其船主名加必丹，其人皆高鼻深目，以白布缠头，如回回打扮。即报总督陈西轩仝【金】临广城，以其人不知礼，令于光孝寺习仪三日，而后引见。查《大明会典》并无此国入贡，具本恭奏。朝廷许之。起送赴部。时武庙南巡，留会同馆者将一年。今上登极，以其不恭，将通事明正典刑，其人押回广东，驱之出境去讫。其人在广久，好读佛书。其铳以铁为之，长五六尺，巨腹长颈，腹有长孔，以小铳五个轮流贮药，安入腹中，放之铳外，又以木包铁箍，以防决裂。海船舷下，每边置四五个，于船舱内暗放之。他船相近，经其一弹，则船板打破，水进船漏。以此横行海上，他国无敌。时因征海寇，通事献铳一个，并火药方，此器曾于教场中试之，止可百步，海船中之利器也，守城亦可持，以征战则无用矣。后汪诚斋鋐为兵部尚书，请于上，铸造千余发与三边，其一种有木架，而可低可昂、可左可右者。中国原有此制，不出于佛狼机。每坐约重二百斤，用提铳三个，每个约重三十斤，用铅子一个约重十两，其机活动可以低可以昂，可以左可以右，乃城上所用者，守营门之器也。其制出于西洋番国，嘉靖中始得而传之，中国之人更运巧思而变化之，扩而大之以为发䃪，发䃪者乃大佛狼机也；约而精之以为铅锡铳，铅锡铳者乃小佛狼机也。其制虽若不同，实由此生之耳。其石弹之大，如升力气小于发䃪而大于铅锡铳，若遇关隘人守坚不可过者，以此攻之，借势而渡。

[（明）王鸣鹤：《登坛必究》，卷二十九《火器》；胡宗宪：《筹海图编》，卷十三《兵器·佛郎机图说》]

参将戚继光云：此乃天下通有利器，制者多未尽精微，其妙处在母铳管得法，子铳在腹中亦要两口得法，使火气不泄。又每放得击出子铳数丈伤人，必用铁闩者佳。其妙处在前后二照星，后柄稍从低，庶不碍托面以目昭对其准，在放铳之人用一目眇看后照星孔中对前照星，前照星孔中对所打之物。若子马俱大则难出，出则力大，要座后面，人力不能架之。若子小则出口松而无力，歪斜难准，法既省下木马烦难之功，又出口最易。凡铸铳之法，子铳口大则子难出，要破母铳。母铳口大而子铳口小，则出子无力且歪。务要子母二铳之口圆径分毫不差，乃为精器。

造铅锡铳者，须知炼钱【铁】。盖铁中原有查【渣】滓夹杂，必炼之不已，融尽查【渣】滓，底于精纯，方免脆折爆碎之患。故十觔而炼用一觔者为上，十觕而炼五觔者次之。其管欲圆而净，其臬欲端而直。铳者须择手足便捷之人，临敌装药入弹，觇臬蓺火，庶不迟误。若但见臬而不见管，则失之仰；但见管而不见臬，则失之俯，皆不能中也。此器今人类并立而用之远攻，非也。须近敌乃用长短兵相夹，乘势速往，使贼避铳。目睫闪眩之间，而我兵已入其队中矣。铅锡铳之妙全在此也。若恃以攻敌，不亦缪乎？都御史唐顺之云：虏所最畏于中国者，火器也。天助圣明，除凶灭虏，而佛郎机子母炮、快枪、鸟嘴铳，皆出嘉靖间。鸟嘴统最后出而最猛利，以铜铁为管，木橐承之，中贮铅弹，所击人马洞穿，其点放之法一如弩牙发机，两手握管，手不动而药线已燃，其管背施雌雄二臬，以目对臬，以臬对所欲击之人，三相直而后发，拟人眉鼻无不著者。捷于神枪而准于快枪，火技至此，而极是。倭夷用以肆机巧于中国习之者也。

参将戚继光云：鸟铳之准，在于腹长而直；火药之不夺手，在于前手拿之铳腹；照放之直，在于两手俱托执铳身而无点火之误；铳子之利，在于合药之方。其神机铳用木马繁且多误，势难再发，边铳手执后尾，其重在前，一手点火，眼不能照，皆不及此，铳之妙而速也。

予按：鸟铳之制，自西番流入中国，其来远矣，然造者多未尽其妙。嘉靖二十七年，都御史朱纨遣都指挥卢镗破双屿，获番酋善铳者，命义士马宪制器、李槐制药，因得其传，而造作比西番尤为精绝云。

（《筹海图编》，卷十三《兵器·佛郎机图说》）

嘉靖三十年，创设白沙、石破皮礐、墥头、文昌等港，船共十只。

隆庆元年，设水寨，置二号、三号乌艚、横江等兵船共六十只。

万历四十一年十一月，奉文改造，计战船六十三只：四号艚船三只，五号艚一十二只，六号艚五只，七号艚一十六只，八号艟艚六只，八号长船十只，八号唬船三只，八号桨船八只。

白沙寨三十七只：白沙二十四，清澜六，铺前五，石礐二。四号艚船三只，五号艚船七只，六号艚船二只，七号艚船五只，八号艟艚五只，八号长唬桨共十五只。前司十一只，防守崖州、三亚、感恩港：五号艚船三只，六号艚船二只，七号艚船五只，八号桨船八只。

左司八只，防守万州、陵水、乐会、博敖、桐栖各港：五号艚二只，七号艚二只，八号艟艚一只，八号长二只，八号桨一只。

右司七只，防守儋、临、昌、博顿、新英、英潮港：六号艚一只，七号艚四只，八号长二只。

第四号艚船三只，原系三号福船，四十一年十一月奉文改造。（白沙港及清澜港、铺前港各一只。）

防船军器：燻铳二门，铁弹二十个。狼机铳五架，铳子十五个，药一百斤，铅弹九十斤。百子铳五门，小铁子八十斤，药九十斤，铅弹三十斤。鸟铳十二门，药七十斤，铅弹二十斤。挞刀十二把，腰刀十把。

过船枪十枝，小铁镖一百五十枝。钩镰刀、缭钩各十二把。挨牌十二面，藤牌十面。绑被三十张，罟纲三十手。角弓二把，黎弓十把。翎箭三百枝。喷筒、火罐各十五个。神机箭一百二十枝。粗火药五十斤。响铳药三十斤。

第五号艚船十二只（白沙六，石礐一，前司三，左司二。）

防船军器：燻铳一门，铁弹十个。狼机铳四架，铳子十二个，药九十斤，铅弹八十斤。百子铳四门，小铁子八十斤，药八十斤，铅弹三十斤。鸟铳十门，药六十斤，铅弹三十斤。挞刀十把，腰刀八把。过船枪八枝，小铁镖一百三十枝。钩镰刀、缭钩各十把。挨牌十面，藤牌八面。绑被三十五张，罟网二十五手。角弓二把，黎弓十把。翎箭三百枝。喷筒、火罐各十五个。神机箭一百二十枝。粗火药四十斤。响铳药二十斤。

六号艚船五只（白沙一，铺前一，前司二，右司二）。

防船军器：狼机铳三架，铳子九个，药七十斤，铅弹六十斤。百子铳三门，小铁子六十斤，药六十斤，铅弹三十斤。鸟铳八门，药四十斤，铅弹二十斤。挞刀八把，腰刀七把。过船枪七枝，小铁镖一百枝。钩镰刀、缭钩各八把。挨牌八面，藤牌七面。绑被二十张，罟网二十手。角弓口把，黎弓十把。翎箭三百枝。喷筒、火罐各十五个。神机箭九十枝。粗火药三十斤。响铳药三十斤。

七号艚船十六只清澜、铺前各二，石矿一，前司五。左司二，右司四。

防船军器：狼机铳至小铁镖九事及狼机箭俱同六号，而少藤牌以下共六事。钩镰、缭钩、挨牌、口口、喷筒、火罐各十个，狼机铳药六十斤，铅弹口口斤，百子铳药五十斤，鸟铳药三十斤，铅弹各半之，粗火药、响铳各三十斤。

八号艟艚六只（白沙四，铺前、左司各一）。

防船军器：狼机统二架，铳子六个，药五十斤，铅弹四十斤。百子铳二门，小铁子五十斤，药四十斤，铅弹二十斤。鸟铳七门，药二十斤，铅弹十斤。挞刀七把，腰刀六把。过船枪六枝，小铁镖九十枝。钩镰刀、缭钩各五把。挨牌五面，藤牌六面。绑被十五张，罟网十五手。角弓一把，黎弓七把。翎箭二百枝，喷筒、火罐各十二个。神机箭七十五枝，粗火药、响铳药各二十斤。

第八号长船七只（白沙五，清澜一，左司、右司各二）。

防船军器与艟艚同。

第八号唬船三只（俱白沙）。

防船军器：狼机铳一架，铳子三个，药四十斤，铅弹三十斤。百子铳一门，小铁子四十斤，药三十斤，铅弹十五斤。鸟铳六门，药十五斤，铅弹五斤。挞刀六把，腰刀五把。过船枪五枝，小铁镖八十枝。镰刀、缭钩各四把。挨牌四面，藤牌五面。绑被、罟网各十。翎箭二百枝。喷筒、火罐各九个。粗火药、响铳药各一十五斤。

第八号桨船八只（白沙四，清澜一，前司、右司各一）。

防船军器与唬船同。

陆营兵器：万历元年，置土浙兵营，除枪头、腰刀等各兵自备外，每营兵置兵器一千八百三十斤（即今扬威前后左右四营）。藤牌一百面，铁铳一百把，鸟铳一百门，细火药一百斤，火绳三百条，预备火药五百斤，铅弹五百斤，发煩三十门，神机箭一百枝。旧设各所备倭船兵器二百四十六件，万历九年置，四十年通判潘大熙议革百子铳四门、铅弹八斤，硝磺十三斤、鸟铳十二把、长枪十六枝、小箭镖二百枝、藤牌八面、鼓锣各二面、桅旗二面，各五幅长，长口尺，备倭船倍之。以上革废，姑志之□□□□。

按：琼卫所故有军器局，今迄久废，谓宜修复，以便营造而专责成。旧器具精矣。倘介胄之夫不闲投口之能，卒有缓急，不闻一矢□□□遗，弃甲曳兵而走，则何以器为哉！《易》称君子除戎器。《诗》咏饬戎车而归于有严有翼，洵□□□。请缨者口籍而按，戎器夫亦愈□□□。

（万历《琼州府志》，卷七《兵防志》）

鸟铳、鸟嘴铳：鸟嘴铳亦传自西番。卢镗破双屿，独善铳者，授其旨，系命马宪制器、李祝制药，始为精绝。其要在于炼铁。

［（明）谢杰：《虔台倭纂》，下卷《附图》］

有械咫尺，出自岛舶。具铳之型，焰烟小弱。支绪琐陈，炼钢而作。辐辏委蛇，洞空囊龠。节短势大，旋螺屈蠖。鱼乙畛分，犬牙绣错。关键相须，石金喷薄。浑合自然，不焚而灼。激射摧残，等于戏谑。迅击寻丈，不爽锱铢。蜕胎重器，巧捷于兹。触光毫末，锋镝为威。变生衽席，狃而不知。明信在躬，圣铁是衣。君子警斯，毋中于微。

（《澳门纪略》卷下，区怀瑞《机铳铭》）

明时红毛擅此大器，尝欲窥香山澳，胁夺市利。澳人乃仿为之，其制视红毛尤精，发时以铳尺量之，测远镜度之，靡不奇中，红毛乃不敢犯。……岁十月，肖楮为红毛夷缚而走于市，诸蕃手椎追击之，詈而出，歌而入，晚则焚于野，明季红毛夺澳市，澳夷怨之切，岁有举所以志之也。

（《澳门纪略》，卷下《澳蕃篇》）

维琏会同巡按福建监察御史路振飞，看得红毛一番，远去中国四万里，晨昏昼夜皆相反，后乃侵据咬嗜吧，营窟台湾。其人深目长鼻，赤须朱发，其性贼虐，尚仇杀，诸夷畏之。其舟长五十丈，横广六七丈，名曰夹版，内有三层，皆置大铳，外向可以穿裂石城，震数十里，人船当之粉碎，是其流毒海上之长技，有如此者夫。此夷前代不通中国，神宗皇帝朝，流劫两粤，及吕宋、香山澳夷皆为仇敌。

［（明）邹维琏：《达观楼集》，十八《奉剿红夷报捷疏》］

（天启元年二月）先是光禄寺少卿李之藻建议，谓城守火器，必得西洋大铳，练兵词臣徐光启因令守备孙学诗赴广，于香山澳购得四铳，至是解京。仍令赴广取红夷铜铳，及选募惯造惯放夷商赴京。

（《熹宗实录》卷十六）

（天启元年十一月丙寅）协理戎政李宗延言："《会典》所载，军器局造铜铳、信炮等项、兵仗局造火车、火伞、将军神枪等项，历朝火器黎然森列，中国长技宁有如此。第天下无百年不朽之物，国家无百年不变之法，则少任怨任劳之臣耳。查戎政，府库贮尚有科道赏剩，及臣等撙节公费银两，约一万五千余金。赵此三年罢操，动支制办火车、火器以备战守，委不可缓。"因荐原任副将王弘爵、旗鼓官王好贤、游击朱胜擢、见任坐营周基命，副将鲁钦堪委，及刑部尚书黄克缵、吕宋大炮都指挥使张懋忠铁铳车，雷州府海康县有红毛番大炮二十余位，肇庆府阳江县有东南夷大炮二十余位，俱堪取用……下兵部。

(《熹宗实录》卷十六)

奴酋作乱，失我辽左，于今五年矣！我所以御之者，莫如火攻；火攻之器，铳最良；铳之制造，西洋国最良；发铳之法，西洋国之人最良。天启元年，太仆少卿李公之藻奉朝命治战车、练火器。李公言于朝，请召西洋之贾于广东香山者，遂有学道人龙华民等，率其族二十四人，至于京师。图形上览，上嘉其忠顺，宴劳至再。居数月，教艺炼药，具有成绩，朝中诸公，请演于草场。发不费力，可及远，诸公奇之。演二月，若翰哥里亚炸殁焉！上闻悼惜，赐葬于西便门外，青龙桥之阳，柔远人也，奖忠义也。于是龙华民请何乔远碑之。

铭曰：西溟洋洋，黏天无垠，载厥瑰宝，航苇望墩。岭表海裔，以鬻以屯。钟自鸣时，镜可瞩氛；复有火器，一发百奔。天子召试，御我蹶魏。水治舟舼，陆饰车艰，教我和合，启我发奋。拖爆炸裂，死于厉薰；国瘝不辞，华暴斯芹。帝锡黄壤，宠之涂輀，形图丹陛，骨配苍珉。彼酋长庑，累世陪臣，朝贡不绝，燕赐良勤。官马布帑，压手金银，一朝跳梁，悖我抚嗔，瘠牛其畏，瘦狗徒狺。视此翰哥，如山比蛮，彼生而珍，此没而闻，遥遥西极，洸洸忠魂。我作铭传，垂示鸑鷟。

[（明）何乔远：《镜山全集》，卷六十六《钦恤忠顺西洋报效若翰哥里亚墓碑》]

（天启二年十月）太仆寺添注少卿管工部水司郎中事李之藻题以夷攻夷之策，内言西洋火铳可以制奴，乞招香山澳夷，以资战守。

(《熹宗实录》卷二十七)

（天启二年十二月）御史温皋谟为广东死事将士请给恤典言……又言：澳

夷火器可用，其人不可狎，乞募其器而罢其人。兵部复言：……详查至澳夷大炮，闻闽粤两有习其技者，但得数人转相传教，诚不必用夷人。上谓夷人已经该省遣发，著速前来。余依议行。

（《熹宗实录》卷二十九）

（天启三年四月辛未）辽事之告急也。光禄寺少卿管工部都水司郎中事李之藻言："制胜莫先大器，臣访知香山澳夷所传西洋大铳为猛烈神器。宜差官往购，但难得其器，苟无其人，铸练之法不传，点放之术不尽。乞行文粤中制按，将练器夷目招谕来京合用，饷廪从厚支给。"事下兵部，移文征取，至是两广总督胡应台遣游击张焘解送夷目七名，通事一名，兼伴十六名，赴京听用。

（《熹宗实录》卷三十三）

（天启六年闰六月丁未）恭顺侯吴汝胤疏言："广东尚有红夷神器，宜取以固京师。"得旨："这红夷神器广东尚有十门，着行该抚按差官勒限解进。"

（《熹宗实录》卷七十三）

（天启六年八月）壬戌，总督两广商周祚进红夷炮十。初万历末红夷船沉，炮已解京，尚存其十也。

[（明）谈迁：《国榷》，卷八十七《熹宗》]

（天启七年九月乙丑）两广总督商冉祚解到红衣铜铳二门、铁铳八门并铁弹并物等项，命贮戎政备用。

（《崇祯长编》卷二）

（崇祯三年正月壬寅）广东西洋澳夷陆若汉进大铳。

[（明）谈迁：《国榷》，卷九十一《思宗》]

（崇祯三年庚午二月庚申）两广总督王尊德疏奏："粤东原无大铳，昨海寇猖獗，地方需此至急，臣不得已，借用澳中大小二十具，中有铁铸大铳四具，询之则粤匠亦能办此。臣因购其工巧者，开炉备物，俾之冶铸，今已铸二百具矣。遇贼施放一弹，即成血路。臣试验后即拟铸解，适接邸报，见家辅被兵声势甚紧，城守所藉此铳为先，谨选其重二千七百斤者十具，所须圆弹三十枚，连弹三十枚，各重六斤。石弹十枚，重二千斤着四十具，所须圆弹三十枚，连弹三十枚，各重四斤，石弹十枚。又仿澳彝式制造班鸠铁铳三百具,一并解进,以为备御之用。"并言:"大铳十具,先行至今未达,实由沿途驿递以广东私事不允应付,更乞天语叮咛。"帝嘉其急公,令到日查处,沿途应付迟违,指参重处。

(《崇祯长编》卷三十一)

(崇祯三年庚午四月乙亥)礼部左侍郎徐光启奏遣中书姜云龙同掌教陆若汉、通官徐西满等,抵领勘合,前往广东省香山澳置办火器,及取差炮西洋人,赴京备用。

(《崇祯长编》卷三十三)

(崇祯四年正月己亥)问广东左布政使陆同礼……问海盗若何?曰:"广东之海盗,俱自福建突至,舟大而有火器,兵船难敌。但守海门,勿令登陆。"问澳夷利害?曰:"火器可用,人未可信。"

[(明)谈迁:《国榷》,卷九十一《思宗》]

机铳:澳门所居,其人皆西洋舶夷,性多黠慧。所造月影、海图、定时钟、指掌柜,亦有裨民事,其风琴、水乐之类,则淫巧诡僻而已。至如机铳者,名觑面笑,韬藏于衣袯之中,而突发于咫尺之际,杀机不测,良可寒心。其制也,小石如豆,啮庋函外,铁牙摩戛,火透函中,盖皆精铁分合而成。分之二十余事,邈不相属,合之各以牝牡橐龠相茹,纳纽篆而入蜗户,梏转相制,机转相发。外以五六铁椢椢之,大四寸,围长六七寸,以带系置腰间,带有铜圈,可插机铳二十枚。铅弹亦怀于身,用时乃入。弹重八九分,用止二枚,不可多,多则坏铳。危急时,一人常有二十铳之用,百不失一,此亦防身之奇技也。

[(清)屈大均:《广东新语》,卷十六《器语·机铳》]

按海朗兵册,现在官兵计百五十四员名,战船一十二只,东接广海,西界双鱼,楼船组练,雄据上游,屹然一天堑哉。第本港内通阳江、阳春等处,商贾辏集,奸宄易生,港中虽设有铳城,设有铳台三座,港门津要,似可资控守,但港外无台可振,势既孤悬,鬣港门而越铳城即北津抚民环居其地,此辈鹰眼未化,枭气犹存,每以缯艚出海捕鱼为生,若邀劫,若接济,若勾引,未可信其必无也。……若本寨去县城三十里,去所城二十里,所去县城则五十余里,所军弱不能支,而铳军少有可用,一值汛期,督发海朗陆哨官兵为犄角,庶几孤悬者不至为孤注耳。

[(明)冒起宗:《拙存堂逸稿》,卷六《文滕图说·海朗寨所图说》]

一、日本长岐地方。广东香山澳佛郎机番,每年至长岐买卖,装载禁铅、白丝、扣线、红木、金物等货,进见关曰,透报大明虚实消息,仍夹带倭奴,假作佛郎机番人,潜入广东省城,觇伺动静。……一、萨摩州。乃各处船只惯泊之处,今从此发,有往吕宋船三只、交趾船三只、柬埔船一只、暹逻船一只、佛郎机船二只,兴贩出没,此为咽喉也。一、器械不过黄硝、乌铅为害。硫黄系日本产出,焰硝随处恶土煎炼亦多,惟乌铅乃大明所出,有广东香山澳发船往彼贩卖,炼成铅弹,各州俱盛。其番鎗、弓箭、腰刀、鸟铳、铁牌、盔甲,诚亦不缺……

(《明经世文编》,卷四百《敬和堂集·请计处倭酋疏》)

凡铸炮,西洋、红夷、佛郎机等用熟铜造,信炮、短提铳,用生熟铜兼半造,襄阳、盏口、大将军、二将军等用铁造。

[(明)宋应星:《天工开物》,冶铸第九《炮》]

凡焊铁之法,西洋之国别有奇药。中华小焊用白铜末,大焊则竭力挥锤而强合之,历岁之久终不可坚。故大炮西番有锻成者,中国则惟事冶铸也。

[(明)宋应星:《天工开物》,锤锻第十《冶铁》]

至奇炮出于西洋与红夷,则东徂西数万里,皆产硫黄之地也。

[(明)宋应星:《天工开物》,燔石第十二《硫黄》]

第六章
文化交流

南海神庙：与府同，在城东南八十里，扶胥之口，黄木之湾，庙中有波罗树，又临波罗江，故世称"波罗庙"。……明洪武三年，始封"南海之神"。

（同治《番禺县志》，卷十七《建置略四》）

（洪武八年二月）癸巳，以外夷山川附祭于各省山川之次……广东则宜附祭三佛齐、爪哇……

（《太祖实录》卷九十七）

其三
海滨朝夕易炎凉，湿气蒸人沁薄裳。昨日崖州有船到，满城争买白槟榔。
其十二
谁跨鲸鲵斩断虹，海波飞立瘴云空。阇婆真腊船收澳，知是来朝起飓风。
其十六
南海庙前花草新，波罗垂实雨频频。遐荒只爱求奇气，两两来看种树人。

（汪广洋：《凤池吟稿》，卷十《岭南杂咏》）

广南富庶天下闻，四时风气长如春。长城百雉白云里，城下一带春江水。少年行乐随处佳，城南濠畔更繁华。朱帘十里映杨柳，帘栊上下开户牖。闽姬越女颜如花，蛮歌野曲声咿哑。苛峨大舶映云日，贾客千家万家室。春风列星艳神仙，夜月满江闻管弦。良辰吉日天气好，翡翠明珠照烟岛。乱鸣鼍鼓竞龙舟，争睹金钗斗百草。游冶留连望所归，千门灯火烂相辉。游人过处锦成阵，公子醉时花满堤。扶留叶青蚬灰白，盆饤槟榔邀上客。丹荔枇杷火齐山，素馨茉莉天香国。别来风气不堪论，寥落秋花对酒樽。回首旧游歌舞地，西风斜日淡黄昏。

（孙蕡：《广州歌》）

天妃行祠，海滨地皆有，而东莞则有二。一在县两百余里赤湾南山下，凡使外国者，具太牢，祭于海岸沙上，故谓"辞沙"，太牢去肉留皮，以草实之，祭毕，沉于海。

永乐初，中贵张公源使暹罗国，先祀天妃，得吉兆，然后辞沙。天妃旧有庙，公复建殿宇于旧庙东南，岁久，岿然尚存。去年冬，兵科给事中王公汝霖、行人刘公泰有占城之行，泊舟庙下，于神是祷，往返无虞。出钱两万缗，托东莞吴知县，于后建正殿四楹，易前殿为享堂，令巡检马善督工。刑科给事中陈公嘉猷、行人彭公盛大自满剌加国还，复发钱万缗，以相其事，不越月而成。吴君请言，记之石。

（嘉庆《新安县志》，卷二十三《艺文志》，黄谏《新建赤湾天后庙后殿记》）

新安赤湾天后庙，为省会藩篱之地，扼外洋要害之冲，护卫虎门、澳门以作保障，汇东北诸海以为归宿，外而占城、爪哇、真腊、三佛齐番舶来，尽莫不经由于此，然后就岸望海，若而朝宗，荷慈航之普渡，功施丕着中外蒙庥。往岁盗贼披猖，蔓延滨海，郡邑制府百都督童秉钺南来，命师剿捕，维时驻辖赤湾，舟船成市，车骑如流，官弁稽首，祷祀于后，将事之日，乘风克敌，转舵登陴，士无伤残，民无瘴疠，守御三年皆各安堵如故。惟补助顺，惟帝庸功，海氛荡平，海宁清晏……于是，环拜阶下，愿新作庙，以答宏庥。既而官各一方，不获协力成之。……因思赤湾为洋舶往来之所必经，富商巨贾既邀神助而享其利，必报神德而输其诚，乃偕同官捐资倡首，卜吉兴工……

（嘉庆《新安县志》，卷二十三《艺文志》，孙海观《重修赤湾天后庙引》）

波罗蜜：忆昔博望侯，空偏西域走。波罗拂林产，武帝曾识否。寥寥千载下，识者复谁某。怪哉段成式，秘检搜二酉。着此异木篇，其来也已久。何时来南海，名称小变旧。无乃西海舶，世远不可究。（作者自注："《隋书·四夷传》：'百济有异树名安罗婆'，《酉阳杂俎》唐段成式著《异木篇》云：'婆罗婆树，其实入瓮，出波斯国，佛国呼为阿苦䃾树，长五六丈，皮色青绿，叶极光净，冬夏不凋，无花结实，从树茎出。有壳裹之，壳上有刺，瓤至甘甜可食，核大如枣，一壳中有数百枚，核仁如栗黄炒，食甚美。'国初时，始产临高，及今邻邑大半有之，则是此种传来未久，当在元中叶也。大抵琼居绝岛，或者气候类西海，故极繁盛。宣德季年，内使岁取充贡，临高甚苦之。"）

[（明）王佐：《琼台外纪》]

家藏古铜镜，满面尘始拂。不但人妍媸，更可照百物。虽然明若此，其背暗如漆。妍媸既莫辨，百物亦尽匿。此镜从何来？异者不可诘。圆与荚钱同，净与云母匹。又若台星然，两比半天出。持之近眼眶，偏宜对书帙。蝇头琐细字，明莹类椽笔。余生抱书淫，视短苦目疾。及兹佐吏曹，文案夕未毕。太宰定知我，投赠不待乞。一朝忽得此，旧病觉顿失。谢却拨云膏，生白讶虚室。扁鹊见五脏，未必有奇术。随身或得此，遂使目光溢。世传离娄明，双睛不能没。千年黄壤间，化此直百镒。闻之西域产，其名殊不一。博物有张华。吾当从彼质。

[（明）吴宽：《家藏集》，卷二十三《谢屠公送西域眼镜》]

是时腊月，其国犹暑，民多裸袒，土著苎衣，南阡稻熟，北秧犹青。（正统）七年，正月上元夜，王请赏烟火，艺沉檀，燃火树，盛陈乐舞，每夜鼓，以八更为节。五月六日还，至七州洋，大风，舟几覆。正使舒某忧泣，不知所为。惠为文以祭祝融与天妃之神。俄而开霁，了见广海诸山。十五日遂收广海，复抵东莞。

[（明）严从简：《殊域周咨录》，卷七《占城》]

（正统十四年正月乙未）广东雷州府徐闻县男妇四人为人掠卖于安南国，至是絜家泛海来归……

（《英宗实录》卷一百七十四）

弘治中，给事中林恒复奉使行册封礼。刑部侍郎屠勋送林黄门诗曰："八月星槎万里行，载将恩雨过蛮城。更筹每用占朝暮，土色还应识地名。陆贾有才堪使粤，班生无处不登瀛。谁云此去沧溟远，飞梦时常到玉京。"大学士杨一清赠林黄门诗曰："百年文轨万方同，地尽暹罗古未通。封建屡崇昭代礼，揄扬兼伏使臣功。天连岛屿蛮烟静，日射沧溟瘴雨空。闻道越裳王化在，几多重译颂声中。"

[（明）严从简：《殊域周咨录》，卷八《真腊》]

（嘉靖十三年）一切东西都在广州这个临近大海的城市和一些位于淡水河畔的重要地方生产制造，然后将这些商品用各种各样的木船运进山里和广东、广西两省的其他地区；这些木船是用许多木料做成的，因为从广州到山区沿途没有用一棵树干就能造成一条船的大树。在离广州很远的广西，倒是造了一些大商船，但数量不多。总之一切东西都在广州及其周围地区，或在坦溶

（Tancao）附近生产然后运到各地。广州的船只如果在途中毁坏了，外省区是没法来救援的，因为没有陆路。这样一来，谁在广东占有地盘，并在自己的管辖范围内开通了河流，谁就拥有了一切。广东这个省最好的东西都在沿海一带，这个地带从海岸向内地延伸的宽度，大约为十二、十五或二十里格不等。在这一地区布满了大小河流，河里可以运输各种东西。这里的房舍是世上最好的，土地是世上最富饶的，世间的一切业绩都是在广东的地盘上创造出来的，因而这里是最值得征服的地方。毫无疑问，广东省享有比印度省更大的荣光。

广东省是中国最好的省区之一，是皇帝征收赋税的主要区域，这里拥有不计其数的稻米和其他食粮；全国的商品都汇集在这里进行交易，因为它毗临大海，别国的商品也运到这里来贸易；与此同时，皇帝从中征收大量关税，而那些官吏则从中收受大量贿赂。这个省的商人比其他任何省份的都富有，因为那些省区据说根本就没有什么商品交易。除广东省之外，中国没有其他任何一省同国外有商业往来，他们知道外部世界的情况很少，因为外人不能进入中国内地，中国内地的人们也不能到外界去。同外界的商品交易只是在海上进行，由于这样，广东这个省在海外非常出名，广州则成了中国全国对外贸易的中转站。与此同时，福建那里的贸易往来都不兴旺，外国人不到那里去。中国规定对外贸易只能在广东开展，其他省区不准进行，因为广东比其他任何省区更具有同外国人进行贸易的条件和能力。

广东省有十三个城府和七个"Chenos"（城市），后者是一些大城，但不能以城称之，另外还有一百个四周修筑有围墙的镇以及其他重要的地方。广东的一切好东西都集中一直延伸到海岸的沿海一带，那里的河流把土地切割成一块又一块的，江里都能行驶桨船，同时也能放运木筏。广东的城镇都位于江岸，要到那里去一般需要搭乘由纤夫拉着前进的船只，否则是去不了的。正如我们前面说过的，天底下没有任何地方的东西有这个地方的好，没有任何地方有像这里如此众多的人。在布满河流的沿海地区居住着许多人，在每条河流的岸边也居住着许多人，在每条河流的岸边也居住着许多人。在没有河流的地方，就没有这么多居民，甚至连前者的五分之一还不到。这里有各种各样的机械行业，其中工作着各种各样的工匠。比如：木匠、修船工、铁匠、石匠、瓦工、锯木工、仓储工。总之，这里生产着皇帝和城堡里所需的一切东西，每年都有四五千工匠在这里工作着，世上没有什么东西是他们不能创造出来的。

[澳门《文化杂志》编：《十六和十七世纪伊比利亚文学视野里的中国景观》之《广州来信（手稿）》]

广州城：备倭都指挥让他（费尔南·佩雷斯·德·安德拉德）派一名领

航员把他送往广州城。据他说那里有一条十分美丽的河流,河中有诸多小岛,有些小岛涨潮时被大水淹没。每个岛屿都那么葱茏翠绿,成群的野鸭在那里觅食,一个个建得像房子似的大木筏和岛屿相连,野鸭从木筏的门口自由飞翔出入。在该河流域,许多地方筑有围墙,里面有耕地、菜地和许多花圃,总之,所有的土地都充分利用了。因此,那里丰衣足食。三到七英寻宽的河流从城边流过,在那里可停泊大型船只。

城市似乎比埃沃拉要大,并筑有五英寻高的城墙,城墙两面由大红色大块石头砌成。城墙中间则用土夯实,城墙上设有了望孔和枪眼。城市(长官)经常下令清除城墙杂草。这座城墙建有七十八个了望塔,每个了望塔都有一根用树木做成的旗杆,每逢过节都悬挂旗帜。城墙四周有七个城门,每个城门有四扇大门关闭着。每扇门上都有了望孔,大门内侧则以铁板加固。然而,这铁板与其说是为了加固,还不如说是为了好看。每个城门上方都有很大的值勤房,可以容纳五百人。值勤卫士使用各种防御性和攻击性的武器日日夜夜地守卫在那里。

城墙的某部分已失修。我说过城墙是那么高大而且又用土夯实。城墙外有一条宽阔而美丽的护城河。因护城河地势较高,城内的水不可能到达那里,显然,护城河里的水是从那条河流而来。这条护城河有七座与城门相连的大桥。整个城市除了布政使的住宅外没有任何其他城堡。都堂不在时,由布政使管理城市。

这些住宅看起来十分结实,但实际上并非如此。它们都是平房,整个城市皆是如此,原因不得而知。这些房屋都是土坯墙,外墙涂有蚝壳制成的石灰浆,墙内则用大片木料加固,并油漆得十分漂亮。屋内有装饰着中国人崇拜的偶像的祭坛。宅院内的地面铺着好看的石板,院内水井的水质并不好。大部分住宅的大门口都有大树遮阳。城市里还有许多官员住的房子,比较美观。街道头尾都有类似凯旋门的木制牌楼,加工十分精细,也油漆得很好看。城市内还有许多中国人做的祈祷的庙宇,正如修道院和教堂,那里的水质十分清澈。

这个城市有一片狭长的郊区,一直延伸到河边。那里居住着无数平民、中国话称做官吏的贵族、商人和手工业者。那里出售的东西十分精巧,简直令人赞叹。城门日落而闭,日出而开。这主要是因为那里有许多盗贼。无论在郊区还是在城市里,管理得都那么严密,这与欧洲没有什么两样。中华帝国法令规定除了中国不容许任何外国人进入该城。就像刚才我所说的有无数的平民,在此河流和护城河中连绵不断排列着无数挤满了人的船只。许多人还以船为家。由此可见,城市里的人会在船上的人一样拥挤。这并不奇怪,因为那里既没有瘟疫，也没有战争和饥荒。

（澳门《文化杂志》编：《十六和十七世纪伊比利亚文学视野里的中国景观》之《葡萄牙人发现和征服印度纪事》）

王绰，字梅吾，千户所智裔孙也。以诸生中嘉靖乙卯、戊午两科武举，袭祖职，为宣武将军征讨岭西罗旁等处。贼平，升昭武将军，移镇澳门。初，番人之入市中国也，愿输岁饷，求近处泊舶。绰乃代为申请。其后番以贮货为名，渐结为舍宇，久之成聚落。绰以番俗骄悍，乃就其所居地中设军营一所，朝夕讲武，以控制之。自是番人受约束。绰卒，设位议事亭，番人春秋供祀事焉。

（乾隆《香山县志》，卷六《人物·武功》）

（乌雷岭）亘出大海，而近交趾，西望海东府在渺茫间，交船恒至此，闻交人每岁望祭之。

（嘉靖《钦州志》，卷一《山川》）

（澳门）居民几乎全是葡萄牙人，另有混血的基督教徒和当地人，虽然土地属于中国皇帝，他派官员驻该地征收税金，但居民受我葡萄牙国法律与规章所管辖，在下受任命的官员，由我王国指派，由各总督自印度派发。

该地有装饰华丽的寺院与教堂，公开进行礼拜圣事。有一位主教，称为中国主教，是由我王国派遣的，对该地区及日本有广泛的传教权，常驻该地。

（澳门《文化杂志》编：《十六和十七世纪伊比利亚文学视野里的中国景观》之《市堡书（手稿）》）

庞迪我，字顺阳，依西把尼亚国人。明万历二十七年乙亥至，即同西泰利先生进朝，遂留都中传教。后回粤卒，墓在香山嶴，所著各书：《七克》七卷，《人类原始》《庞子遗铨》《实义续编》《天神魔鬼说》《受难始末》《辩揭》。

[（清）王韬：《泰西著述考》，页二]

熊三拔，字有纲，意大理亚国人。明万历三十四年丙午至，传教北京。天启年间，钦取修历，后回广东卒。墓在香山嶴。所著各书：《泰西水法》六卷，《简平仪》，《表度说》。

[（清）王韬：《泰西著述考》，页三]

盖海外浮沉，一死事也。如到广东，不赴官府衙门挂号，即路上盘踞捉获，则外夷过海越关，是一死事也。若赴见官府衙门，则或不许前往，再送回本国，逆徒接取而杀之，又一死事也。或官府衙门恨其越度关津，前杀后奏，朝廷安知其是某人缘某事，空死道路，亦一死事也，且共论谓天朝教化风俗，本原教化者。

[（明）严从简：《殊域周咨录》，卷六《安南》]

从广州不断传来不利于外国人的谣言，据说他们修筑了肇庆塔，这使得这些受尊敬的人们感到不安。他们断定，修塔的费用约为五、六千金币，是由澳门的葡萄牙人支付的，教团是由他们支持的；他们在其中所能看出的唯一目的就是要给国家制造一场大灾难。这件事肯定是逃不过官府检察官的注意的。罪状很值得重述，因为撰写得很巧妙并按中文修辞的规矩，字斟句酌以加强说服力。因为我们将尽可能逐字逐句把它译出来，尽管我们认为用外语的奇特形式来表达，必定会使它丧失一些分量和天然的美妙。以下就是送呈检察官的控告书：

鉴于国法允许每个臣民向其官长申诉他认为有害公益之事，我们广州城的父老看到某些非常现象，以为应向您本地检察官，报告此事，从而由于您的干预而可以采取恰当补救办法。首先，您应该已获报导，现住居在肇庆省城的某些外国人，是从外国来此以期在中国境内定居。有严重的理由可以怀疑，他们的出现有甚于表面的情况，也就是说大难将落到国家头上。此事的证据是显而易见的，我们迄今所揭露的事实就可以充分证明。大批境外蛮夷之邦的外国人已经在香山县的澳门港登岸。现在他们正准备遣使皇上，看来他们以此为借口，希图进入我国，与我国人民进行土产交易以求互利。虽然他们尚未提出这类事项的申请，迄今也尚未能遣使；但他们仍不断腐聚于该港，若干年来一直进入内地，与当地人民交易，而对禁止外国人进入本国的法令置若罔闻。每年市集结束后，他们就扬帆返回国。近来他们开始兴建两层楼房，宛如蜂蚁一样聚集其中。

（利玛窦，金尼阁：《利玛窦中国札记》，第二卷第十二章）

大西国，在中国西六万里而遥，其地名欧海。国列三主：一理教化，一掌会计，一专听断。人皆畏听断者，而教化、会计独其尊等耳。旁国侵掠，亦听断者征发调度。然不世及须，其人素积望誉，年过八十而有精力者，众共推立之，故其权不久而劳于运用，人亦不甚歆羡之。地多犀象虎豹，人以捕猎为生，亦有稻麦菜茄之属。文字自为一体，不知有儒道释教，国中圣人皆秉教于天主。天主者，以为最初生人生物之主也，立庙共祠之。其言天地万物之理，与中国异，谓天有三十二层，地四面悬空，皆可着人。日大于地，地大于月，地之最高处有阙，日月行度适当，阙处则光为映蔽而食。五星高低不等，火最上，水最下，金木土参差居中，故行度周天有迟速。其言皆着图立说，亦颇有可采处。自古迄今，不知有中国，至世庙末年，国人利玛窦者，结十伴航海，漫游历千余国，经六万里，凡六年，抵安南而入广东界，时从者俱死。玛窦有异术，人不能害，又善纳气内观，故疾孽不作。居广二十余年，尽通中国语言文字。玛窦紫髯碧眼，面色如桃花，见人膜拜如礼，人亦爱之，信其为善人也。余丁酉秋遇之豫章，与剧谈，出示国中异物，一玻璃画屏，一鹅卵沙漏，状如鹅卵，实沙其中，而颠倒渗泄之，以候更数。携有彼国经典，彩霸金宝杂饰之，其纸如美妇之肌，不知何物也。云其国之树皮治，薄之如此耳。玛窦年已五十余，如二三十岁人，盖远夷之得道者，汗漫至此，已不复作归计。余赠之诗云：云海荡朝日，乘流信彩霞，西来六万里，东泛一孤槎。浮世常如寄，幽栖即是家，那堪作归梦，春色任天涯。彼真以天地为阶，囮死生为梦幻者，较之达磨流沙之来，抑又奇矣。

[（明）李日华：《紫桃轩杂缀》，卷一《大西国》]

近西域琍玛窦作自鸣钟，更点甚明，今海澄人能效作，人谓外国人巧于中国，不知宋蜀人张思训已为之，以木偶为七直人以直七政，自能撞钟击鼓矣。

[（明）姚旅：《露书》，卷九《南海》]

天妃于海神最灵。诸渡者必走谒祠问吉凶。或中流难起，则舟人匍匐叩神，望赤光荧薄帆樯则神来也，舟人无恐矣。以故濒海在在置祠。而涠洲孤岛立起海中，沃壤而隣于珠池。亡命啸聚，辄操大艇阑入剽窃，则居民载酒牛酏糈饷之。神恶其弗率也，时见梦于居民曰："若不捕奸而歹于佐奸，罪浮于奸。若不悛，大师且至。吾不能为若庇矣。"涠洲民惴惴大恐。而监司王公民顺、参军陈公居仁廉，得其状，谓全粤何赖于撮土而令之延□以种祸，宜罢之。便乃以事白制府吴公文华，请尽罢涠洲税而徙其民于内地。吴公报可。遂遣材官具舳舻载之。材官以告神，神欣然从也。乃奉其像舆，父老子弟俱来，悉入郡祠中。

（万历《雷州府志》，卷十一《秩祀志天妃庙》，《检讨邓宗龄记》）

（万历二十年）春，汤显祖路过广东肇庆，与两位西洋传教士在肇庆会晤，汤显祖吟有七绝，以记其事，诗云：
画屏天主绛纱笼，碧眼愁胡译字通。正似瑞龙看甲错，香膏原在木心中。

二子西来迹已奇，黄金作使更何疑？自言天竺原无佛，说与莲花教主知。

［（明）汤显祖：《汤显祖集》，卷十一《端州逢西域两生破佛立义，偶成两首》］

司空暹罗人，面手黑如漆。华风一来觐，登观稍游逸。戏向扶胥口，树两波罗蜜。欲表身后奇，愿此得成实。树毕顾归舟，冥然忽相失。虎门亦不远，决撒去何疾。身家隔胡汉，孤生长此毕。犹复盼舟影，左手翳西日。嗔匈带中裂，呴咙气喷溢。立死不肯僵，目如望家室。塑手一何似，光景时时出。墟人递香火，阴风吹崒峍。上有南海王，长此波臣秩。幽情自相附，游魂知几驲。至今波罗树，依依两蒙密。波声林影外，檐廊暝萧瑟。

［（明）汤显祖：《汤显祖诗文集》，卷十一《达奚司空立南海王庙门外》］

利玛窦坟

万历辛巳，欧罗巴国利玛窦，入中国。始到肇庆，刘司宪某，待以宾礼。持其贡，表达阙庭。所贡耶稣像、万国图、自鸣钟、铁丝琴等，上启视嘉叹。命冯宗伯琦叩所学，惟严事天主，谨事国法，勤事器算耳。玛窦紫髯碧眼，面色如朝华。既入中国，袭衣冠，译语言，躬揖拜，皆习。越庚戌，玛窦卒，诏以陪臣礼葬阜成门外二里，嘉兴观之右。其坎封也，异中国，封下方而上圜，方若台圮，园若断木。后虚堂六角，所供纵横十字文。后垣不琱篆而旋纹。脊纹，螭之岐其尾。肩纹，蝶之矫其须。旁纹，象之卷其鼻也。垣之四隅，石也，杵若塔若焉。衬左而葬者，其友邓玉函。函善其国医，言其国剂草木，不以质咀，而蒸取其露，所论治及人精微。每尝中国草根，测知叶形花色、茎实香味，将遍尝而露取之，以验成书，未成也。卒于崇祯三年四月二日。按西宾之学也，远二氏，近儒，中国称之曰西儒。尝得见其徒而审说之，大要近墨尔。尊天，谓无鬼神也。非命，无禨祥也。称天主而父，传教者也。器械精，攻守悉也。墨也，墨乃近禹。今其徒，晷以识日，日以识务，画分不足，夜分取之，古之人爱日惜寸分，其然欤？墓前堂二重，祀其国之圣贤。堂前晷石，有铭焉，曰："美日寸影，勿尔空过，所见万品，与时并流。"

景陵谭元春《过利西泰墓》：来从绝域老长安，分得城西土一棺。斫地呼天心自苦，挟山趣海事非难。私将礼乐攻人短，别有聪明用物残。行尽松楸中国大，不教奇骨任荒寒。

［（明）刘侗：《帝京景物略》，卷五《西城外》］

先是，有利玛窦者，自称大西洋人，居澳门二十年，其徒来者日众。……自明季利玛窦以天主教入中国，留都学士大夫至尊为极西圣人，闻于朝，召之入监，公卿以下咸重之。然一二有识之士，如郎中徐如珂、侍郎沈㴶、给事中晏文辉等，则深恶之，合疏斥其邪说惑众。会给事中余懋孳疏亦入，乃下放屏之令。……万历二十九年，利玛窦始以方物由中渭马堂进。

（《澳门纪略》，卷上《官守篇》）

在中华帝国，有一个岬角是广东省的一个半岛，上面有一座葡萄牙人的主教城，那就是澳门。耶稣会在澳门有座学院，里面一般住着三十位教士，但今年（1601）则近七十位，因为其中有些在1600年和1601年前往日本的教士在这里过冬。这所学院是两大传教事业（日本传教团和中国传教团）的神学院，研究人文科学、艺术和神学，即将到那一带各大基督教群体中工作的教士们在那里进修文学和神学。这所学院一般不接纳俗人皈依，因为没有教育新教徒所需的房子，不过每年都为一些信徒举行洗礼。

（澳门《文化杂志》编：《十六和十七世纪伊比利亚文学视野里的中国景观》之《耶稣会神父事务年度报告》）

（万历四十四年十二月丙午）命押发趋夷王丰肃等于广东，听归本国。先是远夷利玛窦偕其徒庞迪峨入京，上嘉其向化之诚，与之饩廪。玛窦死，复给以葬地。而其徒日繁，踪迹亦复诡秘。王丰肃等在留都，以天生教扇惑愚民，一时信徒者甚众。又盖屋于洪武冈，造花园于孝陵卫寝殿前。南礼部特疏参之，南部台省合疏参之，北科道诸臣参之，故南科臣晏文辉有速赐处分之请，而迪峨等亦刊揭逞辩，十里之远数日可达。人盖疑丰肃等为佛郎机夷种。及文辉疏下，礼部覆言："此辈左道惑众，止于摇铎鼓簧，倡夷狄之道于中国，是书所称蛮夷猾夏者也。此其闻系在世道人心，为祸显而迟。但其各省盘踞果尔，神出鬼没，透中国之情形于海外，是书所称寇贼奸宄者也。此其闻系在庙误国是，为祸隐而大，阁臣亦力言。"有旨："王丰肃等立教惑众，蓄谋叵测，可递送广东抚按，督令西归。其庞迪峨等，礼部曾言晓知历法，请与各官推演七政，且系向化来，亦令归迁本国。"

（《神宗实录》卷五五二）

（天启四年）吏科给事陈熙昌奏：蠔境丛奸更甚，酌处澳夷，事下所司。澳原无夷，非如黔之有苗种，与齐民襍处也。自佛朗机、猫眼儿挟资而来，无处棲泊，暂借浪白互市，然犹海外也。亡何而移入蠔境澳，则距香山县治仅数舍而遥。其初止搭窝铺，以汛为期，今则挈家至焉。盘踞其中，建屋建寺、建铳、建风讯庙。于海中青山建一大楼堡。藩育日多，骄悍日甚，杀民动以十数，有司莫知。间掠民子女，散而归国，获值数千倍。积硝磺，缮战具，养倭兵，设番哨，种种逆谋，然成一敌国矣。又有华人接济爪牙，彼尚未悉中国虚实，即或不逞，犹得以汉法事也。乃垄断之徒，肩摩毂击，杂迤澳中。谓无可结夷心，得夷利，则夷言、夷服、习夷教，几于夷夏一家。多方引诱，代为经营，令于住房外，据地以为疆，租民取息，每岁所入，不下二三千金。夷无斗、无尺、无秤，则与之较轻重、挈长短。不识字，不谙文义，则与之延师训子，甚且插藉纳监，以窃中国衣冠。旧年红毛报警，则与规画地基，鸠工筑城，名为防御红毛，其实沿海一带，并无堆土，依为埠，屹然成建瓴【瓴】之势。乃若番哨流毒，地方摆橹行舶者，皆沙湾、市底村人，打造铜铳、铜弹、刀鈚、千船万艘，皆径河塘、马滘、坑尾等村之人。小借此趁食，任从招摇，奸民敢于包揽，一呼而应。堂堂汉官，不难玩弄于股掌，街提调，犹曰非武弁即杂流。至市舶司，奏委抽盘，任綦重矣。勒屏左右，请以车往，一何亵也。夜半忽放火铳，如霹雳声，令司惊怖，不暇细盘，未达旦而返。过三巴寺，徘徊一望，不得其门而入。如此声势，如此诡秘，恐石勒、刘聪之祸复见于今日矣。

[（明）高汝栻：《皇明续纪三朝法传全录》，卷十三]

上帝圣名之城位于北纬二十二点五度、中华帝国沿海一个半岛南端，濒临大海，属于Noanxan这个大王国的省份之一广东省。我们的人和当地人称该半岛最末端为澳门。半岛长一里格，最宽的地方四百步。本市长半里格，最窄处五十步，最宽处三百五十步。本市可通向两个海，东边的海和西边的海，是东方最繁华的城市之一，与各地来往贸易兴隆，有大量各种财物和珍贵物品，有很多已婚者，他们比那个印度州的任何地方的人都更富有。

从尊贵的唐·曼努埃尔国王的一个使团于1518年第一次来到中国以后，葡萄牙人开始与这个王国的几个港口做生意，最后到了上川岛的港口，这是建立本市的开始；1552年，印度第二位使徒、本市（澳门）的保护神方济各·沙勿略在上川岛逝世。1555年，转往浪白滘岛进行贸易，1557年又转到本澳门港。1585年，唐·佛朗西斯科·马什卡雷尼亚什任印度总督期间，陛下把澳门提升为市，称为上帝圣名之城，授予基督十字架的城徽和埃武拉市享有的同样的特权。这里是使徒圣托梅沿海路从印度进入中国的大门，福音书也是在这时由耶稣教士们经这里带到这些王国及日本和交趾支那的，这是极大的荣耀，为教会增光。

本市的葡萄牙已婚者连同他们的子女有八百五十人，他们的子女比东方任何地方的人都健壮得多。他们都有六个武装奴隶，奴隶当中最多并且也最好的人都健壮的多。他们都有六个武装奴隶，奴隶当中最多并且也最好的卡菲尔人和其他民族的人。那些有巴隆船的人家由他们划着这种小船到那些岛屿附近游玩，他们的主人还可能有曼舒亚船，这种船比较大，可以用来为自己、为陛下做很多事情。

除了葡萄牙已婚者外本市还有数目大致相同的当地和中国基督教徒（他们占大部分，被称为Jurebacas）和其他民族的已婚者。葡人和这些人都有很精良的武器如火枪、矛和其他类似武器，没有六或十二条火枪以及同样数量的矛或标枪的葡人很少，他们把后者做成金黄色，同时也作为家里的装饰品。

此外，本市还有许多葡萄牙水手、领港员和大副，他们大部分在王国结了婚，另一些是单身汉，在日本、马尼拉、索洛、马卡萨和交趾支那航线上航行。这些人有一百五十以上，其中一些拥有大量货物，价值在五万多舍拉芬，他们绝不肯搬到果阿去，其原因要么是犯了什么罪不想受国王司法制裁，要么是不想让总督利用他们为陛下效劳。由于同样的原因，这里还有许多非常富有的单身汉商人。

本市还有管理战争事务的兵头，他有两名陆军上尉、两名少尉以及中士和班长、一名副官。另有一名王家法官和一名法官管理司法事务。王家法官的薪俸为十万雷伊，由马六甲海关支付。至于神职人员，有一位主教，现在已经死了，尚未来人替补，他的收入是两千舍拉芬，由马六甲海关支付。

运出货物的税在广州交纳，中国人这座城市与澳门之间有一条河相连，距离为三十里格；广州举办货市，其他地方也有许多货市。但这种事不能肯定，因为有时就少得多，比如中国人对葡萄牙人做的什么事情或者给他们的什么东西不满的时候，或者某个中国人被杀，这类事经常出现，这时他们便扣押前去取货物的兰特伊亚船，并且逮捕开货市的主要人物。在那里，中国人还给他们制造许多麻烦，偷窃行为也非常严重；中国人非常爱干这类事，即使卖很少的东西也总想方设法欺骗。

澳门的港口：

澳门市的港口入口原来非常宽，但当地的葡萄牙居民堵塞了一大部分，为的是荷兰人的大船不能开进来，除非沿上述圣地亚哥炮台那边的航道，该航道宽六英尺寻，深三英尺寻，里边更深一些，从入口往里直到最里边的青洲岛，总是有中国海军的六只班康船游弋，以监视和了解葡萄牙人在干什么事，是不是让外国人进入了澳门，这是他们严加防范的。

（澳门《文化杂志》编：《十六和十七世纪伊比利亚文学视野里的中国景观》之《要塞图册》）

《梅菉赋》注云：明季有淮澜人林某赴交趾，获得番薯，带回故乡，在广东广为种植。

[（清）梁兆茗：《梅菉志》，卷八《杂录》]

庭中产奇树，云是波罗蜜。婆娑摇翠枝，芬馨宛蟠实。枝枝郁相结，叶叶仍繁密。种从西域移，树向南海植。天香真旖旎，嘉荫凛淅沥。皓月影与澄，狂风讵能识。君子有至性，此中良不易。

[（清）屈大均：《广东文选》，卷二十九，郭棐《波罗树》]

赤湾，地滨大海，左控罗浮、梧桐之胜，右瞰虎门、龙穴之险，其地秀杰，其神灵异。凡出使外国，与占城、爪哇、真腊、三佛齐诸国入贡，悉经于此。宋宣和间，给事中高允迪使高丽，中流震风，神降于樯，赖以安济。明永乐八年，中使张源出使暹罗，乃于此立庙；赤湾有天后庙，自此始也。万历十四年，邑令王添筑大门外月池跨以石桥，桥前为牌楼，为窗十二。崇正八年，副总兵黎修前殿，以后殿为寝殿，大门及中殿，左右各置官房……

（嘉庆《新安县志》，卷二十三《艺文志》，蔡学元《重修赤湾天后庙记》）

其屋室四面板壁，从脊下出，地藉软草，坐胡床及凳。火食，饮西洋酒，味醇浓，注玻璃杯中，色若琥珀，无匙箸，用西洋布方尺许，置小刀其上，人一事手割食之。以瓦壶盥沐，水泻下不更濯。役使黑鬼。此国人贫，多为佛郎机奴，貌凶恶，须虬旋类胡羊毛，肌肤如墨，足趾疏洒长大者殊可畏。海水苦恶，中国人溺，须臾即死，黑鬼能镇日坐水底，取堕物如拾诸陆。元时仕宦家所用黑厮，国初西域进黑奴三百人，疑是此类。亦有妇人携来在岛，色如男子，额上施朱，更丑陋无耻，然颇能与中国交易。日余在番人家，见六七岁小儿啼哭，余问通事，番人所生耶？曰："非。是今年人从东莞拐来卖者，思父母哭耳。"番人多者养五六人，女子多者十余人，俱此类也。男子衣服如其状，女子总发垂后，裹以白布，上衣西洋布单衫，下以布横围，无内衣，赤脚，时十二月甚寒，亦止衣此。岛中男女为夷仆妾，何下千数，悉中国良家子，可恨可叹。

[（明）叶权：《贤博编·游岭南记》]

西洋之人，深目隆准，秃顶则髯。身着花布衣，精工夺目。语作撑犁孤涂，了不可解。税使因余行部，祖于海珠寺。其人闻税使宴客寺中，呼其酋十余人，盛两盘饼饵、一瓶酒以献。其饼饵以方尺帨覆之，以为敬。税使悉以馈余。饼饵有十余种，各一其味，而皆甘香芳洁，形亦精巧。吾乡巨室毕闺秀之技以从事，恐不能称优孟也。帨似白布，而作水纹，精甚，亦吾乡所不能效。今与瓶酒俱拟持归，以贻好事者。

西洋古里，其国乃西洋诸番之会。三四月间入中国市杂物，转市日本诸国以觅利，满载皆阿堵物也。余驻省时，见有三舟至，舟各赍白金三十万投税司纳税，听其入城与百姓交易。

西洋之人往来中国者，向以香山澳中为舣舟之所，入市毕，则驱之以去。日久法弛，其人渐蚁聚蜂结，巢穴澳中矣。当事者利其入市，不能尽法绳之，姑从其便，而严通澳之令，俾中国不得输之米谷种种，盖欲坐而困之，令自不能久居耳。然夷人金钱甚伙，一往而利数十倍，法虽严，不能禁也。今聚澳中者，闻可万家，已十余万众矣。此亦南方一痈也，未审溃时何如耳！

[（明）王临亨：《粤剑编》，卷四《志外夷》]

澳中夷人，饮食器用无不精凿。有自然乐、自然漏。制一木柜，中寘笙簧数百管，或琴弦数百条，设一机以运之。一人扇其窍，则数百簧皆鸣；一人拨其机，则数百弦皆鼓，且疾徐中律，铿然可听。自然漏，以铜为之，于正午时下一筹，后每更一时，筹从中一响，十二时乃已。其他传神及画花木鸟兽，无不逼真，塑像与生人无异。刘天虞为余言：向往澳中，见塑像几欲与之言，熟视而止。

番人有一种，名曰黑鬼，遍身如墨，或云死而骜其骨亦然。能经旬宿水中，取鱼虾，生啖之以为命。番舶渡海，多以一二黑鬼相从，缓急可用也。有一丽汉法者，谦于余，状貌奇丑可骇。侍者为余言：此鬼犴狉有年，多食火食，视番舶中初至者晢白多矣。然余后纤狱香山，复见一黑鬼，禁已数年，其黑光可鉴，似又不系火食云。

辛丑九月间，有二夷舟至香山澳，通事者亦不知何国人，人呼之为红毛鬼。其人须髪皆赤，目睛圆，长丈许。其舟甚巨，外以铜叶裹之，入水二丈。香山澳夷虑其以互市争澳，以兵逐之。其舟移入大洋后，为飓风飘去，不知所适。

西番银，范如钱形，有细纹在两面。

天鹅绒、琐袱皆产自西洋，会城人效之，天鹅绒赝者亦足乱真，琐袱真伪不啻霄壤。

[（明）王临亨：《粤剑编》，卷三《志外夷》]

滇海吞吐百粤，崩波鼓舞百十丈，状若雪山。尝有海神临海而射，故海浪高者既下，下者乃复高，不为民害。父老云：凡渡海至海安所，闻涛声哮吼，大地震动，则知三四日内有大风雨，不可渡。又每月十八日勿渡，渡则撄海神之怒。又云：凡渡海，风波不起，岛屿晴明，忽见朱旗绛节，骖驾双螭，海女人鱼，后先导从，是海神游也。火长亟焚香再拜则吉，其或日影向西，巨舶相遇，帆樯欹侧，楼舵不全，或两或三，时来冲突，火长必举火物色之，举火而彼不应，是鬼船也。火长亟被发掷钱米以厌胜，或与之决战，不胜，必号呼海神以求救。海神甚灵。嘉靖间有渡琼海者，见海神特立水上，高可丈余，朱发长髯，冠剑伟丽，众惊伏下拜……民之生长于雷、琼，其不幸若是。然今粤人出入，率不泛祀海神，以海神渺茫不可知。凡渡海自番禺者，率祀祝融、天妃，自徐闻者，祀二伏波。祝融者，南海之君也。虞翻云，祝，大也。融，明也。南海为太明之地，其神沐日浴月以开炎天，故曰祝融也。祠在扶胥江口，南控虎门，东溯汤谷，朝暾初出，辄见楼殿浮浮，如贝阙鲛宫，随潮下上。每当天地晦冥，鲸去鳌掷，飓风起乎四方，雾雨迷其咫尺，舟中之人，涕泣呼号，皆愿少缓须臾之死以请于祝融。其声未干，忽已天日晴朗，飘行万里，如过衽席。而天妃神灵尤异，凡渡海卒遇怪风，哀号"天妃"，辄有一大鸟来止帆樯，少焉红光荧荧，绕舟数匝，花芬酷烈，而天妃降矣。其舟遂定得济，又必候验船灯，灯红则神降，青则否。其祠在新安赤湾，背南山，面大洋，大小零丁数峰，壁立为案，海上一大观也。凡济者必祷，谓之"辞沙"，以祠在沙上故云。而二伏波将军者，专主琼海，其祠在徐闻，为渡海之指南。苏子瞻云：自徐闻渡海适朱，南望连山，若有若无，杳杳一带耳。舣舟得济，股栗魂丧，相庆再生，咸以伏波为恩我。李伯纪常祷于二将军，北得生还，乃书子瞻所作碑，刻石祠中。祠有二，正祠为新息，别祠为邳离。

[（清）屈大均：《广东新语》，卷六《神语·海神》]

伏波神，为汉新息侯马援。侯有大功德于越，越人祀之于海康、徐闻，以侯治琼海也。又祀之于横州，以侯治乌蛮大滩也。滩在横州东百余里，为西南湍险之最，舟从牂牁至广必经焉。滩有四，曰雷霹，曰龙门，曰虎跳，曰挂舵。每滩四折，折必五六里，出入乱石丛中，势如箭激，数有破溺之患。夹岸皆山，侯庙在其北麓，凡上下滩者必问候，侯许乃敢放舟，每岁侯必封滩十余日，绝舟往来。新舟必磔一白犬以祭。有大风雨，侯辄驾铜船出滩，橹声喧阗，人不敢开篷窃视。晴霁时有铜篙铁桨浮出，则横水渡船必破覆，须祭禳之乃已，此皆侯之神灵所为云。凡过滩，每一舟拨招者四人，使舵者四人，前立望路者一人。左右侧竖其掌则舵随之，然此地仅一姓人知水道，世为滩师，余人则否，其人亦马流遗裔也。滩为交趾下流，征侧叛时，侯疏凿以运楼船，至今石势纵横，宛如壁垒，大小石分曹角斗，奇阵森然，戈甲之声，喧阗十余里外，侯威灵盖千年一日也。祠中床、帐、盘、盂诸物，祝人拂拭惟谨。居民每食必以祭，事若严君。予亦尝以交趾珠为荐，珠者薏苡也。

伏波祠广东、西处处有之，而新息侯尤威灵，其庙在交趾者，制狭小，周遭茅茨失火，庙恒不及，交趾绝神之。交趾人每惧汉人诉其过恶于侯而得疫病，于是设官二人守庙，不使汉人得入。而其君臣入而祭者，必膝行蒲伏，惴惴然以侯之诛殛为忧。侯之神长在交趾，凡以为两广封疆也。

[（清）屈大均：《广东新语》，卷六《神语·伏波神》]

天妃庙，鉴江东，神闽人，生而知人祸福，卒而神游海上。国朝封为天妃，航海者祷之辄应。

（万历《高州府志》，卷二《祀典》）

初，海南有天妃庙，凡放洋往还皆敬事之。

（光绪《广州府志》，卷七十八《前事略四·明》）

佛郎机国：在爪哇南，其人好食小儿，以火铳自卫。嘉靖初赴广东入贡，潜掠小儿煮食，海道汪鋐以兵擒之。

（万历《琼州府志》，卷八《海黎志》）

黑人：林邑记，有儋耳民以黑为美。《离骚》所谓玄国，即今儋州也。其地在大海中，民若鱼鳖。鱼鳖性属火而喜黑，水之象黑，儋耳民亦水之族，故尚黑也。然儋州今变华风，绝无缓肩镂颊、耳穿缒为饰之状，独暹罗、满剌伽诸番，以药淬面为黑，犹与古儋耳俗同。予诗："南海多玄国，西洋半黑人"谓此。予广盛时，诸巨室多买黑人以守户，号曰"鬼奴"，一曰"黑小厮"。其黑如墨，唇红齿白，发鬈而黄，生海外诸山中，食生物，捕得时与火食饲之，累日洞泄，谓之换肠。此或病死，或不死即可久畜。能晓人言，而自不能言。绝有力，负数百斤。性淳不逃徙，嗜欲不通，亦谓之野人。一种能入水者，曰"昆仑奴"，《记》称龙户在儋耳。其人目睛青碧，入水能伏一二日，即昆仑奴也。唐时贵家大族多畜之，有南海郡守，常赠陶岘昆仑奴摩诘哥，勇健善浮游入水。永乐间，娑罗国东王西王，遣使来朝，以黑小厮充贡物，亦是此种。其曰"犺"者，出暹罗之崛垅，举族巢林樾中，有同猿猱，身短小精悍，圆目黄睛，性专悫不知金帛。夷獠谙其性，常驯扰以备驱使，蒙以敝絮，食以鲡鲅，饮以漓酒，即跃然欢喜，举族受役，至死不辞，虽历世不更他姓。尝使之采片脑、鹤顶，皆如期而获。授以毒镖，有犀象辄往刺之，升木而匿，犀象怒，索之弗得，移时毒发而毙。犹取其齿角以输主人，他姓夺之，亦至死弗畀也。有曰奴团者，出暹罗国，暹罗最右僧，谓僧作佛。佛乃作王，其贵僧亦称僧王，国有号令决焉。有罪者没为奴团，富豪酋奴团至数百口，粤商人有买致广州者，皆鬈黑深目，日久亦能粤语。又红毛舶至，常以白小子赠人，长仅尺许，面与手足皆如玉雪，独发绀耳。见人辄能脱帽跪拜，语甚细，咿嘤不可辨，云小人之国所产，男女皆然，不能耕种，有自然粉豆取食可以饱云。

[（清）屈大均：《广东新语》，卷六《人语·黑人》]

其国人惟三等：回回人、唐人、土人。（回回人皆诸番商之流寓者。唐人皆广、漳、泉人窜居者，服食俱美洁。）

（《西洋朝贡典录》，《爪哇国·第三》）

杜板，番名赌班。此地约千余家，中国广东及漳州人多逃居于此，以二头目为主。其海滩上有小池，甘淡可饮。……

杜板向东行半日许至新村，番名革儿昔。此地原为枯滩，因中国人逃来，遂名新村，至今村主广东人也。约千余家。各处番舡皆聚此，出卖金宝石及一应诸番货。居人甚殷富。

[（明）巩珍：《西洋番国志》之《诸番国名·爪哇国》]

杜板番名赌斑，地名也。此处约千余家，以二头目为主。其间多有中国广东及漳州人流居此地。鸡、羊、鱼、菜甚贱。……于杜板投东行半日许，至新村，番名曰革儿昔。原系沙滩之地，盖因中国之人来此创居，遂名新村，至今村主广东人也。约有千余家，各处番人多到此处买卖。其金子诸般宝石一应番货多有卖者，民甚殷富。

[（明）马欢：《瀛涯胜览·爪哇国》]

而其国人有三等，一等西番回回人，因作商贾流落于此。日用饮酒清洁。一等唐人，皆中国广东及福建漳、泉州下海者，逃居于此。日用食物亦洁净。皆投回回教门。

[（明）巩珍：《西洋番国志》之《诸番国名·爪哇国》]

国语颇似广东乡谈音韵。民俗嚣淫，好习水战。

[（明）马欢：《瀛涯胜览·暹罗国》]

海獠，凡浮海自东西二洋而来者皆是也。南有八蛮：曰天竺，曰咳首，曰僬侥，曰跛踵，曰穿胸，曰儋耳，曰狗轵，曰旁春，凡此八者，自有荒服以来名号不知其几变矣。周官设象胥掌之其语言，固可译而知也。然其名名号之变，史不能详。惟汉明帝时天竺浮屠胡法始入中国。其俗舍身焚尸，谓之荼毗，今僧学佛者犹然，小民火葬效之，华风坏矣。永平十七年，儋耳、僬侥等国贡献，由元帝先此弃朱崖故儋耳复为岛夷，今则已属琼州，皆中国人居之。声名文物化于华夏，无复缓肩镂颊之状，而西北贾胡有□耳垂环而至者（《山海经》：儋耳之国在大荒，此任姓号禺子，食谷此海渚中。郭璞注云："其人耳大，下儋垂在肩上，朱厓镂尽，其耳亦以仿之也。"）

僬侥乃永昌徼外夷，其人长三尺，而诸番黑小厮或充贡物。而咳首等种，大抵皆海獠也。日南徼外占城以至西域默德那国，其教专以事天为本，而无像设。（其经有三十藏，凡三千六百余卷，其书体旁行，有篆、草、楷三法，今西洋诸国皆用之。又有阴阳、星历之类。）其地虽接天竺而与佛异，俗重杀，非同类杀者不食。不食豕肉，谓之回回、色目教门。今怀圣寺有番塔，创自唐时，轮囷直上，凡十六丈五尺，每日礼拜者是也。然亦有占城诸国人杂其间，多蒲及海姓，渐与华人结姻，或取科第。宋余靖尝言："越台之下，胡贾杂居。"岳珂桯史则谓为番禺海獠云。（桯史：番禺有海獠杂居，其最豪者蒲姓，号曰番人，本占城之贵人也。既浮海而遇风涛，惮于复反，乃请于其主，愿留中国，以通往来之货。主许焉，舶事寔赖给其家。岁益久，定居城中，屋室稍侈靡逾禁。使者方务招徕，以阜国计，且以其非吾国人，不之问，故其宏丽奇伟，益张而大，富盛甲一时。绍熙壬子，先君帅广，余年甫十岁，尝游焉。今尚识其故处，层栖杰观，晃荡绵亘，不能悉举矣。然稍异可纪者，亦不一，因录之以示传奇。獠性尚鬼而好洁，平居终日，相与膜拜祈福。有堂焉，以祀名，如中国之佛，而实无像设，称谓聱牙，亦莫能晓，竟不知何神也。堂中有碑，高袤数丈，上皆刻异书如篆籀，是为像主，拜者皆向之。旦辄会食，不置匕箸，用金银为巨槽，合鲑炙、粱米为一，洒以蔷露，散以冰脑。坐者皆置右手于褥下不用，曰此为触手，惟以溷而已，群以左手攫取，饱而涤之，复入于堂以谢。居无溲匽。有楼高百余尺，下瞰通流，谒者登之。以中金为版，施机蔽其下，奏厕铿然有声，楼上雕镂金碧，莫可名状。有池亭，池方广凡数丈，亦以中金通甃，制为甲叶而鳞次全，类今州郡公宴燎箱之为而大之，凡用鈺铤数万。中堂有四柱，皆沉水香，高贯于栋，曲房便榭不论也。尝有数柱，欲□于朝，舶司以其非常有，恐后莫致，不之许，亦卧虎下。后有窣堵波，高入云表，式度不比它塔，环以甓，为大址，絫而增之，外圜而加灰饰，望之如银笔。下有一门，拾级以上，由其中而圜转焉如旋螺，外不复见其梯磴。每数十级启一窦，岁四五月，舶将来，群獠入于塔，出于窦，啁哳号呼，以祈南风，亦辄有验。绝顶有金鸡甚钜，以代相轮，今亡其一足。）……

成化四年，都御史韩雍修寺，所以留达官指挥阿都剌等十七家居之。（番言阿都剌为满剌，华言师父也）达官本蒙古人，杂领色目始此。

（嘉靖《广东通志》，卷六十八《外志》；万历《广东通志》，卷七十《杂蛮》）

番商者，诸番夷市舶交易纲首领也，自唐设结好使于广州，自是商人立户迄宋不绝，诡服殊音，多留寓海滨湾泊之地，筑室联城，以长子孙。使客至者，往往诧异，形诸吟咏。（唐陆龟蒙诗："居人爱近沈珠浦，候吏多来拾翠洲。寘税尽应输紫贝，蛮童多学佩金钩。"宋丘浚诗："碧睛蛮婢头蒙布，黑面胡儿耳带环。几处楼台皆枕水，四周城郭半围山"。）

宋时商户巨富，服饰皆以金珠罗绮，器用皆金银器皿，有凌虐土著者，经略帅府辄惩之，华人有投充番户者必诛无赦。淳化五年二月癸卯，南海商人献吉贝布画海外蛮图及猩猩图玉带，上于北苑君近臣观之天圣，后留寓益伙，伙首住广州者谓之番长，因立番长司。大食国舶主蒲希审屡贡，诏赐黄金准其所贡之直，禁网踈阔，夷人随商翱翔城市，至有蛮媪卖药。（《投荒录》：在番禺，端午闻街中喧笑，讶召之，乃蛮媪，荷山川异草鬻富家妇女为媚男药者，或抽金簪解耳珰偿其值。）熙宁中，其使辛押陀罗授怀化将军，乞统察番长司公事，诏广州裁处，其后辩告户绝。……遂立番坊，夷人有居琼管者立番民所。（《投荒录》：琼管夷人食动物，凡蝇蚋、草虫、蚯蚓尽捕之。入截竹中炊熟，破竹而食。顷年，以广州番坊献食，多用糖蜜脑麝，有鱼虽甘旨，而腥臭自若也，唯烧笋菹一味可食。先公使辽，日供乳粥一椀，甚珍，但沃以生油，不可入口。论之使去油，不听，因给令以他器贮油，使自酌用之，乃许，自后遂得淡粥。大率南食多盐，北食多酸，四夷及村落人食甘，中州及城市人食淡，五味中唯苦不可食。）洪武初，令番商止集舶所，不许入城，通番者有厉禁。正德中，始有夷人私筑室于湾澳者，以便交易。每房一间，更替价至数百金。嘉靖三十五年，海道副使汪柏乃立客纲、客纪，以广人及徽、泉等商为之。三十八年，海寇犯潮，始禁番商，毋得入广州。

（嘉靖《广东通志》，卷六十八《外志五·杂蛮》；万历《广东通志》，卷七十《杂蛮》）

其海外杂国若耽浮罗、流求、毛人、夷亶之州，林邑、扶南、真腊、于陀利之属，东南际天地以万数，或时候风潮朝贡，蛮胡贾人舶交海中。若岭南帅得其人，则一边尽治，不相寇盗贼杀，无风鱼之灾，水旱疠毒之患，外国之货日至，珠、香、象、犀、玳瑁奇物溢于中国，不可胜用，故选帅常重于他镇。非有文武威风，知大体，可畏信者，则不幸往往有事。……

自蚬冈以南濒海，种蔬水上为圃。（《玉堂闲话》：广州番禺，常有俚人牒诉，云：前夜亡失蔬圃，今见在某处，请县宰判状往取之。诘之，则云：海之浅水中有荇藻之属，风沙积焉，某根厚三五尺，因垦为圃，以植蔬。夜为人所盗，咨之百里外，若浮筏故也。）

（嘉靖《广东通志》，卷六十八《外志》；万历《广东通志》，卷七十《杂蛮》）

鬼奴者，番国黑小厮也。广中富人多蓄鬼奴，绝有力，可负数百斤。言语嗜欲不通，性淳，不逃徙，亦谓之野人。其色黑如墨，唇红齿白，发鬈而黄，有牝牡。生海外诸山中，食生物，采得时与火食饲之，累日洞泄，谓之换肠。此或病死或不死即可久畜。能晓人言而自不能言，有一种近海者，入水眼不眨，谓之昆仑奴，唐时贵之家多畜之。

永乐四年，婆罗国东王西王各遣使来朝，以黑小厮充贡物。（《海语》：圆目黄睛，性绝专憨，木食如猿，徐近烟火，泪目死，出暹罗。）畲蛮岭海随在皆有之，以刀耕火种为名者也，衣服言语渐同齐民，然性甚狡黠。每田熟报税，与里胥为奸，里胥亦凭依之。近海则通蕃，入峒则通猺，凡田潭矿场有利者皆纠合为慝，以欺官府。其害惨于甲兵，广惠雷廉罗其毒螫而事不发者，里胥庇之也。……惠之归善、海丰，广之从化、香山皆有银矿。畲蛮招集恶少，投托里胥，假为文移，开矿取银，同行劫掠。香山恭常都鸡拍村银涌角宋初产银，取上供，属广州宜禄场。……广东廉访使黄烈奏言，矿内脉苗微甚，而浮冗之人以纳官为名，发毁民田，骚动邀贩，诏罢宜禄场，令官封之，违禁者诛。逾三百年人无敢发者，至是，顺德豪民勾引势家，纠集逃叛及白水贼徒，捏朝旨执照，开矿采煎，村民初犹拒之，其后力不能胜，尽被屠戮，而淫其妻女，使供炊爨，每岁得银渐至千余两。嘉靖甲辰，苗脉已尽，贼徒乃散，然其地鸡犬桑柘亦俱尽矣，迩来海氛滋多，皆此类。

又南三灶山抵海洋蕃国，有田三百余顷，极其膏腴，玉粒香美甲于一方。在宋为黄字，上下二围。元时海寇刘进据之。洪武初属黄梁籍，居民吴进添通蕃为乱，花茂奏讨平之，悉迁其余党，诏虚其地，除豁田税，永不许耕。岁令官军千人防守。

正德中，南海势家以新会虚税影占，亡命之徒附之，招合畲蛮，立为十里，聚众盗耕。嘉靖十五年，该都里排赎为己业，已而有钱备者素通蕃舶，恃强冒夺，与畲蛮霸耕，伪立文案，与里排分上下围管业。至是，邓迁申明上司丈量余田，归官收租贮预备仓，里排与通猺畲蛮仍复侵据，号召海寇，大为民害。

（嘉靖《广东通志》，卷六十八《外志五·杂蛮》；万历《广东通志》，卷七十《杂蛮》）

先是，吕宋国王兄弟勇甚，既为佛郎机所戕，辄崇于国。国人每值死日，夷僧为摽牛厌之。摽牛者，栅木为场，置牛数十头于中，环射之。牛叫掷死，以此逐鬼云。性婪甚，靡国不至，至则谋袭人。吕宋、满剌加遂至易社。在吕宋者，初尝攻破婆罗。婆罗放药水毒杀之，故奔吕宋。其在中国香山盘据，为日已久，今则马非马、驴非驴。俨然金城，雄其澳中矣。（《广东通志书》曰：佛郎机素不通中国。正德十二年驾大舶突至广州澳口，铳声如雷，以进贡为名，抚按查无《会典》旧例，不行，乃退泊东莞南头，盖房树栅，恃火铳自固。御史邱道隆、何鳌前后具奏，皆言残逆称雄逐，其国主先年潜遣火者亚三，假充满剌加使臣，风飘到澳，往来窥伺熟我道途，略买小儿，烹而食之。近日满剌加国王奏其夺国，雠杀等情，屠掠之祸，渐不可长，宜即驱逐，所造房屋、城寨、尽行拆毁。诏从之。海道副使汪鋐帅兵至，犹据险逆战。商人凿舟用策，乃悉擒之，余皆遯去。嘉靖中，党类更番往来，私舶杂诸夷中为交易。首领人皆高鼻白皙，广人能辨识之。方言谓：天为西罗，日为梭罗，风为绵除，山为文池，真珠为亚思佛，玳瑁为实除奴牙，犀角为亚里高佛，金为阿罗，银为巴劳礁。）

（《东西洋考》，卷五《东洋列国考·吕宋》）

番禺有海獠，其最豪者蒲姓，本占城之贵人。因浮海惮于复反，请其主，愿留以通往来之货。岁久，定居城中，屋室侈靡，富甲一时。其俗尚鬼，终日膜拜祈福。有堂焉，以记名，如西方之佛而无像设，称为聱牙人。堂中有碑，上刻异书如篆，籀是为像主，拜者皆向之。旦辄会食，不置匕箸，用金银为巨槽，合鲑炙、粱米为一，洒以蔷露，散以冰脑。坐者皆置右手于褥下不用，以左手攫取，饱而涤之。（《桯史》）

（道光《广东通志》，卷三百三十《列传六十三·岭蛮、外番》）

盖水路之道四达，而番商海舶之所凑也。犀象、珠玑、□香、灵药、□丽、玮怪之物所聚也。四方之人杂居于市井，轻身射利出没波涛之间，冒不测之险，死且无悔。彼见殖货浩博而其效且速，好义之心不能胜于利欲，岂其势使然欤。

（嘉靖《广东通志》，卷二十《风俗》）

五岭之外，号为乐土。滨海一带岛夷之国数十，虽时时出没，要其志在贸易，非盗边也。然诸郡之民恃山海之利，四体不勤，惟务剽掠，有力则私通番，无事则铤身为盗，抨鼓之警，弥满山谷。

（嘉靖《广东通志》，卷二十《风俗》）

琼州风俗，自宋播占城禾种，夏种秋收。

（嘉靖《广东通志》，卷二十《风俗》）

其国四乡。初至杜板，仅千家，二酋主之，皆广东漳泉人，流寓最久。又东行半日，至厮村，中国人客此成聚落，遂名新村，约千余家，村主广东人。番舶至此互市。又南水行可半日，至淡水港乘小艇，行二十余里至苏鲁马，亦有千余家，半中国人。

［（明）严从简：《殊域周咨录》，卷八《爪哇》］

气候常热，米谷丰足，地广人稠，俗富饶，亚于爪哇。产龙涎香、乳香。货用金钱、铜钱、青花白磁器、色缎、色绢之属。其道由广东至京。

［（明）严从简：《殊域周咨录》，卷九《苏门答剌》］

琵琶洲上香山澳，来往初通海上嵯。渐习文书通汉语，别居城郭慕中华。余甘却载西商舶，吉贝先归市令家。岛寇须防勾引渐，斧柯莫待蘖萌芽。

［（清）朱彝尊：《明诗综》，卷五十五《王穉登·边警》］

龙脑及膏香皆出番舶。

鸡骨者出番舶，似丁香而不同。

补骨脂：一名破故纸。本生岭南诸州，不及番舶者佳。

没药：生南海诸国，岭南或有之。株似橄榄，叶青而密，岁久液流滴在地，凝结成块，治折伤金创。

草澄茄：生佛誓国，广东亦有之。

藿香：《南州异物志》藿香出海远国，形如都梁，可着衣服巾。

（嘉靖《广东通志》，卷二十三《民物志》）

人尤重杀,非同类杀者不食。不食豕肉,每岁斋戒一月,沐浴更衣。居必异常处,每日西向拜天。国人尊信其教,虽适殊域,传子孙累世不敢易。今广东怀圣寺前有番塔,创自唐时。轮囷直上凡十六丈有五尺,日于此礼拜。其祖浙江、杭州亦有回回堂,崇峻严整,亦为礼拜之处焉。主其教者或往来京师,随路各回,量力赍送如奉官府云。

按回回祖国,史正纲以为大食,《一统志》以为默德那。据其教崇奉礼拜寺,四夷惟天方国有其寺,或实天方也。入中国自隋时,自南海达广。其教有数种,吾儒亦有不如者。富贵、贫贱、寿夭一定也,吾儒惑于异端而信事鬼神矣。彼惟敬天事祖之外,一无所崇。富贵者亦不少焉,吾儒虽至亲友之贫者,多不尚义,他人莫问矣。彼则于同郡人贫日有给养之数,他方来者皆有助仪。吾儒守圣贤之教,或在或亡。彼之薄葬、把斋、不食、自杀,终身无改焉。道、释二教又在吾儒之下不论也。

[(明)严从简:《殊域周咨录》,卷十一《默德那》]

正德十年,贡使至,下回回馆译写,大学士梁储疏,据提督少卿沈冬魁呈,准回回馆主簿王祥等呈,窃照本馆专一译写回回字,凡遇海中诸国,如占城、暹罗等处进贡来文,亦附本馆带译,但各国语言文字与回回不同,审译之际,全凭通事讲说,及降敕回赐,俱用回回字。今暹罗来贡金叶表文,无人识认,查近年八百大甸等处音字失传,内阁具题暂留差来头目蓝者歌在馆教习,合无比照蓝者歌事例,于暹罗来使内选留一二人,在馆令其教习,待肄业精熟,将本使照例送回。从之。……

(万历)六年十月,内阁大学士张居正题,据提督少卿萧某呈,请于本馆添设暹罗一馆,考选世业子弟马应坤等十名,送馆教习。

……境内有大库司九:曰暹罗、曰可剌细马、曰足曹本、曰皮细绿、曰束骨胎、曰果平匹、曰倒脑细、曰讨歪、曰六毗。大库司,犹华言布政司也。府十四:曰采纳、曰老无、曰比采、曰束板鲁、曰辣皮、曰匹皮里、曰采野、曰多饶平、曰干无里、曰细辞滑、曰采欲、曰款细湾、曰沾奔、曰魁山。县七十二,分隶各府。土田东南平衍,饶稻;西北多大山,产诸香木、苏木。城濠用砖砌,分八门。南北五里,东西十里,城中有小河通舟。城外西南民居辏集。有外城,周遭十余里,王居在城西隅,另建一城,约三里余。殿用金妆彩绘,覆以铜瓦;室用锡瓦,皆用锡裹砖,栏杆用铜裹木。民楼居,不土处,上联槟榔片覆之,亦有用陶瓦者,坐卧即于楼板上,藉以毡及藤蓆,无床、桌、椅、凳之制。其服饰,惟王以受封,故留发,冠金嵌宝石,帽制类兜鍪,上衣长三尺,用五彩锻,小袖,左衽下用五彩布幔,鞋袜用红缎。官及庶民俱剪发。官一等至四等，冠金嵌宝石帽；官五等至九等，冠五彩绒锻帽；庶民无帽，俱着两截衣，袜履用牛皮。妇人妆髻于后，饰用金银簪花、戒指、镯钏、脂粉，贫者用铜；上衣披五色飞花布幔，下衣五彩织金花幔，拖地长二三寸，足着红黑皮鞑鞋。其官制有九等：一曰握哑往，二曰握步喇，三曰握蟒，四曰握坤，五曰握闷，六曰握文，七曰握板，罢曰握郎，九曰握救。其选举由乡邻举于大库司，大库司审其堪用，以文达于王所，王为定期面试。至期，大库司引至王前，咨以民事，应对得当，即授官服候用。否则逐出。考课亦以三年为期，人皆有名无姓。为官者称握某，民上者称奈某，最下称隘某。王出，乘金妆彩轿，或乘象车。每日，旦登殿，各官于台下设毡，以次盘膝而坐，合掌于顶，献花数朵。有事则具文书朗诵上呈，候王定夺。习水战，煮海为盐，酿秫为酒。

（《粤海关志》，卷二十一《贡舶一》）

蒲盛，以晓占城番字，授鸿胪司宾署序功。

（万历《琼州府志》，卷九《秩官志》）

中国人常用的餐具是陶器，我不太明白为什么西方叫它瓷器。无论从材料本身或从它又薄又脆的结构来说，欧洲陶器没有任何类似的东西。最细的瓷器是用江西所产黏土制成，人们把它们用船不仅运到中国各地，而且海运到欧洲最遥远的角落，在那里它们受到那些欣赏宴席上的风雅有甚于夸耀豪华的人们所珍爱。

（《利玛窦中国札记》第一卷第三章）

我们的到来和欧洲远来异物的出现，消息一经传开就把很多人吸引到教堂来，更多的人是来参观我们的教堂而不是拜谒总督的。一些人把面向道路的大钟当作新奇的东西，另一些人则把小钟当作新奇的东西。欧洲的图画和塑像、数学计算法、浮雕地图，也吸引很大的注意。我们的书，尽管是用中国人所不懂的语言排印的，却大受称羡。

（《利玛窦中国札记》第二卷第十三章）

他还送去一些中国珍品赠给他们，或者是准备陈列出来公开展览的。样品中的一件事描绘整个中国的图画，嵌在特殊的东方框架中。这些框架是工艺及其精细的优美的屏风，可以一一折叠。打开之后非常美观，不用支柱就能站立，有时可以摆满整间屋子。当地土话叫做围屏。他们说教皇和天主教国王非常喜欢所收到的这些屏画。中国皇帝的皇冠和服饰以及标志官员品级的玺绶，都是送往欧洲的一些礼物。

（《利玛窦中国札记》第二卷第十二章）

上川是一个离中国海岸约三十海里的荒芜岛屿。当时它是葡萄牙人和中国人贸易点的所在；只有一片用树枝和稻草胡乱搭成的茅屋。沙勿略到这里时，一心想着他的远征，他马上到葡萄牙和中国商人中间去，询问有什么法子可以进入中国的是。他获悉，通往大陆的每条道路都被警卫封锁和防守着，外国人要登陆是不可能的。事实上，已有极严厉的布告禁止外国人入境，也禁止当地人协助他们这样做。

（《利玛窦中国札记》第二卷第一章）

罗明坚神父第一个行动就是到广州去购买旅行的必需品，这费了两个月的时间，他并且和碰巧当时也在那里的他的旅伴进行接触。幸好，当葡萄牙商人获允进入广州时，大市集正在进行，于是再也忍耐不下的麦安东神父便随他们一起前来，看看他能否为在中国居留找到什么办法。很容易想象得到，当他听说他已被选择不仅是居留而且还要深入中国内地开辟新居留点，他是多么激动和高兴了。此外，他还得到保证旅途平安，花费很小或者根本不用花费。这次旅行的后一阶段的现象完全是偶然的机缘。我们的老朋友岭西道有位兄弟，携带大量生产于浙江省的丝绸和其他各种衣料到广州的市集来。他原打算把衣料卖完，马上回家；但因得不到他所定的价钱，他在广州停留的时间不得不比原定的要长。最后通过我们这些神父，葡萄牙商人按他的要价购下了他的货物。我们在这里要顺便说，只要是有助于宗教事业，葡萄牙人从不吝啬花钱，或者怕所得减少。

（《利玛窦中国札记》第二卷第八章）

日本长岐地方，广东香山澳番，每年至长岐买卖，透报大明消息，仍带倭奴假作佛郎机，潜入广东，觇伺动静；……

浙江、福建、广东三省人民被虏日本，生长杂居，十有其三，住居年久，熟识倭情，多有归国立功之志。乞思筹策令其回归。

（《东西洋考》，卷十一《艺文考·日本》）

东粤少谷，恒仰资于西粤。西粤之贵县尤多谷，然其地僻在山溪，稻田亦少，其谷多半出于东粤灵山。《广州记》云："交趾有骆田，仰潮水上下，是名雄田。其禾能风旱而早实。"今灵山亦交趾地也，土广而人稀，美田弥望，无分高下，皆有水泽沮洳之润。民务耕耘，尚畜牧，以牛之孳息为富。谷多不可胜食，则以大车载至横州之平佛，而贾人买之，顺乌蛮滩水而下，以输广州。盖西粤之谷，亦即东粤之谷也。东粤自来多谷，志称南方地气暑热，一岁田三熟，冬种春熟，春种夏熟，秋种冬熟。故交州有三田。又语曰：交人有三熟之禾，南海有九熟之禾。而其地边于海洋者，田无淳卤，潮汐之膏，鱼蛤之肥，打秧而不薅草，大禾尤易生育。东粤固多谷之地也，然不能不仰资于西粤，则以田未尽垦，野多污莱，而游食者众也。

[（清）屈大均：《广东新语》，卷十四《食语·谷》]

露本秋金凝液之气，味甘性凉，故凡百草之露皆可润肌，百花之露皆可益颜。取之造酒，名"秋露白"，绝香。而荼䕷露尤美，广人多种荼䕷，动以亩计，其花喜烈日，当午浇灌则大茂，有细瓣而蕊三四卷者，有瓣粗而蕊一二卷者。有细心者，疏<艹宅>者，以甑蒸之取露。或取其瓣拌糖霜，暴之兼旬，以为粉果心馅，名荼䕷角，甚甘馨可嗜，然犹以大西洋所出者为美。大西洋天气寒时，荼䕷始花，露凝花上，晶莹芬郁若甘露，诸花木则否。

[（清）屈大均：《广东新语》，卷十四《食语·荼䕷露》]

合浦海中，有珠池七所，其大者曰平江、杨梅、青婴，次曰乌坭、白沙、断望、海猪沙，而白龙池尤大。其底皆与海通，海水咸而珠池淡，淡乃生珠，盖月之精华所注焉。故珠生池中央者色白，生池边者色黄，以海水震荡，咸气侵之，故黄也……然古时珠贱今珠贵，古时合浦人以珠易米，珠多而人不重。今天下人无贵贱皆尚珠，数万金珠，至五羊之市，一夕而售。奸人或以珠池为逋逃薮，与官吏交通，盗珠之人一，而买珠之人千百。产珠之池一隅，而用珠之国极于东西南朔。富者以多珠为荣，贫者以无珠为耻，至有金子不如珠子之语，此风俗之所以日偷也。……往总制林富有疏，请罢采珠，谓珠一采之后，数年始生，又数年始长，又数年而始老，故禁私采，禁数采，所以生长之。今经数采，即以人命易珠，有不能多得者，言甚剀切。……

合浦珠名曰南珠，其出西洋者曰西珠，出东洋者曰东珠。东珠豆青白色，其光润不如西珠，西珠又不如南珠。南珠自雷、廉至交趾，千里间六池，出断望者上，次竹林，次杨梅，次平山，至汗泥为下，然皆美于洋珠。岇山云：洋珠大如豆者，竟似夜光。但易碎又轻，一名玻璃珠。

[（清）屈大均：《广东新语》，卷十四《货语·珠》]

玻璃来自海舶，西洋人以为眼镜。儿生十岁，即戴一眼镜以养目光，至老不复昏矇。又以玻璃为方圆镜，为屏风，昔汉武帝使人入海市琉璃者，此也。《南州异物志》云："琉璃本质是石，欲作器，以自然灰治之。自然灰状如黄灰，生南海滨。"今西洋人不知亦用此灰否？每裁锯为大小物，或以镶嵌壁障。潘尼所谓："灼爚旁烛，表里相形，凝霜不足方其洁，澄水不能喻其清者。"广人或铸石为之，然殊不及。

[（清）屈大均：《广东新语》，卷十四《货语·玻璃》]

骐驎竭，紫铫树之脂也，以嚼之不烂如蜡者，拍之可透指甲者，烧之有赤汗出，而灰不变色者为上。此物与龙脑颇同，龙脑属金，故白，血竭属火，故赤。脑其树之膏，竭其树之血也，广州及南番诸国皆有之。

[（清）屈大均：《广东新语》，卷十四《货语·骐驎竭》]

粤多番刀。有曰"日本刀"者，闻其国，无论酋王鬼子，始生，即以镔铁百斤，淬之溪中，岁凡十数炼。比及丁年，仅成三刀。其修短以人为度，长者五六尺为上库刀，中者腰刀，短小者解腕刀。……其刀惟刻上库字者不出境，刻汉字或八幡大菩萨、单槽双槽者，澳门多有之。以梅花钢、马牙钢为贵。刀盘有用紫铜者，镂镴金银者，烧黑金者，皆作梵书花草。有小匕在刀室中，谓之刀奴。……刀头凡作二层，一置金罗经，一置千里镜，澳夷往往佩之。又有两刃如剑，隐出层纹，可沾积毒药，然皆不可多得。外有红毛西洋诸刀，镂凿亦异，其割食者，首以珊瑚琥珀嵌之，柄以金珠古窑器片镶之，率奇瑰夺目，轻薄如纸，可割裁，充文房佳器。有交蛮长刀，有槽无脊，轻利颇如日本，而精宝刚锐逊之。有苗刀，其纹以九帝为上，轻便断牛。有交趾刀，甚长，亦有槽无脊，精美如倭，然亦不能多得。寻常战斗之用，惟以惠阳刀为良耳。

[（清）屈大均：《广东新语》，卷十六《器语·刀》]

种排草香：予沙亭乡江畔，有沙地二三十亩，其种宜排草，农人以重价佃之。春以播秧，至六月始种排草，十月收之。其根长五六尺，卖以合香，叶以泥渍使干，卖与番人为药。每地一亩，以半种姜芋，以半种排草，以菜麸壅之。次年则以种姜芋者种排草，必相易也。农人喜种排草，其利甚厚。惜宜种之地，不能多有，沙亭之外，如潭山、大岭间，亦有数十亩焉。

[（清）屈大均：《广东新语》，卷二十六《香语·种排草香》]

椒，苗蔓生，茎柔弱，叶长寸半。枝上结子相对，黑光如漆，谓之椒目。

叶晨开暮合，合则卷其子于叶中，若闭目然。产广州者，争浅皱少不大辣，名曰土椒。以来自洋舶者，色深黑多皱名胡椒者为贵。胡椒产红毛国，亦蔓生，常时红毛鬼子乘大艨来，掳掠唐人以炒椒，椒气酷烈有毒，役至年余则毙。得唐人价值百金，辄埋下体地中，以防其逸。故广人以为大患。有荜澄茄者，与椒相类，椒向阳，荜澄茄向阴。广人多以白豆蔻杂之为干末，以治噎食。

[（清）屈大均：《广东新语》，卷二十七《草语·椒》]

东粤多薯，其生山中，纤细而坚实者，曰白鸠薯。仙山药而小，亦曰土山药，最补益人。大小如鹅鸭卵，花绝香，身上有力者，曰力薯。形如猪肝，大者重数十斤，肤色微紫，曰猪肝薯，亦曰黎峒薯。其皮或红或白，大如儿臂而拳曲者，曰蕃薯。皆甜美可以饭客，称薯饭，为谷米之佐。凡广芋十有四种，号大米，诸薯亦然。番薯近自吕宋来，植最易，生叶可肥猪，根可酿酒，切为粒，蒸曝贮之，是曰薯粮。子瞻称海中人多寿百岁，由不食五谷而食甘薯。番薯味尤甘，惜子瞻未之见也，芋则苏过尝以作玉糁羹云。

[（清）屈大均：《广东新语》，卷二十七《草语·薯》]

廉州土产，有西番莲。

（万历《广东通志》，卷五十三《廉州土产》）

薯：万历庚辰，客有泛舟之安南者，陈益偕往。比至，酋长延礼宾馆，每燕会辄飨以土产薯，美甘。益觊其种，贿于酋奴，获之。未几，伺间遁归，以薯非等闲物，栽植花坞，久蕃滋，掘啖味美，因来自酋，故名"番薯"。嗣是播种天南，佐粒食，人无阻饥。方之大宛归葡萄核，功尤大矣。种有红、有白……薯由茎支入地而生，谓之块茎……长沙塘劳姓地面多种此物，将采得者晒之，去其水分，然后煮熟，去皮再晒，名为薯干，其清甜软滑如新鲜柿饼，固质地之异，亦由制造之精。

（民国《开平县志》，卷六《舆地略五·物产》；《凤岗陈氏族谱》，卷七《家传·素纳公小传》）

其后番以贮货为名，渐结为舍宇，久之成聚落。绰以番俗骄悍，乃就其所居地中设军营一所，朝夕讲武以控制之，自是番人受约束。绰卒，设位议事亭，番人春秋供祀事焉。

（乾隆《香山县志》，卷六《列传》）

合浦冠头岭，南八十里，形势穹窿，山色赤黑如冠，故名。相传交趾黎王葬于此，夷人每年望海一祭，近不复来。……

（崇祯《廉州府志》，卷二《地理志》）

夫天主一说，诞谬不通，朝野诸先生名士，摈之详矣，但未有详其夷种原繇者，余今谨将夷种夷奸，一一说破可也。按此种出于东北隅，为佛狼机，亦为猫儿眼，其国系干丝蜡，而米索果其镇头也。原距吕宋不远，所谓数万里者伪耳。

[（明）徐昌治：《圣朝破邪集》，卷三《驱夷直言》]

玛窦初至广，下舶，髡首袒肩，人以为西僧，引至佛寺，摇手不肯拜，译言我儒也。遂僦馆延师读儒书，未一二年，四子五经，皆通大义。乃入朝京师。所言较佛氏差为平实，大指归之敬天主，修人道，寡欲勤学。

[（清）张尔岐：《蒿庵闲话》]

大西洋国二人来，一曰利玛窦，一曰郭天祐，俱突额深目，朱颜紫髯。泛海八年，始抵东粤；居粤十年，置产筑居，约数千金，复弃之。担簦至金陵，水部一官署多厉鬼，入者辄毙，二人税居之无恙也。自称西洋无常主，惟生而好善，不茹荤，不近女色者，即名天主，举国奉之为王，其俗重友谊，不为私蓄。入中国来，日夜观经史，因着友论，多格言。所挟异宝不可缕数。其最奇者，有一天主图，四面观之，其目无不直射者。又自鸣钟，按时即有声，漏毫刻不爽。有玻璃石，一照目前，即枯木颓垣，皆现五色光。一铁弦琴，其状方，不叩自鸣，声踰丝竹，即考之博古图，并无此制。又方金一块，长尺许，起之则层层可披阅，乃天主经也。其囊若无长物，偶需数百金，顷刻可办。居数年，人莫能窥其浅深。玛窦携前数宝走京师，献之上，而天祐留金陵，非可以风鏖中人目之也。

[（明）朱谋㙔：《异林》，卷四《时事漫纪》]

北有青洲山，澳内有三巴寺，东西望洋寺，后有炮台。

青洲山，前山，澳山盈盈隔一海，兹山浸其中。嘉靖中，佛郎机既入澳。三十四年，复建寺于兹山，高六七丈，宽敞奇□。知县张大猷请毁其高，墉不果，天启元年，守臣虑其终为患，遣监司冯从龙毁之。

（道光《广东通志》，卷一百《山川略一·广州一》）

澳门本名濠镜澳，属香山县。自县南一百二十里至前山，又二十里即濠镜澳也。明正德末，有佛郎机匿名混入海口，突至省城，不报抽分。海道副使汪柏允其请。初，仅芰舍。内地商人牟利者渐运瓴甓木料为屋，久之，遂为租住。天启时，有利玛窦者，自称大西洋人，居澳门二十年，其徒来者日众。至国初，佛郎机为西洋人驱逐，自明至今二百余年，西洋人生子生孙与人民杂处，畏威怀德谨守约束，绝无传教扰民之事。

谨案：澳门之娘妈角，外临大洋内近大河，为商鱼船艘出入最要之区。

（道光《广东通志》，卷一百二十四《海防略二》）

新村：旧名斯村。中华人客此成聚，遂名新村。约千余家，村主粤人也。贾舶至此互市，百货充溢。

（《东西洋考》，卷三《西洋列国考·下港加留耙》）

主要征引书目

1. （明）艾儒略：《职方外纪》，中华书局，1985年。
2. （明）蔡汝贤：《东夷图说》（万历刻本），《四库全书存目丛书》，齐鲁书社，1997年。
3. （明）曹志遇，欧阳保等：万历《高州府志》，《日本藏中国罕见地方志丛刊》，书目文献出版社，1991年。
4. （明）曾邦泰等，《万历儋州志》，海南出版社，2004年。
5. （明）陈鏊，陈煊奎等：崇祯《肇庆府志》，《广东历代方志集成·肇庆府部》，岭南美术出版社，2009年。
6. （明）陈全之：《蓬窗日录》（嘉靖刊本），上海书店，1985年。
7. （明）陈仁锡：《皇明世法录》台湾学生书局，1965年。
8. （明）陈天资：《东里志》，潮州市办公室，2004年影印汕头市档案馆藏民国抄本。
9. （明）陈吾德：《谢山存稿》，《四库全书存目丛书》，齐鲁书社，1997年。
10. （明）陈子龙：《明经世文编》，中华书局，1965年影印。
11. （明）戴金：《皇明条法事类纂》，科学出版社，1994年。
12. （明）戴璟，张岳等：嘉靖《广东通志初稿》，《北京图书馆古籍珍本丛刊》第28册，书目文献出版社，1998年影印。
13. （明）戴熺，欧阳璨，蔡光前等：《万历琼州府志》，海南出版社，2003年。
14. （明）邓迁修，齐启和：嘉靖《香山县志》，中山图书馆，1985年。
15. （明）邓钟：《筹海重编》，《四库全书存目丛书》，齐鲁书社，1996年。
16. （明）方孔炤：《全边略记》，国立北平图书馆，1930年。
17. （明）费信，冯承钧：《星槎胜览》，中华书局，1954年。
18. （明）冯应京：《皇明经世实用编》，《四库全书存目丛书》，齐鲁书社，1996年。
19. （明）高鸣凤：《今献汇言》，上海涵芬楼景明刻本。
20. （明）高岐：《福建市舶提举司志》，1939年铅印本。

21．（明）高汝栻：《皇明续纪三朝法传全录》，明崇祯九年刻本。

22．（明）巩珍：向达校注，《西洋番国志》，中华书局，2000年。

23．（明）顾玠：《海槎余录》，《四库全书存目丛书》，齐鲁书社，1997年。

24．（明）顾祖禹：《读史方舆纪要》，中华书局，2005年点校本。

25．（明）郭春震：嘉靖《潮州府志》，《稀见中国地方志汇刊》，中国书店，1992年。

26．（明）郭棐等：万历《广东通志》，《四库全书存目丛书》史部地理类第198册，齐鲁书社，1996年。

27．（明）郭棐，黄国声，邓贵忠：万历《粤大记》，广东人民出版社，2014年。

28．（明）郭尚宾，王文禄：《郭给谏疏稿》，商务印书馆，1936年。

29．（明）郭子章，饶宗颐：《潮中杂纪》，香港潮州商会。

30．（明）何乔远：《镜山全集》，福建人民出版社，2015年。

31．（明）何维柏：《天山草堂存稿》，《四库全书存目丛书》，齐鲁书社，1997年。

32．（明）侯继高：《全浙兵制》，《四库全书存目丛书》，齐鲁书社，1997年。

33．（明）黄省曾：《西洋朝贡典录》，中华书局，1991年。

34．（明）黄训：《皇明名臣经济录》，明嘉靖三十年刊本。

35．（明）黄一龙：隆庆《潮阳县志》，上海古籍书店，1963年。

36．（明）黄瑜：《双槐岁钞》，中华书局，1999年。

37．（明）黄衷：《海语》，（清）伍元微：《岭南遗书》二集，粤雅堂版，清道光二十五年南海伍氏开雕。

38．（明）黄佐：嘉靖《广东通志》，广东省地方史志办公室誊印，1997年。

39．（明）黄佐：嘉靖《广州志》，中山图书馆复制残本。

40．（明）霍韬，霍与瑕：《霍文敏公全集》，清同治元年重刻本。

41．（明）霍韬：《渭厓文集》，广西师范大学出版社，2015年。

42．（明）霍与瑕：《霍勉斋集》，广西师范大学出版社，2014年。

43．（明）焦竑：《国朝献征录》，广陵书社，2013年。

44．（明）黎民表：《瑶石山人稿》，上海古籍出版社，1993年。

45．（明）李东阳，申时行等：《大明会典》，广陵书社，2007年。

46．（明）李东阳：《怀麓堂集》，岳麓书社，2008年。

47．（明）李日华：《紫桃轩杂缀》，凤凰出版社，2010年。

48. （明）李昭祥：《龙江船厂志》，江苏古籍出版社，1999年。

49. （明）梁兆阳：崇祯《海澄县志》，《稀见中国方志汇刊》第33册，中国书店，1992年影印本。

50. （明）林大春：《井丹诗文集》，《潮州文献丛刊》之三，香港潮州会馆1979年据香港大学冯平山图书馆藏本影印。

51. （明）林富：《两广疏略》，隆庆五年（1571）孙兆恩刊本，东洋文库。

52. （明）俞汝楫：《礼部志稿》，《钦定四库全书》（史部十二），北京商务印书馆。

53. （明）林国相，程有守，杨起元：万历《惠州府志》，《广东历代方志集成》，岭南美术出版社，2009年。

54. （明）林文俊：《方斋存稿》，《文渊阁四库全书》，台湾商务印书馆影印，1986年。

55. （明）林希元：《林次崖先生集》，乾隆十八年陈胪声诒燕堂刻本，《四库全书存目丛书》，齐鲁书社，1997年。

56. （明）林希元：嘉靖《钦州志》，上海古籍书店，1962年。

57. （明）刘廷元：万历《南海县志》，《广东历代方志集成》，岭南美术出版社，2009年。

58. （明）刘侗，于奕正，栾保群：《帝京景物略》，故宫出版社，2013年。

59. （明）卢祥，张一兵：《天顺东莞旧志》，《深圳旧志三种》，海天出版社，2006年。

60. （明）罗曰褧：《咸宾录》，中华书局，1983年。

61. （明）茅瑞征：《皇明象胥录》，《四库禁毁丛刊》（史部第10册），北京出版社，2000年。

62. （明）茅元仪：《武备志》，华世出版社，1984年。

63. （明）马欢，冯承钧：《瀛涯胜览校注》，中华书局，1955年。

64. （明）冒起宗：《拙存堂逸稿》，《清代诗文集汇编》（第6册），上海古籍出版社影印本，2010年。

65. （明）欧阳保：万历《雷州府志》，《日本藏中国罕见地方志丛刊》，书目文献出版社，1990年。

66. （明）欧阳必进，方民悦：《交黎剿平事略》，《玄览堂丛书初辑》，正中书局，1981年。

67. （明）庞尚鹏：《百可亭摘稿》，《四库全书存目丛书》，齐鲁书社，1997年。

68. （明）彭韶：《彭惠安集》，《文渊阁四库全书》，台湾商务印书馆，1986年。

69．（明）瞿九思：《万历武功录》，据天津图书馆藏明万历刻本影印，上海古籍出版社，2002年。

70．（明）沈德符，侯会选：《万历野获篇》，中华书局，1959年。

71．（明）慎懋赏：《四夷广记》，广文书局，1969年。

72．（明）盛万年：《岭西水陆兵纪》，齐鲁书社，1995年。

73．（明）舒化，怀效峰：《大明律》（附编），万历十三年，法律出版社，1999年。

74．（明）宋应星，管巧灵，谭属春：《天工开物》，岳麓书社，2002年。

75．（明）苏愚：《三省备边图记》，《北京图书馆古籍珍本丛刊》，书目文献出版社，1998年。

76．（明）谈恺：《虔台续志》，台北汉学研究中心影印明嘉靖三十四年刊本。

77．（明）谈迁：《国榷》，古籍出版社，1958年。

78．（明）谭希思：《明大政纂要》，《文渊阁四库全书》，台湾商务印书馆，1986年。

79．（明）汤显祖：《汤显祖诗文集》，上海古籍出版社，1982年。

80．（明）汤显祖，徐朔方：《汤显祖集》，中华书局，1962年。

81．（明）唐胄，彭静中：正德《琼台志》，海南出版社，2006年。

82．（明）田生金：《按粤疏稿》，天津古籍书店影印，1982年。

83．（明）涂山辑，《新刻明政统宗》，成化十六年十二月。

84．（明）王臣修，陈元珂：嘉靖《新宁县志》，华东师范大学图书馆藏稀见方志丛刊，北京图书馆出版社，2005年。

85．（明）王临亨：《粤剑编》，中华书局标点本，1987年。

86．（明）王鸣鹤：《登坛必究》，《中国历代兵书集成》（1卷），团结出版社，1999年。

87．（明）王圻：《续文献通考》，现代出版社，1986年。

88．（明）王士骐：《皇明驭倭录》，上海古籍出版社，1996年。

89．（明）王士性：《广志绎》，中华书局，1981年。

90．（明）王世贞：《弇州史料后集》，《四库禁毁书丛刊》，史部第49册，北京出版社，1997年。

91．（明）王希文：《石屏公遗集》，莞水丛书第2种，东莞乐水园，2002年。

92．（明）王训：嘉靖《新安县志》，嘉靖四十四年刊本。

93. （明）王以宁：《东粤疏草》，北京出版社，1997年。

94. （明）王在晋：《皇明海防纂要》，扬州古旧书店，1962年。

95. （明）王直：《抑菴文后集》，《文渊阁四库全书》，台湾商务印书馆，1986年。

96. （明）魏濬：《峤南琐记》，中华书局，1985年。

97. （明）吴亮辑：《万历疏抄》，《续修四库全书》，上海古籍出版社，1996年。

98. （明）吴宽：《家藏集》，上海古籍出版社，1991年。

99. （明）夏良胜：《东洲初稿》，《文渊阁四库全书》，台湾商务印书馆，1986年。

100. （明）谢杰：《虔台倭纂》，《中国野史集成》影印本，巴蜀书社，1993年。

101. （明）谢肇淛：《五杂俎》，上海书店出版社，2001年。

102. （明）徐昌治：《圣朝破邪集》，崇祯十二年刻本。

103. （明）许重熙：刘兆祐主编，《宪章外史续编》，台湾学生书局，1986年。

104. （明）严从简，余思黎：《殊域周咨录》，中华书局，1993年点校本。

105. （明）颜俊彦：《盟水斋存牍》，中国政法大学出版社，2002年。

106. （明）杨载鸣，胡居安，林希元：嘉靖《惠志略》，上海古籍书店，1962年。

107. （明）姚良弼，杨宗甫：嘉靖《惠州府志》，《广东历代方志集成》，岭南美术出版社，2009年。

108. （明）姚旅：《露书》，福建人民出版社，2008年。

109. （明）姚虞：《岭海舆图》，万有文库，民国十八年。

110. （明）叶权：《贤博编》，中华书局，1987年。

111. （明）叶盛：《两广奏草》，《四库全书存目丛刊》，史部第58册，齐鲁书社，1996年。

112. （明）叶春及修，万历《顺德县志》，《广东历代方志集成》，岭南美术出版社，2009年。

113. （明）应槚：《苍梧总督军门志》，岳麓书社，2015年。

114. （明）于谦，魏得良：《于谦集》，浙江古籍出版社，2016年。

115. （明）俞大猷撰，廖渊泉，张吉昌：《正气堂全集·正气堂集》，福建人民出版社，2007年。

116. （明）湛若水：《甘泉集》，《文渊阁四库全书》，台湾商务印书馆，2005年。

117．（明）张二果，曾起莘，杨宝霖：崇祯《东莞县志》，东莞市人民政府办公室，1995年。

118．（明）张国经，郑抱素：崇祯《廉州府志》，书目文献出版社，1992年。

119．（明）张瀚：《松窗梦语》，中华书局，1985年。

120．（明）张瀚：《台省疏稿》，上海古籍出版社，1996年。

121．（明）张居正：《张居正集》，湖北人民出版社，1994年。

122．（明）张燮：《东西洋考》，中华书局，1981年。

123．（明）张萱：《西园闻见录》，杭州古旧书店，1983年。

124．（明）张炎道，李曰巽：嘉靖《海丰县志》，《广东历代方志集成》，岭南美术出版社，2009年。

125．（明）章潢：《古今图书编》，明万历刻本。

126．（明）郑若曾：《江南经略》，《文渊阁四库全书》，台湾商务印书馆，1986年。

127．（明）郑若曾：《郑开阳杂著》，《文渊阁四库全书》，台湾商务印书馆，1986年。

128．（明）郑若曾，胡宗宪，李致忠：《筹海图编》，中华书局，2007年。

129．（明）郑舜功：《日本一鉴》，1939年。

130．（明）郑维新：嘉靖《惠大记》，《天一阁藏明代方志选刊续编》，上海书店，1990年影印刻本。

131．（明）郑一麟，叶春及：万历《肇庆府志》，《广东历代方志集成·肇庆府部（一）》，岭南美术出版社，2009年。

132．（明）周玄暐：《泾林续记》，商务印书馆，1939年。

133．（明）朱谋㙔：《异林》，齐鲁书社，1995年。

134．（明）朱元璋，姚士观，沈铁：《明太祖文集》，台湾商务印书馆影印文渊阁四库全书，1986年。

135．（明）朱纨：《甓余杂集》，《四库全书存目丛书》，齐鲁书社，1997年。

136．（明）朱吾弼：《皇明留台奏议》，上海古籍出版社，1996年。

137．（明）邹维琏：《达观楼集》，齐鲁书社，1997年。

138．（清）陈昌齐等：道光《广东通志》，《中国地方志集成》，凤凰出版社，2010年。

139．（清）崔弼辑：《波罗外纪》，光绪八年刻本。

140．（清）戴肇辰，苏佩训，（清）史澄，李光廷：光绪《广州府志》，上海书店出版社，2003年。

141. （清）杜臻：《粤闽巡视纪略》，上海古籍书店，1979年。

142. （清）冯奉初：《潮州耆旧集》，清光绪三十四年。

143. （清）顾炎武，黄坤等：《天下郡国利病书》，上海古籍出版社，2012年。

144. （清）贺长龄：《皇朝经世文编》，文海出版社，1966年。

145. （清）胡端书：《万州志》，广东省中山图书馆，1958年。

146. （清）江日升：《台湾外记》，《台湾文献丛刊》（第60种）。

147. （清）蓝鼎元：《蓝鼎元论潮文集》，海天出版社，1993年。

148. （清）李福泰，史澄，何若瑶：同治《番禺县志》，上海书店出版社，2003年。

149. （清）李卓揆，暴煜：乾隆《香山县志》，乾隆十五年刊本。

150. （清）梁廷枏：《海国四说》，中华书局，1993年。

151. （清）梁廷枏，袁钟仁：《粤海关志》，广东人民出版社，2002年。

152. （清）梁兆骆：《梅菉志》，光绪二十八年（1902）稿本。

153. （清）贾雒英，薛起蛟：康熙《新会县志》，书目文献出版社，1991年。

154. （清）毛奇龄：《后鉴录》，《毛西河先生全集》，中华书局，2014年。

155. （清）钮琇、（清）张潮，王根林：《虞初新志》，上海古籍出版社，2012年。

156. （清）齐翀：乾隆《南澳志》，清乾隆四十八年（1783）刻本。

157. （清）靳文谟，张一兵：《康熙新安县志》，《深圳旧志三种》，海天出版社，2006年。

158. （清）屈大均：《广东新语》，中华书局，1985年。

159. （清）屈大均，陈广恩：《广东文选》，广东人民出版社，2008年。

160. （清）申良翰：康熙《香山县志》，《广东历代方志集成》，岭南美术出版社，2009年。

161. （清）王崇熙等：嘉庆《新安县志》，嘉庆二十五年刊本，《中国方志丛书》，成文出版社，1974年。

162. （清）王韬：《泰西著述考》，《西学辑存》，光绪间刻本。

163. （清）王佐：《琼台外纪》，明正德六年。

164. （清）温汝能：《粤东诗海》，中山大学出版社，1999年。

165. （清）徐兆昺，桂心仪等：《四明谈助》，宁波出版社，2003年。

166. （清）严如煜：《洋防辑要》，道光戊戌年重刻本。

167．（清）印光任，张汝霖，赵春晨：《澳门记略》，广东高等教育出版社，1988年。

168．（清）余保纯，黄其勤，戴锡纶，陈志仪等：道光《直隶南雄州志》，清道光四年刊本，上海书店出版社，2003年。

169．（清）张尔岐：《蒿庵闲话》，中华书局，1985年。

170．（清）张嗣衍，（清）沈廷芳：乾隆《广州府志》，清乾隆二十四年刻本。

171．（清）张廷玉等：《明史》，中华书局，1974年。

172．（清）章鸿修，邵咏：道光《电白县志》，《广东历代方志集成》，岭南美术出版社，2009年。

173．（清）郑怀德，戴可来，杨保筠：《嘉定城通志》，《岭南摭怪史料三种》，中州古籍出版社，1996年。

174．（清）朱彝尊：《明诗综》，中华书局，2006年。

175．（清）祝淮，黄培芳：道光《香山县志》，《广东历代方志集成》，岭南美术出版社，2009年。

176．（民国）廖国器，刘润网，许瑞棠：民国《合浦县志》，《中国地方志集成·广西府县志辑》，凤凰出版社，2014年。

177．（民国）蒲肇扬：《南海甘蕉蒲氏家谱》，1913年。

178．（民国）余荣谋，张启煌：民国《开平县志》，《中国方志丛书》，成文出版社，1933年。

179．（朝鲜）崔溥，葛振家：《漂海录——中国行记》，社会科学文献出版社，1992年。

180．（法）费赖之（Le P，Louis Pfister），冯承钧：《在华耶稣会士列传及书目》，中华书局，1995年。

181．（法）裴化行（H，Bernard），萧濬华：《天主教十六世纪在华传教志》，商务印书馆，1937年。

182．（美）马士（Hosea Ballou Morse），区宗华：《东印度公司对华贸易编年史》第1、2合卷，广州，中山大学出版社，1991年。

183．（葡）曾德昭（Alvaro Semedo），何高济：《大中国志》，上海古籍出版社，1998年。

184．（葡）徐萨斯（C.A.Montalto de Jesus），黄鸿钊，李保平：《历史上的澳门》，澳门基金会，2000年。

185．（意）利玛窦，金尼阁，何高济等：《利玛窦中国札记》，中华书局，1983年。

186．《广东赋役全书》，万历四十八年，清顺治刻本。

187．《历代宝案》，台湾大学，1972年。

188．《明实录》，上海书店1982年影印台湾中研院历史语言研究所校勘本。

189．永乐《广州府辑稿》，辑自《永乐大典》，《广东历代方志集成》，岭南美术出版社，2009年。

190．《中国诸岛简讯》（1582年），转引自金国平、吴志良《东西望洋》，澳门成人教育学会，2002年。

191．澳门《文化杂志》：《十六和十七世纪伊比利亚文学视野里的中国景观》，大象出版社，2003年。

192．陈台民：《中菲关系与菲律宾华侨》，生活·读书·新知三联书店，1985年。

193．陈永正：《中国古代海上丝绸之路诗选》，广东旅游出版社，2001年。

194．程绍刚：《荷兰人在福尔摩莎（1624-1662）》，台北，联经出版事业公司，2000年。

195．东莞《凤岗陈氏族谱》，同治间刻本。

196．甘为霖（Rev, William Campbell），李雄挥：《荷据下的福尔摩莎》，2003年。

197．顾卫民：《中国天主教编年史》，上海书店，2003年。

198．何藻翔：《岭南诗存》，商务印书馆，民国刻本。

199．金国平：《西方澳门史料选萃（15—16世纪）》，广东人民出版社，2005年。

200．李国祥、杨昶，俞旭等：《明实录类纂·广东海南卷》，武汉出版社，1993年。

201．马德里自治大学东亚研究中心：《西班牙图书馆中国古籍书志》，上海古籍出版社，2010年。

202．蒲龙：《感事》，澳门特区政府文化局、珠海出版社，2003年。

203．向达：明《海道针经》，中华书局，1961年。

204．佚名：《嘉靖倭乱备抄》，上海古籍出版社，1996年。

205．章文钦：《澳门诗词笺注》（明清卷），珠海出版社，2002年。

206．中国第一历史档案馆：《明清宫藏中西商贸档案（一）》，中国档案出版社，2010年。

207．中国第一历史档案馆、澳门基金会、暨南大学古籍研究所：《明清时期澳门问题档案文献汇编》，人民出版社，1999年。

208．中央研究院历史语言研究所：《明清史料》，中央研究院历史语言研究所员工福利委员会，1972年。